道家文化研究

第七輯

陳鼓應主編

文史哲出版社印行

國家圖書館出版品預行編目資料

道家文化研究 / 陳鼓應主編. -- 校訂一版. -- 臺
北市: 文史哲, 民 89
　　面　；　公分
　　ISBN 957-549-300-1 (一套：精裝) ISBN 957-549-
301-x (第一輯)ISBN 957-549-302-8 (第二輯)ISBN
957-549-303-6(第三輯)ISBN 957-549-304-4 (第四
輯)ISBN 957-549-305-2 (第五輯) ISBN 957-549-
306-0 (第六輯) ISBN 957-549-307-9 (第七輯) ISBN
957-549-308-7 (第八輯) ISBN 957-549-309-5 (第九
輯) ISBN 957-549-310-9 (第十輯) ISBN 957-549-
311-7 (第十一輯) ISBN 957-549-312-5 (第十二輯)

1.道家 - 論文-講詞等　　2. 道教 - 論文-講詞等
121.307　　　　　　　　　　　　　　89011271

道家文化研究 第七輯

主 編 者：陳　　　　鼓　　　　應
出 版 者：文　史　哲　出　版　社
登記證字號：行政院新聞局版臺業字五三三七號
發 行 人：彭　　　　正　　　　雄
發 行 所：文　史　哲　出　版　社
印 刷 者：文　史　哲　出　版　社
　　　　　臺北市羅斯福路一段七十二巷四號
　　　　　郵政劃撥帳號：一六一八〇一七五
　　　　　電話 886-2-23511028 · 傳眞 886-2-23965656
精裝全十二冊售價新台幣　　　　　　元
中 華 民 國 八 十 九 年 八 月 校 訂 一 版

《道家文化研究》在臺重版序言

八十年代以來，在中國大陸陸續創辦了一些學術性的刊物，如《管子學刊》、《孔子研究》等，對推動儒家、管子思想及稷下學的研究，起了積極的作用。在此之前，1979年創刊的《中國哲學》，它是以書代刊的形式出版，給我留下深刻的印象，為此我和一些研究道家的學者曾多次商議想辦一個專門討論道家思想的專刊，這想法終於得到香港道教學院院長侯寶垣先生和副院長羅智光先生的大力支持。於是，《道家文化研究》第一輯很快就於1992年面世了。

時光荏苒，轉眼之間，《道家文化研究》已經出版了十八輯，辦刊的過程是艱辛的，但每一輯的出版也都帶來收穫的愉快。特別是它能夠穫得海內外學術界的廣泛關注與好評。

眾所周知，《道家文化研究》一直是在大陸印行的。這對於臺灣感興趣的讀者帶來諸多不便。兩年多前，我剛回臺大的時候，就感到了這個問題，也就有了在臺灣重新印行它的念頭。當然，我也知道，這並不是很容易做到的。因為，任何一個出版公司若要出版它，大半是要賠錢的。所以，我非常感謝我的老朋友——文史哲出版社的彭正雄社長，願意幫忙印行《道家文化研究》一到十二輯，目前僅印三百部提供專業學者研究之需。同時，我也要借此機會，向上海古籍出版社和北京三聯書店表示感謝，由於他們的慷慨，得以使本刊在臺重印。

陳　鼓　應

1999年8月

《道家文化研究》臺灣版出版開言

　　《道家文化研究》是道家及道教研究的專業研究性刊物，在知名道家專家陳鼓應教授多年努力耕耘下，今天它已經是國際同行不可或缺的學術園地。世界學人只要想用中文發表有關這個領域的研究成果，莫不努力爭取在這個學術園地刊出。試看《道家文化研究》出版至今共十餘輯，作者群就已經遍佈世界各地了，除了海峽兩岸外，更包括韓國、日本、新加坡、澳洲、加拿大、美國及歐洲等地。而且其中更包括張岱年、柳存仁、王叔岷、湯一介、李學勤、朱伯崑、金谷治、余敦康、許抗生、蒙培元、李豐楙、劉笑敢、陳鼓應等等知名學者。

　　可惜，從前受限於現實情況，海峽兩岸資訊交流不易，臺灣地區的學者專家，並不容易取得這一份刊物的。而且《道家文化研究》從創刊號到今天，已經出版了十八本了，好些早已銷售一空；特別是期數較早的，更是一冊難求。有鑒於此，本社認爲需要重印整套《道家文化研究》，以饗讀者。

　　也許關心我們的讀者會替本社擔心成本效益問題，但我們的老客戶都知道本社成立近三十年，始終沒有只以營利爲唯一的宗旨。雖然我們還不至於像莊子所說的「舉世而譽之而不加勸，舉世而非之而不加沮」，但是，正如同許多讀者一般，我們欣賞這樣高水準的學術雜誌，我們更希望能讓更多人分享到這許許多多知名學人的學術成就。當然學術性專業期刊的銷路，本身就很有限，所以本社也將限量發售，只印三百套，供有興趣的專家學人們選購，當然更希望學校機關及圖書館能夠購備，以便更多讀者可以讀到這份雜誌。這樣，我們的辛勞就不會白費。

　　最後，我們得感謝陳鼓應教授的信賴，更感謝上海古籍出版社及北京三聯書店的慷慨，使得我們的重印計畫得以實現。

彭　正　雄

文史哲出版社發行人

2000 年 7 月 15 日

《道家文化研究》合刊總目

《道家文化研究》第一輯目錄

《道家文化研究》創辦的緣起…………………………… 陳鼓應　1
儒道兩家思想在中國何以影響深遠長久不衰…………… 任繼愈　1
道家學說與流派述要……………………………………… 牟鍾鑒　7
道家注重個體說…………………………………………… 涂又光　31
道家思想的現代性世界意義……………………………… 董光璧　39
論老子在哲學史上的地位………………………………… 張岱年　74
老子對死亡的看法——《道德經》第五章新解……〔美〕陳張婉莘　83
"無"的思想之展開——從老子到王弼………………〔日〕金谷治　91
生命‧自然‧道——論莊子哲學………………………… 顏世安　101
《周易》的思想精髓與價值理想
　　　——一個儒道互補的新型的世界觀………………… 余敦康　122
《易傳》與楚學齊學……………………………………… 陳鼓應　143
《易傳‧繫辭》思想與道家黃老之學相通……………… 胡家聰　157
從馬王堆帛書本看《繫辭》與老子學派的關係………… 王葆玹　175
《黃帝四經》書名及成書年代考………………………… 余明光　188
《黃帝四經》和《管子》四篇…………………………… 王　博　198
論尚黃老與《淮南子》…………………………………… 潘雨廷　214
《大學》、《中庸》與黃老思想………………〔臺灣〕莊萬壽　230
道家理論思維對荀子哲學體系的影響…………………… 李德永　249
莊子與印度商羯羅之比較研究…………………………… 馮　禹　265
《莊子》與《壇經》……………………………………… 陸玉林　276
道家古籍存佚和流變簡論………………………………… 王　明　285
論道教儀式的結構——要素及其組合…………………… 陳耀庭　293
道家內丹養生學發凡……………………………………… 胡孚琛　310
略論隋唐老莊學…………………………………………… 李大華　319
《鶡冠子》與兩種帛書…………………………………… 李學勤　333

《列子》考辨‥‥‥‥‥‥‥‥‥‥‥‥‥‥‥‥‥‥‥‥‥　許抗生　344

漫遊：莊子與查拉斯圖拉　〔美〕格拉姆‧帕克斯　胡軍、王國良譯　359

《衆妙之門——道教文化之謎探微》評介‥‥‥‥‥‥‥　劉良明　378

陳鼓應《老莊新論》評介‥‥‥‥‥‥‥‥‥‥‥‥‥‥‥　李維武　383

稿　　約‥‥‥‥‥‥‥‥‥‥‥‥‥‥‥‥‥‥‥‥‥‥‥‥‥‥　390

《道家文化研究》第二輯　　目錄

道家風骨略論‥‥‥‥‥‥‥‥‥‥‥‥‥‥‥‥‥‥‥‥‥　蕭萐父　1

道家的思維方式與中國形上學傳統‥‥‥‥‥‥‥‥‥‥　朱伯崑　11

超越的思想理論之建構——論道家思想對中華

　　民族精神形成的傑出貢獻‥‥‥‥‥‥‥‥‥‥‥‥　王樹人　41

道家開闢了中國的審美之路‥‥‥‥‥‥‥‥‥‥‥‥‥　成復旺　67

李約瑟的道家觀‥‥‥‥‥‥‥‥‥‥‥‥‥‥‥‥‥‥‥　董光璧　87

莊子思想簡評‥‥‥‥‥‥‥‥‥‥‥‥‥‥‥‥‥‥‥‥　蔡尚思　106

老莊哲學思維特徵‥‥‥‥‥‥‥‥‥‥‥‥‥‥‥‥‥‥　蒙培元　111

論《莊子》內七篇‥‥‥‥‥‥‥‥‥‥‥‥‥‥‥‥‥‥　潘雨廷　125

道家與海德格爾‥‥‥‥‥‥‥‥‥‥‥‥‥‥‥‥‥‥‥　熊　偉　130

我讀《老子》書的一些感想‥‥‥‥‥‥‥‥‥‥‥‥‥　葉秀山　133

以海德格爾爲參照點看老莊‥‥‥‥‥‥‥‥‥‥‥‥‥　鄭　湧　153

稷下道家精氣說的研究‥‥‥‥‥‥‥‥‥‥‥‥‥‥‥　裘錫圭　167

西漢國家宗教與黃老學派的宗教思想‥‥‥‥‥‥‥‥　王葆玹　193

董仲舒與“黃老”之學——《黃帝四經》對董仲舒的影響　余明光　209

《淮南子》的易道觀‥‥‥‥‥‥‥‥‥‥‥‥‥‥‥‥‥　周立升　223

莊子思想與兩晉佛學的般若思想‥‥‥‥‥‥‥‥‥‥　崔大華　236

論理學的道家化‥‥‥‥‥‥‥‥‥‥‥‥‥‥‥‥‥‥‥　吳重慶　248

道教與楊朱之學的關係‥‥‥‥‥‥‥‥‥‥‥‥‥‥‥　李養正　259

杜道堅的生平及其思想‥‥‥‥‥‥‥‥‥‥‥‥‥‥‥　卿希泰　272

論李筌的道教哲學思想‥‥‥‥‥‥‥‥‥‥‥‥‥‥‥　李　剛　286

唐代的《老子》注疏‥‥‥‥‥‥‥‥‥‥‥‥‥‥‥‥‥　李　申　301

管子的《心術》等篇非宋尹著作考‥‥‥‥‥‥‥‥‥　張岱年　320

《管子·輕重》篇的年代與思想……………………… 李學勤 327
《管子·水地》篇考論……………………………………… 黃 釗 336
《尹文子》並非偽書……………………………………… 胡家聰 348
論《繫辭傳》是稷下道家之作
　　──五論《易傳》非儒家典籍…………………… 陳鼓應 355
論《周易參同契》的宇宙模型………………………… 蕭漢明 366
《陰符經》與《周易》…………………………………… 詹石窗 384
人與自然──尼采哲學與道家學說之比較研究
　　……………………〔美〕格拉姆·帕克斯 隋宏譯 402
讀任繼愈主編的《中國道教史》……………………… 唐明邦 421
《道家思想史綱》評介………………………………… 劉周堂 427
《道家文化與現代文明》讀後………………………… 張明慧 434

《道家文化研究》第三輯　　目錄

初觀帛書《繫辭》………………………………………… 張岱年 1
帛書《繫辭傳》"大恒"說……………………………… 饒宗頤 6
帛書《繫辭》"易有大恒"的文化意蘊………………… 余敦康 20
馬王堆帛書《周易·繫辭》校讀………………………… 張政烺 27
帛書本《繫辭》文讀後…………………………………… 朱伯崑 36
讀帛書《繫辭》雜記……………………………………… 樓宇烈 47
略談帛書《老子》與帛書《易傳·繫辭》……………… 許抗生 55
《繫辭傳》的道論及太極、大恒說……………………… 陳鼓應 64
帛書《繫辭》與戰國秦漢道家《易》學………………… 王葆玹 73
帛本《繫辭》探源………………………………………… 陳亞軍 89
帛書《繫辭傳》校證……………………………………… 黃沛榮 104
帛書《繫辭》與通行本《繫辭》的比較………………… 張立文 120
論帛書《繫辭》與今本《繫辭》的關係………………… 廖名春 133
從帛書《易傳》看今本《繫辭》的形成過程…………… 王 博 144
帛書《繫辭》初探………………………………………… 陳松長 155
帛書《繫辭傳》與《文子》……………………………… 李定生 165

帛書《繫辭》和帛書《黃帝四經》……………………………… 陳鼓應 168

帛書《周易》所屬的文化地域

　　及其與西漢經學一些流派的關係……………………………… 王葆玹 181

帛書《二三子問》簡說…………………………………………… 廖名春 190

帛書《易之義》簡說……………………………………………… 廖名春 196

帛書《要》簡說…………………………………………………… 廖名春 202

帛書《繆和》、《昭力》簡說……………………………………… 廖名春 207

帛書《繆和》、《昭力》中的老學與黃老思想之關係…… 陳鼓應 216

論《黃帝四經》產生的地域……………………………………… 王　博 223

《稱》篇與《周祝》……………………………………………… 李學勤 241

馬王堆帛書《老子》乙本卷前古佚書并非《黃帝四經》 裘錫圭 224

楚帛書與《道原篇》……………………………………………… 饒宗頤 256

帛書《道原》和《老子》論道的比較…………………………… 胡家聰 260

《黃老帛書》哲學淺議…………………………………………… 蕭萐父 265

馬王堆帛書《經法・大分》及其他…………………………… 李學勤 274

帛書"十四經"正名……………………………………………… 高　正 283

董仲舒和黃老思想……………………………………… [美]薩拉・奎因 285

書《馬王堆老子寫本》後………………………………………… 饒宗頤 297

關于帛書《老子》——其資料性的初步探討………… [日]金谷治 299

帛書《周易》與卦氣說…………………………………………… 邢　文 317

前黃老形名之學的珍貴佚篇

　　——讀馬王堆漢墓帛書《伊尹・九主》………………… 魏啓鵬 330

帛書《伊尹・九主》與黃老之學……………………………… 余明光 340

馬王堆漢墓帛書《五行篇》所見的身心問題…… [日]池田知久 349

馬王堆古佚書的道家與醫家…………………………………… 魏啓鵬 360

帛書《卻穀食氣》義證…………………………………………… 胡翔驊 378

道家與《帛書》…………………………………………………… 李　零 386

從馬王堆出土文物看我國道家文化…………………………… 周世榮 395

馬王堆漢墓帛書的道家傾向…………………………………… 陳松長 408

帛書《繫辭》釋文………………………………………………… 陳松長 416

帛書《二三子問》、《易之義》、《要》釋文… 陳松長　廖名春 424

《馬王堆漢墓文物》述評⋯⋯⋯⋯⋯⋯⋯⋯⋯⋯⋯　王少聞　436

《道家文化研究》第四輯　　目錄

道家玄旨論⋯⋯⋯⋯⋯⋯⋯⋯⋯⋯⋯⋯⋯⋯⋯⋯⋯　張岱年　1

試論道家文化在中國傳統文化中的地位⋯⋯⋯⋯⋯⋯　卿希泰　9

論道家的自然哲學⋯⋯⋯⋯⋯⋯⋯⋯⋯⋯⋯⋯⋯⋯　劉蔚華　16

道家傳統與泰州學派⋯⋯⋯⋯⋯⋯⋯⋯⋯⋯⋯⋯⋯　牟鍾鑒　32

老子思維方式的史官特色⋯⋯⋯⋯⋯⋯⋯⋯⋯⋯⋯　王　博　46

老子：嬰兒與水⋯⋯⋯⋯⋯⋯⋯⋯⋯⋯　[南]拉多薩夫　58

莊學生死觀的特徵及其影響
　　——兼論道家生死觀的演變過程⋯⋯⋯⋯⋯⋯⋯　朱伯崑　63

《莊子》的音樂美學思想⋯⋯⋯⋯⋯⋯⋯⋯⋯⋯⋯　蔡仲德　77

漢賦中所見《老》《莊》史料述略⋯⋯⋯⋯⋯⋯⋯　董治安　91

論荀學是稷下黃老之學⋯⋯⋯⋯⋯⋯⋯⋯⋯⋯⋯⋯　趙吉惠　103

尹文黃老思想與稷下“百家爭鳴”⋯⋯⋯⋯⋯⋯⋯　胡家聰　118

黃老學說：宋鈃和慎到論評⋯⋯⋯⋯⋯⋯　[美]史華慈　128

《文言》解《易》的道家傾向⋯⋯⋯⋯⋯⋯⋯⋯⋯　陳鼓應　147

道家陰陽剛柔說與《繫辭》作者問題⋯⋯⋯⋯⋯⋯　王葆玹　153

《黃帝內經》與《老》《莊》⋯⋯⋯⋯⋯⋯⋯⋯⋯　潘雨廷　159

蘇轍和道家⋯⋯⋯⋯⋯⋯⋯⋯⋯⋯⋯⋯⋯⋯⋯⋯　孔　繁　163

陸王心學與老莊思想——心的解放與老莊思想之一⋯⋯⋯　成復旺　180

白沙心學與道家自然主義⋯⋯⋯⋯⋯⋯⋯⋯⋯⋯⋯　陳少明　198

揚雄自然哲學述要⋯⋯⋯⋯⋯⋯⋯⋯⋯⋯⋯⋯⋯⋯　鄭萬耕　210

嚴遵與王充、王弼、郭象之學源流⋯⋯⋯⋯⋯⋯⋯　王德有　222

郭象哲學的“有”範疇及其文化含蘊⋯⋯⋯⋯⋯⋯　馮達文　232

略論道教的幾個思想特徵⋯⋯⋯⋯⋯⋯⋯⋯⋯⋯⋯　許抗生　241

道家小說略論⋯⋯⋯⋯⋯⋯⋯⋯⋯　詹石窗　汪　波　252

道教義理與《管子》之關係⋯⋯⋯⋯⋯⋯⋯⋯⋯⋯　李養正　277

也論《太平經鈔》甲部及其與道教上清派之關係⋯⋯⋯　李　剛　284

孫登“托重玄以寄宗”的思想根源⋯⋯⋯⋯⋯⋯⋯　盧國龍　300

李白與道教……………………………………………… 蔣見元 318

全眞盤山派以道合禪心性論研究…………………………… 張廣保 326

明抄本《玉笈金箱》及其主要內容…………………………… 陳耀庭 345

西方道教研究鳥瞰…………………………………………… 蔣見元 355

追求道家形而上學的中心思想——希臘形而上學和道家

　　形而上學的比較………………………………… ［美］陳張婉華 381

從“思”之大道到“無”之境界——海德格與老子……… 張天昱 396

論《老子》晚出說在考證方法上常見的謬誤

　　——兼論《列子》非僞書………………………… 陳鼓應 411

《老子》早期說之新證……………………………………… 劉笑敢 419

文子其人考…………………………………………………… 李定生 438

《道家文化研究》第五輯　　　目錄

陰陽：道器之間……………………………………………… 龐　樸 1

道家學說與明清文藝啓蒙…………………………………… 成復旺 20

關于對話哲學的對話………………………………………… 滕守堯 36

老子之道的史官特色………………………………………… 王　博 57

《莊子》的生死觀………………………………………… ［日］金谷治 70

從接受美學看《莊子》……………………………………… 王　玫 84

莊子語言符號與“副墨之子”章之解析…………………… 莊萬壽 95

莊子與惠施…………………………………………………… 李存山 104

尚水與守雌——《老子》學說探源……………………… 劉寶才 122

試談《文子》的年代與思想………………………………… 張岱年 133

說“黃老”…………………………………………………… 李　零 142

《管子·經言》思想“法、道、儒”融合的特色

　　——再論《經言》并非管仲遺著……………………… 胡家聰 158

《管子》論攝生和道德自我超越…………………………… 劉長林 171

秦漢新道家之“殿軍”諸葛亮……………………………… 熊鐵基 187

《象傳》中的道家思維方式………………………………… 陳鼓應 197

陰陽五行、八卦在西藏……………………………………… 王　堯 214

楚帛書與道家思想…………………………………………… 李學勤 225

《孫子兵法》所受老子思想的影響………………………… 姜國柱 233

從竹簡《十問》等看道家與養生…………………………… 周一謀 239

老莊玄學與僧肇佛學………………………………………… 洪修平 247

周敦頤與道教………………………………………………… 容肇祖 262

氣質之性源于道教說………………………………………… 李　申 271

"理一分殊"思想源流論…………………………………… 任澤峰 282

傅山哲學中的老莊思想……………………………………… 魏宗禹 291

照徹幽暗，破獄度人——論燈儀的形成及其社會思想內容 陳耀庭 303

再論墨家與道教……………………………………………… 秦彥士 317

道教與玄學歧異簡論………………………………………… 劉仲宇 327

兩漢宇宙期與道教的產生…………………………………… 馬良懷 342

昊天上帝、天皇大帝和元始天尊
　　——儒教的最高神和道教的最高神 ………… ［日］福永光司 353

養生和飛升——魏晉時期道家和道教生死觀的一個側面　 李　慶 383

隋唐時期的道教內丹學……………………………………… 李大華 404

元後期江南全眞道心性論研究……………………………… 張廣保 420

太原龍山全眞道石窟初探…………………………………… 李養正 439

墨子與《老子》思想上的聯繫——《老子》早出說新證… 陳鼓應 457

《文子》非僞書考…………………………………………… 李定生 462

顏鈞《論三教》附記………………………………………… 黃宣民 474

劉鶚手記考釋………………………………………………… 高　正 477

《道家文化研究》第六輯　　目錄

道家在中國哲學史上的地位………………………………… 張岱年 　1

存在自然論…………………………………………………… 王中江 　10

先秦道家研究的新方向——從馬王堆
　　漢墓帛書《黃帝四經》說起………………………… 陳鼓應 23

簡論"道法自然"在中國哲學史上的影響………………… 王德有 47

老子的道論及其現代意義…………………………………… 牟鍾鑒 59

申論《老子》的年代…………………………………… 李學勤　72

從劉向的叙錄看《列子》並非僞書…………………… 胡家聰　80

范蠡及其天道觀………………………………………… 魏啓鵬　86

莊子的觀點主義………………………………………… 劉昌元　102

莊子的薪火之喻與“懸解”…………………………… 李存山　116

老子對孟子思想的影響——本心本性及其喪失與復歸…… 郭　沂　124

《管子》心氣論對孟子思想的影響…………………… 白　奚　137

稷下黄老之學對孟子思想的影響……………………… 孫開泰　150

荀子思想與黄老之學…………………………………… 余明光　160

論儒家荀況思想與道家哲學的關係…………………… 胡家聰　175

韓非與老子……………………………………………… 陳奇猷　183

我對《淮南子》的一些看法………………… ［加］白光華　192

《淮南鴻烈》與《春秋繁露》………………………… 張國華　200

董仲舒的黄老思想……………………………………… 陳麗桂　217

魏晉玄學與儒道會通…………………………………… 余敦康　232

道與禪——道家對禪宗思想的影響…………………… 方立天　249

程朱理學與老學………………………………………… 馮達文　265

論王陽明與道家的思想聯繫…………………………… 昊　光　284

帛書《繫辭》駢枝……………………………………… 魏啓鵬　293

帛書《繫辭》校勘札記………………………………… 陳松長　304

帛書本《易》説讀後…………………………………… 朱伯崑　310

《要》篇略論…………………………………………… 王　博　320

論《易》之名“易”——兼談帛書《要》篇………… 劉昭瑞　329

《鶡冠子》與帛書《要》……………………………… 邢　文　336

帛書《要》與《易之義》的撰作時代及其與《繫辭》的關係　王葆玹　350

馬王堆帛書《繆和》、《昭力》釋文………………… 陳松長　367

海德格論“道”與東方哲學………………… 張祥龍　編譯　381

道、佛關於經驗的形而上學及其挑戰……………… ［美］稻田龜男　393

《道家文化研究》第七輯　　目錄

論道教心性之學……………………………………… 張廣保　1
簡論道教倫理思想的幾個問題……………………… 卿希泰　18
道教功過格解析……………………………………… 李　剛　26
中國外丹黃白術仙學述要…………………………… 胡孚琛　40
從道家到道教………………………………………… 李　申　59
道教追求長生——《湘綺樓說詩》卷一紀夢衍義…… ［澳］柳存仁　70
道教神仙譜系的演變………………………………… 石衍豐　85
論道教神仙體系的結構及其意義…………………… 郭　武　103
試論道教咒語的起源和特點………………………… 劉仲宇　116
道教"守一"法非濫觴佛經議……………………… 李養正　132
遍游山川說輿地——道教地學思想簡述…………… 賀聖迪　137
法國道教學研究……………………………………… 劉楚華　149
《太平經注》序……………………………………… 龍　晦　165
成玄英"道"概念分析……………………………… ［韓］崔珍晳　175
成玄英《道德經義疏》中的重玄思想……………… 強　昱　199
周敦頤《太極圖》淵源慎思………………姜廣輝　陳寒鳴　211
論敦煌本《本際經》的道性論……………………… 姜伯勤　221
《坐忘論》的"安心"思想研究…………………… ［日］中嶋隆藏　244
論《陰符經》產生的歷史過程及其唐代詮釋的思想特點… 李大華　259
介紹《道藏》中收錄的幾種易著……………………… 潘雨廷　275
論《老子想爾注》中的黃容"僞伎"與天師道"合氣"說　劉昭瑞　284
彭山道教銅印與道教養生…………………………… 王家佑　294
江西高安出土南宋淳熙六年徐永基"酆都羅山拔苦超生
　　鎮鬼眞形"圖石刻——兼論歐陽文受《太上元始天
　　尊說北帝伏魔神咒妙經》的時代　　　　　　　張勛燎　300
試論我國南方地區唐宋墓葬出土的道教
　　"柏人俑"和"石眞"……………………… 張勛燎　312
試論早期道教在巴蜀發生的文化背景……………… 江玉祥　323

道教與玄言詩……………………………………………… 張松輝 338
論元代道教戲劇的兩個藝術特徵………………………… 詹石窗 352
《金瓶梅》與明代道教活動……………………………… 王　堯 373

《道家文化研究》第八輯　　　目錄

道的突破——從老子到金岳霖…………………………… 王中江　1
道家黃老學的"天、地、人"一體觀…………………… 胡家聰　18
道教的超越哲學與中國文藝的超越精神………………… 成復旺　31
道家中興和中古美學風氣的轉換………………………… 朱良志　50
道實在的雙重結構………………………………………… 金吾倫　72
"終極關懷"的儒道兩走向……………………………… 馮天瑜　86
莊子氣論發微………………………… 王世舜　王　蒨　91
莊子超越精神賞析………………………………………… 李德永 110
中國古代哲學中的混沌………………………… 〔日〕池田知久 122
漫談莊子的"自由"觀…………………………………… 葉秀山 137
莊子言與不言……………………………………………… 劉　光 156
試論莊子的辯學思想及其影響…………………………… 張斌峰 170
論田駢、慎到學術之異同………………………………… 白　奚 183
宋鈃思想及其道、墨融合的特色………………………… 胡家聰 193
鄒衍與道家的關係………………………………………… 孫開泰 213
《易》《老》相通論……………………………………… 周立升 227
《象傳》道論三題………………………………………… 魏啓鵬 240
漢代的氣化宇宙論及其影響……………………………… 陳麗桂 248
兩漢之際的儒學與老莊學………………………………… 王　卡 267
貴無之學——王弼………………………………………… 湯周彤 277
簡論魏晉玄學是新道家…………………………………… 許抗生 286
晉宋山水詩與道家精神…………………………………… 王　玫 299
北宋理學與唐代道教……………………………………… 李大華 310
北宋儒學三派的《老子》三注…………………………… 盧國龍 322
憨山德清的以佛解老莊…………………………………… 張學智 339

海德格理解的"道"…………………………………………… 張祥龍　351

道與本文……………………………………………………… 滕守堯　366

德里達與道家之道…………………………………………… 劉　鑫　382

《道家文化研究》第九輯　　目錄

道家與道教學術研討會紀要…………………………………………… 1

道教的文化意義……………………………………………… 羅智光　4

道教的文化根柢……………………………………………… 陳　兵　7

簡述道教的倫理思想………………………………………… 許抗生　17

論道教生命哲學……………………………………………… 李　剛　24

《太平經》的民眾政治思想………………………………… 張偉國　41

論《太平經》中的儒家思想………………………………… 龍　晦　54

道教的創立與佛教東傳無關………………………………… 李養正　66

六朝道教的終末論——末世、陽九百六與劫運說………… 李豐楙　82

隋唐孝道宗源………………………………………………… 王　卡　100

朱熹與先天學………………………………………………… 劉仲宇　122

對全真教心性學說的幾點思考……………………………… 酈國強　135

從《磻溪集》看丘處機的苦修……………………………… 朱越利　158

道士傅金銓思想述略………………………………………… 曾召南　177

內丹之丹及其文化特徵…………………………… 王家祐　郝　勤　190

論精氣神……………………………………………………… 鍾肇鵬　201

榮格的道教研究……………………………………………… 王宗昱　225

東漢墓葬出土的解注器材料和天師道的起源……………… 張勛燎　253

文物所見中國古代道符述論………………………………… 王育成　267

北魏姚伯多道教造像碑考論………………………………… 劉昭瑞　302

一張新出土的明代酆都冥途路引…………………………… 江玉祥　319

論道教對中國傳統小說之貢獻……………………………… 張振軍　332

道教與中國畫略論…………………………………………… 丁若木　347

論道教對宋詩的影響………………………………………… 詹石窗　374

從《小山樂府》看張可久的道家道教思想………………… 韋金滿　387

正一道音樂與全眞道音樂的比較研究………………………………　甘紹成　402

道教音樂特徵簡論……………………………………………………　蒲亨強　424

道教對雲南文化的影響………………………………………………　郭　武　438

論《揚善半月刊》……………………………………………………　吳亞魁　462

《道家文化研究》第十輯　　目錄

道家學風述要…………………………………………………………　蕭萐父　　1

道家在先秦哲學史上的主幹地位……………………………………　陳鼓應　　7

道家學說及其對先秦儒學的影響……………………………………　胡家聰　65

道家與中國古代的"現代化"——重讀先秦諸子的提綱…　李　零　71

道家思想中的語言問題……………………………[斯洛文尼亞]瑪亞　86

試析"棄儒從道"…………………………………………………　朱越利　96

《老子》爲中國哲學主根說…………………………………………　涂又光　105

老子哲學的中心價值及體系結構

　　　——兼論中國哲學史研究的方法論問題………………　劉笑敢　112

論老子"不爭"的智慧………………………………………………　王樹人　135

帛書《老子》含義不同的文句………………………………………　尹振環　145

論韓非《解老》和《喻老》…………………………………………　李定生　159

自我和無我……………………………………………………………　湯一介　170

自由與自然——莊子的心靈境界說………………………………　蒙培元　176

試論莊子的技術哲學思想……………………………………………　劉　明　193

莊子、尼采與藝術的世界觀…………………………………………　劉昌元　206

讀莊論叢………………………………………………………………　王叔岷　226

呂氏春秋引用莊子舉正………………………………………………　王叔岷　250

爲張湛辨誣——《列子》非僞書考之一…………………………　陳廣忠　267

《列子》三辨——《列子》非僞書考之二………………………　陳廣忠　278

從古詞語看《列子》非僞——《列子》非僞書考之三…………　陳廣忠　289

《管子·水地》新探…………………………………………………　魏啓鵬　300

《呂氏春秋》道家說之論證…………………………………………　牟鍾鑒　312

道、玄與二程理學……………………………………………………　蔡方鹿　327

王陽明的良知說與道家哲學……………………………… 陳少峰 336

謝靈運山水詩與道家之關係……………………………… 王 玫 356

道家哲學的現代理解——以嚴、章、梁、王、胡爲例…… 王中江 373

金岳霖論"道"…………………………………………… 胡 軍 390

重建本體論：熊十力與道家哲學………………………… 李維武 400

馮友蘭"境界說"的精神與傾向………………………… 金春峰 416

馮友蘭道家觀舉隅………………………………………… 羅 熾 434

略論道家思想在日本的傳播……………………………… 徐水生 445

《道家文化研究》十輯編後……………………………………… 457

《道家文化研究》第十一輯　　目錄

編者寄言………………………………………………………… 1

道教易學論略…………………………………………… 盧國龍 1

以科學的觀點看象數學——兼論道家與易學………… 董光璧 25

《周易參同契》的易學特徵…………………………… 蕭漢明 46

論《周易參同契》的外丹術………………… 蕭漢明 郭東升 64

論唐五代道教的生機觀

　　——《參同契》與唐五代道教的外丹理論…………… 盧國龍 76

《參同契》與唐宋內丹道之流變……………………… 盧國龍 121

陳摶易學思想探微……………………………………… 李遠國 159

論邵雍的物理之學與性命之學………………………… 余敦康 201

論邵雍的先天之學與後天之學………………………… 余敦康 223

論朱熹易學與道家之關係……………………………… 詹石窗 239

《悟眞篇》易學象數意蘊發秘………………………… 詹石窗 258

論兪琰易學中的道教易………………………………… 蕭漢明 265

李道純易學思想考論…………………………………… 詹石窗 292

雷思齊的河洛新說——兼論宋代的河洛九、十之爭…… 張廣保 309

道教科儀和易理………………………………………… 陳耀庭 338

道藏之易說初探………………………………………… 張善文 358

《道藏》《續道藏》《藏外道書》中易學著作提要……… 劉韶軍 372

《道家文化研究》第十二輯　　目錄

先秦道家易學發微……………………………………………… 陳鼓應　1

"黃老易"和"莊老易"——道家經典的系統性及其流變　王葆玹　31

《易傳》與道家思維方式合論…………………………………… 羅　熾　52

乾坤道論………………………………………………………… 趙建偉　67

《易經》咸卦卦爻辭新解——論其與針灸醫術的關係…… 周策縱　85

老子與周易古經之關係………………………………………… 李中華　103

由帛書《易之義》看《易》《老》之關係………………… 尹振環　120

《周易》與《道德經》在思維方式上的內在聯繫　王樹人　喻柏林　130

《老子》的"道器論"——基於馬王堆漢墓帛書本　[日]池田知久　143

《易傳》與西漢道家…………………………………………… 鄭萬耕　157

帛書《繫辭》的年代與道論…………………………………… 王　博　174

論《文子·上德》的易傳特色………………………………… 陳鼓應　192

《韓詩外傳》的黃老思想及其易說…………………………… 周立昇　206

嚴遵引易入道簡論……………………………………………… 王德有　223

《太玄》·黃老·蜀學——讀《玄》札記之一……………… 魏啓鵬　236

《太玄經》道家易札記——讀《玄》札記之二…………… 魏啓鵬　253

讖緯文獻與戰國秦漢間的道家………………………………… 徐興無　269

析鄭玄宇宙生成與衍化的象數模式

　　——兼談鄭注《乾鑿度》所透顯的道家思想……… 周立昇　284

虞翻的易說與老學……………………………………………… 周立昇　313

論王弼易學之時代精神與歷史意義…………………………… 張善文　324

王弼的崇本息末觀與易學革命………………………………… 高晨陽　352

王弼用《莊》解《易》論略…………………………………… 陳少峰　369

王弼《周易大演論》佚文研究………………………………… 王葆玹　388

王弼《易》學中的政治學說…………………………………… 馬良懷　412

周敦頤《易》學的道家思想淵源……………………………… 陳少峰　423

《蘇氏易傳》與三蘇的道家思想……………………………… 曾棗莊　432

程頤易學和道家哲學…………………………………………… 陳少峰　453

道家文化研究

第七輯

道教研究專號

香港道教學院主辦

陳鼓應　主編

上　海　古　籍　出　版　社

目　録

論道教心性之學 ……………………………… 張廣保（ 1 ）

簡論道教倫理思想的幾個問題 …………… 卿希泰（18）

道教功過格解析 …………………………… 李　剛（26）

中國外丹黄白術仙學述要 ………………… 胡孚琛（40）

從道家到道教 ……………………………… 李　申（59）

道教追求長生

　　——《湘綺樓説詩》卷一紀夢衍義 … ［澳］柳存仁（70）

道教神仙譜系的演變 ……………………… 石衍豐（85）

論道教神仙體系的結構及其意義 ………… 郭　武（103）

試論道教咒語的起源和特點 ……………… 劉仲宇（116）

道教“守一”法非濫觴佛經議 …………… 李養正（132）

遍游山川説輿地

　　——道教地學思想簡述 ……………… 賀聖迪（137）

法國道教學研究 …………………………… 劉楚華（149）

《太平經注》序 …………………………… 龍　晦（165）

成玄英“道”概念分析 …………………… ［韓］崔珍晳（175）

成玄英《道德經義疏》中的重玄思想 ……… 强　昱（199）

周敦頤《太極圖》淵源慎思 ……… 姜廣輝　陳寒鳴（211）

論敦煌本《本際經》的道性論 …………… 姜伯勤（221）

《坐忘論》的"安心"思想研究 ………… 〔日〕中嶋隆藏(244)

論《陰符經》産生的歷史過程

    及其唐代詮釋的思想特點 …………… 李大華(259)

介紹《道藏》中收錄的幾種易著 ……………… 潘雨廷(275)

論《老子想爾注》中的黃容"僞伎"

    與天師道"合氣"説 ………………… 劉昭瑞(284)

彭山道教銅印與道教養生 ………………… 王家祐(294)

江西高安出土南宋淳熙六年徐永墓"酆都羅山

    拔苦超生鎮鬼真形"圖石刻

        ——兼論歐陽文受《太上元始天尊説北帝

    伏魔神咒妙經》的時代 ……………… 張勛燎(300)

試論我國南方地區唐宋墓葬出土的道教

    "柏人俑"和"石真" ……………… 張勛燎(312)

試論早期道教在巴蜀發生的文化背景 …… 江玉祥(323)

道教與玄言詩 ……………………………… 張松輝(338)

論元代道教戲劇的兩個藝術特徵 ………… 詹石窗(352)

《金瓶梅》與明代道教活動 ……………… 王 堯(373)

論道教心性之學

張廣保

內容提要 本文對中唐道教的心性之學進行了全面論述,認爲道教的心性之學在中唐時期已經完全成熟,并將中唐道教的心性論與禪、儒二家進行比較,認爲中國哲學史上的心性之學并不是由禪宗率先建立,而是道禪二家幾乎同時建立,其間的影響是相互的。至于儒家尤其是理學的心性之學在諸多方面都是步道教之後塵,論其義理之深度及超越之空靈,實難與道教頡頏。

中唐時期,中國的哲學思想發生了一重大的改變,此即由討論有無、體用問題的本體論轉入探討心性問題的心性論。這一改變標志着中國哲學發展的深化,其意義頗重大。因爲正是有了這種改變,才使中國哲學的“向上一路”,在內在的心性之中建立了根基,如此才有現實超越的可能。同時也最終避免了西方哲學超越論的那種因爲終極超越實體與心性主體的割裂而導致的蕩然無歸、茫茫無依的迷離局面。

中唐時期中國的心性之學是由道教與禪宗共同創發的。禪宗自六祖慧能出山布道,獨標心體,從而最終完成佛教中國化的進程。道教則以上清派大師、陶弘景四代大弟子司馬承禎、吳筠二位爲代表,在吸收傳統道教修煉學說的基礎上,特別凸現出心性問題。在兼顧形超性,徹雙邊證悟的前提下,以神釋心,以性、神、道合論,從而提出了帶有濃厚道教色彩的心性論。

　　這裏必須特別指出的是：道教這一心性之學的構築，并不像學術界慣常認爲的那樣，是在禪宗影響下完成的，而是與禪宗幾乎同時完成的。尤其值得提出來的是其創設意向與禪宗相比，有着重大差異。至于儒家的心性之學，雖由韓愈、李翱倡發其端，但其和聲卻要等到一百多年之後的北宋中期，才隆隆傳來。因此要論及中唐的心性之學，儒家實無足輕重。

　　本文將以司馬承禎、吳筠的著述爲根基，并兼及唐初道教思想家李榮、成玄英的有關思想，圍繞着心與神，神、性、道之分疏，心之動靜與陰陽，形超性徹等主題，對中唐道教心性之學展開全面闡述，并在相應處與禪宗、儒家的心性學説作一比觀，以顯出道教心性之學的創造性。

心　與　神

　　心概念是全部心性之學的核心。無論是禪宗，還是道教的心性之學，其心概念都有兩層含義：一是作爲主體的心，二是作爲真體的心。

　　作爲主體的心概念，在中國思想史中淵源悠長。哲學家中較早提到主體心概念的應是孔子。《孟子·告子篇》轉述孔子的話："孔子曰：操則存，舍則亡，出入無時，莫知其鄉。惟心之謂歟！"孟子本人也有關于心的名談："心之官則思，思則得之，不思則不能得也，此天之所以與我者。"（《孟子·告子》）但是，在先秦諸子中特別注重對"心"做思察的哲學家，應首推莊子。據統計《莊子》一書中約有一百八十多處使用心概念。如著名的《齊物論》篇，借顔成子游之口云："形固可使如槁木，而心固可使如死灰乎？"又云："近死之心，莫使復陽也。"在這裏，孔孟二子論及的心，都是做爲一種能思維的思維器官。很明顯，他們二位特別注重心的思考明察功能。心與眼耳鼻舌相較，能暫時擺脱對象的拘束，天馬行空般地任意馳騁。而其它感官則始終必須與對象附着于一體。然而，無論心有何等玄妙靈通的作用,最終還是必然通過中介附着于對象。這就是思與思者,能知與所知總是一并建立的。因此在這種意義上建立的心概念,僅僅是一種主體,尚不具有超越的意義。但也必須看到此種主體的心也存有超越的潛能。相比之下,莊子建立起來的心概念就要顯得更爲空靈和豐富,如《在宥》篇使用"人心",其言:"不治天下,安藏人心?"并對人心進行細緻討論:"汝慎無攖人心。人心排下而進上,上下因殺,淖約柔乎剛強。廉劌雕琢,其熱焦火,其寒凝冰。其疾俛仰之間而再撫四海之外,其居也淵而靜,其動也懸而天。僨驕而不可繫者,其唯人心乎!"《天地》篇又語及"機心"。"人心"與"機心"都是在主體層面對心概念的內蘊做發掘。除此之外,莊子還對真體層面的心概念有所觸及。其《天地》篇與《知北游》篇都使用了"無心"這一概念。如《天地》篇的"無心得而鬼神服",《知北游》篇的"無心而不可與謀。"所謂無心即表明主體態的心喪失、引退,主體心的退落則真體態的心自然顯明。故此無論是禪宗,還是道教,要想將終極實體的心概念建立起來,就首先必須建立起主體的心概念。

中唐著名的道教思想家司馬承禎正是居于上述的創設意向,詳細地論述了心的各種玄妙的功能:"夫心之爲物也,即體非有,隨用非無;不馳而速,不召而至。怒則玄石飲羽,怨則朱夏殞霜;縱惡則九幽匪遙,積善則三清何遠? 忽來忽往,動寂不能名;時可時否,蓍龜莫能測。其爲調御,其鹿馬比其難乎?"(《坐忘論》)正因爲心忽來忽往,具有極大的自由度,不像眼耳鼻舌一樣,須緊緊附着于對象,所以才可能由此中創發出超越面的意義。

由主體的心進入到真體的心,即創發出心的超越層的意義,并不是在主體的心概念中單純地加上真體,超越之類的詞就可完成。因爲主體的心只有徹底消解與對象的二元糾結,才能獨露出來,然而,這種消解又不是單單從外面擴大心的自由度,陷入"惡的無限",而是通過從心之本身下琢磨功夫,從而從主體的心本身體論出超越的心。這種體論的結果,就是心體概念的建立。這樣心體概念是否建立起來,實是衡量心性之學是否建立起來的標幟。中唐道教心性之學的心體概念就是首先由司馬承禎創立的。司馬承禎通過對《莊子》一書的"坐忘"概念進行内在的闡述，獨具匠心地提出"心體"概念，從而將道教心性論率先確定下來。其著《坐忘論》云："原其心體，與道爲本，但爲心神被染，蒙蔽漸深，流浪日久，遂與道隔。若淨除心垢，開識神本，名曰修道。無復流浪，與道冥合，安在道中，名曰歸根。"在此，司馬承禎將心體與大道等同，這就打開主體與真體的隔閡，從而開闢了主體心的超越之路，爲道教心性之學的建立奠定了基礎。當然心與道的這種冥合，要通過艱苦的心性修煉才能達到，并不是憑借邏輯的推演，理論的論證。《坐忘論》述此修行云："夫欲修道成真，先去邪僻之行，外事都絕，無以干心。然後端坐，内觀正覺，覺一念起，即須除滅。隨起隨制，務令安靜。其次雖非有貪著，浮游亂想，亦盡滅除。晝夜勤行，須臾不替，唯滅動心，不滅照心，但冥虛心，不冥有心。不依一物，而心常住。"很明顯，心體的誕生必須建立在妄心（主體）消解的基礎之上。因爲心若要徹底擺脱對象的束縛，達到"不依一物"的境界，就不能再充當主體，而要一反前此之所爲，進行徹底的自我否定。此即吳筠所吟心之虛靜的意義："心葉太虛靜，寥寥竟何思？玄中有至樂，澹泊終無爲。"（《宗玄先生文集》）

　　通過否定妄心來建立心體概念的思路，也爲禪宗大師們所認同，禪宗祖師慧能即有此主張。但慧能并不強調心體與道的冥合，而是抛棄對道的依托，劈空建立起本體的心概念。《壇經·般若品》云："心量廣大，猶如虛空，無有邊畔，亦無方圓大小，亦非青黄赤白，亦無上下長短，亦無瞋無喜，無是無非，無善無惡，無有頭尾。諸佛刹土，盡同虛空。"慧能在此論及的心，没有任何實在的規定性，如果把它當成一種主體的話，那種只能是一種空虛之物。因此這種心絕對不是與外物相待之主體心，而是在超越層面建立起來的。慧能又喜用"直心"一詞來指謂此心體："師示衆云：善知識，一行三昧者，于一切處行住坐卧，常行一直心是也。《淨名經》云：直心是道場，直心是淨土。"（《壇經·定慧品》）"直心"的建立，也是不脱離現實的人心,只不過是使六識脫離六塵的束縛,擺脫心與物之間的糾纏。《壇經‧疑問品》云:"但淨本心,使六識出六門,于六塵中無染無雜,來去自由,通用無滯,即是般若三昧,自在解脫,名無念行。"

長期以來,在學術界(包括我自己)一直有一個習慣的説法:這就是認爲唐代的心性問題大討論是由禪宗先發其聲,然後道、儒二家一同唱和。其實這種看法是源于一種"市場假象",人云亦云,沒有深究其微。筆者在仔細地對唐代禪道二家心性大師的活動進行比較之後,發現道教的心性之學至少是與禪宗同時完成的。關于這點,我只要將禪道二家心性之學創建者慧能與司馬承禎的活動年代做一比照,便可一掃疑雲,真相大白。

眾所周知,禪宗的心性之學是由慧能創立的,慧能生于貞觀十二年(638),卒于唐玄宗先天二年(713)。由慧能開始,禪宗才將成佛做祖的終極問題歸結到心性的頓悟,從而把心性問題凸現出來。轉過來看看道教方面,唐代道教的心性之學到陶弘景的四傳大弟子司馬承禎手上,已經相當成熟了。司馬承禎生于唐太宗貞觀二十一年(647),卒于唐玄宗開元二十二年(735)。與慧能相比,祇小九歲。然而,還要考慮這麼一個事實:慧能是三十多歲之後,才上黃梅拜謁五祖弘忍,何況起初并未正式從學,祇不過是一名做雜役的行者。而司馬承禎早年即師從潘師正,更何況在司馬承禎之前,活躍于唐初的著名道士李榮、成玄英就對道教心性論有所論及,而南北朝的道士們更是對"道性"問題做了多方闡述。

由此,我們認爲唐代心性哲學的大討論,實是由道教、禪宗共同發起的,而真正的隨後唱和者應是儒家。這個論斷也可以在中唐道教心性之學的特色中得到支持。

唐中期道教心性之學的一大特色就是將"神"這一概念納入其中,神有時成了與心體具有同等地位的實體概念。本來在中國傳統哲學之中,神一般與形對應,結成形神對子。如六朝時普遍討論的形神關係問題,便是將形神合稱。在這種情形下,神的含義是精神,相當于主體的心。不過道教有時更喜用精、氣、神三元對應,在如此使用時,實際上是將形分拆成精與氣,涉及的仍是形體與精神的關係。唐代中期,道教爲了根本超脱的需要,開始討論起心性問題,從而最終建構起道教的心性之學。在這一討論中,唐代道教大師們不拘一格,吸收了傳統哲學、傳統道教,及佛教的有關思想資料,并獨具匠心地進行鎔鑄,從而構築出別具一格的道教心性論。這一心性論的特色之一,便是將傳統道教的"神"概念突顯出來,進行超越層面的上升,使其成爲一個表達終極實體的概念。

道教的上述哲學創造發軔于唐初著名道士李榮、成玄英二人。李榮曰:"夫生我者神,殺我者心。我殺由心,心爲死地。若能灰心息慮,不構有無,無死地也。"(《道德真經玄德纂疏》卷 14)李榮將心與神對舉,心是殺我者,而神是生我者。顯然神是比心更高一級的實體,大略相當于"灰心息慮"的心狀態,而"灰心息慮"就是心體的顯露。因此可知,神實爲心體的另一種表達。李榮的這一思想爲後來的吳筠所認同,他在《玄綱論》中云:"夫心者,神靈之府,神棲于其間。苟心謀之,即神知之,神知之,則天地神明悉知之矣!"他也認爲神是居于心中的主持者。

從上面的論述中可以看出,這一思想還不成熟,到底是以神代心體呢? 還是以神代心(主體)呢? 在道教大師們中間尚未取得一致的看法。然而這一思想到了宋金元時期,尤其是在金元全真道中得到了進一步的闡發,正式認同神爲終極實體,并有取代心體之趨勢。(參拙著《金元全真道心性論研究》)

以神代心體的思想表面看來,似乎只是心、神一詞之異,實際上干係極大。因爲將神概念引入心性論中,就意味着將其與傳統道教的精、氣、神修煉學説關聯起來,而通過精氣神三關轉化式的修煉導致的超脱與單純地體認心性獲得的超脱便有了分野。這也是以後道教打出"性命雙修,形神俱妙",反對禪宗單純地修煉心性,以見性爲悟之根源。對此,下文將詳述。

神、性、道之分疏

　　與心一樣,性也是中唐道教心性哲學的一個重要概念。性亦有正性,一般之性兩種區分。正性源于道體,一般之性乃現實之人性。性與道實有極深之淵源。

　　唐代道教論及性與道之關係者,應首推李榮。他在《道德真經玄德纂疏》中說:"所謂虛極大道,是眾生之正性也。"李榮此種性論將正性與虛極大道溝通起來,這樣等于在主體與終極實體之間搭起了一座橋梁。正因爲有這座橋眾生追求解脫就不必像基督教徒那樣,將目光投向茫茫的蒼穹,只要向內用功,便可將超脫付諸現實。

　　李榮此一性論在中唐爲道士們進一步闡發。《道德真經玄德纂疏》卷四唐玄宗疏(實際出于道士之手)云:"虛極者,妙本也。言人受生,皆稟虛極妙本,是爲正性。及受形之後,六根愛悅,五欲奔競,則正性離散,失妙本矣!"張果《道體論》亦云:"問:所言道者,圓通化始,是何等始? 答曰:是物性之始。何以得知? 章云:得者遂成物終。則知性起于道,形生于德。"

　　上引玄宗疏便解釋了正性之散失,全在于受形之氣、情欲之干擾。故欲復本,必須禁絕情欲。

　　以性源于道的思想,在李榮逝後的一百多年之後,又爲儒家的衛道之士李翱所重提。其《復性書》卷中云:"人生而靜,天之性也。性者,天之命也。率性之謂道,何謂也? 曰:率,循也。循其源而反其性者,道也。道也者,至誠也。至誠者,天之道也。誠者,定也,不動也。"在此李翱也認爲性爲天之所命,亦與道體切合。當然他所依據的是對《中庸》"率性之謂道"一句的闡發,與李榮通過對《道德經》"歸根復命"的闡發來發揮思想不同。但不知若李翱看到李榮此注之後,其辨析之心是否還能如此堅固?

　　在唐代道教心性之學中還提到過"命"這一概念,并將性命并

提。那麼"命"的確切含義是什麼呢?《道德真經玄德纂疏》卷 4 成
玄英疏曰:"靜曰復命。命者,真性惠命也。既屏息囂塵,心神凝寂,
故復于真性,反于惠命。"唐玄宗疏亦云:"木之稟生者根,歸根故復
命。人稟生者,妙本。今能守靜致虛,可謂歸復所稟之性命矣!"
(《道德真經玄德纂疏》卷 4)此二條所言之命即真性惠命,性命之
含義完全等同,故可視其爲同義詞。這樣實際上命亦是真體的另一
個指謂詞。唐代道教的這一思想爲宋元道教所不取,宋元道教無論
是南宗還是北宗,都遵循"神是性兮,炁是命"的原則,并由中創發
出性功與命功,從而倡導性命雙修雙證的證脱之途。但令人頗感奇
怪的是這一思想卻爲宋儒視爲圭臬。

宋儒程頤言:"理、性、命,一也。"(《二程全集·遺書》)又言:
"窮理,盡性,至命,只是一事。才窮理便盡性,才盡性便至命。"(《二
程全集·外書》)此兩條所言之性命都是同一意思。以性釋命的思
想最早萌芽于漢鄭康成注《禮記·檀弓》,其云:"命猶性也",但其
所言之性并没有實體的意義。程頤在上述二條使用的理、性、命都
是具有終極實體意義的,這就和唐代道教的思想暗合。這種暗合對
于汲汲于道統之辨的程頤來説,豈不是一樁譏諷!

在前面我們已經論述了心與神的關係,其實在中唐道教心性
之學中性的概念同樣也與神有着特殊的關聯。性、神、道作爲三個
表徵終極實體的概念,其意蘊相近又各有妙用。那麼它們又是如何
有序地結合在一起呢?其中的義理分疏又是一種什麼樣的情形呢?
對此吳筠在名著《玄綱論》中做了重點的説明:

　　神者,無形之至靈也。神稟于道,靜而合乎性。人稟于神,動而合乎
　　情。故率性則神凝,爲情則神擾。凝久則神止,擾極則神遷。止則生,遷
　　則死。皆情之所移,非神之所使。

原來神也是稟源于道體的,從這點看來,神與性相近,但神亦
不完全等同于性,而有至靈至妙之功用。性相對于神而言,靜凝有
餘而靈妙不足。但神也有躁動與靜定的兩面,當其靜定之時,神就
與性更加靠近,故神與性雖有微妙的區別,然而其本質是共同的。

正因爲如此，在中唐道教心性之學中，性與神常常交換使用，有時甚至乾脆神性并提：

> 夫人所以死者，形也；其不亡者，性也。聖人所以不尚形骸者，乃神之宅，性之具。其所貴者，神性爾。（《玄綱論》）

然而儘管神與性之間有着這種微妙的差異，有一點卻值得注意，這就是作爲真體的神與性都是源於大道之體的，其本質是與合切合的。中唐道教心性之學對神、性、道三者所作的這種細緻的分疏，亦是其特色之一。

此外李榮、吳筠還有一個義理方面的創造，這就是很有灼見地提出"天理"、"理體"概念，而且其天理概念具有真體義蘊，與性的內涵相近：

> 道者，虛極之理體，不可以有無分其象，不可以上下極其真。所謂妙矣難思，深不可識。（《道德真經玄德纂疏》卷1）

> 性本至凝，物感而動。習動滋久，胡能遽寧？既習動而播遷，可習靜而恬晏。故善習者，寂而有裕，不善習者，煩而無功。是以將躁而制之以寧，將邪而閑之以貞，將求而抑之以舍，將濁而澄之以清。優哉！優哉！不欲不營。然後以玄虛爲境域，以澹漠爲城闕，以太和爲宮觀，以寂照爲日月。惟精惟微，不廢不越。行如是，息如是，造次于是，逍遙于是。習此久者，則物冥乎外，神鑒于內。不思靜而已靜，匪求泰而彌泰。即動寂兩忘，而天理自會矣！（《玄綱論》）

李、吳二位此處所論及之"理體"，"天理"，即超越動寂、冥合于道體的真體。然而此所謂的真體，絕對不是宋儒程顥所獨會之"天理"，而是以玄虛、澹漠、太和爲基本內蘊的大道實體。有一點，在此我們還必須說透。宋儒程顥曾經對自己的一個"創造"頗爲自負：

> 吾學雖有所授受，天理二字，卻是自家體貼出來。（《二程全集·外書》）

程顥以將"天理"二字體貼出來感到自豪，殊不知一百多年前，道教大師吳筠就先他將"天理"說得明明白白。其實"天理"概念在《莊子·漁父》中就已經提到，其云："同類相從，同聲相應，固天之理也。"當然莊子此處的"天之理"尚無實體的意味。

心、神都是源于道的,道是中唐道教心性之學的最終歸結點。因而道的實質是什麼,將決定着整個心性之學的歸趣。禪宗與理學的心性之學的構架,也有此心、性、道合一的特徵。這樣可以説,道、禪、儒三家心性之學的分野全都集中在一個道字。關于這點韓愈在《原道》中分辨得很清楚。他也知道"道"有三家之分:"其所謂道,道其所道,非吾所謂道也;其所謂德,德其所德,非吾所謂德也。"

那麼中唐道教心性論中言及的道,究爲何物呢? 對此,司馬承禎、吳筠、張果都做了很精彩的闡述:

　　夫道者,神異之物。靈而有性,虛而無象;隨迎不測,影響莫求。不知所以然而然,通生無匱,謂之道。(《坐忘論》)

　　道者,何也? 虛無之繫,造化之根,神明之本,天地之源。其大無外,其微無内,浩曠無端,杳冥無對。至幽靡察而大明垂光,至靜無心而品物有方。混漠無形,寂寥無聲。萬象以之生,五音以之成。生者有極,成者必立,生生成成,今古不移,此之謂道也。(《玄綱論》)

　　道者,極妙之環中,圓通物化。因通立稱,故名爲道。(《道體論》)

由以上三子所論,可知"道"是虛寂爲體,通生爲德,靈妙爲用的活潑潑的終極實體。此實體上有超越的真在,下有通化造化的功用。本體與作用通融無二,互切互入,打成一片。若把定此道上可超凡入聖,切入實體,與道冥合,下可董理陰陽,參與造化。至于理國理家,乃其餘事爾。可惜的是韓愈囿于道統之辨,不能全體此道,反以有限之仁義禮智割裂道體,使其變成一機械僵化之物。不唯面孔生硬,而且缺少上半截之超越層面。其言道曰:

　　凡吾所謂道德云者,合仁與義言之也,天下之公言也。老子之所謂道德云者,去仁與義言之也,一人之私言也。(《原道》)

　　斯道也,何道也? 曰:斯吾所謂道也,非向所謂老與佛之道也。堯以是傳禹,禹以是傳之湯,湯以是傳之文、武、周公,文、武、周公傳之孔子,孔子傳之孟軻。軻之死,不得其傳焉。(《原道》)

韓愈以仁義禮智之類的有限之物範圍道體,的確坐井觀天,所見者小。其所以不能把握道之整體,全在于狹隘的一家一派的道統之見。後來宋明理學雖然出禪入道,吸取道、禪二家的道體思想,補上了向上一截,但仍固守道統之辨,真是不可思議。

　　韓愈對道家道體的批評全在于公私之論,其實這是因爲沒有看到大道的生化之用。他認道家之道絕仁棄義,無法包容世俗道德的層面,是爲一己之私見。這其實是一個誤解,對此李榮、吳筠都有說明。其論道德與仁義的關係曰:

　　　　道德者,道之實也;仁義者,道之華也。(《道德真經玄德纂疏》卷11)

　　　　　然則道德爲禮智之本,禮智爲道之末。執本者易而固,持末者難而危。故人主以道爲心,以德爲體,以仁義爲車服,以禮智爲冠冕,則垂拱而天下化矣! 若尚禮智而忘道德者,所爲有容飾而無心靈,雖乾乾惕惕而天下敝矣!《玄綱論》

　　李、吳二人以本末、實華來論述道德與仁義的關係,自然就消解了韓愈的詰難。可惜韓愈所見不廣,沒有讀到這兩人的著述。

心之動靜與陰陽

　　中唐道教心性之學的另一個特色便是將陰陽概念納入心性體系之中。陰與陽本來是傳統哲學指謂氣的兩個概念,但中唐道教大師們卻創造性地對其做哲學的抽象,抽掉陰陽概念中實存的氣性內容,使其變成爲表徵心之動靜狀態的概念。這樣陰與陽就與心之喜怒哀樂思等各種狀態發生關聯,由此種關聯又進一步引發出以陽煉陰,進而超越陰陽對待的證道思想,從而最終使道教心性之學不雜于禪儒二家,顯發出獨特的魅力。不過此種思想并不十分成熟,義理方面存在着糾葛不清的矛盾之處。

　　那麼其具體創發的走向又是如何呢? 吳筠《玄綱論》云:

　　　　又悲哀感慼者,與陰爲徒;歡悅忻康者,與陽爲徒。故心悲則陰集,志樂則陽散。不悲不樂,恬澹無爲者,謂之元和,非元和無以致其道也。

　　　　柔和慈善貞清者,陽也;剛狠嫉惡淫濁者,陰也。心澹而虛則陽和襲,意躁而欲則陰氣入。明此二者,制之在我,陽勝陰伏,則長生之漸也。

　　在此處第一條吳筠將心之悲傷、憤怒等消極類的感情與陰劃

爲一類,將歡快、喜悦等積極類的感情歸爲陽類。結論是要不喜不
怒,不悲不忻,追求一種澹泊無爲的元和之境。第二條則以心之慈
和貞清之質爲陽,以剛狼嫉惡爲陰,此陰陽關乎善惡,故此主張以
陽制陰。可見已有"尚陽"之萌芽。吴筠又喜區分心之動静,并以陰
陽解釋之。其目的是要使心境恒處于一種虚極明瑩的境地。此種
心境既不着于静,亦不着于動,因此可視爲動静雙超。既超越動静,
便爲陰陽所不能約束,從而與道體冥合爲一。此也是心的解脱之一
種。其論心之動静云:

> 是以動而不知其動者,超乎動者也;静而不知其静者,出乎静者也。
> 故超乎動者,陽不可得而推;出乎静者,陰不可得而移。陰陽莫能變而況
> 于萬物乎!(《玄綱論》)

> 故不爲物之所誘者,謂之至静。至静然後能契于至虚。虚極則明,明
> 極則瑩,瑩極則徹。徹者,雖天地之廣,萬物之殷,不能逃于方寸之鑒矣!
> (《玄綱論》)

吴筠此論全在追求一種湛然至虚的心境,此種思想也爲李翱
所重提,其《復性書》云:

> 聖人者豈其無情邪!聖人者寂然不動,不往而利,不言而神,不耀而
> 光,制作參乎天地,變化合乎陰陽。雖有情也,未嘗有情也。

李翱論聖人之性雖也主張"寂然不動",但不知爲何只局限于
"制作參乎天地,變化合乎陰陽"之境界,終不能體究道體,與大道
冥合爲一。

吴筠在將陰陽納入其心性之學時,產生了一個矛盾。一方面他
以陰陽界定動静,另一方面又以心氣來規定動静。這樣陰陽概念的
氣性内容便没有完全被抽掉,可見他的陰陽概念還是比較模糊籠
統,其規定亦不確定。然而當他以心氣規定心之動静時,便很清楚
地表達了以陽煉陰的思想。他在《玄綱論》中述此思想云:

> 故静者,天地之心也;動者,天地之氣也。心静氣動,所以覆載而不
> 極。是故通乎道者,雖翱翔宇宙之外而心常寧,雖休息毫厘之内而氣自
> 運。故心不寧則無以同乎道,氣不運則無以存乎形。形存道同,天地之德
> 也。

　　　　是以有纖毫之陽不盡者,則未至于死;有錙銖之陰不滅者,則未及
　　于仙。仙者超至陽而契真,死者淪太陰而爲鬼。是謂各從其類。

　　這裏明顯地帶有尊陽賤陰的傾向,將尚陽的思想納入其心性
體系之中。其結果是使道教在心性體悟中超證的實體與禪、儒二家
發生分野。具體地説來便是心氣雙合,形神俱超,與禪、儒單純地做
心性體悟工夫實有重大的不同。

　　在以陰陽闡述心的狀態的同時,唐代道教大師們又進一步將
陰陽概念與其心性體系中的另外兩個主要概念魂、魄結合起來。魂
魄也是傳統道教慣常使用的兩大概念,在傳統的使用方法中,魂魄
是構成個體人靈魂的兩大基本組成部分。唐代道教大師們吸收了
傳統文化對魂魄的解釋,其論魂魄曰:

　　　　言人受生始化,但有虛,象魄。然既生,則陽氣充滿虛魄。魄能運動,
　　則謂之魂。如月之魄,照日則光生矣!故《春秋》子產曰:"人生始化曰魄,
　　既生魄,陽曰魂。"言人初載虛魄,當營護陽氣,常使充滿,則生全。若動
　　用不恒,耗散陽氣,則復成虛魄而死滅也。(《道德真經玄德纂疏》卷3)

　　李榮此條即認人之受生,先立虛竅,此虛竅即爲魄,後陽氣充
滿虛魄,此虛魄即由消極的空虛變爲主動的物件,此即爲魂。唐代
道教思想家們即認此充實的陽魂爲陽神實體之根基。如此便將魂
魄概念與神,陰陽等發生複雜的關聯。在此關聯中,魂屬陽,陽神,
爲生的方面;魄爲陰,陰神,爲死的方面。但在唐初,由于傳統道教
拘魂制魄觀念的約束,尚認爲魂魄兩者,都是于神氣有害的。如成
玄英即認爲:

　　　　營魂是陽神,欲人之善,魄是陰神,欲人之惡。故魂營營然而好生;
　　魄,汨也,欲人之汨著生死。又魂性雄健,好受喜怒,魄性雌柔,好受驚
　　怖。驚怖喜怒,皆損精神。故修道之初,先須拘魂制魄,使不馳動也。
　　(《道德真經玄德纂疏》卷3)

　　成玄英的這種拘魂制魄的思想到了唐中期就有了改變。吳筠
即認爲陽魂是對人有益的,修煉不是制魂,而是以魂勝魄,最終成
就陽勝陰銷,全體純陽之仙體:

　　　　陽與陰并而人乃生,魂爲陽神,魄爲陰靈。結胎運氣,育體構形。然

勢不俱全,全則各返其本。故陰勝則陽竭而死,陽勝則陰銷而仙。

經過如此改變,吳筠便將魂魄概念很和諧地納入其心性之學中,從而使中唐道教心性之學發出獨特的光輝。

形 超 性 徹

心性之學所貴者不在概念之精妙,體系之宏偉,而在于亦步亦趨之扎實鍛煉功夫。只有經由切實的心地功夫,才能逐去雜念妄想,化腐朽爲神奇,當體顯現出晶瑩皎潔之性天心體。中唐道教之心性功夫與禪宗相比,顯得更爲平實穩健。尤其是在心地下功的同時,沒有像禪宗那樣視形骸爲幻妄,只重心證,不言形超,而是能兼顧形的一方,以生生之大德爲宗旨,倡導形神雙證,性命雙修。

中唐道教的心地功夫,以司馬承禎最爲精熟,其所著《坐忘論》不僅文筆精妙,而且思想嚴謹。若非心中真有所得者,斷難發出此等妙論。司馬承禎的心性修煉注重斷境與離念的雙重修煉。

個體的心作爲主宰形體,應付外界各種刺激的主體,之所以不能有極大的自由,關鍵在于始終處于與境的對待之中。其境分内境與外境兩種。内外二境就如同兩道牢固的枷鎖,將此靈妙之心體束縛于心物之二元對待之中。因此要將心體獨超出來,先須離境。其外境即外物,外物爲境之明顯者。心擺脱外境,即能打破有無之對待:

> 所以學道之初,要須安坐收心,離境住無所有。因住無所有,不著一物,自入虛無,心乃合道。(《坐忘論》)

> 此心猶來依境,未慣獨立,乍無所托,難以自安。縱得暫安,還復散亂。隨起隨制,務令不動。久久調熟,自得安閑。(《坐忘論》)

心若離境,則能獨立承當。然而外境固然易除,内境之念因其微無形,浮雜游離,所以容易遁逸。但如果不能滅除内心的雜念,那麽前念、後念連續不斷,仍然會構成一道心念之鎖鏈,此心就仍無自由之可言,故修心的另一面即在制念洗心。《坐忘論》云:

　　夫欲修道成真,先去邪僻之行,外事都絶,無以干心。然後端坐内觀正覺,覺一念起,即須除滅。隨起隨制,務令安靜。其次雖非的有貪著,浮游亂想,亦盡滅除。晝夜勤行,須臾不替。唯滅動心,不滅照心,但冥虛心,不冥有心。不依一物,而心常住。

　　經過此番心地功夫,就能于妄心之中,當體顯現出真心實體。然而此種浮游亂想,其根源竟何在呢?對于念之性質,細細分析起來,可見出其兩種來由。其一是源于感官知覺對外境接納之後所産生之殘存映象。其二則是根于形氣,此部分内容主要有各種情欲所構成。因此,制念又可部分地視爲斷情。《玄綱論》有云:

　　　　道之所至忌者,淫殺陰賊,此誠易戒。至于小小喜怒、是非可否,人之常情,甚難慎也。都不欲有纖芥之事關乎方寸之中,慮清神閑,則邪氣不能人,我志不擾,則真人爲儔。

《坐忘論》亦云:

　　　　若有時躁競而煩悖者,此乃形中諸魄爲陽靈之氣所煉,陰尸積滯將散,故擾于絳宮之真矣!可入室靜慮,存一握固,激其滓濁。候神清氣平,然後省己悔過,務令自新,則轉合于虛靜之途。此亦洗心之一術爾。

　　這樣經過外境、内境的雙重拔除,最終使心體迥然獨立,自作主宰。若到這種境界,則心境虛明,不存一物,如此便可與道冥合爲一。因此虛明如鏡,晶瑩湛然的狀態是心體的恒常狀態。司馬承禎有時又用"定心"、"枯形灰心"等詞做描述:"唯定心之上,豁然無覆,定心之下,曠然無基。舊業永消,新業不造;無所纏礙,迴脱塵網。行而久之,自然得道矣!"(《坐忘論》)又:"次觀于心,亦無真宰。内外求覓,無能受者。所有計念,從妄心生。然枯形灰心則萬病俱泯。"(《坐忘論》)此種定心、灰心,實即爲終極之心體。

　　慧能所建立的禪宗,雖也不反對做心性功夫,但卻特重頓悟。其欣賞的是"挑水擔柴無非妙道",反對避喧趨靜,拘守于寺廟中做修煉功夫,著名的馬祖道一磨磚做鏡之典故,便代表禪宗對純粹心地下功之態度。禪宗的即世修行的原則確是開天闢地的一大創造,但是也帶來了一些問題。其主要的弊病便是由于無切實之路可循,使得許多末學庸流也混入其中，假以參禪學道之名，終日揮拂塵，舞柱杖，實際上心地不明，障蔽淵深，實爲禪學中的南郭先生。這些弊病在當時表現得還不十分明顯，然而司馬承禎卻慧目獨運，指出這種上天無梯的學説是越等造次，必然會引發蹈空的後果：

> 或曰：夫爲大道者，在物而心不染，處動而神不亂。無事而不爲，無時而不寂。今獨避事而取安，離動而求定。勞于控制，乃有動靜二心；滯于住守，是成取舍兩病。都未覺其外，執而謂道之階要，何其謬邪？
>
> 答曰：總物而稱大，通物之謂道。在物而不染，處事而不亂。真爲大矣！實爲妙矣！然謂吾子之鑒，有所未明。何耶？徒見貝錦之輝煥，未曉始抽之素絲；才聞鳴鶴之冲天，詎識先資于觳食。蔽田之干，起于毫末，神凝至聖，積習而成。今徒學語其聖德，而不知聖之所以德。可謂見卵而求其時夜，見彈而求其鴞炙，何其造次哉！（《坐忘論》）

這一當頭棒喝，真是及時。可是在當時并未引起禪士們的應有重視，以至後來積重難返，救弊無方。

中唐道教心性之學特異于禪宗及後來的理學心性論的一個最重大的特點便是倡導形神雙修雙證。道教心性之學這一終極了證原則的提出明顯是借鑒了傳統道教的有關“養命”方面的思想。

形神雙修的思想爲中唐道教大師們共同認同。司馬承禎便以修道是否被及于形體來衡量得道之淺深，并把“神性虛融，體無變滅”作爲得道的目標。其《坐忘論》云：

> 然虛無之道，力有淺深。深則兼被于形，淺則唯及于心。被形者，神人也；及心者，但得慧覺而心不免謝。何耶？慧是心用，用多則心多。初得少慧，悦而多辯，神氣漏泄，無靈潤身光，遂致早終，道故難備，經云尸解，此之謂也。是故大人含光藏輝，以期全備，凝神寶氣，學道無心，神與道合，謂之得道。
>
> 上士純信，克己勤行，虛心谷神，唯道來集。道有深力，徐易形神。形隨道通，與神合一，謂之神人。神性虛融，體無變滅。形與道同，故無生死。隱則形同于神，顯則神同于氣。所以蹈水火而無害，對日月而無影，存之在己，出入無間。

形神雙修雙證的原則爲以後宋元道教心性之學所肯定。無論是兩宋南宗的先命後性，還是金元全真道的先性後命，都主張性命雙修，形神俱妙。針對禪宗的單純心地解脫，中唐道教大師們都進行了批評。在批評的同時，又對形與道之間的滯礙進行消除。因爲道是無象，形爲實有，如果要做到形與道冥合，在理論上就必須解決有與無的對峙。禪宗就是因爲無濁消解這個矛盾而逃避到心地解脫之途。因此，如果要標出形神雙證的宗旨，那就要在理論上有重大的突破，即化解有與無，形與神、道之間的窒礙。

中唐道教心性之學的這一理論突破，是由司馬承禎、吳筠兩人共同完成的，但吳筠的表述似更精彩。其《玄綱論》云：

> 或問曰：道本無象，仙貴有形。以有契無，理難長久。曷若得性遺形者之妙乎？

> 愚應之曰：夫道至虛極也，而含神運氣，自無而生有。故空洞杳冥者，大道無形之形也；天地日月者，大道有形之形也。以無繫有，以有含無，故乾坤永存而仙聖不滅。故生者，天地之大德也。所以見六合之廣，三光之明者，爲吾有形也。若一從淪化而天地萬物盡非吾有，即死者人倫之荼毒也。是以煉凡至于仙，煉仙至于真，煉真合乎妙，合妙同乎神。神與道同，即道爲我身。所以升五京，游金闕，能有能無，不終不歿。何爲理難長久乎？若獨以得性爲妙，不知煉形爲要者，所謂清靈善爽之鬼。何可與高仙爲比哉！

吳筠于此處首先肯定生之大德，然後借助傳統道教的三關鍛煉：煉凡成仙（其實質爲煉精化炁），煉仙成真（即煉炁化神），煉真合妙（即煉神合道），架起了有與無，形與道之間的橋梁。這種理論突破得益于傳統道教的精、炁、神三個互相連環的概念。其微妙之處又在于神，因爲神連接形、炁與道，乃超越與下落之中界，若無神這個中界，道教心性之學就無法建立自己的超越。因此，可以説神是中唐道教心性之學的關鍵概念，道教全部心性之學賴神之設立而靈妙自如，此亦是其一重大的特色。

作者簡介　張廣保，江西撫州人，1964 年生，北京大學哲學博士，現爲中國社會科學院歷史所助理研究員。

簡論道教倫理思想的幾個問題

卿希泰

內容提要　宗教與倫理有着非常密切的關係。本文圍繞着倫理與宗教的關係、道教倫理道德的思想淵源及基本內容、道教倫理道德的特點等主題對道教倫理思想展開全面探討。

一、倫理與宗教的關係

宗教與倫理有非常密切的關係。在倫理道德中，包含了世俗的倫理道德和宗教的倫理道德。宗教學與倫理學是互相交叉的學科。這交叉的一部分，就叫宗教倫理學，它可以成爲一門獨立的邊緣學科。這個關係，可以圖示如下：

有少數同志認爲，宗教和倫理，是兩種不同的意識形態，彼此不能交叉。但事實上，各種意識形態的相互交叉，是時常出現的。宗教不僅與倫理交叉，還與文學交叉，如宗教文學；與藝術交叉，如宗教藝術；與音樂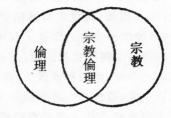交叉，如宗教音樂；與哲學交叉，如宗教哲學；與社會學交叉，如宗教社會學；與心理學交叉，如宗教心理學，如此等等。所以，宗教倫理學是值得研究倫理學同志注意探討的一門學問。

二、道教倫理道德的思想淵源和基本內容

（1）道教倫理道德的思想淵源

道教思想，"雜而多端"。其倫理道德的思想淵源，主要有古代的宗教倫理道德思想、儒家的封建倫理道德學說、道家和佛教的有關思想等。其中，天人感應的神秘思想，對道教的倫理道德的影響特別明顯。道教繼承了上天能賞善罰惡的說法，并加以發揮和發展，形成了自己獨具特色的倫理道德體系。

（2）道教倫理道德的主要內容

（A）在有關教理教義經典方面所包含的倫理道德思想。

早期道經經典《太平經》繼承了《周易》"積善之家必有餘慶，積不善之家必有餘殃"這一思想，創造了"承負說"，使報應論思想更加嚴密。它認為報應有兩種：一種是自己的善惡行為在自身今世得報；一種是自己的祖先有善惡，在自己身上得報。即是說，一個人不但要承受自己的行為善惡的報應，還要承受自己祖先的行為善惡的報應。

《太平經》的承負說，在《太上洞淵神咒經》中又有發展。它受到佛教生死輪迴說的影響，把善惡報應的時間，分為先世、現世和後世三種：認為一個人的善惡行為在自身今世遭受報應的，是現世報；承受先人的善惡報應的，是先世報；自己行為的善惡，由將來自己的兒孫遭報應的，叫後世報。這樣，使承負說的內容更加豐富了。

在《太平經》裏，還提倡互助互愛，主張有財物的人應當"周窮救急"、"有財相通"，不要把財物據為己有，一人獨占，對窮困的人敲詐勒索；有道德的人，也應以道德教人，"開矇求生"、"教人守德，養性為謹"。它反對"智者"欺負"愚者"，"强者"欺負"弱者"，"少者"欺負"老者"。强調要實行人人平等而又公平的原則。這些是受墨家的思想影響。在《太平經》裏，都和"承負說"聯繫起來，認為違反這些倫理道德原則，就要"或身即坐，或流後生"。

　　《太平經》還提出了"三合相通"學說。其意略謂：宇宙間存在着陰、陽、中和之氣，天本陽氣，地本陰氣，人本中和氣，此三者相合相通，共生共養萬物。與此相應，天上的日、月、星，地形的高、下、平，人倫的父、母、子與君、臣、民，也分別各以"三合"的形式出現，它們之間是互相依存的，因此，均須彼此"相愛相通"、"并力同心"、"無復有害者"，方能導致自然界的和諧和人世間的太平。如果"不三并力"，則"聰明絶、邪氣結不理，上爲皇天大讎，下爲地大咎，爲帝王大憂，災紛紛不解，爲民大害，爲凡物大疾病"，"災變怪異，委積而不除"。這種"三合相通"的思想，貫穿于整個《太平經》一書，既是它的宇宙觀和方法論的一個重要特徵，也是它的倫理道德觀念的重要内容。

　　南朝劉宋靈寶道士陸修靜，把儒家的封建倫理道德思想與道教的修道成仙密切結合，提出了"三合成德"的理論，和《太平經》的"三合相通"説有些類似，但在内容上有它自己的特點。他在《洞玄靈寶齋説光燭戒罰燈祝願儀》中説："夫道，三合成德，自不滿三，諸事不成。三者，道、德、仁也。仁，一也；行功德，二也；德足成道，三也。三事合，乃得道也。……故《五千文》曰：'三生萬物。'"

　　（B）在有關戒律條文中所包含的倫理道德思想

　　道教的戒律，是規範和約束道士言行的條規，是指導道士生活和修煉的準則。在道教建立之後即已產生，隨着道教的發展，這種戒律條文也逐步增多和逐漸繁複。在這些戒律條文中，包含了許多倫理道德的内容。

　　道教認爲，戒律是防止道士"惡心邪欲"、"乖言戾行"的重要手段。其中心思想，是告誡道士們：作惡將引起可怕的後果，使之努力趨善，不敢作惡。故許多戒律書在規定各種具體戒律條文的同時，都不厭其煩地反復聲稱：違背戒律，將受到司過之神的懲罰，甚至用所謂地獄的種種酷刑來嚇唬作惡者。在這些戒律當中，有所謂"三戒"、"五戒"、"八戒"、"十戒"、"一百八十戒"、"三百觀身大戒"，直到"一千二百威儀戒"等等。其思想淵源，都與道家的守清靜、戒貪欲有關。

例如,"洞神五戒"的基本内容是:目不貪五色,耳不貪五音,鼻不貪五氣,口不貪五味,身不貪五綵。

又如,"道德尊經想爾戒"把行爲分爲上中下三等,其内容是:行無爲,行柔弱,行守雌,勿先動,此上最三行;行無名,行清靜,行諸善,此中最三行;行無欲,行知止足,行推讓,此下最三行。

這些戒律的基本思想是主張清靜無爲,體現道家本色,可能是早期道教的戒律。

"老君一百八十戒",除了包含清靜無爲、與世無爭等思想之外,還吸收了佛教"五戒"的内容。道教的五戒是不得殺生、不得葷酒、不得口是心非、不得偷盗、不得邪淫。其出現的時間,可能稍後。

值得注意的是,道教的許多戒律條文當中,都特别强調忠孝的思想。如晉末和南北朝初年出現的《正一法文天師教戒科經》中便强調:"事師不可不敬,事親不可不孝,事君不可不忠,⋯⋯仁義不可不行。"又如《太上經戒》記言元始天尊所説的"十戒"中,便有"不得違戾父母師長,反逆不孝","不得叛逆君王,謀害國家"等條文。這些都是明顯地吸收了儒家封建倫理道德的影響。

在《太上洞玄靈寶智慧皋根上品大戒經》中,更把許多儒家的封建倫理道德都包括進去,指出:"與人君言,則惠于國;與人父言,則慈于子;與人師言,則愛于衆;與人兄言,則悌于行;與人臣言,則忠于君;與人子言,則孝于親;與人友言,則信于交;與人婦言,則貞于夫;與人夫言,則和于室;⋯⋯與奴婢言,則慎于事。"這樣,把處理人與人之間的各種關係的道德準則,都講到了,比儒家講得更集中,更全面,表明道教的倫理思想是十分豐富的。

(C) 在道教勸善書中所包含的倫理道德思想

道教的勸善書,是在宋元以後出現的。它使道教的倫理道德思想更集中,更系統化和通俗化了。流行甚廣,影響很大。

最早出現的勸善書,名叫《太上感應篇》,《宋史・藝文志》有著錄,其作者爲誰,至今學術界的説法不一。受《感應篇》的影響,相繼產生了《陰騭文》和各種《功過格》,大約在南宋末年,就形成了一系列勸善書的陣營,受到統治者的提倡,儒家對它也崇奉。清代的兩位大儒惠棟和俞樾,一作《太上感應篇注》,一作《太上感應篇贊義》。俞樾認爲:"此篇雖是道家之書,而實不悖于儒家之旨。"

　　勸善書一面勸告人們,要想長生成仙,首先必須廣行善事。只要善行累累,就會出現"人皆敬之,天道佑之,福祿隨之,衆邪遠之,神靈衛之,所作必成,神仙可冀"的奇迹;一面又警告人們:"禍福無門,惟人自召,善惡之報,如影隨行。是以天地有司過之神,依人所犯輕重以奪人算,算減則貧耗,……算盡則死。"(《太上感應篇》)從懲戒出發,描繪一幅陰森可怕的畫面以嚇唬人們。勸善書在宣傳善惡報應論時,也繼承了《太平經》的承負說,把它簡化爲兩句話:"近報在身,遠報子孫。"即是善惡到頭終有報,只是時間的早遲問題。勸善書在勸人爲善時,還特地強調要從一念起處下功夫,從而加强了對人們的思想控制。勸善書還告誡富人說:"斗秤須要公平,不可輕出重入","勿倚權而辱善良,勿持富豪而欺貧困"。(《陰騭文》)這是勸善書中有一定積極意義的部分。勸善書還主張三教合一,如說:"或奉真朝斗,或拜佛念經,報答四恩,廣行三教。"(《陰騭文》)這反映了宋元以後三教合一的總趨勢。

　　(D) 在各教派立教宗旨中所包含的倫理道德思想

　　道教的倫理道德思想,不僅包含在各種道書之中,而且也體現在各個教派的立教宗旨和宗教活動之中。早在五斗米道的創建時期,即按照"道設生以賞善,設死以威惡"的神學觀念,明確將倫理道德規範納入了他們的立教宗旨。據《老子想爾註》的記載,張陵等人即"以廉耻治人",對其信徒皆"教以誠信不欺詐",并要求他們"信守教誠",強調"棄邪知,守本樸,無它思慮",并嚴格"自守"。認爲"唯有自守,絕心閉念",才能與"大無極"之"道"冥合。爲了自守,就必須做到無思、無欲、無名、無爲,不"貪寵有身",不求榮好,不與人爭,不強求尊貴,不爲惡事。與此同時,它也十分重視封建倫理,要求"臣忠子孝",并提出"治國之君務修道德,忠臣輔佐在行道,道普德溢,太平治矣。"

　　不僅早期教派是如此,後來興起的許多道派也都繼承了這個特點,并從而發揚光大之。如金代創立的太一道,就是以篤于人倫、度群生于苦厄爲其突出的特點。在蕭抱珍創教之初,便十分重視其教徒在人倫方面的品行。其嗣教祖師多以周濟貧苦、樂善好施著名于世。《秋澗集》卷四七謂二祖蕭道熙"平生好賑施,養老邮孤近百人,人月給鏹伍千爲率,死乃已,貧者喪不能舉,衣被棺槨,爲俱具之。"三祖蕭志冲因其先師霍士華"故有淹疾,師(指蕭志冲)事奉唯謹,前後十年無倦色,或衣不解帶者數月,人以爲難。"(《淳南集》卷四二《太一三代度師墓表》)四祖蕭輔道則在戰亂之後以掩埋道旁無人收葬的尸骨,尤爲世人所稱道。

　　金代創立的另一新道派是真大道。據《宋學士文集》卷五五《書劉真人事》稱,真大道是以"老子遺意化人",以"清修寡欲、謙卑自守,力作而食,無求于人"爲其立教宗旨,要求其徒嚴格遵守下列九戒:"一曰視物猶己,勿萌戕害凶嗔之心;二曰忠于君,孝于親,誠于人,辭無綺語,口無惡聲;三曰除邪淫,守清靜;四曰遠勢力,安賤貧,力耕而食,量入爲用;五曰毋事博奕,毋習盜竊;六曰毋飲酒茹葷,衣食取足,毋爲驕盈;七曰虛心而弱志,和光而同塵;八曰毋持強梁,謙尊而光;九曰知足不辱,知止不殆。"

　　金代創立的全真道,則是"以識心見性、除情去欲、忍耻含垢、苦己利人爲宗"(徐琰《郝宗師道行碑》)。劉祖謙《重陽仙迹記》謂王重陽在創教時,"凡接人初機,必先使讀《孝經》、《道德經》,又教之以孝敬純一,其立說多引六經爲證。……皆所以明正心誠意少思寡欲之理,不主一相,不居一教也。"辛敬之《陜州靈虛觀記》謂"其謙遜似儒,其勤苦似墨,其慈愛似佛,至于塊守質樸,澹無營爲,則又類夫修混沌者。"表明其倫理道德思想是儒墨佛道兼而有之。

　　南宋興起的淨明道,一稱淨明忠孝道,更是以強調忠孝道德實踐、積極進行倫理教化爲顯著特點的。它要求進行淨明修煉的"黃素之士",必須"以忠孝爲本","無忘八極"。所謂"八極",《太上靈寶淨明飛仙度人經法》説:"忠者,欽之極;孝者,順之極;廉者,清之極;謹者,戒之極;寬者,廣之極;裕者,樂之極;容者,和之極;忍者,智之極。"認爲只要按照忠、孝、廉、謹、寬、裕、容、忍這八個字做去,就可以達到淨明的境界,得道成仙。

三、道教倫理道德的特點

首先,道教倫理道德,和儒家有相同的一面,從内容來看,都特別强調忠孝思想;從社會功能來看,都同是爲維護封建統治服務的。但和儒家又有顯著不同的特點。儒家的倫理綱常,主要是靠政權的力量來貫徹的,而道教的倫理道德,則主要是靠神靈的威力來貫徹的,因而對一般老百姓來説,在心理上所起的作用更大。

如上所説,道教認爲:天地有"司過之神",隨人所犯輕重以奪人壽。此外,還認爲人的身中有上、中、下三尸,每到庚申之日,輒上天白司命道人所爲過失。又月晦之夜,竈神亦上天白人罪狀,故人們的一言一行,皆有神靈監督。而且認爲,不但做了惡事的人要奪紀,即使没有"惡迹",但有"惡心"的人,也要奪算。這比任何法令都更爲嚴格和更爲有效,迫使人們棄惡從善。

其次,道教的倫理道德,也吸收了一些佛教的思想,但它同佛教又有顯著不同的特點。道教的倫理道德,是與它所追求的基本目標——長生成仙緊密結合的。葛洪在《抱樸子内篇》中明確指出:"欲求仙者,要當以忠、孝、和、順、仁、信爲本,若德行不修,而但務方術,皆不得長生也。"又説:"欲求長生者,必欲積善立功,慈心于物,恕己及人,仁逮昆蟲,樂人之吉,愍人之苦,賙人之急,救人之窮,手不傷生,口不勸禍,見人之得如己之得,見人之失如己之失,不自貴,不自譽,不嫉妒勝己,不佞陷陰賊,如此乃爲有德,受福于天,所作必成,求仙可冀也。"這樣一來,一些倫理道德的規範,便和道教的長生成仙思想糅合在一起了。而且還説:"人欲地仙,當立三百善;欲天仙,立千二百善。若有千一百九十九善,而忽復中行一

惡,則盡失前善,乃當復更善數耳。"強調了倫理道德在修仙過程中
的重要性。

　　可見,道教是一方面以長生成仙的美好幻想來引導人們自覺
地遵守倫理道德;另一方面,又用賞善罰惡的神靈威力,來迫使人
們遵守倫理道德。正面引導與反面恐嚇相結合,使它的倫理道德準
則,在社會上發生更大的影響。

　　作者簡介　卿希泰,四川三臺人,1928 年生,現任四川大學宗
教學研究所所長、教授、博士生導師。著有《中國道教思想史綱》、
《道教文化新探》等。

道教功過格解析

李　剛

内容提要　本文分析了道教功過格的思想來源、倫理觀及其社會影響。認爲道教功過格源自《太平經》的"天券";其倫理思想是種"勸人爲善,度人成仙"的生命倫理觀,是道教生命哲學與倫理學結合的產物;道教功過格不僅影響了中國社會,而且其影響遠播日本。

道教功過格爲道教勸善書的代表性作品之一①,對功過格的研究,如同對《太上老君感應篇》和《文昌帝君陰騭文》的研究一樣②,可以循此透視道教倫理思想的特色,觀察道教宗教道德在其後期發展的一個側影。本文擬從以下三方面解析道教功過格:

一、道教功過格探源

功過格的源頭,我認爲可以上溯到漢代《太平經》中尋找。《太平經》認爲,人的生命簿籍的最高一等就是"不死之籍",獲得此籍

---

① 關于道教勸善書,請參見卿希泰、李剛《試論道教勸善書》,載《世界宗教研究》1985 年第 4 期。

② 參見李剛《文昌帝君陰騭文試析》、《太上感應篇初探》,載《宗教學研究》1987 年第 3 期、1988 年第 1 期。

就可以進入神仙長生的快活林,"行天上之事";而要獲得不死,就必須行善去惡,爲此,《太平經》製定了一整套自我監督的行善措施,其中之一便是"天券"。所謂"天券"是指人們將自己的善惡行爲年復一年地記錄于小册子上,檢查自我行爲的得失。《太平經》說:"……今年所付歸,因書一通自置之,亦教吏民自記一通置之,視善惡多少,名爲天券;來年付歸,復置一通,視善惡多少;來年復付歸,置一通,視善惡多少;下疏與上所記置,當緆相應,名爲天徵合符。令吏民更易心爲善,得天意,所上當多善,若令大易當大善。若令固固,無變不易,所上固固,如令爲惡不止,所上當益惡,吏民大欺忿天,所上當大惡增劇,故是天洞明照心之鏡也。不失銖分,以明吏民治行。"① 天券由神與人各置一册,分別記錄"吏民"每年的善惡行爲各有多少,人與神的記錄應該相一致,這叫"天徵相符"。那麼天券記錄善惡的目的是什麼呢?目的就在于讓人"易心爲善",按照"天意",使自我行爲"多善"、"大善"。如果讓自己那顆爲惡之心"無變不易",保持其固有的本來面目②,那麼就會"大惡增劇",受到上天懲罰。天就像一面明亮的"照心之鏡",分毫不差地反映人的善惡,從而指導人們"治行"。這就是天券的功能所在。"天券"這種計算人的善惡,分別予以不同報應的作法實爲後世道教功過格之濫觴。所謂"天券",可以說就是道教功過格最初的名稱,二者名異而實同。

　　特別值得指出的是,功過格之"格"在《太平經》中曾多次提到,多指自然之法則。如說,"天地格法,善者當理惡,正者當理邪";"天之格法,凡物悉歸道德";"有道德仁之處,其人日多而好善;無道德仁之處,其人日衰少,其治日貧苦,此天地之格懸法";"今爲諸弟子具陳天格法,使不失銖分"③。所謂"天地格法"就是指天地法式,這

① 王明《太平經合校》第 154 頁,中華書局 1960 年版;以下只注頁碼。
② 按《太平經》認爲人性本惡。
③ 參見第 697、231、160、224 頁。

種法式使萬物歸向于道德,使人成爲善人。這點《太平經》卷六十七説得很明白:"道德仁善,付有道德之士,凶惡付不深計之子。此格法,能皆象吾書文以自正,則天下無復惡人也。此乃天上太古洞極之道,可以化人,人一知之俱爲善,亦不復還返其惡也。"(第253頁)化人爲善的法式又與人的壽命相關。《太平經》説,天給予人的壽命,上者百三十歲,其次百二十,其次百歲,自從"天地陰陽中和三法失道以來",人"多不竟其年",故"天上多餘算"。"餘算一歲一算;格在天上,人行失天道,無能取者"(第695頁)。"算"是上天根據人的善惡品行而計算人的生命長度,行善者"延算",即賜予長壽,爲惡者則折壽夭亡。這種勸人爲善,度人長壽成仙,是《太平經》所謂"格"的内涵之一,亦爲後世道教功過格所繼承。

　　魏晉南北朝隋唐時,關于"格",道教又增添了新的説法。陶弘景《真誥》承續《太平經》估算善惡功過的作法,明確將成仙與功過格聯繫起來。其卷五《甄命授第一》説:"積功滿千,雖有過,故得仙。功滿三百,而過不足相補者,子仙。功滿二百者,孫仙。子無過又無功德,藉先人功德,便得仙,所謂先人餘慶。其無志,多過者,可得富貴,仙不可冀也。"陶弘景注稱:"此一條,功過之標格也。"所謂"功過標格",已非常接近後世功過格的提法。又卷十三《稽神樞第三》説:天仙與地仙都有等級,依世人積陰德的程度分別授與;而要在神仙世界的等級秩序中向上爬,也得按年限、依規格而來。據"四明法",最低一等的地下主,"一百四十年依格得一進","一進始得步仙階"。第二等地下主"徑得行仙階",經一百四十年,"進補管禁位",這個位置猶如"世間散吏","此格即地下主"的中等。第三等地下主的"高者",便可以"出入仙人之堂","五十年位補仙官,六十年得游廣寒,百年得入昆盈之宫"。在仙界中"依格"晉升的"格"指的是規格、格式,後世功過格的"格"也承續了此種含義。

　　在《無上秘要》、《度人經》等經典中,也可看到道教關于"格"的種種説法。《無上秘要》卷五十五有"上元之格"、"天格",卷四十一有"青華玄格"、"玉格",卷三十五有"儀格",卷九有所謂"隨格進號"。《靈寶無量度人上品妙經》卷一有"受度上升朱宮格"。《道門經法相承次序》說:"功滿三千,遷名仙格。"後世道教功過格可以說與此都有些牽連。

功過格計算善惡的作法,也能在魏晉至北宋的道經中發現。這些計算,有的異化爲天或神的形式。《無上秘要》卷四十七稱:"天計功過,明知不虧。"同書卷九《衆聖會議品》稱衆神"周行天下,司察善惡功過輕重";"糾察兆民,條列善惡輕重";"校定學仙人名功過深淺"。《洞玄靈寶道士受三洞經誡法籙擇日曆》記載:十齋八節時,"衆聖按行條記功過"。《太上大道三元品誡謝罪上法》說:三元大慶開生吉日,"衆聖同集,推校生死功過錄籍"。《無上秘要》卷四十四《洞真三元品誡儀》也有"生死圖籙功過"、"生死命籍算錄功過"、"生死功德輕重功過"。都是將功過與人的生命連在一起,這一特色也遺傳給後世道教功過格。

值得注意的是《至言總》卷五《功過》①,它可以說標志着道教功過格即將成熟。與後來功過格開列功過清單有所不同的是,它着重強調功過的善惡報應,強調"求生必先行善"。它說:"人有一善則心定體安,十善則氣力强壯,二十善則無諸疾病,三十善則所求皆得,四十善則昌熾富樂,五十善則子孫繁息……五百善則後代壽長,六百善則後代貴孝,七百善則後代智慧,八百善則後代道德,九百善則後代賢聖,一千善則後代神真,二千善則身爲衆人師、聖真仙靈將吏,三千善則爲國師聖真仙曹局……一萬善則爲太上玉皇帝。"反之,"人有一惡則心勞體煩,十惡則血氣虛盈,二十惡則恒多疾病,三十惡所求不得……一百惡則刑獄凶怪,二百惡則後世無名,三百惡則後代道路乞活,四百惡則後代爲奴婢,五百惡則後代殘夭……八千惡則入寒冰地獄,九千惡則爲入邊底地獄,一萬惡則墮薜荔獄"。據稱:"凡行善益算,行惡奪算,賞善罰惡,各有職司,報

---

① 據任繼愈主編《道藏提要》,該經作于北宋以前。見《道藏提要》第777頁,中國社會科學出版社1991年版。

應之理，毫毛無失。”所謂“算”指的是壽算，亦即生命的長度，賞罰
報應都針對人的生命而言。這樣一些思想，在後世道教功過格中都
能找到。

　　與功過格有直接關係的，是道教淨明派。日本學者酒井忠夫、
吉岡義豐、秋月觀暎等均認爲《太微仙君功過格》與淨明道有關
係①，這一看法是正確的。淨明道以講求忠孝等道德修養而聞名于
世，它要求弟子身邊置一小册，每日記錄其所爲，自我反省欺心之
事，這樣就能“超舉凡塵，天書秘法，忽然而至”。如果違反，“則災咎
立至”②。此與功過格的方法完全雷同。淨明道的發祥地在洪州西
山（今江西南昌附近），現存最早的《太微仙君功過格》前有序，落款
是“西山會真堂無憂軒又玄子序”。從地理位置上也可證明功過格
確與淨明道有直接的關連。

　　道教功過格之形成，或許還受中國古代官吏考選制度的影響。
漢武帝元光元年（前 134）冬十一月，“初令郡國舉孝廉各一人”。
（《漢書·武帝紀》）確立了郡國歲舉孝廉的察舉制度，以道德爲標
準詮選官吏，這勢必要審察候選人的道德表現。《太平經》所謂“天
券”大概與此有關，要獲得神仙資格，首先必須審察其行善的情況。
唐代官制，吏部設考功郎中、員外郎各一人，“掌文武百官功過、善
惡之考法及其行狀”。其考法，“凡百司之長，歲較其屬功過，差以九
等，大合衆而讀之”。（《新唐書·百官志》）道教神仙官制也講究“官
格”，即按照功過考核而“隨格進號”，有功者升遷③。這可以說是地
上官吏考課制度的倒影。

　　總之，道教功過格的形成并非一蹴而就，而是經過了一個漫長
的歷史過程，其間幾經演變，從《太平經》“天券”發端，到魏晉南北

---

　　①　參見福井康順等《道教》第 2 卷第 118 頁，上海古籍出版社 1992 年
版。

　　②　參見《道藏輯要》危集四《太上靈寶淨明宗教錄》。

　　③　參見《無上秘要》卷 9《靈官升降品》。

朝隋唐五代道經的進一步發展,最終結出金元明清時期道教功過格之果。

二、道教功過格的生命倫理觀

自漢代《太平經》的"天券"產生以來,形式上幾經演變,最後形成功過格,但在内容上,則始終延續着一條主綫,從未改變,這就是勸人爲善、度人成仙的生命倫理觀。爲什麽稱其爲生命倫理觀?

本世紀七十年代,興起一門新學科——生命倫理學。生命倫理學(bioethics)由兩個希臘詞 bio(生命)和 ēthikē(倫理學)構成。生命主要指人類生命,但也涉及動植物生命。倫理學是指對道德的哲學研究。據稱,生命倫理學是根據道德價值和原則對生命科學和衛生保健領域内的人類行爲進行系統的研究。而生物技術的進步,使醫學面臨了許多前所未有的新難題,并對傳統的倫理觀念提出了新挑戰,這是產生生命倫理學的根本原因①。其實,生命倫理學并非現代人的專利品,它可以説是一門古老的學科,只不過古代的生命倫理學不同于現代的含義罷了。古人雖没有創造生命倫理學一詞,但在實際上已形成了内涵不同于當今的生命倫理學説,這尤其表現在古代的宗教倫理學中。道教功過格把人的生命問題的終極解決與道德行爲的善惡連在一起,形成一條生命——倫理的因果鏈,所以我們稱功過格的倫理思想是種古代的生命倫理學説。如果説當代生命倫理學主要關心的是生殖技術、生育控制、遺傳和優生等形而下的問題,那麽功過格的生命倫理觀則對人的生命表現出終極關懷,關注人的生命怎樣才能得到拯救從而永存不朽等形而上的問題。功過格的生命倫理觀以"勸善成仙"爲主題,由生命哲學和倫理學兩大板塊結構而成。

① 參見邱仁宗《生命倫理學》Ⅰ《難題和挑戰》,上海人民出版社 1987年版。

人類對死亡的憂慮與關切,深深地埋藏于潛意識中。莎翁名劇
《哈姆萊特》中有句著名的臺詞:"生存還是毁滅,這是一個值得考
慮的問題。"① 功過格對這個問題的考慮是"生存",而且是永遠生
存下去,也就是所謂"長生不死,飛升成仙"。問題在于,人應該通過
什麽途徑去獲得成仙不死?功過格的答案是:除了内外丹等鍊養之
道以外,不可缺少的就是在道德上爲善立功德,洗去自己的罪惡。
這樣,便將生命哲學與倫理學衡接起來了,形成獨具特色的生命倫
理觀。這種生命倫理觀也是對道教傳統的繼承。道教歷來主張:
"長生之本,惟善爲基";"入善爲生,爲惡而死";"若能行善無惡,功
德備足者,可得白日升天,尸解神仙";"積惡造罪,無由冀仙"②。生
命能否存在,生命存在的時間長短,生命是否永恒,都與道德上的
善惡相關;長生成仙是至善的標志。這些思想都爲功過格所認同。

現存道教功過格有若干種③,這裏解剖其中兩隻"麻雀",以分
析其生命倫理觀。

現存最早的功過格見于《道藏》洞真部戒律類,名叫《太微仙君
功過格》。據其卷首序稱,作者又玄子"于(金)大定辛卯之歲
(1171)仲春二日子正之時,夢游紫府,朝禮太微仙君,得受功過之
格,令傳信心之士。忽然夢覺,遂思功過條目,歷歷明了",于是寫成
此書。所謂游紫府見太微仙君當是有所本的。《鍾呂傳道集·論證
驗第十八》說:"于紫府朝見太微真君,契勘鄉原名姓,校量功行等
殊,而于三島安居,乃曰真人仙子。"意謂只有經太微真君校量功
過,才能進入神仙班次,這可以説是《太微仙君功過格》書名的注
脚。

① 朱生豪譯《莎士比亞全集》第 9 册第 63 頁,人民文學出版社 1978 年
版。
② 參見《墉城集仙錄》卷 1;《太上老君誡經》;《太上妙始經》;《北極真
武普慈度世法懺》。
③ 除了《道藏》、《道藏輯要》所收之外,民間尚散落一些,目前巴蜀書社
所出《藏外道書》做了一些搜集工作。

《太微仙君功過格》分功與過爲兩大類,其序云:"功格三十六條,過律三十九條,各分四門,以明功過之數。"功格的四門是:第一救濟門,十二條。內容包括醫療針灸,治病救人;拯救窮困,以錢財濟人;造橋修路,埋葬無主之骨等。比如:以符法針藥救重疾一人爲十功;救一人刑死性命爲百功;賑濟鰥寡孤獨窮民百錢爲一功,貫錢爲十功;葬無主之骨一人爲五十功,施地與無土之家葬一人爲三十功;平理道途險阻及泥水陷没之所一日一人之功爲十功,若造船橋濟渡不求賄賂者,所費百錢爲一功,一日一人之功爲十功。第二教典門,七條。內容主要爲傳授經法。如:自己受救人法籙經教一宗爲二十功;受保護自身法籙經教一宗爲十五功;自己注撰救衆經法一宗爲三十功;保養性命經法一宗爲二十功。第三焚修門,五條。內容爲建造聖像、壇宇及諸供養之物等。如:修聖像、壇宇、幢蓋、幡花、器皿、床坐及諸供養之物,費百錢爲一功;旦夕朝禮爲國爲衆焚修,一朝爲二功,爲己焚修,一朝爲一功。第四用事門,十二條。內容爲各種善事。如:興諸善事利益一人爲一功;講演經教及諸善言,化諭于衆,在席十人爲一功,百人爲十功;以文章詩詞誠勸于衆,一篇爲一功;舉薦高明賢達有德之士用事,一人爲十功。

過律的四門是:第一不仁門,十五條。如:修合毒藥欲害于人爲十過;害人性命爲百過,害人不死而病爲五十過;害一切衆生禽獸性命爲十過,害而不死爲五過,舉意欲害爲一過;故傷殺人性命爲百過,誤傷殺性命爲八十過。第二不善門,八條。如:以言指斥毀天尊聖像爲二十過,真人爲十五過,神君爲十過;誦念經典漏一字爲一過,漏一句爲五過,音釋乖背,字音交差,一字爲一過。第三不義門,十條。如:見賢不薦爲一過;見賢不師爲一過;反叛師長爲五十過;偷盜人財物或教人偷盜,百錢爲一過。第四不軌門,六條。如:食肉,故殺性命食之爲六過,買肉食之爲三過,違禁肉故食爲六過,誤食爲三過,遇齋日食之爲十過。

以上是《太微仙君功過格》的概貌。人們按這些功格過律開列的條目評判自己每日的思想言行得失,一天天記下來,一月統計一次，一年總計算賬，看看功是多少，過有若干，若功多于過，且漸漸改惡從善，有功無過，則成仙之路不遠了。正如又玄子在《序》中所說："明書日月，自記功過，一月一小比，一年一大比。自知功過多寡，與上天真司考校之數昭然相契，悉無異焉。……依此行持，遠惡遷善，誠爲真誠，去仙不遠矣。"使人"遠惡遷善"，從而飛升成仙，這是《太微仙君功過格》的主要目的，也是其說教的主體内容，而操作方法則是進行道德估算。

　　十九世紀英國功利主義倫理學派的創始人邊沁（1748—1832）將數學計算與化學分析方法引入倫理學，提出道德估算原理。所謂道德估算，就是對某事物或某行爲給當事者（個人或社會）帶來的苦與樂的量進行數學運算。邊沁的道德估算原理對個人道德行爲具有重要的實際指導意義，它教給人一種精確的計算，一個適當的苦樂估量，就好比做一篇收支預算，人們每經過一次估算，就能得到一次善多于惡的結果①。《太微仙君功過格》雖没有在理論上明確提出道德估算原理，但在實際上卻運用了道德估算方法，以指導人們的道德行爲。如果説邊沁將苦與樂作爲道德估算的基本因數，那麼《太微仙君功過格》則是把善與惡作爲道德估算的基本因數，對修道者的善與惡的量進行數學運算，通過計算，統計出是善大于惡還是惡多于善，從而決定人的壽命長短或能否登仙。在《太微仙君功過格》中，道德估算與生命估算是連在一起的，道德估算就像是在爲人的生命做一筆，"收支預算"，收入的善越多，所支出的生命能量就越大，善功之量達到一定的度，人的生命便發生質的飛躍，變形爲仙。善與壽命的數量關係爲正比，而惡與生命長度關係爲反比。早在《太平經》中，已經提出"善自命長，惡自命短"的道德估算與生命估算原理，不過，《太平經》對于善惡未作出明確的數量規定。到魏晉時，道教經典便建構了成仙的數學模型，明確規定"立

_____

　　①　參見周敏凱《十九世紀英國功利主義思想比較研究》第 20、23 頁，華東師範大學出版社 1991 年版。

三百善”可爲地仙,“立千二百善”可爲天仙①。此後,南北朝隋唐五代的道教進一步作了發揮,對善惡與生命之間量的關係作了規定,儘管量化的比例不太一致,但基本模式都一樣。《太微仙君功過格》的出現,使道教傳統的道德估算更爲精確化、模式化,其規定十分具體詳細,更加具有可操作性,人們只要將自己的道德表現與之對號入座,即可計算出個人的功過情況,從而推算出有無升仙之望。

接下來,我們解剖另一隻“麻雀”,《道藏輯要》張集三,託名孚佑上帝純陽呂祖天師示定的《警世功過格》。它分功格、過格兩大類,每類又分別從“意”、“語”、“行”三方面計算善惡。功格包括:意善,五十六則;語善,三十九則;行善,七十二則。過格包括:意惡,五十九則;語惡,五十七則;行惡,一百二十一則。意善的內容有:心中清淨無一毫雜念,一日十功;常懷與人爲善之念,一日十功;人以非禮相加無報復心,一事十功,事大加等;不因勢利而生趨附心,三十功;不因衰落而生厭薄心,五十功等等。語善的內容有:勸止一切害人之事,十功至千功;勸止一人賭,五十功;勸止一人嫖,五十功;勸一人孝,不從十功,從者百功,改者千功;不妄語,一日五功等。行善的內容有:救一無罪人命五百功;拾取寶還人五十功至五百功;禁止淫書小說淫畫春方二百功,自作而能自戒者千功;免一貧人債十功至五十功;成一人美事十功至五十功;撫養一病人至愈,三十功;護持一善人,十功等。意惡的內容有:欺君千過;輕褻祖宗先靈千過;因財產而憎兄弟五百過;心懷陰險五百過;起心害眾百過至千過等。語惡的內容有:抵觸父母一言千過;非議朝政二十過;談淫褻語十過,有幼輩在座者加倍;罵人五過等。行惡的內容有:造淫書艷曲淫畫(刊刻印刷者同)千過;致一人死千過;溺女一次千過;縱子孫爲惡五百過;誘一人爲非三百過等等。

上述即《警世功過格》的主要內容。凡是要力行此功過格者,“須將此冊存于案頭,另立一簿,以計功過。每舉一念,發一言,行一

---

① 參見《抱朴子內篇·對俗》引《玉鈐經中篇》。

事,自揣是善是惡,即查册内功過多少,逐日逐款,挨登簿内,每月結算,將功折過,功過多餘,載入下月。毋矜功以自欺,毋掩過以自恕。初或過多功少,繼而功過相等,行之既久,則舉念皆善,雖此格亦無所用之,則功成而善根深矣,其福報豈可量哉!"(例言)這種操作方法與《太微仙君功過格》大同小異,道德估算原理一致。所不同的是,《警世功過格》尤其突出道德意識的功用,強調"心"的趨善去惡主宰着人們的道德表現。其《求心篇》稱:"善惡心生,吉凶心召。苟正其心,則無適而非善矣;苟求其心,則無適而非正矣。"修心省過,"久久變化氣質,歸于純粹。方寸之內,有如冰雪,舉念之間,無非忠信。上焉可以入道成真而證果,下焉亦長保其福祿而蔭及子孫"。既然道德意識"舉念皆善",那麼其行爲自然趨善避惡,因爲道德意識指導人的行爲。道德意識的淨化,上可以成仙了道,下可以長保福澤而惠及子孫,是一件與人的生命、命運有關的大事。另外,《警世功過格》從意、語、行三個方面去區分善惡,顯然受佛教身、口、意三業説的影響。

通過對上述兩隻"麻雀"的剖析,可以發現,道教功過格的生命倫理觀有如下特性:

(一) 主體性。道教功過格以人作爲主體進行道德選擇,認爲生命是人自己不斷作出各種價值選擇的歷程,選擇了善,就選擇了生命的光明歸宿,反之,則預設了生命的黑暗結局。當然功過格的這種選擇只有相對的自主性,不像存在主義的絕對自由式選擇。在存在主義那裏,道德選擇既不應該以過去的經驗爲依據,也不應該以現存的道德規範、風俗習慣爲指導。功過格對善惡的自主選擇剛好相反,既有過去的經驗,又有現存的道德規範和習俗,選擇是以宗法倫理原則爲指導進行的。打個比喻,存在主義的選擇好像籠子外的鳥,而功過格的選擇則似籠中之鳥,這籠子就是宗法倫理規範。所以我們説功過格的道德選擇只具有某種相對的自主性。中國傳統倫理思想的一個明顯特徵就是注重道德規範,強調道德的外在約束力量,道德主要表現爲他律。相對來説,成長於中國宗法倫理文化傳統氛圍中的道教倫理講主體性更多些，這或許是因爲道教儘管受儒家群體意識的影響，但也保留了先秦道家强調個體意識的特色。自然，道教倫理講主體性并未越出儒家宗法倫理規範的軌跡，道教功過格同樣如此。

（二）可操作性。亞里士多德曾說：倫理學的職能不僅在于理論化的工作，而且要求訴諸行動①。道教功過格在理論思辨性上比較欠缺，但其實踐性卻很强，具有切實可行的操作性。其操作步驟具體，方法大衆化，易于爲一般百姓所接受，因此在民衆社會中廣爲流傳。這種操作性又與其主體性密切相關，操作者通過發揮自我主體能動性，不斷在實踐中淨化、完善自我，成爲道德上的聖人。操作的最終目的，自然是提高生命的質量，延續生命的長度。

（三）功利性。邊沁以趨樂避苦的人性規律作爲其快樂、幸福的功利主義倫理觀的基本出發點。道教功過格的生命倫理觀也以趨樂避苦的人性規律爲基礎。功過格的倫理觀是快樂主義的，并試圖將此種快樂永遠保持。通常把快樂主義分爲兩種類型，一類是極端的快樂主義，即爲了快樂可以置道德于不顧；另一類是合理的、溫和的快樂主義，即以美德作爲獲得快樂的手段，以快樂作爲道德的目的。功過格的快樂主義是講道德的快樂主義，屬于後一類型。在利己與利他問題上，功過格主張既利他又利己，在拯救他人中，使自己也得救，屬于合理的或者說有遠見的利己主義。讓生命永恒存在，這是功過格功利性的關鍵所在。

（四）融攝性。道教繼承了道家學術上的開放精神和包容風格，不拘一格，博采衆家之長，攝取他門他派的思想原料，以滋養豐富自己。道教功過格的生命倫理觀同樣具有這種開放性和融攝性，可以說它本身就是道儒釋三教融合的產物。它將儒家倫理規範如忠孝、仁義、禮、誠等均攝入自己的思想系統中。它融攝了佛教的因

---

　① 轉引自〔德〕弗里德里希·包爾生《倫理學體系》第 27 頁，中國社會科學出版社 1988 年版。

果報應說、衆生平等説以及佛教戒律的内容。這些融攝,有的是照搬進來,拿來主義,有的則稍作加工,改頭換面。經過一番融匯消化,功過格的生命倫理觀便變得豐滿起來。

總之,道教功過格的生命倫理觀以個人的生命存在價值和意義爲出發點,要人按照其方法操作,充分發揮自我主體性,爲善去惡,最終實現長生成仙的功利目的。

三、道教功過格的社會影響

道教功過格形成以後,與《太上感應篇》、《文昌帝君陰騭文》等道教勸善書一起,在中國社會上發生了廣泛而深刻的影響。功過格的道德訓戒,深入到民情風俗中,成爲明清社會生活不可分割的部分。有人將功過格稱爲"陰律",與世俗社會的法律"陽律"相對,認爲:"陽律多論迹,所以甚疏;陰律惟論心,所以甚密。但知治身口之惡,而不知治意念之惡,逐末忘本,陽雖爲君子,而陰實爲小人,譬之餅花香色皆備而根本實無,何由結果哉!故求福報者,必修實行,欲修實行者,必起實心,欲起實心者,必去妄念。而欲起實心去妄念,必考核于陰律。"(《道藏輯要》張集三《十戒功過格序》)指出功過格作爲"陰律"有其特殊的社會功用,扮演着獨特的社會角色,這種角色功能是世俗社會製定的法律所替代不了的,而且兩相比較,有疏密的差别,陽律不如陰律。有人贊美説:"余嘗讀《太微仙君功過格》,見其提綱挈領,縷析條分,功格則言言金玉,字字著龜,過格則句句鍼砭,行行藥石。天人剖析,法戒森嚴,恍若日月之經天,江河之行地焉!竊嘆古今來善籍之流傳,雖浩如淵海,而求其爲檢束身心之歸宿,防閑性命之法程,足以據實下手者,則莫若此書之廣大精深……"①認爲功過格在善書中最爲切實可行,有助于人"超

---

① 《石音夫功過格序》,《藏外道書》第 12 册第 86 頁,巴蜀書社 1992 年版。

凡入聖"。有人表示要以功過格爲座右銘,朝夕展讀,"怵于目而警
于心,省之身而踐之行,……漸至有功無過"。也有人惟願世人將功
過格"廣爲流通,以宣道戒而洪善化"①。這些都反射出道教功過格
在人們心目中的崇高地位和巨大影響。功過格像其它道教勸善書
一樣,在社會上"廣爲流通"。《重刊石音夫功過格留粤小誌》載:劉
雲廷得到西蜀清泉謝君遺下的《石音夫功過格》一書後,深感其法
簡便易行,匹夫匹婦都能接受,因發願將此書"刊板留粤"。此書既
已刻好,"善者印而送之,廣而佈之,將家喻户曉"②。透過這一側
面,已可看出功過格在社會上的影響。另據日本學者平野義太郎
《以鄉黨的社會協同生活爲規律的中國民族道德——以功過格爲
中心》說:即使到了民國時代,從舊曆十二月初開始,出售綫香、蠟
燭等的商店也出售功過格③。說明功過格影響之深遠。

　　功過格不僅在明清以來的中國社會上發生了巨大影響,而且
漂洋渡海,遠播東瀛。日本江户時代(1603—1867),道教勸善書在
社會上流行。勸善書引起了獅子谷白蓮社忍徵上人(1635—1707)
的共鳴,他翻刻了諸如《功過自知律》一類的道教式道德律,與當時
在日本民間發展起來的心學相呼應,對日本民間道德的提高起了
很大作用。江户時期翻譯刊刻出版的還有《增補繪鈔日本字母功過
自知錄》、《袁了凡先生陰騭錄及自知錄》等勸善書。如此連續不斷
刊行的善書,滲透到日本社會各個階層,甚至出現了實行功過格教
誨的婦女④。這種影響在朝鮮、越南及東南亞各國中有沒有呢?我
們期待着有人來解答這一問題!

———————

① 均見《警世功過格後跋》。
② 《藏外道書》第 12 册第 87 頁。
③ 轉引自福井康順等監修《道教》第 2 卷第 124 頁,上海古籍出版社
1992 年版。
④ 參見福井康順等《道教》第 3 卷第 30—31 頁,上海古籍出版社 1992
年版。

中國外丹黄白術仙學述要

胡孚琛

　　内容提要　道教中的外丹黄白術和内丹功法,都屬于中華仙學的範疇。本文簡述了外丹黄白術發生、發展的興衰史,剖析了古代煉丹家的思想及他們提出的各種外丹學理論,并對燒煉外丹黄白所用設備、操作程序、基本化學反應進行了研究。外丹黄白術是以研製長生不老藥爲出發點的神仙之學,是一種模擬宇宙自然之道的操作體系。它不僅包括探索物質的自然規律的化學實驗,而且包括追求人體精神和宇宙物質相互轉化的超自然力的活動。在道教煉丹家眼中,仙丹就是凝固化了的"道",煉丹就是將"道"物質化,服了仙丹當然會得道成仙了。

　　秦漢以來,方仙道中興起燒煉五金、八石人工製造不死藥的煉丹術。唐代以後,又將煉丹的金石藥物改變爲人體自身無形的精、氣、神而興起内丹術。這樣,這種以人體内的精氣神爲藥物的煉丹術既稱内丹術,原來以礦物藥爲原料的煉丹術則名爲外丹術。在道書中,黄白是金銀的隱名。煉丹家試圖以普通化學方法將賤金屬變化爲貴金屬,又發展出人工製造藥金、藥銀的技術,即是煉金術,隱名爲黄白術。在本文中,我們將煉金術和煉丹術簡名爲金丹術,以同歐洲語言的 ALCHEMY 相當,通稱爲外丹黄白術。外丹黄白術是現代實驗化學的先驅,是科學史研究的重大課題。在道教文化中,外丹黄白術是仙學的組成部份,它爲内丹學的發展開闢了道路。外丹學和內丹學在思想上是相通的,它們都屬于《周易參同契》的理論體系。外丹黃白術決非僅僅是古代的化學實驗,它的理論體系中還包含有許多閃光的科學智慧和哲學思想,僅從化學史的角度進行探討是遠遠不夠的。近年來,道教界的學者對外丹黃白術的研究取得不少可喜的成果,本文試圖在這些成果的基礎上再作進一步的探索。

一、外丹黃白術的演變史

中國煉金術的方技,起源于殷商時期的冶金鑄造業。社會生產的發展帶來原始科學的發展,工匠們在作坊中的冶金鑄造技術工藝轉化成方士們實驗室中的煉金術。由考古發掘可知,我國殷商時冶金鑄造技術非常高超,一些保存下來的青銅器珍品,即使采用現代技術也難以製造。《周禮·考工記》記述了多種合金的製造規範,鐵器的使用更拓寬了工匠們的知識視野。春秋戰國時期,金、銀、銅、鐵、錫、鉛、汞、硫等元素的伴生礦物及其合金的性質,已爲從事冶金鑄造業的手工業者所熟悉。

我國金丹術起始于秦漢時期,這在全世界是最早的。春秋時期的神仙家,確信自然界存在着吃了可以長生不死的藥物,這是神仙服用的仙藥,于是尋求不死之藥成爲求仙的目標。《戰國策·楚策》記載有人獻不死之藥于荊王,《史記·封禪書》亦記載齊威王、齊宣王、燕昭王、秦始皇都曾派人入海尋求不死之藥。戰國時方仙道已注意到美玉、黃金、丹砂、水銀的與眾不同的物理、化學性質,丹砂和水銀已被用于墓葬中保存尸體。中國的外丹黃白術本是冶金鑄造業的副產品,大約在戰國時墨家學派的方士已開始實驗煉金術。蓋因墨派的組成,本以手工業者爲主,古代百工之士亦稱方士,其中當不乏精于冶金鑄造的工匠。秦漢之季,墨家學派和方仙道合流,精于煉金術的工匠加入方士集團,促使方仙道從尋找天然仙藥轉變爲人工煉製藥金、丹砂,這便是中國金丹術的發軔。所謂藥金、藥銀實際上是含有不同成份的銅合金，它們被認爲是諸藥之精，勝過自然的真金銀。據《史記・封禪書》記載，方士李少君對漢武帝説，"祠竈則致物，致物而丹砂可化爲黄金，黄金成以爲飲食器則益壽，益壽而海中蓬萊仙者乃可見"，"于是天子始親祠竈，遣方士入海求蓬萊安期生之屬，而事化丹砂諸藥劑爲黄金矣"。這種以丹砂點化藥金，又以藥金製造飲食器而益壽的思想，不僅透露了煉金術確實起源于冶金製造工藝（造飲食器），又説明方仙道的服餌派方士已經將這種冶金工藝轉化爲實驗室操作的煉金術了。方士們用丹砂點化藥金，又將藥金和飲食聯繫起來，也説明中國煉金術和煉丹術相互承襲，煉金的目標主要不是致富，而是追求長生不死。淮南王劉安曾招致方士著《枕中鴻寶苑秘書》，言神仙黄白之事，屬于煉金術的專著。前漢末，史子心傳太后煉製藥金，但不再作飲食器，而是作延年藥服餌之，這説明煉金術正在轉化爲煉丹術。前漢末至後漢初，一批丹經出世，《正統道藏》中的《黄帝九鼎神丹經訣》、《九轉流珠神仙九丹經》、《太清金液神丹經》、《三十六水法》據考其主要部份即那時傳出的丹方，這標志着煉丹術已積累了豐富的實驗資料。

　　東漢以來，外丹黄白術在黄老道中承傳，方士們堅信服食神丹乃升仙之要。最初的煉丹家稱丹砂爲還丹，以金液爲至寶，認爲服食還丹、金液後就能返老還童；不朽不壞，對丹藥的毒性還缺乏認識。漢末陰長生《自叙》云："不死之要，道在神丹。行氣導引，俯仰屈伸，服食草木，可得延年，不能度世，以至乎仙。"又云："黄白已成，貨財千億，使役鬼神，玉女侍側。今得度世，神丹之力。"（《神仙傳》卷四）在漢代黄老道金丹派道士看來，煉製神丹是升仙的階梯，其他方術（如導引、氣法、醫藥）僅有延年益壽的作用。以黄白術製造僞金銀可使"貨財千億"，是煉丹的準備步驟。漢代俗傳王陽能作黄金，即以黄白術造銅合金，以此致富，用僞金易好車馬衣服（《漢書・王吉傳》）。方士們製造的藥金、藥銀被當作貨幣使用甚至進入國庫，亦起于漢代。早期道教成立前後，張陵、陰長生、魯女生、封君

達、左慈、魏伯陽等，皆曾研勻外丹黃白術，《列仙傳》和《神仙傳》
中，也記述了一些漢代道士服煉神丹的事迹。蓋漢代外丹黃白術經
書，乃在少數道士間師徒秘傳，金丹藥物價錢昂貴，不易實行，偶有
道士服丹藥致死，人們也以爲是"尸解"升仙了。因之漢代《古詩十
九首》雖有"服食求神仙，多爲藥所誤"之嘆，但人們認爲那是服餌
派道士尋藥不當所致，煉製神丹中毒的問題尚不突出。漢代對後世
影響最大的丹經，是魏伯陽所著《周易參同契》，這是一本劃時代的
仙學著作，給金丹派道士以巨大的影響。《參同契》借金丹術法象論
男女合炁之術，以日月運行的易學規律爲內丹術、外丹術提供了一
個普適的理論框架。

　　魏晉南北朝時期，金丹術獲得長足的發展，特別是葛洪《抱朴
子內篇》問世，將金丹術向社會公開，是中國金丹術發展的轉折點。
葛洪説："余考覽養性之書，鳩集久視之方，曾所披涉篇卷，以千計
矣，莫不皆以還丹、金液爲大要者焉。然則此二事，蓋仙道之極也。
服此而不仙，則古來無仙矣。"（《抱朴子·金丹》）葛洪如此推崇服
食還丹、金液，使金丹術成爲道教仙學的重要修煉方術。道教中飛
煉金丹、黃白之風，也影響到信奉儒教的士族社會。魏晉時何晏等
士族名士服食五石散（又名寒食散，爲白石英、紫石英、石鐘乳、赤
石脂、礜石。後因礜石有猛毒，改爲石硫黃），竟釀成波及整個士族
階層的頹風。南北朝時，連皇帝也熱衷于煉製金丹黃白，想習金丹
術登仙。《魏書·釋老志》云："天興中，儀曹郎董謐因獻服食仙經數
十篇，于是置仙人博士，立仙坊，煮煉百藥，封西山以供薪蒸，令死
罪者試服之，非其本心，多死無驗。"隨着金丹術經書傳向社會，道
士爲帝王煉製金丹，對丹藥的毒性也開始有了認識。北齊文宣帝令
道士張遠游煉成葛洪推崇的那種九轉金丹，也不敢即服。據《北史·
藝術傳》記載："有張遠游者，文宣時，令與諸術士合九轉金丹。及
成，帝置之玉匣云：'我貪人間作樂，不能飛上天，待臨死時取服。'"
南朝著名高道陶弘景，也曾爲梁武帝蕭衍煉丹。《南史·隱逸傳》
載："弘景即得神符秘訣，以爲神丹可成，而苦無藥物。帝給黃金、朱

砂、曾青、雄黄等。後合飛丹，色如霜雪，服之體輕。及帝服飛丹有
驗，益敬重之。"葛洪、陶弘景、狐剛子，都是著名煉丹家，有不少金
丹術著作傳世。

　　隋唐以來，外丹黄白術發展到極盛時期。著名高道蘇元朗、孫
思邈、張果等，雖爲内丹家，亦皆精通外丹黄白術。唐代還有一批專
門爲皇宫煉製丹藥的道士，稱作"供奉山人"，如著名煉丹師柳泌、
趙歸真等，即曾爲皇帝煉丹。唐代道書《通幽訣》云："氣能存生，内
丹也；藥能固形，外丹也。"蓋隋唐之初内丹術雖傳開，尚和五代内
丹家所傳煉精化氣、煉氣化神、煉神還虚之功夫不同，而是將諸多
行氣煉養之法統稱内丹。至于外丹術，則指燒煉金石藥物以服餌養
生之法。梅彪《石藥爾雅》載有唐代外丹師所煉的仙丹名稱及服食
書目，可知唐代煉丹術之興盛。據《昭德先生郡齋讀書後志》："《日
月玄樞論》一卷，右唐劉知古撰。明皇朝爲綿州昌明令。時詔求丹
藥之士。知古謂神仙大藥，無出《參同契》，因著論上于朝。"蓋外丹
黄白術發展到唐代，需要系統的金丹理論，于是只好回頭到《易經》
中去尋找，《周易參同契》的理論框架無疑恰好迎合了煉丹師的需
要。因而在唐代，《參同契》、《龍虎經》、《金碧經》成了金丹術的理論
著作，陰陽五行、四象八卦、龍虎鉛汞之説成了煉丹師的指導思想。
唐以前之煉丹師以黄金、丹砂爲寶，丹經亦多爲煉製金液、還丹的
實驗記錄，藥物雖用隱名，但尚無陰陽八卦龍虎之説。唐代以來，傳
統的金砂派煉丹師亦套用《參同契》的理論體系以爲説，并將服餌
丹藥和醫療養生結合起來，著名的丹師如孫思邈、孟詵、劉道合、張
果、陳少微等皆爲這一派的傳人。另外，由于外丹黄白師對《周易參
同契》的文字理解不同，又有鉛汞派和硫汞派之爭。以硫汞説解《參
同契》的道士，多是以硫黄和水銀人工製造丹砂（HgS）的化學實驗
家，他們認爲硫黄是"太陽之精"，水銀是"太陰之精"，二者合成的
丹砂是"大藥之祖"、"金丹之宗"。鉛汞派煉丹師則完全泥于《參同
契》的龍虎鉛汞之説，擅長于發展金丹術的理論體系，從而將外丹
和内丹統一在一個由相同術語編織的框架裏。當時受到皇帝寵信

的道士柳泌、趙歸真，皆爲鉛汞派丹師，他們煉製的仙丹實爲氧化汞（HgO）和氧化鉛（PbO）的混合物。《列仙譚靈》云："趙歸真探賾玄機，以鉛製汞，見之者無不竦敬。"韓愈《故太學博士李君墓志銘》述柳泌丹法云："其法以鉛滿一鼎，按中爲空，實以水銀，蓋封四際，燒爲丹砂云。"這顯然是依《參同契》"以金爲堤防，水入乃優游"的表面文字曲解而來的丹法，生成的鉛和汞的氧化物皆有大毒，結果將唐帝毒死而招殺身之禍。其他煉丹師如孟要甫、郭虛舟、李真君、樂真人、金陵子諸人，皆依《參同契》而主鉛汞説。從金陵子《龍虎還丹訣》看，他對丹砂、硫、汞、鉛的化學性質皆很熟悉，反映唐代外丹師化學知識甚爲豐富。唐代之丹藥，除了汞的硫化物及氯化物可用于醫藥外，鉛、汞、砷的氧化物皆有劇毒。大量服丹中毒的事實引起社會的驚覺，儘管道士們將中毒猝死諱稱爲"白日升天"并作出宗教性的解釋，發展到極盛階段的外丹術仍然迅速衰落下去，被同樣以《參同契》爲綱領的內丹術取而代之。

　　黃白術在唐代亦曾極盛一時。據戴君孚《廣異記》載，隋末有道者居太白山煉丹砂，合成大還丹，化赤銅爲黃金。成弼劫殺道者得其丹法，後爲唐太宗以銅造黃金數萬斤，得五品官，此即大唐金。成弼金百煉益精，傳至外國，以爲寶貨。（《太平廣記》卷四百引）《三洞群仙錄》亦載唐洛陽尉王琚之侄王四郎，學道煉製藥金，色如雞冠，可在金市換錢，西域胡商專此伺買。蓋唐代藥金爲精于煉丹術的道士製造，黃白術尚爲社會所尊重，藥金不僅可充當貨幣使用，且可銷往外國。《舊唐書·孟詵傳》記載："詵少好方術，嘗于鳳閣侍郎劉禕之家，見其勅賜金。謂禕之曰，此藥金也，若燒火，其上有五色氣。試之果然。則天聞而不悦。"唐武則天時藥金進入國庫，可賜于大臣。煉丹家能夠鑒別真金和藥金，藥金價值低于真金。

　　五代至宋朝，內丹術發展成熟，奉《周易參同契》爲丹經之祖，借用外丹術語，以外丹燒煉的鼎爐、藥物、火候作爲內丹精氣神修煉的法象。外丹術雖然衰落，但仍有傳人。南唐時丹師獨孤滔，撰《丹方鑒源》，已能粗略地按化學性質對藥物進行分類，將"金銀"

（金屬）、"諸黃"（砷類）、"諸青"（銅類）、"諸鹽"（鈉類）、"諸灰"（鉀類）等化學成份相近的藥物放到一起。其"諸草汁篇"又列入二十種鮮草藥汁用于金丹術，如五枝草（結砂子）、章陸（拔錫）、蒼耳子（抽錫暈）、天劍草（煮汞）、栀子（淬金）等。五代時有煉丹師曰華子，一生燒煉外丹黃白，有著作傳世。宋張邦基《墨莊漫錄》卷三，記載宋神宗以前在翰林金丹閣仍有朝廷設置的煉丹爐。文學家蘇軾、蘇轍亦曾燒煉過丹藥，但宋人多不肯輕易服丹，因而中毒致死的事較爲稀少。宋代還有《丹房須知》、《諸家神品丹法》等重要煉丹著作出世，《通志·藝文略》所載宋代流傳外丹黃白著作數量亦超過前代。沈括《夢溪筆談》記載了宋代燒煉外丹黃白的事實。其他如《澠水燕談錄》、《青箱雜記》、《老學庵筆記》、《鐵圍山叢談》皆有關于外丹黃白術的記載。宋代皇帝亦曾令黃白師燒煉藥金，製造金牌、金帶賞賜近臣，甚至燒藥金銀以助國費。值得注意的是，魏晉時外丹黃白術皆用金石藥，製備方法以燒煉升華爲主且輔以水溶解法。唐宋外丹黃白術所用儀器較精緻多樣，方法亦複雜，且參用草木藥，已涉及多種化學反應。

　　元明時期，內丹仙學在道教中占據統治地位，迫使外丹黃白術反而向內丹靠攏。這樣，外丹黃白術著作又借用精、氣、神、黃婆、烏兔、安爐立鼎、調合陰陽、配合乾坤等內丹術語，皆奉《參同契》、《悟真篇》爲祖經，在煉丹爐中模擬人體內丹搬運精氣的作用，弄得內外丹經從文字上幾乎難以辨別。另外，南宋、遼、金時又興起三元丹法之說，將那種據說服後可以立地飛升、成爲天仙的外丹稱爲天元神丹；將內丹術稱人元大丹；將黃白術叫地元靈丹。元明間內丹學中的男女雙修栽接法和清淨孤修法分途而立，又有將全真道北宗清淨派丹法稱作天元丹法，將全真道南宗陰陽派丹法稱作人元丹法，將外丹黃白術稱作地元丹法的說法。這樣，外丹黃白術和內丹學融入一個仙學體系中，成爲內丹學的補充。在內丹家看來，由于雙修丹法"法、財、侶、地"條件難備，正好先用地元丹法的點金術籌集錢財，張三豐真人與沈萬山燒煉黃白術的事迹成了仙家的榜樣。

同時,仙學家仍然相信有一種天元神丹,當內丹功夫達到高境界後,服用這種丹藥才不致毒死,而且能脫胎換骨,飛升天界。這樣,元明間內丹家皆修習外丹黃白術,特別是明代外丹術又較興旺,有《庚辛玉册》、《造化鉗鎚》、《黃白鏡》、《乾坤秘韞》等書傳世。明代皇帝和貴族亦有服丹藥者,《明史》中《陶仲文傳》和《顧可學傳》皆記述明世宗用道士燒煉丹藥之事。另外,明代江湖術士借黃白術燒銀騙財的事時有發生,敗壞了黃白術的聲譽,藥金、藥銀再難以作貨幣使用,民間商人亦學會辨別僞幣以防受騙。

　　清代外丹黃白術更趨衰微。由於中國外丹術和黃白術皆是以延年益壽爲目標,而不像西方點金術士那樣完全爲了發財,再加上煉丹術製得的仙丹同時又是點化金銀的丹頭,外丹經過一番手續大都能化作藥金,因之外丹術的衰落必然導致黃白術的衰落。清代既然不能以僞金銀(銅合金)來充當金銀貨幣,黃白術遂失去了應用的價值。清代傅金銓,撰《證道秘書》收入《外金丹》,這是一本典型的以內丹術語及理論詮釋外丹的書,反映了明清以來內外丹合一的趨勢,外丹反而依附內丹。然直至清末尚有《金火大成》問世(初刊于 1874 年,後改爲《金火集要》重刊),這說明外丹黃白術仍有傳人。

　　近世以來,復有陳攖寧等在上海燒煉外丹黃白,歷時十年,重復了古人的一些實驗。另有四川丹醫張覺人,著《中國煉丹術與丹藥》(四川科學技術出版社 1981 年出版),將煉丹術歸入醫藥養生的正路上去,在中國煉丹史上具有特殊意義。在現代社會裏,以黃白術製造僞金銀的路已行不通,而煉製丹藥治病,卻仍然是值得探索的事業。

二、煉丹家的思想脈絡和理論體系

　　中國外丹黃白術最根本的出發點,顯然是想以人工煉製一種服後可以登仙的長生不死之藥。數千年來,中國煉丹家爲了同死亡

作鬥爭，付出了多少代人的追求和探索。人類這種解脫生死的努力
不是徒勞的，它給後人留下了可貴的思想資料和不斷攀登的足迹。
當現代科學和哲學使我們可以從更高的角度審視前人遺留的這張
外丹黃白術的畫卷時，應特別注意古人思想的軌迹及其中閃爍的
智慧光芒，因爲古人和今人的智慧是能夠相通的。

關于古代煉丹家的思想，我們可從葛洪《抱朴子內篇》中找到
綫索。煉丹家燒煉外丹黃白，首先在于他們相信自然界處在不斷變
化之中，物類受氣不定，物類嬗變乃自然規律。葛洪說："變化者，乃
天地之自然，何爲嫌金銀不可以異物作乎？譬諸陽燧所得之火，方
諸所得之水，與常水火，豈有別哉？""鉛性白也，而赤之以爲丹。丹
性赤也，而白之而爲鉛。雲雨霜雪，皆天地之氣也，而以藥作之，與
真無異也"。《抱朴子·黃白》據此，葛洪批評那些固守儒家教條
的愚人，"狹觀近識，桎梏巢穴，揣淵妙于不測，推神化于虛誕，以
周、孔不說，墳籍不載，一切謂爲不然，不亦陋哉？"《抱朴子·黃
白》又說水精椀本是合五種灰以作之，愚人卻以"水精本自然之
物，玉石之類"，不相信人工可以製造。"愚人乃不信黃丹及胡粉，是
化鉛所作。又不信騾及駏驉，是驢馬所生。云物各自有種。況乎難
知之事哉？"《抱朴子·論仙》葛洪這種以人工合成自然物質的變
化觀，爲外丹黃白術的化學實驗提供了理論根據，他否定客觀事物
質的界限，又爲追求超自然力的道教方術敞開了門户。外丹黃白術
恰是這種自然的化學實驗和超自然的神仙方術的奇妙混合，因此
古代煉丹家堅信"我命在我不在天，還丹成金億萬年"。《抱朴子·
黃白》

人工既然可以製造出和自然界中天然物一樣的東西，而天然
物千千萬萬，煉丹家爲什麼偏選中丹砂和黃金作代表呢？原來古人
觀察到丹砂在燒煉中能變回自己的本來面目，黃金則可以長久不
變，認爲服用丹砂可以返老還童，吞食金液可以長生不死。葛洪說：
"夫金丹之爲物，燒之愈久，變化愈妙。黃金入火，百煉不消；埋之，
畢天不朽。服此二物，煉人身體，故能令人不老不死。此蓋假求于

外物以自堅固，有如脂之養火而不可滅，銅青涂腳，入水不腐，此是借銅之勁以扞其肉也。金丹入身中，沾洽榮衞，非但銅青之外傅矣。"(《抱朴子・金丹》)這種"假求外物以自堅固"的思想，由來已久。秦漢乃至先秦古墓中用丹砂、金玉之類隨葬尸體，就是這種思想的反映。葛洪説："金玉在九竅，則死人爲之不朽。鹽鹵沾于肌髓，則腑臟爲之不爛，況于以宜身益命之物納之于己，何怪其令人長生乎?"(《抱朴子・對俗》)1968 年河北滿城中山靖王劉勝墓出土金縷玉衣，就是當時流行這種思想的例證。先秦時人們認爲最寶貴的東西是美玉，《山海經・西山經》記載峚山有"玉膏"，乃黃帝所服，"瑾瑜之玉爲良，堅粟精密，濁澤而有光。五色發作，以和柔剛。天地鬼神，是食是饗；君子服之，以御不祥。"《河圖玉版》云："少室山，其上有白玉膏，一服即仙矣。"漢代以來，黃金更爲神仙家所重。魏伯陽《周易參同契》説："巨勝尚延年，還丹可入口，金性不敗朽，故爲萬物寶，術士服食之，壽命得長久。"葛洪援引《玉經》説："服金者壽如金，服玉者壽如玉也。"(《抱朴子・仙藥》)煉丹家顯然認爲服食金玉，可以使人體吸收金玉那種"不朽"的靈氣；服食還丹，當然是想得到那種"返還"的性質。葛洪進一步説："凡草木燒之即燼，而丹砂燒之成水銀，積變又還成丹砂，其去草木亦遠矣，故能令人長生，神仙獨見此理矣。"(《抱朴子・金丹》)

　　需要研究的是，在煉丹家那裏，還丹、金液和黃白的真實面目究竟是什麼？這是解開外丹黃白術之謎的鑰匙。還丹的真義是丹砂，即紅色硫化汞(HgS)晶體，這是毋庸置疑的。《廣弘明集》卷九載北周甄鸞《笑道論》云，"燒丹成水銀，燒水銀成丹，故曰還丹"，這不僅説明當時公認丹砂即還丹，同時又可看出由于煉丹家沒有精確的化學知識，將燒水銀而成的紅色氧化汞(HgO)也誤認爲是硫化汞而稱還丹。當時道士只憑物理外觀辨識化合物，在他們看來，"還"乃"返還"之意，"丹"乃"赤色"之名而已。中國外丹黃白術的石藥有四黃(雄黃、雌黃、砒黃、硫黃)、五金(金、銀、銅、鉛、鐵)、八石(丹砂、礜石、石膽、硇砂、鵬砂、礬石、戎鹽、硝石)等，各家説法不一。《太古土兑經》云：“金銀銅鐵錫謂之五金，雌雄硫砒名曰四黄，朱汞鵬硇硝鹽礬膽命云八石。”黄白術常用的有銅及曾青、膽礬、空青等銅礦石以及雄黄、砒黄、礜石等點化銅成銅砷合金的藥劑。藥金、藥銀的成份除銅砷合金外，還有含錫、鉛、銻、金的銅合金，名目繁多。煉丹家最重視的石藥有丹砂、鉛、汞、硫等，這都是煉製還丹的常用原料。汞是化學元素中唯一的液態金屬，比重大，銀白色，天然汞由丹砂礦慢慢氧化析出，稱作水銀。汞可燒煉爲紅色的升丹（又名三仙丹，即氧化汞），又可和硫化合成紅色丹砂，并且還能從丹砂中燒煉出來，這些特性被煉丹家驚爲神奇。鉛呈黑色，質軟，有延展性，熔點較低（327℃），化學性質較活潑，在木柴燃燒的溫度下就可從方鉛礦中冶煉出來，因此它是先民最早認識的金屬之一。鉛能燒煉爲黄色密陀僧（PbO）和紅色鉛丹（Pb₃O₄），又能生成白色胡粉，化學性質也引人注目。由于汞和鉛都能燒煉成丹，它們被煉丹家選中就理所當然了。煉丹家傳有“伏汞爲丹，可坐玉壇”的話，以爲煉丹的關鍵步驟在于用鉛丹等氧化劑或硫製伏汞的揮發性使之返爲紅色還丹。丹是紅色之物，而紅色在氏族社會的原始宗教中象徵着血液和生命。山頂洞人的人骨化石遺址發現赤鐵礦粉①，甘肅出土的石器時代墓葬中亦發現赤色丹砂②。後來丹砂和水銀多應用于墓葬，秦漢王侯的古墓以丹砂和水銀作墓葬品是很普遍的，顯然也是因丹砂和神秘的生命永存觀念有聯繫。從丹砂冶煉水銀的“抽汞法”大約在戰國時期已被應用，而秦漢方士已掌握製造金汞齊的方法及汞與丹砂（含氧化汞）的化學反應知識。紅色丹砂和白色水銀之間相互轉化的種種奇妙化學性質在古代煉丹家眼中無疑更具有神秘性，使他們相信這就是那種多年尋找的返老還童仙藥。另外，煉丹家甚至認爲丹砂可以轉化爲黄金，而黄金又恰恰體現了長存不朽的氣質。這種思想由來已久，《管子·地數》云，“上有丹砂

①　賈蘭坡：《山頂洞人》，龍門聯合書局，1951年版。
②　安特生：《甘肅考古記》，北京農商部地質調查所，1925年。

者,下有黃金","上有鉛者,其下有銀"。河岸的礦床中丹砂和黃金確實是共生的,根據其比重丹砂在上而黃金在下。即使在丹砂和黃金的原生礦中,由于地質年代的不同也分別處于上下兩個地層。另外,方鉛礦(PbS)往往和輝銀礦(Ag_2S)共生,這說明《管子·地數》篇的記載一般說是不錯的。在煉丹家那裏,藥金不過是黃色有金屬光澤的物質,丹是紅色之物,將丹經過一定手續轉變爲黃色之物,就是丹化爲金。葛洪說:"《仙經》云,丹精生金。此是以丹作金之說也。"(《抱朴子·黃白》)《黃帝九鼎神丹經訣》中所記"九鼎丹",皆可經過一定手續煉爲藥金,凡煉製得丹藥,則試以作金,"金若成,世可度;金不成,命難固",以丹作金被看作識別還丹的鑒定實驗。唐代張九垓《金石靈砂論·釋還丹》云:"言還丹者朱砂生汞,汞反成砂,砂返出汞。又曰白金黃石,合而成金,金成赤色,還如真金,故名還丹。"看來還丹除了能由汞返還之外,還有返還爲金的一層意思。煉丹術中出現"金液"方,就是同神丹可化爲黃金的思想相聯繫的。漢代出世的《太清金液神丹經》就記載了"以一銖神丹投水銀一斤,合火則成黃金",將此金以綉囊裹之,入華池(溶解了硝石等藥的醋,又名苦酒、左味)中,金的"精液"便轉入醋中,這種含有金之神炁的醋即爲"金液"。一些煉丹文獻也有以真金或藥金在動物脂肪中煮煉以造金液之法,《抱朴子內篇·仙藥》載"兩儀子餌銷黃金法"云,"豬負革肪三斤,醇苦酒一斗,取黃金五兩,置器中煎之,出爐,以金置肪中,百入百出,苦酒亦爾,餐一斤金,壽畢天地",其法仍是以轉移進金性的脂肪或醋作金液服用。這樣看來,所謂金液,并不單指液態金或金鹽的溶液,而是一種象徵性的吸收了金性的液體,而煉丹家的金是包括藥金的。金屬的藥性可以轉移到溶液中的思想,大概是古人觀察固體藥物的溶解現象以及用水煎煮中草藥提取藥液治病的事實外推而來的。馬王堆漢墓出土帛書《五十二病方》中載治箭毒創傷可"煮鐵,飲之",就是想用鐵的藥性克制箭頭上的鐵毒。現代化學證實,金和銅、銀都是化學元素周期表第一副族元素,標準電極電位都在氫以下,并且隨原子量的增加而下

降。金熔點極高，比銀軟，展性好，化學穩定性甚强，常溫下不和鹵
素化合，亦不受强酸强碱的腐蝕。金能溶于王水（$HNO_3 + 4HCl$），
可和汞生成金汞齊（含金量超過 15％時爲固體）。河北藁城縣臺西
商代遺址古墓出土金箔[①]，説明我國先民對黄金的應用是很早的。
西漢時方士和工匠已能熟煉地將鎏金術應用于金屬器皿製造工
藝，魏晉至唐由于《三十六水法》的傳播，促使煉丹家實驗出一些試
圖溶解黄金的方法，甚至有服食黄金者。唐張九垓《張真人金石靈
砂論》認爲黄金、白金（銀）、丹砂都是可以服食的，但也認識到它們
的毒性。張九垓説，"金生山石中，積太陽之氣薰蒸而成，性大熱，有
大毒"；"銀者，白金也"，"微熱有小毒"，"不可單服"；"服光明砂、紫
砂（皆天然 HgS）者，未經法度製煉，則灰質猶存，所以不能長生者
也"。"世人若純服光明砂、紫砂，別無配合制度，以求不死，去道彌
遠。"張九垓是中唐時期的煉丹家，他認爲天然的金、銀、丹砂必須
經過煉製才能服用。看來煉丹家以藥金、藥銀及人工合成之丹藥來
代替天然金、銀、丹砂服用，大概也是避免服食藥物中毒的一條途
徑，儘管人工合成外丹黄白的毒性有時比天然物還大。我們從還
丹、金液、黄白術的真相中，可以透視出古代煉丹家在尋求不死仙
藥的道路上認真探索的一片苦心。

　　從現存的外丹黄白術著作看，製造藥金、藥銀的黄白術著作大
多是一些實驗記錄，而煉丹術著作自魏晉之後卻有逐漸理論化的
趨勢。例如漢代的"黄帝九鼎神丹"、"太清金液神丹"以及葛洪所傳
古丹方大多是一些實驗記錄，所用藥品尚可分析，而陶弘景所傳晉
代"太上八景四蕊紫漿五珠絳生神丹"用藥就頗令人費解，原來其
中以二十四味藥應二十四神之氣，是以天人感應原理爲指導思想
的。這樣，丹方中所用并非是合成硫化汞之類還丹的化學反應所必
需的藥物，而是反應物、產物乃至整個煉丹過程都按天人感應原理
和陰陽五行學説而設計的。其實，天人感應和陰陽、五行、三才、四

---

　　①　河北省博物館等：《藁城臺西商代遺址》，文物出版社，1977 年版。

象、八卦、天文律曆的體系,是漢代以來中國一切學術的理論框架,
新興的外丹黃白術缺少科學的化學理論指導,只好回歸到這種老
一套的體系中去。《太清石壁記》(唐丹師楚澤編)卷上所載"五石丹
法"云:"五石者是五星之精。丹砂,太陽熒惑之精;磁石,太陰辰星
之精;曾青,少陽歲星之精;雄黃,後土鎮星之精;礜石,少陰太白之
精。右以此五星之精,其藥能令人長生不死。"《九轉流珠神仙九丹
經》卷下載"淮南神仙方",凡七物,"因物類所著,生自然之道,故服
之合以六律,上應七星"。這實際上是把天地日月星辰等自然界看
作是一個大宇宙,煉丹爐則是一個小宇宙,以小宇宙的藥物和大宇
宙的日月星辰對應,以煉丹過程來模擬陰陽五行的自然之道。

　　唐代外丹黃白術興盛,煉丹家在燒煉石藥的化學實驗中努力
探索各種理論,其中一些外丹著作應用了《周易參同契》的理論體
系,使天、地、人相互感應的學說在外丹黃白術中發展成熟。《周易
參同契無名氏注》云:"乾,天也;坤,地也;是鼎器也。設位,是陰陽
配合也。易者,是日月,是藥。藥在鼎中,居乾坤之內。坎爲月,是
鉛;離爲日,是汞。""設位者,是爐上列諸方位、星辰、度數,運乾坤,
定陰陽也。"以上是對"乾坤設位"一句的注釋。《參同契》主張"日月
爲易",將日月運行規律爲核心的象數易學體系應用于金丹術,將
外丹和內丹納入同一個框架之中。這樣,煉丹家以汞鉛爲日月,爲
離坎,象二儀;以水火藥應天地人三才;以白金、朱砂、黑鉛、水銀爲
四象。黑鉛即方鉛礦,屬陰,爲玄武,其卦爲坎,屬北方壬癸水。白
金爲方鉛礦中共生的輝銀礦,丹家誤以爲銀由鉛中而生,爲水中
金,銀爲白虎,其卦爲兌,屬西方庚辛金。朱砂屬陽,爲青龍,其卦爲
震,位于東方甲乙木。汞由砂中而生,即木能生火,爲朱雀,其卦爲
離,即南方丙丁火①。另以雄黃或硫黃居中宮戊己之土位。《大丹鉛

---

　　① 《大丹記》等丹經以朱砂紅色,居南方火位,爲朱雀;汞青色,居東方
木位,爲青龍;銀白色,居西方金位,爲白虎;鉛黑色,居北方水位,爲玄武。同
時將丹砂推爲八石之首,將鉛推爲"五金之主"。

汞論》云："抱太一之氣爲八石之首者，朱砂也。砂中有汞，汞乃砂之子也。抱太一之氣爲五金之首者，鉛也。鉛中有銀，銀乃鉛之子也。"古人將鉛銀的共生礦石稱黑鉛，以爲由燒煉方鉛礦所得之銀爲鉛之"精"，燒煉出來的鉛黃華（鉛的氧化物）是鉛之"氣"，金屬鉛爲"質"。《陰眞君金石五相類》云："鉛黃華爲氣，鉛精銀爲骨，鉛質是肉，三才全用，不失純元之體。"煉丹家以爲鉛中生銀，像丹砂生汞一樣，是完全對應的①。因此將黑鉛、丹砂、汞、銀定爲四象，這恰同《參同契》的理論模式相合，以爲四象齊全，五行圓滿，便是掌握了天地造化的樞紐。煉丹家從《參同契》的理論出發，極力推崇以鉛汞爲金丹術的基石，以爲鉛汞感應二十四氣，汞爲七十二石之尊，鉛爲"五金之主"（《參同契》云"五金之主，北方河車"），爲天地之至靈，唯二寶可造還丹，餘皆非法。煉丹家認爲要造還丹，首要之務在于識得眞鉛、眞汞，眞汞爲眞龍，眞鉛即眞虎，于是唐代之後内外丹經充滿了龍虎鉛汞之説。《諸家神品丹法》載《眞龍眞虎口訣》云："眞龍者是丹砂中水銀也，因太陽日晶降泄眞氣入地而生也，名曰汞。眞虎者是黑鉛中白銀也，因大陰月華降泄眞氣入地而生，號曰鉛。"煉丹家以爲識得了眞龍、眞虎，等于找到了自然界中最有靈氣的物質，以之煉丹，則最易發生天地人的感應，將宇宙間自然造化的靈氣都凝聚到煉丹爐中。

在煉丹家的心目中，煉丹爐就是一個縮小的宇宙。《九轉靈砂大丹資聖玄經》中説："鼎有三足以應三才，上下二合以象二儀，足高四寸以應四時，爐深八寸以配八節，下開八門以通八風，炭分二十四斤以生二十四氣，陰陽顛倒，水火交爭，上水應天之清氣，下火

---

① 《丹論訣旨心鑒》引《金碧經》云："煉銀于鉛，神物自生。灰池炎爍，鉛沉銀浮，潔白見寶，可造金黃芽。"這是從鉛銀共生礦石中用"吹灰法"煉銀的記錄。鉛礦中共生有銀礦和丹砂中含汞是本質上不同的，但煉丹家從傳統的四象五行圖式出發，將方鉛礦和單質鉛不加區分，誤以爲鉛中含有銀，這是傳統的陰陽五行四象八卦理論模式不能解釋化學反應，反而束縛了煉丹家的化學實驗所造成的錯誤。

取地之濁氣。"因之,煉丹過程和宇宙中的物質自然變化是對應的。
自然界本身也是一個大煉丹爐,鉛汞等靈物在宇宙中經過日光月
華的漫長鍛煉也會形成自然還丹。《丹論訣旨心鑒》云:"有上仙自
然之還丹,生太陽背陰向陽之山。""自然還丹是流汞抱金公而孕
也。有丹砂處皆有鉛及銀。四千三百二十年丹成。"丹砂乃自然界
物質經天符照耀的精氣所化,據《通幽訣》說,"日月之華氣照耀天
地,太陽、太陰冲和之氣交媾受氣一千八十年,結精氣丹砂"。"天符
照耀又一千八十年,成丹砂"。"天符運動照耀丹砂,養育又一千八
十年,天火化爲太陽造化,陽氣受足"。"天符又照耀一千八十年,合
四千三百二十年",乃成"天鉛自然還丹"。天符能發泄萬物化生而
成形,運動返本而成精。煉丹家在丹爐中模擬天符運動,濃縮了自
然界的時間,煉成金丹大藥。"金丹是日月運動自然成丹。因燧人
改火,後聖用之,同于天火造化。""後聖用火喻爻象,月計三百六十
時,年計氣候四千三百二十時,合四千三百二十年。喻合天符,自然
還丹"。(《通幽訣》)仙人服食自然還丹,可永生天界;世上煉丹爐中
的小宇宙與天地造化同途,道士服了爐中仙丹,亦可飛昇仙界①。

煉丹家爲了使控制丹爐溫度的火候符合自然界天符的運動,
又提出一種用火直符理論。《還丹肘後訣》云:"直符法喻:如十一月
建子,陽氣始生,夏至一日陰氣始生,是天地陰陽進退,一年十二月
用事也。一月故有六候,直符潛伏,五行出沒,交會刑剋并在其內。"
直符用事以乾坤等十二辟卦對應十二月,每卦六爻爲六候,每候五
日,以卦爻的陰陽消息喻一年三百六十日之火候。十一月爲復卦,
爲丹爐舉火之時,初爻用火二十四銖,以法二十四氣。每日亦"從子
到辰巳爲直符,從午到戌亥爲直事,體法卦象,定火數也。"(《參同
契五相類秘要》)煉丹用火的卦爻銖兩之説,皆據《參同契》的象數

① 參見金正耀《道教與科學》(中國社會科學出版社 1991 年版)有關資
料。其中提到《指歸集》、《土宿本草》中有自然界中的汞感陰陽之氣,會逐步演
變爲丹砂,再變爲銀,直至演化爲金的思想。

學演化而來。如《還丹肘後訣》所載：“用火不失斤兩，節候有準，漸漸如蒸物，年月滿足，自然成功。急則飛走，緩則不伏，但依直符爻象則金火自伏矣。”

還需指出，中國外丹黃白術畢竟是一種古老的化學實驗，煉丹家在實踐中不斷摸索新的理論。有些煉丹家將中醫方劑學中藥物君臣佐使配伍理論移置到煉丹術中來，如《參同契五相類秘要》云：“夫大還丹用鉛爲主，用水銀爲君，硫黃爲臣，雄黃爲將，雌黃爲佐，曾青爲使，君臣配合，主將拘伏，使佐宣通，雖用借爲旁助，久久爲伏火灰矣。”還有些煉丹家受《參同契》“同類易施功兮，非種難爲巧”等話的啓發，試圖對當時金丹術掌握的金石藥物進行分類，《參同契五相類秘要》、《太古土兌經》等都作過這種嘗試。宋代《靈砂大丹秘訣》認爲利用鉛汞等石藥煉丹，皆是没得真傳，真正的抱一靈砂大丹，實際上還是由硫黃和水銀煉成的。從現存外丹著作看，煉丹家對硫、汞、鉛幾個主要元素的單質及化合物的化學性質已相當熟悉。

宋代之後，中國外丹學的演變有兩個分立的趨勢。其一是向醫藥學靠攏，丹方多用草木藥，煉丹術變爲製藥學。宋代著名的《太平惠民和濟局方》中多收丹藥，如南岳魏夫人“震靈丹”、“經進地仙丹”、“玉華白丹”，皆來自煉丹家之手。外丹書《神仙養生秘術》，卻有多種草木藥丹方。而醫家的方劑中又多用金石藥。這反映了丹道和醫道合流的趨勢。其二是外丹學又有和內丹學相互統一的趨勢，共奉《參同契》、《悟真篇》爲丹經之祖，提出天元神丹、人元大丹、地元靈丹之說，外丹著作也采用龍虎、烏兔、精氣神等內丹術語。明清外丹著作，更有完全模擬內丹而燒煉者，稱爲以內事（內丹）爲法，而修外事（外丹）。如清初玉樞真人王建章《仙術秘庫‧煉外丹仙術》云，“外丹之術，出自廣成子”，“廣成子以心腎之間，有真氣真水；氣水之間，有真陰真陽，配合大藥，可比于金石之間而隱至寶。乃于崆峒山中，以內事爲法，而煉大丹。八石之中，惟用硃砂，砂中取汞。五金之中，惟用黑鉛，鉛中取銀。汞比陽龍，銀爲陰虎；

以心火如砂之紅,腎水如鉛之黑;年火隨時,不失乾坤之象;月火抽添,自分文武之宜。築三層之爐,各高九寸,外方内圓,取八方之氣,應四時之運。立鼎取象,包藏鉛汞,無異于肺液;硫黃爲藥,合和靈砂,可比于黃婆。三年小成,服之可絶百病;六年中成,服之自可延年;九年大成,服之而得飛升"。傅金銓《證道秘書・外金丹》所傳外丹法訣,在理論上和内丹學融爲一體,以金火、藥物、池鼎爲三要件,以采取先天一炁、超脱砂汞、過三關、返還生子、補全神氣,二儀成聖,結爲大丹爲法訣。其《外金丹・金火直指》述"池鼎要法"云:"夫鼎有内有外,外鼎者,鉛鼎、瓷鼎是也;内鼎者,黃金、白金是也。""故取白金八兩,如法停對,入混元池内,逍遥池中,九九數終,癸盡壬真,得太乙含真之炁,投以外藥,煅煉成黃酥,能伏後天砂汞。砂汞成真,白金不傷,豈非煉後天而還先天,成鼎器之語哉!雖識此鼎,必假盆池。池有數種:灰池,乃煎鉛洗鼎,騰鉛池也。踵息池,乃煉精化炁,招攝先天真一之池也。硬池,乃退陰符,安精凝神池也。硫珠池,乃嬰兒過關,分剛決煉陽炁之池也。飛仙池,乃煉炁化神池也"。這實際上是將外丹器具,皆冠以内丹名目,將外丹學和内丹學相統一。《金火直指・真母要訣》云:"汞自砂中産出,則砂爲母,汞爲子,理甚明白。欲要死汞,先須死砂,砂母既死,汞子奚逃!死砂之法,必賴金鉛。以鉛爲父,以砂爲母,鉛屬坎卦,砂爲離卦,故坎離之交,則鉛之精氣泄于砂腹之中,含而有孕,結成聖胎。"這種丹法實際上仍是承襲《參同契》理論的鉛汞派煉丹術,是以在煉丹爐中模擬内丹程序爲丹法綱要的。

另外,還有將内丹修煉和外丹燒煉直接銜接的丹法,認爲先修内事(内丹),再煉外事。常人服外丹多中毒而死,但如丹家内事修煉有成,便成了有特異體質之人,再煉外事,服食天元神丹,不僅不會毒死,反而會脱骨换肉,白日飛升。更進一步,即是以内丹功夫的天人感應之超自然力直接煉天元神丹。《仙術秘庫・吸收烏兔仙術》云:"故燒煉之家,口吸日精月華,眼接日精月華,收日月之精華,以成爐中之精華,精華既得,大丹結矣。""以人身之烏兔,采引日月之烏兔，收精吸華，豈難事哉！"亦有以陽燧取日精，方諸取月華，攝集日精月華，以丹士之元神使之無質生質，而成大丹，此術匪夷所思，不能以現代化學理論解釋。這是以太虛爲鼎，太極爲爐，無爲爲丹基的最上一乘丹法。另外《銅符鐵券》之地元九池訣、人元九鼎訣、天元九天訣，皆爲外丹，天元丹法亦不用凡火，"太陽乃天之真火"，"若以木石鑿撥而取，其性燥烈，非自然之意，不若當正午火旺之時，以大鏡向日取之，亦是真火，故云日魂，以象真汞爲真種，以足神丹之用。""取水必賴方諸，乃月華升上，就水結形，性是純陰。除中秋之望，餘月不取。"明陸西星《玄膚論》亦説："天元謂之神丹，神丹者上水下火，煉于神室之中，無質生質，九轉數足而成白雪，三年加煉化爲神符，得而餌之，飄然輕舉，乃藥化功靈聖神之奇事也。其道則軒轅之《龍虎（經）》、旌陽之《石函（記）》言之備矣。地元謂之靈丹，靈丹者點化金石而成至寶，其丹乃銀鉛砂汞有形之物，但可濟世而不可以輕身，九轉數足，用其藥之至靈妙者鑄爲神室，而以上接乎天元。乃修道之舟航，學人之斧資也。"這樣，煉丹爐中的煉丹過程實際上是模擬由道生成的自然物質再向道反演和復歸的過程，是一種逆向的宇宙演化圖式，由此煉成的仙丹本身就是一種物化了的道，服丹後便可與道合一，得道成仙了。另外，煉丹時還要築壇祭神，懸鏡挂劍，履行嚴格的宗教儀式。這説明煉丹術又有宗教性的特點。

綜上所述，可以得出如下結論：

中國外丹黃白術，是以研製長生不老藥爲出發點的。煉丹術首先是一種模擬宇宙自然之道的操作體系，它不僅包含古老的化學實驗，而且還包括人體精神和宇宙物質相互作用的探索以及追求超自然力的宗教活動。仙丹本身是一種物質化了的道，它是道家和道教宇宙論、陰陽五行物質觀、天人感應原理等哲學思想的體現。

作者簡介　胡孚琛，1945 年生，河北吳橋人。哲學博士，中國社會科學院哲學研究所副研究員。

從道家到道教

李　中

一、漢代人説道家

把"道家"作爲一個學派,始于司馬談的《論六家要旨》:"道家使人精神專一,動合無形,贍足萬物。其爲術也,因陰陽之大順,采儒、墨之善,撮名、法之要,與時遷移,應物變化……。"其後是《漢書·藝文志·諸子略》所載:"道家者流,蓋出于史官,歷記成敗存亡禍福古今之道,然後知秉要執本,清虚以自守,卑弱以自持,此君人南面之術也。"

依據"虚無爲本","清虚自守","卑弱自持"等原則,後人上溯,認爲先秦諸子中老子、莊子等就是道家,而且是道家的開創者。然而也有人指出,老、莊,至少老子并没有"采儒、墨之善,撮名、法之要",因爲當時尚無儒、墨,至少無名、法。并且老子被稱爲隱君子,莊子把出仕視若牢籠,他們所説,未必是"君人南面之術",漢人所説的"道家",不是指他們而言。

然而漢人所説的道家也不是與老、莊無關,至少不是與老子無關。"黄老"一詞,應是漢代人口裏"道家"的别名,所以,至少老子是漢代所説道家的成員。那麽,爲什麽稱黄老?有人説是假托。爲什麽假托黄帝而不假托别人?這不能歸于漢代人的心理,而應追問漢代人爲什麽有假托黄帝的心理?于是又有人回答:黄帝之説起于戰國,并且證明,馬王堆漢墓所出黄老帛書就是出自戰國。這就是説,漢代人不過是繼承了先前的思想遺産。然而問題并没有解決,先前的思想遺産很多,漢代人爲什麼對黄帝情有獨鍾? 而且戰國時代,儒墨俱道堯舜,墨家還加上禹。漢初劉邦採陸賈議,以"詩、書"治國,爲何不道堯舜而改道黄帝呢? 至于老子,也未道黄帝。《莊子》、《易傳》都道黄帝,然而《莊子》、《易傳》所道,并非黄帝一人,那個問題還是没有解決:漢初爲什麼對黄帝情有獨鍾。

班固説道家是"君人南面之術",班固何指? 還須全面考察。至于老莊,雖然未嘗不可從他們著作中找出一些"君人南面之術"來,但要説他們講的就是"君人南面之術",我不知有多少人能夠認可。至于我,卻是"期期知其不可"。

漢以來的《老子》注疏,以爲老子所説是"君人南面之術"者固有人,以爲老子所説是呼吸吐納之術者也有之,以爲老子所説是男女交接之術者亦有之,還有人以爲老子所説是兵道,是神仙術。流風至于今天,仍有人説老子所説是氣功之道。這些説法,我也是"期期知其不可"。我所知其可的只有一條:老子講的是道。此道可用于治兵,可用于君人,自然也可用于其他方面,要看用者興趣所在。若用者因其所用就説老子之道不過如此,那我就又"期期知其不可"了。

從戰國末年,韓非《解老》、《喻老》,實際上已用"君人"的視角去解老了。司馬遷把老子與韓非同傳,且把老子之道歸結爲"清静自正,無爲自化",也明顯是把老子之道當成"君人"之術了。《漢書》所説,也是淵源有自。假如"黄老帛書"果然成于戰國,則老子之道被人作爲君人南面之術時就已和黄帝相結合,成爲今人所説的"黄老刑名之術"或"道法家"、"新道家"。

爲什麼會發生這種轉變? 爲什麼老子之道在戰國末年會變成君人之術并且和黄帝相結合,并被漢代人所接受?

獨尊儒術以後,道家又與道教難解難分了。二者發生了怎樣的關係? 原因何在? 過程怎樣? 本文企圖大致描出從道家到道教的輪廓,并盡其可能對上述問題作出解釋。有些也解釋不了,只能待來日或就教于高明。

二、新的上帝

周初的人們是信上帝的,這似乎没有疑義,"文王在上,於昭于天","文王陟降,在帝左右"。這個上帝不僅存在,而且似乎和人同形。

春秋時代,禮崩樂壞。崩塌的禮,首先和主要的,是祭禮,"國之大事,在祀與戎"(《左傳·成公十三年》);有的諸侯寧可交出執掌施政的權力,也不願交出祭祀的權力。在那個時代,祭祀權比執政更爲重要。"禮有五經,莫重于祭"(《禮記·祭統》)。可以相信,"禮崩"的最重要的內容,乃是祭禮的被破壞。活人僭越,舞用八佾之類還在其次。

破壞祭禮的,首先是諸侯。據周禮,天子祭天,諸侯祭山川,大夫祭五祀,士和庶民只能祭自己祖先。然而在周王室衰落的時候,諸侯們要來祭天了。

公元前 770 年,就是周平王東遷洛邑的那一年,秦襄公"自以爲主少昊之神,作西畤,祠白帝"。十幾年後,秦文公夢黄蛇,史敦認爲是"上帝之徵"(《史記·封禪書》)。于是又作鄜畤,祭白帝。

當秦國在西方與上帝直接交通的時候,齊國在東方也不甘落後。齊桓公成了霸主,自以爲和三代受命無疑,要到泰山封禪,行告天禮,被管仲好一番勸説,才未能實行。

接着是魯國。據周禮,"不王不禘"(《禮記·大傳》),然而魯國也要行禘禮祭天,以致孔子只好推説自己不知禘禮。

又過了一百多年,秦靈公在吴陽作上、下、二畤,祭黄帝和炎帝,此時約在公元前 422 年,戰國前期。在作上下畤之前,秦宣公還在渭南作密畤,祠青帝。

白、黄、炎、青諸帝都是誰?《吕氏春秋》及其他有關秦漢之際的

文獻講得很清楚,他們分别是:青帝太昊,即伏羲;炎帝就是炎帝,
又稱赤帝;白帝少昊,是黄帝之孫;黄帝就是《莊子》、《易傳》中的黄
帝,也是戰蚩尤的那個黄帝。還有個黑帝,即顓頊,也是黄帝之孫。

　　這青黄白赤黑五帝,都是傳説中的人間君主,但秦國人認爲,
他們就是上帝,秦朝建立以後,就把他們作爲上帝。

　　秦國把他們作爲上帝根據何在?單用鄒衍的五行説是解釋不
清的。因爲至少在秦國祭白帝時,鄒衍還未出生呢!

　　有人説,黄帝就是皇帝,而商代的上帝就是黄帝或皇帝,或是
《山海經》中的帝俊,因而黄帝是個想象出來的人物。

　　由此還派生出一個極其重要的問題,商周時代的上帝是自然
力的化身呢,還是上升到天上的、人間的帝?這個問題也只好留待
來日了。無論如何,在秦國人看來,他們的上帝,原本都是人間的君
主。這人間的君主作了上帝,曾使後來的儒者們在上千年的時光中
大傷腦筋,不過那是後話了。

　　秦朝建立,自然把青黄白赤等帝作爲上帝祭祀。秦朝滅亡,劉
項相爭,在戎馬倥偬之際,劉邦問道:"吾聞天有五帝,而有四,何
也?"臣子們不能回答。他忽然領悟:"乃待我而具五也。"(《封禪
書》)于是作黑帝祠,稱北時。五帝祭祀從此周備了。此後文帝大約
覺得五帝祠廟離京城長安太遠,而且又不在一處,就托言看見了神
人,命令在渭河北岸修建了五帝廟。直到漢武帝采納"天神最貴者
曰太一"爲止,五帝,一直是當時社會、國家崇奉的最高神,時間大
約百年。即在太一作爲最高神以後,五帝仍然是上帝。爲解釋黄帝
如何上天,方士(顧頡剛先生認爲就是儒者)編造了不少黄帝邊戰
邊學仙,最後騎龍上天的神話。黄帝上天的神話也推廣到了太一
神。王莽時有一幅《紫閣圖》,説太一、黄帝都是成仙上天的。

　　無論如何,從秦到漢初,上帝有五位,其中黄帝居中央,白、黑
二帝都是他的孫,自然他最尊貴,是五人領導班子的第一把手。

　　但是,上帝的意志要人傳達,找誰好呢?

三、老、孔與上帝

說孔子相信上帝、天命，有爭論，但不多。說老子也相信上帝，就需作一番論證。其實老子也是相信上帝存在，并且主張事奉上帝的。

《老子》第五十九章：“治人事天莫如嗇。”王弼注：“上承天命，下綏百姓，莫過于此。”這就是說，在王弼看來，老子說的“事天”，就是“上承天命”，事奉上帝。其實，不須王弼解說，“天”而要“事”，只能理解爲上帝較爲合適。

老子承認上帝的存在，其言論還散見于他處。其第三章有：道，“象帝之先”。這個帝，就是上帝。第六十七章：“天將救之，以慈衛之。”這個天，也是上帝。第七十三章：“天之所惡，孰知其故。”這裏的天，也是一個有好惡的人格神。至于“天網恢恢，疏而不失”（第七十三章），以及“天道無親，常與善人”（第七十九章），更是長期被作爲上帝公正無私、可以賞善罰惡的格言。

老子也不否認鬼神的存在。其第六十章說：“以道莅天下，其鬼不神。非其鬼不神，其神不傷人。”

老子承認上帝、鬼神的存在，但他認爲，上帝、鬼神也像人間的君主一樣，必須依道而行，道，存在于他們之先，是他們行事的根據。

上帝之道就是天道。老子往往把天道和人道對立起來，貶抑人道而推崇天道：“天之道，損有餘而補不足，人之道則不然。”（第七十七章）老子貶抑的“人道”顯然是當時諸侯們的作爲，他希望，人們能夠像尊奉上帝一樣，效法上帝之道，這就是人道本于天道。在這一點上，老子和孔子是一致的。

但是老子主張天道自然，這反映了當時宗教觀念的重大轉變。

上古時代的上帝和人間的君主一樣，是具有絶對自由意志的。他們都像古希臘神話中的神靈一樣，强而有力，但喜怒無常，降福降罪，很少有什麼規則。這種狀況，在中國古代的《山海經》裏也有所反映。

周代初年，出現了天命靡常，唯德是輔的思想，上帝的意志受到了一定限制。春秋末年，上帝的意志受到了進一步的限制：它依道而行。在宗教的意義上，天道自然的意思是説，上帝按一定規則辦事，不再隨時憑自己無常的喜怒干預人事。孔子的"天何言哉"，則是"天道自然"的另一表述方式。

這是古代宗教觀念的一次重大轉變，强有力但喜怒無常的上帝變成了慈善佑德且喜怒有則的上帝。墨子也贊同這個意見，墨子的上帝所守的規則是兼愛、非攻等等，誰這樣做，就受天庇佑；否則，將受到懲罰。老子的上帝，則只是依道而行。它無所謂仁愛，也無所謂仇恨。依道而行的人，也不會受到鬼神的傷害。王弼《老子注》第六十章："神，不害自然也。物守自然，則神無所加。"這應是對"其鬼不神"的正確注解。

無所謂恩仇，依道而行；用于治國，就是不分親疏，依法而行。這大約是韓非重視老子的内在原因。

若依老子和韓非，則將對傳統宗法製造成極大破壞，但歷史的選擇往往不會依某些個人的意志、特別是不會依我們這些後人的意志爲轉移。

傳統宗教觀念的第二個重大轉變是祭祀制度。據常玉芝《商代周祭制度》[①]，商代在一年三百六十天中，是天天要祭上帝或祖宗鬼神的。而且祭祀的規模往往很大。直到春秋時代，還有不少人希望用潔凈而豐盛的祭品討得神的歡心。

從春秋時期形成的儒家學派，主張對傳統祭祀制度進行改革。他們主張："祭不欲數。數則煩，煩則不敬。"（《禮記·祭義》）老子主張"治人事天莫如嗇"的"嗇"，王弼理解爲"農夫"，則不如韓非理解爲"少費"，也是"祭不欲數"的意思。

---

① 中國社會科學出版社，1987 年版。

　　春秋戰國時代的諸子，都以自己的方式發表着對當時宗教和社會政治、倫理的意見，問題是：誰會被後來統一帝國的君主所看中。

四、黃老道的誕生

　　孔子以後儒家的失勢，帶有一種必然的性質。問題恐怕不在于理論本身，如司馬談所說的"博而寡要"，"其事難盡從"（《論六家要旨》）。也不是學問不好。原因當是由于實踐上的。西漢末年，從鹽鐵會議到揚雄作《法言》，學者們還激烈爭論：儒術對于國家，究竟是福？是禍？或問："魯用儒而削，何也？"（《法言·寡見》）主張獨尊儒術的董仲舒，深知儒術的這個根本弱點，所以他希望武帝"明其道而不計其功"。然而這樣的原則，對于戰國時代的君主們是不合適的。

　　劉邦推翻了秦朝，但仍然不喜歡儒生，甚至可以說，他更喜歡秦朝。他爲秦始皇罷守墓人，把秦二世當作神靈來祭祀。"漢承秦制"，似乎帶有一種更深刻的意義。

　　但是情況變了。馬上得之，不可以馬上治之，儒術"序君臣父子之禮，列夫婦長幼之別"，是"不可易"的（《論六家要旨》）。于是劉邦讓稱道詩書的陸賈著《新語》，用叔孫通制禮儀，并慨嘆此時才知作皇帝之尊貴。然而漢初所用的儒術，僅此而已。

　　由于當時的具體情況，陸賈提出了"無爲"的原則。他希望當時的政治狀況，能夠達到官府若無人，亭落若無民，使百姓有一個寬鬆的生存環境。

　　"無爲"不是老、莊的專利，儒家也講"無爲"。孔子說："無爲而治者，其舜也與？夫何爲哉？恭己正南面而已矣。"（《論語·衛靈公》）。然而最大力主張無爲之治的，畢竟是老子。所以從曹參開始，用黃老言，到文景都用黃老治國，當是一種歷史的選擇。

　　國家一面把黃帝作爲最高上帝，一面把老子學說作爲政治統治的指導思想，老子就成了上帝的代言人。"黄老道"的本義，當是說：老子之道，也就是最高上帝、黄帝之道。從宗教的觀點來看，老子，當時也就成了國家所信奉的宗教的教主。

　　這是老子學説最輝煌的時代，後世那些信奉老子學説的人們，幾乎都不約而同地以非常向往的口吻回憶老子學説的這個黄金時代，并且爲恢復老子學説在國家宗教和政治中的崇高地位而努力，只是都未能獲得成功。

五、黄老的失勢

　　老子學説被選爲國家政治的指導思想，也就成了"君人南面之術"。然而老子學説畢竟不是一種政治學説，或者説，主要不是爲着治國而創造的。所以，老子學説此時不得不"采儒墨之善"，"撮名法之要"，形成了司馬談到班固所説的"道家"。這個道家，是"君人南面之術"，是老子學説和諸子學説的結合。而在總體上，則被認爲是表達了上帝的意志，所以稱黄老道。在司馬談父子和班固的辭典中，黄老和道家應是同實而異名的概念。

　　黄老君人南面的效果眾所周知。司馬遷稱贊説是"網露吞舟之魚，而天下晏安"。不過，在這表面的升平之後，社會矛盾也在積纍，并且日益表面化、尖銳化。當大家都沉溺于升平之中的時候，儒家學者賈誼卻首先奮起，把當時的形勢描寫爲處于一堆乾柴之上，只要一點火星，就會燃起熊熊大火。在賈誼看來，當時最重要的社會危機就是上下尊卑的等級秩序得不到保證。他要求整頓社會秩序，特別是削弱諸侯王的勢力。

　　賈誼還著《過秦論》，全面而尖銳地批評秦朝政治。他的批評集中到一點，就是秦朝不施仁義。不施仁義，就是不用儒術治國的代名詞。

　　"漢承秦制"。賈誼對秦朝的批評，可以説是或直接或間接地批評當時的政治。然而賈誼的批評不僅得不到以絳灌爲首的元老舊

臣的支持，即使漢文帝也未必以賈誼的批評爲然，或者雖以爲然卻
未必認爲有那麼嚴重。直到釀成七國之亂，才使越來越多的人開始
轉向儒家，最終導致獨尊儒術；孔子代替老子，成爲上帝的代言人；
儒術代替黃老，成爲治國的指導思想。老子和黃老道從此被擠下了
政治舞臺。伴隨着現實政治的變革，上帝也發生了更迭。新的上帝：
太一神出現了，黃帝等，不過是太一的輔佐。

　　儒術的效果又如何呢？漢武帝後期的社會危機使思想界又發
生了爭論，爭論集中在鹽鐵會議上。然而賢良文學們有了更新的例
證，那就是秦朝的滅亡；還有漢家自己的七國之亂。在儒家學者看
來，這都是不用儒術的結果。

　　亡國的危險在威脅着君主和他的臣子們。不用儒術，就要重蹈
秦朝的覆轍，至少會釀成諸侯的叛亂，面臨這樣的危險，難道能有
別的選擇嗎？

　　當孔子教齊景公以君臣父子之道施政的時候，齊景公感慨地
說：“善哉！信如君不君，臣不臣，父不父，子不子，雖有粟，吾得而食
諸？”（《論語·顏淵》）齊景公的感慨，可說是對儒術之效的最精辟
的概括，它通過建立上下尊卑的社會秩序保證社會的和諧與安定，
從而保證君主地位的鞏固。所以，在獨尊儒術之後，不論面對多大
的風浪，也不論誰作皇帝，都不能不以儒術治國。否則，“雖有粟，吾
得而食諸”？

六、從黃老到道教

　　老子被擠下了政治舞臺，黃老道家也成了政治上的反對派。它
的許多代表人物，也散處于民間。東漢初年，楚王劉英祠黃老、浮
屠，實際上是政治反對派的行爲。所以漢明帝雖然表面上稱贊他，
最終還是以謀反罪殺了他。但是，黃老道的信奉者并沒有放棄他們
的政治理想，也沒有停止他們的政治活動。

　　如果《太平經》的形成的確可以追溯到西漢末年，則從那時起，

　　黄老道者就一次又一次地把他們的政治主張寫下來，獻給皇帝，希望得到任用，就像他們在漢朝初年曾經被任用一樣。他們那些政治和社會主張的總匯，就是《太平經》。

　　"我們認爲'致太平'是全部著作的出發點"，"《太平經》所熱烈追求的是幻想中的太平世界"①。而實現太平的手段，乃是用老子學說治國。它要求君主要"父事老君"，"師其道德"（《經鈔·丁部》）。在《太平經》看來，多少世代以來，人們拋棄了老子之道，就是天下不太平的根源。

　　雖然《太平經》主張"法天而治"，并自稱"專以奉天地順五行爲本"（《後漢書·襄楷傳》）。甚至根據當時的政局，宣稱自己有"興國廣嗣之術"，卻仍然得不到採納。因爲它鼓吹的，是老子之道；它推崇的，是老子而不是孔子。在這一點上，它無論如何不會得到那掌握着國家權力的儒者們的支持。

　　黄老道家，作爲政治上的反對派，已無法像漢初那樣，通過皇帝的支持而實現自己的政治理想，于是他們就自己動手了。這就是張角的太平道和張魯或張修的五斗米道。

　　據《後漢書·皇甫嵩傳》，張角"奉事黄老道"，"以善道教化天下"。因此，張角的太平道實際也就是黄老道。據《三國志·張魯傳》，説五斗米道"大都與黄巾相似"。《典略》則説，五斗米道的祭酒"主以老子五千文"。這樣，五斗米道也就是黄老道。

　　張角太平道的軍事行動失敗了，五斗米道的割據也未能維持下去。黄老道企圖重返政治舞臺的努力又一次失敗了。他們所剩下的，只有以老子爲教主的教，這就是人們所説的道教。

　　道教和方術、特別是神仙方術的關係歷來爲道教研究者所樂道。然而歷史資料表明，雖然張角的太平道和張魯的五斗米道都不能説和方術無關，但方術不是他們宗教活動的中心，也不是他們的目的。而且據顧頡剛先生《秦漢的方士和儒生》，擁護神仙術的叫方

---

①　王明《道家與道教》，中國社會科學出版社，1984年，第110頁。

士,而當時的方士實際是儒生。只是由于神仙等方術在朝廷上的失敗,方士們才流落民間,匯入道教。而道教由于混入了許多這樣的方士,也就面目不清了。而老子及其他道家學說,在道教中也歷經坎坷沉浮,不過那是後話了。

作者簡介　李申,河南孟津人,1946 年生,中國社會科學院世界宗教研究所研究員,著有《中國古代哲學和自然科學》,《氣範疇通論》。

道教追求長生

——《湘綺樓説詩》卷一紀夢衍義

[澳大利亞]　柳存仁

　　本文之作,惟在説明中國道教史中一個簡單術語有關之問題,非謂闡釋長生之術,或相信傳統道教中包含之各種蘄求長生之術也。雖然如此,吾人亦當知道教在悠長之歷史中追求長生之熱烈及其一部分心得之歆動視聽。道教徒在方術方面信仰返老還童以致長生不老之術,蓋由來已久,而其致健康之道,即在正式之道教創立之前,先秦典籍中道家一派如《老子》、《莊子》諸書,已肇其端。益溯其原,當有更早于此者,如托爲黃帝時代之書即是也。今所引文字,姑僅舉《老》、《莊》爲上限①。

　　學者皆習知道教與古代之道家不同,而道教之正式創立,固通常以爲最遲不得後于東漢靈帝中元元年(公元 184),以此時各地黃巾蠭起,而所謂太平道、天師道亦正在發展之中也。在此時期,老

---

　　①　近年考古事大興,如 1964 年河北保定出土西漢車器上之熊經圖形,1973 年末湖南長沙馬王堆漢墓發現之帛書《導引圖》,1984 年湖北江陵出土之漢簡《引書》,溯原其内容皆當在漢代以前。關于《引書》,看《文物》1990 第十 期内《釋文》及《初探》;饒宗頤《劍珌行氣銘與漢簡〈引書〉》,《中華文史論叢》第 51 輯,上海古籍出版社,1993,頁 227—231。

子之地位已被崇奉爲神仙，而莊子及其他道家如文子、列子之屬，至八世紀時，受朝廷封號，亦躋神仙之列。《老》、《莊》之書，大約在公元前三世紀當已粗爲寫定，其中所有叙述身體或身心鍛鍊之方法，固正好爲道教徒所依傍或承傳。其中所述方法之一種爲調息。爲方便下文之繼續説明，有數名詞似當在此處先爲澄清：

心爲心臟，但亦常指心思之活動。

精，指身體中之精液（semen）。

氣，指呼吸之氣，或個體能夠感覺到在身體中流動之熱力。

另有一炁字，用以指元氣或所謂先天之氣，其義當于下文述之。

神，蓋指生命之活力（或可稱之爲 the life-principle animating body）。

更有可述者，則魂與魄。魂指人體中之可以無限長存之部分，人死，魂去而飄游空際；魄則魂之物質的部分，人死則散而墮地以至消失。《禮記·郊特牲》"魂氣歸于天，形魄歸于地"；《漢書》卷三十五《楚元王傳》内《劉向傳》向上疏諫元帝建昌陵，言"魂氣則無不之也"，皆此義。《老子》云：

> 載營魄抱一，能無離乎！專氣致柔，能如嬰兒乎！（第十章）

營讀爲魂，營魄即魂魄。此處二語似繫問號，實則感嘆，欲聞之者"魂載魄，動守靜"〈魏源《老子本義》上篇〉，進而能知道也。第五十五章又云：

> 含德之厚，比于赤子。⋯⋯骨弱筋柔而握固，未知牝牡之合而峻作，精之至也。終日號而不嗄，和之至也。

下面所引《莊子·刻意》篇之叙述，證以 1973 年長沙馬王堆漢墓第 3 號出土之《導引圖》，若合符節：

> 吹呴呼吸，吐故納新，熊經鳥申，爲壽而已矣！此道引之士，養形之人，彭祖壽考者之所好也。

道引即導引，李頤《集解》云"導氣令和，引體令柔"，大概可爲導引一詞之之解。導氣蓋即調息。《莊子·大宗師》篇云：

古之真人，……其息深深。真人之息以踵，衆人之息以喉。

《刻意》屬《莊子·外篇》，《外篇》中更有《在宥》篇，述黃帝兩謁廣成子。廣成子蓋所謂"古之真人"，黃帝欲知治道，躬爲求教者也。其第二謁則問治身，在第一謁之後，"黃帝退，捐天下，築特室，席白茅。閑居三月，復往邀之，"下文云：

廣成子南首而臥。黃帝順下風，膝行而進，再拜稽手而問曰："聞吾子達于至道，敢問治身奈何而可以長久？"廣成子蹷然而起，曰："善哉問乎！來，吾語女至道。至道之精，窈窈冥冥。至道之極，昏昏默默。無視無聽，抱神以靜，形將自正。必靜必清，無勞女形，無搖女精，乃可以長生。……"

依近人馮芝生（友蘭）、錢賓四（穆）諸先生之見解，老、莊俱活躍于公元前四世紀時①。

然至公元四世紀（約東晉元帝太興三年，320）晉室南渡後，丹陽句容人葛洪著《抱朴子》，其所叙述及議論有關長生之知識，實較吾人所知前此他家所著論之全部更多且過之。

葛洪本一儒生，亦嘗參與政府平亂之軍事行動。《抱朴子》分内外篇，外篇五十卷皆闡儒宗治道之作，且及于文章，第五十卷則其自叙。然其内篇二十卷，如〈黃白〉記賤金屬煉製仿造之黃金；〈仙藥〉講醫術用之各種藥草；〈金丹〉講道家最矜示之品、用各種礦物質如雄黃（realgar）、雌黃（orpiment）、曾青（malachite）、礜石（alum shale）、磁石（magnitite）及其他成分製成之不死之藥，近世俱已有科學家及科學史、道教史學者一再加以剖析闡述②。然其書中所涉

---

① 參看胡適《評論近人考據老子年代的方法》，《胡適論學近著》第一集（上），上海，商務印書館，1936，頁 103—127；《胡適文存》第四集，臺北，遠東圖書公司，1953，頁 104—134；錢穆《八十憶雙親·師友雜憶合刊》，臺北，東大圖書公司，1986，頁 144—45。

② 吾人假如擬從科學史之觀點入門，可看何丙鬱、何冠彪合著《中國科技史概論》第四篇，香港中華書局，1983，頁 207—71；李豐楙《不死的探求：抱朴子》，臺北時報出版公司，1982，頁 289—354。

及之導引性質之體力勞動、及學習如在母胎中呼吸之胎息，或與本篇所論之主題更有關係。

《抱朴子·至理》篇云："有吳普者，從華佗受五禽之戲，以代導引，猶得百餘歲。此皆藥術之至淺，尚能如此，況於用其妙者邪？"華佗爲在葛洪之前約一百年之名醫，除方藥外，且能針灸，針藥所不能及之處且擅刳割。前文《抱朴》所謂"受五禽之戲，以代導引"者，其實五禽之戲，亦不外一種新式導引。《微旨》篇稱導引爲"屈伸之法"，則同於《莊子》所謂"熊經鳥申"，而熊經之與五禽之戲，在性質上實無偌大分別也。據近年沈從文先生研究，馬王堆出土帛書《導引圖》第四十九式爲熊經，而 1964 年河北保定出土西漢銀錯管狀車器上有熊經圖案，即模仿熊之動作者也。沈先生以爲華佗五禽之戲實與《莊子》及《淮南子·精神訓》所言之"熊經鳥申"有歷史上遞相承傳之關係，可謂信然①。吾人若讀《三國志·魏志·方伎傳》所云五禽之戲，其中即有熊經，不假外求也。《傳》云：

> 佗語〔吳普〕曰："人體欲得勞動，但不當使極爾！動搖則穀氣得消，血脈流通，病不得生。譬猶户樞不朽是也。是以古之仙者，爲導引之事：熊頸鴟顧，引挽腰體，動諸關節，以求難老。吾有一術，名五禽之戲：一曰虎、二曰鹿、三曰熊、四曰猨、五曰鳥，亦以除疾，并利蹏足，以當導引。體中不快，起作一禽之戲，沾濡汗出，因上著粉；身體輕便，腹中欲食。"

《莊子·刻意》篇言導引之士爲"養形之人，彭祖壽考者之所好"，然從道家之觀點言之，其人尚不能躋于真人之列。《淮南子·精神訓》亦同此旨，然《淮南》仍列舉"吹呴呼吸，吐故內新，熊經鳥伸，鳧浴蝯躩，鴟視虎顧"諸項目，則五禽中之四項已包在內。《三國·方伎傳》文字亦差同《後漢書》卷一一二下《方術·華佗傳》，"熊頸"《後漢書》仍作"熊經"，唐章懷太子李賢《注》言"熊經，若熊之攀枝自懸也"，觀察熊之舉動大約亦有此可能。"鴟顧"則兩處皆同，疑即同《淮南》之"鴟視"，或係"鴟視虎顧"之縮簡。李賢《注》云"鴟顧，身

① 沈從文《說'熊經'》，《中國文化》第 2 期，北京，1990，頁 95—100。

不動而回顧也”，此後世技擊家之常態也。

《抱朴子》所昌言之道術爲綜合性者，故于各家之説皆采，亦皆收入其篇内。《至理》篇云：

> 抱樸子曰：“服藥雖爲長生之本，若能兼行氣者，其益甚速。若不能得藥，但行氣而盡其理者，亦得數百歲。然又宜知房中之術。所以爾者，不知陰陽之術，屢爲勞損，則行無。（按，無字疑原作炁，脱去火旁誤作无，又誤改作無。）難得力也。夫人在氣中，氣在人中。自天地至於萬物，無不須氣以生者也。善行氣者，内以養身，外以卻惡。然百姓日用而不知焉。”①

此言“天地至于萬物無不須氣以生”，連帶當述道教之微觀宇宙及宏觀宇宙（microcosm—macrocosm）之看法。道教認爲吾人除具有生命之活力（神），生殖用之精液（精）及呼吸之气（氣）此三大要素外，更有元氣，或稱先天之氣（炁），用以説明個體在母體中未出世前之呼吸。胎兒既出世，割臍帶（umbilical —cord）脱離母體而營獨立生活，其呼吸者即爲彌漫世間之日常空氣，惟胎體時期之先天氣，仍有餘氣藏在臍間，通過若干時間而逐漸消失。與此項神秘性質之看法相配合者，道教更創爲元精、元神兩詞。元精、元神與普通之精、神間之各别關係，亦與元氣與普通呼吸之氣之關係相應。儒家中如明代之王陽明，早歲亦耽道教。《傳習錄》卷二陸澄來書問“元神、元氣、元精必各有寄藏發生之處”，陽明之回答則藉此道教之用詞以説明良知，云：“夫良知一也。以其妙用而言謂之神，以其流行而言謂之氣，以其凝聚而言謂之精。”説固未嘗真能袪陸原静之疑也！②

二世紀晚期出現之《參同契》爲利用《周易》之卦爻以説明道教人士製煉外丹（即主要爲礦物質燒煉變化而成之所謂金丹）之文

---

① 本文所引《抱朴子》，俱用《道藏》本。此節見 868/5/6b，他節文字無出入者，或不注頁數。

② 參看拙著《王陽明與道教》，收入《和風堂文集》中册，上海古籍出版社，1991，頁 866。

字①,其中以漢人治《易》所言之十二消息卦(又稱十二辟卦,即復、臨、泰、大壯、夬、乾、姤、遯、否、觀、剝、坤等十二卦),通一歲之火候②。後世之道教徒以十二辟卦爲自復卦之一陽生至乾卦之六爻皆陽,降而姤卦一陰生,逐漸剝落至坤卦之純陰,遂謂乾卦爲純陽,象徵元陽真炁最充足之時,其後以有男女交會之施泄而漸減其生命之活力。其說因《易經》每卦皆有六爻,六十四卦共得三百八十四爻,以爲元氣最多時之重量亦爲三百八十四銖③。《道藏》四十三、蕭應叟《元始無量度人上品妙經內義》云:

> 按,《道藏》(按,此當泛指南宋以前之《道藏》)曰:"人者物之靈也,壽本四萬三千二百餘日,其神三萬六千。元陽真炁本重三百八十四銖,內應乎乾☰,不知保而致之散,是以中道夭閼。乾者,六陽具而未知動作施泄,知此修行即神仙也。自十五歲至二十五,施泄不止,則真炁虧四十八銖,存者其應乎姤☴。嗜欲之甚,加十歲則又虧四十八銖,存者其應乎遯☶。又不知養,更加十歲,又虧四十八銖,存者其應乎否☰,至此乃天地之中炁。又不知養,更加十歲,其虧七十二銖,存者其應乎觀☴。又不知養,更加五歲,其虧九十六銖,存者其應乎剝☶。又不知養,八八六十四卦,無炁終矣,其應乎坤☷。坤者純陰也,唯安谷氣而生,故名苟壽。人至於此,去死不遠,不復能修丹。其或戕敗之甚者,又不逮此而盡也。……"(卷一16a—17a)

"四萬三千二百餘日"大約爲一百二十歲,說頗有合于《左傳》僖公三十二年秦穆公使人謂蹇叔曰"爾何知,中壽"句《正義》之文,

---

① 關于《參同契》及其時代,拙文《朱熹與〈參同契〉》,收《國際朱子學論文集》,臺北,中央研究院中國文哲研究所,1993,頁 817—854,或可供學者參考。

② 看唐李鼎祚《周易集解》卷十三《繫辭上》:"變通配四時"句引"虞翻曰";卷十五《繫辭下》"剛柔相推,變在其中矣"引"虞翻曰"兩處。《國學基本叢書》本,下冊,臺北商務印書館,1968 年臺一版,頁 324 及 359。

③ 《漢書·律曆志上》云:"二十四銖爲兩,十六兩爲斤。"此處道教以銖代爻,僅有象徵意義,實無邏輯可言。然其所以用銖者,蓋隱隱然有謂男性施泄精液之觀念。

與《文選》卷五十三，嵇叔夜《養生論》"或云上壽百二十"相同。應叟
南宋寶慶間上清道士①，其人自非創此說之人，卷中所叙元陽真炁
本重三百八十四銖一段，文字幾乎全同《道藏》八三八、李昌齡傳
（傳即注也）《太上感應篇》卷二十四 1a—b"淫欲過度"條之注文。
李昌齡《太上感應篇注》蓋成于南宋初。《太上感應篇》之原著者爲
誰，難有定說，但《注》文引述之例證最遲者爲南宋孝宗乾道八年
（1172）陰司定予、定奪二司考校善惡，而述高宗紹興間事者亦有數
處，謂此《注》不早於南宋初，或尚無不當也。連《注》之《感應篇》在
南宋理宗時"嘗刊版于虎林（按，即武林，杭州）之東太一宮前，有李
（當作理）宗題識'諸惡莫作，衆善奉行'八大字"，見本書許夢周叙
（〈表〉3a）及溫懷仁叙（4a）。書中舊序多在理宗紹定、端平、嘉熙間，
但據前引許〈序〉之下文，此今本《道藏》所祖之本實刻于元末約至
正十五年（1355）頃。蕭應叟之時代亦在理宗時，第不能早于紹興、
乾道時之李昌齡，其間得有承襲之迹，可以想見。雖然，此說固亦道
家成說，逐漸演變而成確切不移之主張者。如金、宋對抗時在北方
活動之全真教，亦非不知此說。《道藏》五十七、劉處玄《黃帝陰符經
注》于經文"日月有數，大小有定"句注云：

> "日月有數"：夏至晝六十刻漸減，一陰生也。冬至晝四十刻漸添，一
> 陽生也。卯時東海日生，酉時西山日墜。《清靜經》（按，即《太上老君說常
> 清靜妙經》，《道藏》三四一）云："大道無情，運行日月。"日者慧光，運而
> 抽添有數。月者人之命也。男子十六歲全其二八真金，若不悟無情，三年
> 減一兩，至八八六十四卦盡，則腎海枯竭也。（10a—b）

處玄係全真教創教者王嚞（重陽）早期弟子之一②，其書有金明昌
二年（1191）范懌序，蓋在蕭應叟之前三十餘年，當南宋光宗紹熙二
年。至其末流，如明洪武間之全真道士何道全，于其《隨機應化錄》

---

① 書有寶慶一年（1226）進表，蓋理宗初活躍之人。此表乃宗教性質之
上章，與君主無關。

② 關于劉處玄，日本東京大學蜂屋邦夫先生《劉長生の生涯と教説》，
《東洋文化研究所紀要》第 117 册，1992 可參。

《《道藏》七四〇》卷上答其弟子劉宗海問"男子六十四歲不能修命"
之故，即全襲蕭用叟《內義》或《太上感應篇注》之説（14b—16a），文
字亦復雷同，不事標奇也。

　　"天地萬物無不須氣以生"之説，雖係道家之言，但儒家亦有若干佐
證，可以與之相通。孟子有"我善養吾浩然之氣"（《孟子·公孫丑上》）章
爲衆所熟悉者無論矣。《漢書·藝文志》有《公孫尼子》二十八篇，顏師古
注云"七十子之弟子"；《隋志·經籍三》《公孫尼子》一卷，夾注云"尼似
孔子弟子"，其人至少爲儒家無疑。《隋志·音樂上》梁武帝天監元年詔
百寮問禮樂事，沈約奏答"《樂記》取《公孫尼子》"可作旁證。董仲舒《春
秋繁露·循天之道》於言"物生皆貴氣而迎養之"之後，既引孟子"我善
養吾浩然之氣"，遂及公孫之《養氣》：

　　　　公孫〔尼〕之《養氣》曰："里藏（臟？）泰實則氣不通，泰虛則氣不足，
　　　　熱勝則氣□，寒勝則氣□，泰勞則氣不入，泰佚則氣宛至。怨則氣高，喜
　　　　則氣散，憂則氣狂，懼則氣懾。"

氣宛即氣鬱之意。董仲舒更申其義云：

　　　　鶴之所以壽者，無宛氣於中，是故食冰。猿之所以壽者，好引其末，
　　　　是故氣四越。

　　天氣常下施於地，是故道者亦引氣於足。天之氣常動而不滯，
是故道者亦不宛氣。無宛氣故身常熱而食冰①。"好引其末"之引即
導引之引，引身體之四肢令柔。"引氣於足"則前引《莊子·大宗
師》"真人之息以踵"之説也，此儒、道二家在實踐上之瞭解未嘗不
可以相通之一證明。

　　道家固重視養氣、引氣，而於葆精，則視爲更重要，吾人此處不
妨將普通性行爲施泄之精，與抽象的理論之所謂元精，其實或不過
爲一種半生理半心理上使用之名詞，稍示分別。其事則謂在性行爲
中，逆其正常之出路而不施，反以運氣之方法使其天地氤氲氣化後
之質素隨氣而上腦，即所謂煉精爲炁是。此義説之已頗神秘，行之
亦苦艱難，而吾人如謂道教至少與葛洪同時代之人士，何以不能發

---

　　①　俞樾《諸子平議》讀冰爲凝，改食冰爲食不凝，説亦可通。

展如若干其他信仰之爲獨身、禁欲、苦行之士,而必須于此類性行爲之事三加之意者,其故亦可深長思也。試嘗考之,一則如《抱朴子・釋滯》所言:"人復不可都絕陰陽,不交則生致壅閼之病。故幽閉怨曠,多病而不壽也。"故仍主張人當有正常之性生活。次則中國古代極重視性衛生,如前引《春秋繁露・循天之道》亦言"霜降而迎女,冰泮而殺内",說頗可與《詩經・邶風・匏有苦葉》"士如歸妻,迨冰未泮"相參。《繁露》同篇又云"是故君子甚愛氣而游于房","新牡十日而一游于房,中年者倍新牡,始衰者倍中年,中衰者倍始衰,大衰者以月當新牡之日,而上與天地同節矣"說皆與養生保種,甚有關係。《漢志》有"房中八家",言《陰道》,言《養陽方》,各書今多不傳。窺其意趣,唯班固所云"房中者,性情之極,至道之際。是以聖王製外樂以禁内情,而爲之節文",蓋得其旨①。

　　然《抱朴子・釋滯》已言"采陰益陽":

　　　　房中之法十餘家:或以補救傷損,或以攻治眾病,或以采陰益陽,或以增年延壽,其大要在于還精補腦之一事耳。此法乃真人口口相傳,本不書也。

"采陰益陽",其説自然繫以男性之立場爲中心,此在古代封建宗法封閉性質之社會,實無足異。《抱朴子・微旨》云"黄帝以千二百女升天"②,"御女多多益善"③,愚常疑此種想法或與古代帝王在禮制上規定之多妃嬪女御之制度有關,亦尚未暇深考也。葛洪與齊、梁

---

　　① 清末葉德輝刊《雙梅景闇叢書》,所收有一部分爲唐代以前近似房中之書籍,皆自東瀛采擷而還者,讀其書者當知此仍係性衛生性質之書。葉先生序《新刊素女經》云:"《素女方》全卷載唐王燾《外臺秘要》十七卷,稱《素女經四季方》;孫氏星衍錄出刻入《平津館叢書》,"可見書近醫經一流。《序》又云"讀者因隋、唐舊籍以求古聖人製樂禁情之節文,延年種子之要道,俾華胥之族類繁衍于神州,和平壽考之休徵充溢于宙合",可謂深得《漢志》之要。光緒二十九年癸卯(1903)長沙葉氏原刊本,《序》1b—2a。

　　② 葛洪又言黄帝非"單以此事致長生",見《微旨》,卷六10b。

　　③ 又言"如不知其道而用之,一兩人足以速死",同注(14),頁11a。

間之道教名人陶弘景俱言"御女"。《道藏》五七二題"華陽陶隱居集"之《養性延命錄》卷下 8b—13b 爲《御女損益篇》,其議論所以言勿施泄之故爲"更復可御他女",云:

> 欲一動則輒易人,易人可長生。若御一女,陰氣既微,爲益亦少。又陽道法火,陰道法水。水能制火,陰亦能消陽。久用不止,陰氣消陽,陽則轉損,所得不補所失。但能御十二女子而復不泄者,令人老有美色。(9b)

上節是否真爲陶弘景所説,苦難證明。《養性延命錄》卷前有序,〈序〉作第一人稱,言"余因止觀微暇,聊復披覽《養生要集》,其《集》乃錢彥、張湛、道林之徒,翟平、黃山之輩,咸是好事英奇,志在寶育;或鳩集仙經、真人壽考之規,或得采彭鏗、老君長齡之術。上自農、黃以來,下及魏晉之際,但有益于養生,及招損于後患,諸本先皆記錄。今略取要法,删棄繁蕪,類聚篇題,分爲上下兩卷"(1a-b),然《道藏》本此序結尾處有雙行夾注,云"或云此書孫思邈所集"。思邈唐初名醫,其編集傳世者有《孫真人備急千金要方》(《道藏》七九九至八二〇)。《千金要方》卷八十三(《道藏》八一九)〈房中補益〉即有前引《養性延命錄》"陽道法火"一段,與前引僅一字不同。古人有言公之旨,相襲亦不足爲怪。惟此處所述"陽道法火,陰道法水"之奧旨,若與《周易》之卦象相配,則又爲補益之説開一新法門。《易經》之離卦☲爲兩陽夾一陰,所謂陽道法火。坎卦☵與之相反,兩陰夾一陽,爲陰道法水。兩卦雖象徵,而陰陽之體具焉。采陰之理論在此解説之條件下爲以男性之離火,采取女性之坎水中之陽爻,以彌補己身之所缺,使離卦變而爲純陽之乾。乾卦三爻皆陽,即前文蕭應曳所言重三百八十四銖之元陽真炁。宋代張伯端[1]著名之詩詞體道經《悟真篇》爲一模棱兩可之書籍。學者固亦有不少視其爲研究所謂内丹者(内丹之義見下文),然孫思邈《備急千金要方》卷

---

[1] 張伯端之時代,舊説其卒于北宋神宗元豐五年(1082),年九十六,愚考證其生卒時代俱稍遲,可能及于南宋初,見拙著〈張伯端與悟真篇〉,《和風堂文集》中册,前引,頁 786—808。

八十三已引"彭祖曰以人療人"(2b)，而《悟真篇》有詩云"竹破須將竹補宜，覆鷄當以卵爲之。萬般非類徒爲巧，爭取眞鉛合聖機"（《道藏》六十一《紫陽眞人悟眞篇注疏》卷四 12b)，又云"取將坎內中心實，點化離宮腹裏陰"（《道藏》六十二卷五 11b)，皆彼中常爲人徵引之名句。此如非爲治采補者之所宗，亦甚易爲治采補者假借者也①。

　　道教之追求長生，蘄而不舍者歷千百年其大凡之過程不過三時期。最早之金丹爲物質的不死之藥，亦爲化學試驗之前身，並包冶金術。道教之術語謂之爐火或燒煉。《明儒學案》中尚有述及士大夫耽爐火者②，明崇禎間抱甕老人編《今古奇觀》中之《誇妙術丹客提金》，則民間小説叙以爐火及女色爲騙術者也③。然燒煉者以物質爲對象，所謂鉛、汞及其他化學原素，皆物也。其第二時期則"以人療人"之説法猖獗，其主張又皆以男性爲主腦，而以女性爲希求補益之對象，則對象爲個人以外之他人。此類道籍之內容，以其性質迥異，甚至荒謬不經，故往往有其涵義殊不尋常之術語，普通人讀之，既迷胡不清，亦頗易誤會其經之眞正性質。其所用術語名詞常假借自第一時期重丹鼎、燒煉時所用之名稱，如稱對象女性爲鼎或爐，蓋即一例。一般言之，宋代流行之此類文字，其外貌以模擬

────────────

　　①　南北朝時道教有所謂黃赤之道，蓋即《魏書·釋老志》所謂"三張僞法"者，亦爲陶弘景所排斥，看《道藏》六三七、《眞誥》卷二《運象篇第二》引清虛眞人、紫微夫人之言。黃赤爲黃書赤界，《道藏》一○○九有《上清黃書過度儀》。又《神仙傳》有《天門子》條（《道藏》六九九、《雲笈七籤》卷一○九 17b—18a)，其《經》云："陽生立于寅，純木之精，陰生立于申，純金之精。夫以木投金，無往不傷，故陰能疲陽也……"諸語，蓋別具一格者。《抱朴子·遐覽》有《天門子經》，惟未嘗引其文。

　　②　方與時最著名，至"嚴世蕃聞其爐火而艷之"，見《學案》卷三十二；參看《明儒學案》卷三十四楊止庵《上士習疏》對羅汝芳近溪之批評。止庵即楊時喬。

　　③　《今古奇觀》第三十九卷。此篇實取自凌濛初《拍案驚奇》卷十八《丹客半黍九還，富翁千金一笑》，頗反映明末之現實社會。

煉丹性質之書籍示人者甚多，苟不細加分析，殊難窺其底蘊。例如《道藏》六二一題陰真人（長生）《周易參同契注》三卷，吾能知其爲正常書籍①，而《道藏》五八八至五八九之陰長生注《金碧五相類參同契》，細研之則實與東漢《參同契》煉丹之旨大相逕庭。如言"要采要用二八真，藥中自有真酥酪"（卷上 4b），次句"文武火者四時功"《注》云："閉息納炁九一之數相制者，是上采木火之津，下是金水之精，居人于中宮，用土而合成大藥"（5a）。"木火之津"謂口液也。《注》又言"取采二八者，謂之卯酉；又十六之數。"卯、酉本指二、八月，然此注之真意實指年歲。《道藏》三四四、《混元八景真經》卷四《定金鎖章》云："金鎖法者，取白虎首經，謂之真鉛。二七十四、二八十六、并三五十五，乃爲上也"（14b），當與此同看。

　　研求長生進入第三時期，則爲內丹。內丹之名詞，蓋與重爐火燒煉一派之外丹相對，亦與重采補之以外界他人爲對象者不同，故稱內，內謂由己體內之心、腎交合而可以得"大藥"也。此說以個體之心臟所在爲離，而以下腹至會陰一帶所謂腎者爲坎。故道教（甚至中國之醫籍）所謂腎，雖與現代生理學所言之腎部爲泌尿器官攸關，其說實取廣義，非第指腰間兩腎之部位也。略說其法，吾人當先知調坎離一詞。內丹之理論，學者有以爲始于隋代之青霞子蘇元朗者②，本文尚難深論；然若謂隋、唐時已開其端，至宋、元而鼎盛，吾人或亦可略窺其衍變之流耳③。道經所謂丹訣，即使非述補益一派

---

　　① 參見本書頁 75 注①，頁 833—834。

　　② 近賢勞思光先生主之，見勞先生著《中國哲學史》第三卷，上册，香港，友聯出版社，1980，頁 19,149 及 213。

　　③ 隋、唐間內丹說之盛或尚不逮其從事外丹者，而研補益之說者亦正方興未艾。此類習尚蓋同時交叠而行，新說雖起，舊說仍未嘗泯滅也。《道藏》七四一《龍虎元旨》大旨仍似外丹之說，而所引青霞子之言（4b,5a,6a-b）則外丹與引《老子》哲學性之言參半。頁 8b 云此書"東岳董師元于貞元五年（789）受之于羅浮山隱士青霞子"，此說亦祇能供參考，尚未必能遽定青霞子之時代也。

之旨者，文字亦習爲晦澀，常言需師口授。今爲釋調坎離，姑引《道藏》六十四《紫陽真人悟真直指詳説三乘秘要》所附戴起宗編之《丹金法象》，就其陽、陰相對之異名擇其尤要者迻錄于次①：

屬于離、坎相對者，如離、日、火、心、牡、氣、汞、戊、剛、赤、呼、德、男、張翼、震龍、昆侖、姹女、長男、硃砂、青龍、赤鳳、乾爐、真砂、朱雀、朱砂鼎皆可謂陽性，皆指離卦及其所代表之心氣。與之相反者，爲坎、月、水、腎、牝、液、鉛、己、柔、黑、吸、刑、女、虛危、坎虎、曲江、嬰兒、少女、黑鉛、白虎、黑龜、坤鼎、真汞、玄武、偃月爐皆可謂陰性，皆指坎卦及其所代表之腎氣，此兩段之詞，逐個相對，如前段第二十個詞爲青龍，次段第二十個詞則爲白虎，餘可類推。

離卦☲者，陽中陰之卦也。《金丹法象》中之稱陽中陰者，兹擇要得黄芽、真陰、紅鉛、交梨、水銀、日中烏、龍弦氣、太陽流珠、青衣女子、碧眼胡兒、烏肝八兩，皆指離卦陽中陰之特質。而坎卦☵則爲陰中陽，今又得白雪、真陽、黑鉛、火棗、玉蕊、月中兔、虎弦氣、北方河車、素練郎君、白頭老子、兔髓半斤，亦皆與上述陽中陰舉例之各詞兩兩相對。惟吾人如第觀大意，則逕可總括而言以上所有各詞，皆不過説明離與坎二卦而已。所謂調坎離，即不過在導引行氣時，靜坐運氣使心間之氣（離）下降，又使腎際之氣（坎）上升，遇于中宮②，而腎氣之潮流又最好能蓋過心氣，即離卦自高下移，坎卦自下升上而已。《易經》未濟之卦爲坎下離上☲，若坎升而離降，則腎水滋生而心火息，此時修習者之心情泰和，爲卦中之既濟☵。此又《易》象之得爲丹鼎家利用者也。高蓋山人自然子吳悮有《丹房須知》，收《道藏》五八八，書有隆興癸未（南宋孝宗元年，1163）序，蓋

---

① 參看原著頁 25a—33a。

② 中宮一詞代表五行中之土，見《紫陽真人悟真直指詳説三乘秘要》頁30a-31b。其部位在腹臍内約寸許，實一想象中當有之部位。至于道經以東方爲木，南方爲火，西方爲金，北方爲水，中央爲土，此亦儒家傳統舊説，看《春秋繁露·五行相生》。

治外丹者。頁 9a 有未濟爐、既濟爐之圖，或亦可假以釋調坎離之義。戴起宗之《丹金法象》亦有小序，成于至元丁丑。按元代之至元年號先後有二。參以《道藏》六十一《紫陽真人悟真篇注疏》戴《序》又署"至元元年集慶空玄子戴起宗同甫謹序"（《序》4a）。集慶舊名建康，元文宗天曆二年（1329）始改名[1]，則起宗之丁丑當在後至元（三年，1337）可無疑。起宗蓋以張伯端之《悟真篇》爲衍內丹者也。

愚讀王湘綺先生（闓運）《湘綺樓說詩》卷一，一條云：

> 癸未四月丙寅枝江舟中紀夢：

> 余年十八，嘗夢二青衣女童引登一大樓，樓上先有女道士二人，年皆四五十許，相迎勞苦，惘然相對。其一笑曰："妹不復憶耶?"出一紅帖相示，文字朗然，頓悟爲余舊居之所，對窗大龕，青帳交垂。欲往憩息，二人交手壓帳云不可啓。下梯驚覺，誚是偶然幻景也。又二年，忽于春日獨坐，若有所覺。自此于文詞大有通解。嘗以語同志孫月坡、陳希堂，皆有詩詞記之。又卅二年乃夢登湘綺樓，一垂髮女子，攜小兒臥帳中，案上殘燭熒然，香篆未爐，彷徨卻步。其人已醒，嬰兒不復可見，女乃自前請備侍御。余驚其盛年，辭已既老。女乃斂容曰："君自著世緣，夙修惰矣。妾來與君調坎兌、正情性耳，非有他也。"聞語悚然淒感，頓悟來因不昧，修道無成，因作二詩以詒知者：

> 彈指人間五十春，芭蕉猶護雪中身。重勞玉女授裙帶，白髮花陰憶紫宸。

> 金骨雖存障已多，拈花長恐見維摩。星星私語雷音震，無那闈遟習慣何!（頁 27a-b）[2]

按湘綺有此夢當是實事，原記于光緒九年癸未（1883），見《湘綺樓日記》是年四月十六日記，兩詩則錄入十七日記[3]。《日記》與《詩話》文字微有出入，大致相同。記中所言"調坎兌"，兩處皆同，其意

---

①　見《元史·地理志五》。

②　《湘綺樓說詩》，王簡編，成都，日新社，1934；香港，龍門書店影印本，1963，頁 22。

③　《湘綺樓日記》，第十二冊，上海，商務印書館排印本，1927，頁 18b。《日記》中所錄之詩，第二首第二句作"拈花隨處惹多羅"，第三句震字原作過。

亦即調坎離也。離與震通,皆指陽中陰,坎與兌皆指陰中陽,分見前
引《三乘秘要》內《金丹法象》頁 28a 及 29a。湘綺蓋誤記,或籠統言
之耳。依此說則補益亦有可能爲對等的。愚不能詳,竊爲貢此衍義,
以待賢者之諟正。

　　作者簡介　柳存仁,1917 年生于北京,華裔澳大利亞學者。北
京大學文學士,曾獲倫敦大學榮譽學士、哲學博士及文學博士學位
等。曾任澳大利亞國立大學講座教授、亞洲研究學院院長,現任名
譽教授等。其研究集中在道教史、明清小說及中國古籍方面,西文
著述有《佛道教影響中國小說考》、《吳承恩》等書。中文著述有《和
風堂文集》等。

道教神仙譜系的演變

石衍豐

内容提要 本文對道教神仙譜系的産生、演變做一歷史探討，間或涉及道教神仙譜系與古代神話及原始宗教的關聯。認爲道教神仙譜系至兩宋方成定局。

道教神靈的産生與神譜的形成，是與道教的産生發展密切相關，它既與道教思想、教義、組織、人物、經典、方術等的"雜而多端"有關，又與道教本身的發展逐漸完善同步，這是研究道教史不可分割的部分。本文擬從道教神仙譜系的産生、形成與定型的流變中，做一些探討，不妥之處，請方家指正。

道教神仙譜系的淵源是多方面的，它是繼承了中國自然原始宗教、古代宗教、古老神話、長生不死成仙、民間信奉衆神和佛教傳入的深刻影響，逐步形成的。從道教神仙譜系的主幹上來分析，它是吸收傳統宗教神學的祭天地、敬祖宗、祀百神的崇拜框架，演變而成祭天帝、敬仙真、祀百神的崇拜信仰格局。

一、神仙譜系排列的雛形

道教神靈的産生一開始就有着深刻的時代印記。其孕育過程中，戰國、秦漢之際的方仙道，是崇奉黃帝的，與當時諸子百家爭言黃帝，托黃帝之名著書立説有關。兩漢之際的黃老道，它是從專奉黃帝的方仙道向黃、老并重過渡，這與當時上層宮廷"誦黃老之微言，尚浮屠之仁祠"有關，在民間也有"奉事黃老道者"。東漢明、章帝之際（58—88）益州太守王阜作《老子聖母碑》，桓帝延熹 8 年（165）陳相邊韶作《老子銘》等的神化老子，爲巴蜀五斗米道以老子爲教主，奉老子爲太上老君，做了神學興論上的準備。而當時宣道布教的《老子想爾注》則有"道者，一也"，"一散形爲氣，聚形爲太上老君"，成爲五斗米道崇奉的最高神。張角太平道是崇奉中黃太一，是當時社會公認的貴神"太一"與張角自號的"黃天"合二而一形成的①。可見，道教神靈産生與當時社會是密不可分。在兩漢之際流傳的道教最早經典《太平經》，它是以天、地、人三流共生爲其神學思想，它構築了道教最早的神仙譜系，"一爲神人，二爲真人，三爲仙人，四爲道人，五爲聖人，六爲賢人，此皆助天治也。神人主天，真人主地，仙人主風雨，道人主教化吉凶，聖人主治百姓，賢人輔助聖人，理萬民錄也，給助六合之不足也"②。這是一個有着"天人合一"、"儒道互補"的神仙群體，它確實是南北朝時構築神仙譜系的一個基礎。

　　魏晉時的神仙譜系，就五斗米道當時的"治"與"靖"的建築與奉神狀況，仍保持着"道至尊，微而隱，無狀貌形象也"③。表明依然不重視偶像崇拜④。至晉以來，流傳《仙經》已有老君真形的具體描述："老君真形者，思之，姓李名聃，字伯陽，身長九尺，黃色，鳥喙、隆鼻，秀眉長五寸，耳長七寸，額有三理上下徹，足有八卦，以神龜爲床，金樓玉堂，白銀爲階，五色雲爲衣，重叠之冠，鋒鋌之劍，從黃童百二十人，左有十二青龍，右有二十六白虎，前有二十四朱雀，後

---

　　① 《史記·封禪書》有"天神貴者太一，太一佐曰五帝，古者天子以春秋祭太一。"《後漢書·五行志》有"張角兄弟起兵冀州，自號黃天"。
　　② 王明《太平經合校》289 頁。
　　③ 饒宗頤《老子想爾注校箋》14 章注。
　　④ 參見拙作《道教宮觀瑣談》，載《四川文物》1986 年 4 期。

有七十二玄武,前道十二窮奇,後從三十六辟邪,雷電在上,晃晃昱昱……。"① 這標志着道教奉神進入了偶像崇拜。但此時對於太上老君究竟是神異,抑或是仙真,卻有着嚴重分歧。晉葛洪認爲:"淺見道士,欲以老子爲神異,使後代學者從之,而不知此更使不信長生之可學也。何者? 若謂老子是得道者,則人必勉力競慕。若謂是神靈異類,則非可學也。"② 這一爭論與分歧,《魏書·釋老志》有針對性地做了回答與總結:"道家之原,出於老子,其自言也,先天地生,以資萬類。上處玉京,爲神王之宗;下在紫微,爲飛仙之主。"老子最終成爲道教神宗,仙主合二爲一的太上老君了。

但是這一爭論與分歧,實際上卻成了東晉南北朝以來,道教各派樹立自己神靈又互不統率之根源。由於葛洪本人對老子爲"神靈異類"存有不同見解。而《漢武帝内傳》(有葛洪所撰之說)已有"元始天王"之說,王母曰:"昔元始天王時,及閑居登於藜霄之臺,侍者天皇博桑大帝君及九真諸王、十方衆神仙官,愛延弟子丹房之内,說玄微之言。"葛洪在他所著《枕中書》進一步論證了"盤古真人自號元始天王"新說③,將道教的始祖與開天闢地古老神話結合起來,并將中華民族的歷史傳說的三皇、五帝、三王乃至殷湯、周武全部納入神仙世界之軌迹,表明了他外儒内道,儒道互補的神學思想,爲後來《上清》、《靈寶》經中出現的元始天王、元始天尊、太上大道君等道教最高神,奠定了神學思想基礎。以上這些構成了道教初創時神仙譜系排列的雛形,爲後世所吸取。

二、神仙譜系的形成與三清尊神的確立

魏晉時,道教從崇奉道、無、虛、一的無狀貌無形象進入了偶像

---

① 王明《抱朴子内篇校釋》273—274頁。

② 葛洪《神仙傳》載《道藏精華錄》。

③ 參見拙作《枕中書》及其作者,載《宗教學研究》1986年2期。

崇拜，到太上老君的神異、仙眞之爭，以至用宗教創世説塑造了新的至上神元始天王。這一演變，直接影響到東晉中後期大造《上清》、《靈寶》經時的神學思想。當時道教的神靈是作爲造經、傳經和經文中的思神法、存神圖等等的章、誦、咒、訣、祝、符中的副產物涌現的，因而造成一個神靈之多、毫無秩序、互不統率、相當混亂、難以理順的神靈群體。而道教内仍有人堅持大道無狀貌、無形象之觀點，如陸修靜（406—477）“夫大道虛寂絶乎狀貌，至聖體行，寄之言教。”（《陸先生道門科略》）這種神學思想上的矛盾，造成了從晉葛洪（283—343）的“元始天王”新説起，到梁陶弘景（456—536）首次排列道教神仙譜系止，近 200 年來，一面隨着《上清》、《靈寶》經的造作與傳播，涌現了大批的道教神靈，另一面又拘泥于先輩云“多是身中百神之名，不可以文理推之。”（《大洞玉經》卷下）從而形成了道教神靈有名可狀而又不能認可、非常矛盾的狀況。對此，我們試以資料叙述、分析如下：

　　《上清大洞真經》是六朝古《上清經》之首經，全稱《上清大洞真經三十九章》。現《道藏》本的卷 2—6，共列了 39 章真經，如：高上虛皇君道經第一（卷 2，1 頁），玉晨太上大道君道經第十四（卷 3，14 頁），太清大道君道經第十五（卷 3，16 頁），中央黄老君道經第十九（卷 4，5 頁），金闕後聖太平李真天帝上景君道經第三十（卷 5，12 頁）等等。這點例舉已説明，《三十九章真經》的每部真經都冠以一位神靈，是道經與神靈的結合，開始這些神靈以造經、傳經爲主要任務，至陶弘景時它們就編入了道教神仙譜系，擔負着它們各自的角色，有關傳經及符咒訣等中涉及的神靈記載録如下：

　　　　此道與元始俱生，九天虛皇以傳太上大道君，大道君以傳後聖金闕帝君及太帝君、太微天帝君、北極真公使付東華青童大君，依格萬劫一傳于後學得道之人。（《上清五常變通萬化鬱冥經》26 頁）

　　　　太上大道君曰：“吾昔受之於元始天王，使授仙公、仙王、仙卿、上清真人、不傳中仙。”（《太上洞玄靈寶真文要解上經》1 頁）

　　　　《太上真一勸誡法輪妙經》九天有命皆四萬劫一出，太上虛皇昔傳太上大道君，道君傳太極天帝君，天帝君傳後聖金闕上帝君，今傳仙卿、仙公、仙王；已成真人，不傳中仙及五嶽諸仙人也。(《太上洞玄靈寶真一勸誡法輪妙經》5 頁)

　　《八素真經》者乃玄清玉皇之道也。上皇天帝以此書受太微天帝君、三元紫精道君、真陽元老君。此君受書施行道成後以付太上道君。太上道君以傳金闕後聖李君、李君以付太虛真人，南嶽赤君……太上之隱文不傳於地仙。(《上清太上八素真經》1 頁)

　　類似記載，可以説遍及《上清》、《靈寶》等經中。我們參照任繼愈先生主編的《道藏提要》所提供的《上清》、《靈寶》經之界定，作了一些不完全的歸納，《上清》經中出現的主要神靈有：高上虛皇君或稱九天虛皇、太上虛皇道君、九天真王、元始天王、玉晨太上大道君、玉清大道君、太清大道君、太上三老君、玉清元始王、上清玉帝君或稱皇上玉帝君、太一帝尊、中央黃老君、太微天帝君、後聖金闕帝君等等。《靈寶》經中所出現的主要神靈有：太上虛皇或稱八天虛皇帝君、元始天王、元始天尊、太上天尊、太上大道君、太上道君、太上靈寶、靈寶天尊、太上老君、五帝上真、高上玉皇、五老上帝、太極天帝君、後聖金闕帝君等等。兩者相比，我們只以"三清"最高神為例來看，二者相同神名，都有虛皇道君、元始天王、太上大道君、後聖金闕帝君，所不同者《上清》經中無元始天尊、太上老君。總之，這些神靈成為梁陶弘景撰定《真靈位業圖》時的重要依據。

　　北魏寇謙之的天師道，由於其享"天師之位"，受"清整道教"之命，得《雲中音誦新拜之誡》20 卷，均假"太上老君"之名，其以太上老君為最高神自不待言。此時，作為道教誰為最高神，眾多神靈應如何排列，成為道教神學中的重大課題。從東晉以來出現了名目繁多的帝君、道君、元君、天尊、真君、丈人、仙公、仙卿以及天神、地祇、日月星辰、岳鎮海神等，這是一個毫無秩序、互不相屬的道教神靈群體。針對這一現實，南北朝後期，出現了三個神仙譜系，即梁陶弘景編撰的《洞玄靈寶真靈位業圖》，北周時《無上秘要》卷 83、84 分門別類排列的"道人名品"，以及《七域修真證品圖》的神譜框架。

這些神仙譜系一面是吸收了前述的神譜雛形，而更多的是對東晉以來各派造作的衆多神靈的第一次大會師，形成了南北朝時道教的神仙譜系。現將這三個神仙譜系的框架錄如下：

《真靈位業圖》分七個層次、設七個中位，組成七個神團。

第一中位：上合虛皇道君應號元始天尊，下設左位、右位。

第二中位：上清高聖太上玉晨玄皇大道君（注爲萬道之主）下設左位、右位、女真位。

第三中位：太極金闕帝君姓李（注壬辰下教太平主）下設左位、右位。

第四中位：太清太上老君（注爲太清道主下臨萬民）；上皇太上無上大道君，下設左位、右位。

第五中位：九宮尚書（注姓張名奉，字公先，河內人。先爲河北司命禁保侯，今爲太極仙侯公，領北〈疑爲此〉職位在太極矣）下設左位、散位、右位、散位。

第六中位：右禁郎定錄真君中茅君（注治華陽洞天），下設左位、地仙散位、右位、地仙散位、女真。

第七中位：酆都北陰大帝（注炎帝大庭氏、諱庚甲，天下鬼神之宗，治羅酆山，三千年而一替）下設左位、右位。

《無上秘要》卷83、84記有"道人名品"六個層次。

"得鬼官道人名品"78人，最末爲"庚甲炎帝大庭氏酆都北大帝君"。

"得地仙道人名品"139人。

"得地真道人名品"最末有"定錄君已度在太清…"。

"得九宮道人名品"41人，最末爲九宮上相二人度在上清。

"得太清道人名品"85人。

"得太極道人名品"93人。最末爲"…太極金闕四帝君，後聖李君在左最尊，已度上清，餘三帝是太極之天帝。"

由于《無上秘要》卷85、86缺，經作者研究認爲，還設有兩個層次，即"得上清道人名品"和"得玉清道人名品"，共設八個層次。

《七域修真證品圖》設有七層：

第一初果，洞宮仙人，所居在地中十洞、三十六洞、五嶽名山洞府之中。

　　第二次果，名山之上虛宮地真人，其宮闕在五岳名山之上，玄虛之中，凝雲結氣爲宮闕所治，僉然畢具。

　　第三次果爲九宮真人，在五岳虛宮之上，太空之中分有九位，位統一方。

　　第四次果證位爲太清上仙，其宮在太清境中，太上老君所治。

　　第五太極真人果位，其宮闕在太清之上，上清之下，老君所治。

　　第六果位爲上清真人，其所理在太極之上，上清之境，太上玉晨大道君之所治也。

　　第七極果爲玉清聖人，證種高尊，與眾聖齊位，非言象所及，與道混體，洞入自然，消則爲氣，息則爲人者也。

　　這三個神仙譜系凝聚着魏晉南北朝時對道教神學改造、充實、發展的結晶，從總體上看，《真靈位業圖》是從玉清、上清、太極、太清（以上四層爲天間），九宮、洞天（屬人間），太陰（屬陰間）的天界、人世間、陰間三界的層次排列的。和《太平經》的神譜相比，從天界到人世間是相同的，但它增添了陰間。"道人名品"和《七域圖》則是以修煉、得道、成仙升天的視角，由下向上的層次排列的。不過《七域圖》僅有天界與人世間兩界層次，又未列具體神仙名，這點又與《太平經》神譜相似。《七域圖》的特色在于指出了七域的宮闕所在之處，彌補了《真靈位業圖》與"道人名品"神譜之不足。它對上面四個高層次都有那一位神所治，下面三個低層次未標明那位仙真所治，這點對我們探討《真靈位業圖》第五、六的中位，有參考價值。

　　將這三個神譜框架，結合《上清》《靈寶》經中出現的神靈，進行對照可以探索其演變的內在聯繫。《真靈位業圖》的第一中位"上合虛皇道君應號元始天尊"，很可能是《上清》《靈寶》經中的"虛皇道君"與"元始天尊"合二爲一的，中間用"應號"二字連結，也是這種含義的表述。第二中位，"上清高聖太上玉晨玄皇大道君"，從"大道君"前冠以"玉晨"，表明它是從上清派尊神演變而來。第三中位，"太極金闕帝君姓李"，作爲"後聖金闕帝君"之稱，上清、靈寶兩派都有。至于"姓李"最早出現在上清派《大洞真經》的道經第三十。在

《七域圖》特別明確"其宮闕在太清之上，上清之下，老君所治"，這對于我們解釋南北朝後期"三清尊神"未能最終確立的真正原因找到了依據，就在于太清與上清之間，還有一個太極宮。第四中位，實際上有兩名主神，一是太清太上老君，二是上皇太上無上大道君。太清太上老君，是從五斗米道時已開始崇奉的，也爲寇謙之的天師道所崇拜，《靈寶》經中也有太上老君，它列爲太清境的中位是必然的。至于上皇太上無上大道君，則可能是《上清》經的"太清大道君"和《靈寶》經的"太上大道君"合并而成。第五中位"九宮尚書"，在《七域圖》中未顯何神所治，它在《真靈位業圖》中也是注中才標明爲張奉。據考張奉少時名激子，在南北朝時是一個名不見經傳的仙真，其所以在注里能有此說，在于他是衆多仙真中曾領過"九宮尚書"之職者。第六中位爲右禁郎定錄真君中茅君，在《七域圖》中未顯何神所治。立中茅君爲中位，可能和作者陶弘景是茅山宗的開創者有關。這一層次包含了《七域圖》的洞宮仙人（得地仙道人）和虛宮地真人（得地真道人）的人世間的仙真，立茅山派中茅君爲中位，也可能是和當時茅山在洞天福地中顯赫地位有關，茅山是"十大洞天"的第八洞天，"三十六洞天"的第三十二洞天，"七十二福地"的第一福地。第七中位爲酆都北陰大帝，這是道教神仙譜系中第一次納入了陰間地獄，并爲已故的帝王將相、達官貴人設計了一個"三官府"充任鬼官，并給了還有進補仙官之機會。總之，這三個神仙譜系的共同特點，是以"得道成仙"的神學思想，區分層次、組成神團的。

　　南北朝時的神仙譜系還需要提及的，是北周《無上秘要》一書，摘錄了不少進行齋醮時所請的神靈，如卷50"虛無自然元始天尊、無極大道太上老君、高上玉皇、十方已得道大聖、衆至真、諸君丈人、三十二天帝、玉虛上帝、玉帝大帝、東華、南極、西靈、北真、玄都玉京金闕七寶玄臺、紫微上宮、靈寶至真明皇道君、玄中大法師、天師君…"這是道教進行科儀齋醮時所請神靈的排列，它有別于《真靈位業圖》等三個神仙譜系，不再是以"得道成仙"的層次爲内含的神譜了,是專爲進行科儀齋醮編排的神仙譜系,它成爲隋唐之後一直沿用的神譜形式。

關于"三清尊神"確立問題,首先是"三清天(境)"的出現,它與道教的"三十六天"説緊密相連。《魏書·釋老志》有"言二儀之間有三十六天,中有三十六宮,宮有一主"。《上清》、《靈寶》經中亦有三十六天之説,稱最高爲大羅天,下有"三清天"亦稱"三清境"。至于"三清境"向"三清尊神"的轉化,也是道教神仙譜系的一個重要問題。道書認爲:以"三清妙境乃三洞之根源,三寶之所立也"(《雲笈七籤》卷6)又稱:"但知洞真法天寶君住玉清境,洞玄法靈寶君住上清境,洞神法神寶君住太清境。故《太上蒼元上録經》云:三清者,玉清、上清、太清也"。(《道教義樞》卷21)由此可見,"三洞"、"三寶君"和"三清境"的聯結,是"三清"從"境"向"尊神"含義擴展的一座橋梁。據《業報經》《應化經》并云:"天尊曰:吾以道氣,化育群方,從劫到劫,因時立化。吾以龍漢元年號無形天尊亦名天寶君,化在玉清境,説洞真經十二部以教天中九聖,大乘之道也。……吾以延康元年號元始天尊亦名靈寶君,化在上清境,説洞玄經十二部以教天中九真,中乘之道也。……吾以赤明之年號梵形天尊亦名神寶君,化在太清境,説洞神經十二部以教天中九仙,小乘之道也。"[1] 這裏的"三寶君"成爲元始天尊在"三清境"的別名,這是"三清"從"境"向"神"擴展的主導綫索。至于其它綫索,這裏不再贅述[2]。總之,南北朝時的文獻資料,如《真靈位業圖》、《無上秘要》的"道人名品"和齋醮科儀所請神靈譜系,以及《七域圖》等神譜中,和道書所述的三洞尊神、三寶君、住三清境等等資料,均表明"三清尊神"正在孕育過程中,還未最終確立。

從文獻資料來看,唐《老君聖紀》載:"此即玉清境元始天尊,住在三十五天之上也,""此即上清境太上大道君,住在三十四天之上

---

[1] 《雲笈七籤》卷6"三洞并序"。

[2] 參見拙作《道教"三清"源流探微》,載《中國道教》1992年3期。

也”，“太清境太極宮即太上老君，住在三十三天之上也。①”這裏的
“三清尊神”是元始天尊、太上大道君、太上老君，已經很明確了。從
道教宮觀建築及金石資料表明，南北朝至唐初宮觀建築中心是“天
尊殿（堂）”，唐代碑刻，從貞觀到開元年間（627—741）道士、道民敬
造的主要是元始天尊像②，從以上兩個角度所表明的情況是相符
的。至于“三清殿”的建造，有“開成中（836—840）始詔賜號三清之
觀”③。又《龍角山紀》的《慶唐觀碑銘》、《重修三清殿》中都說明唐
代已建造“三清殿”，它爲“三清尊神”向社會上廣爲傳播，定會有着
促進作用。總之，經過南北朝至唐初的孕育與發展，在“道不可無師
尊，教不可無宗主，故老君師太上玉晨大道君爲，大道君即元始天
尊之弟子也”的共識下④，此師徒關係爲紐帶，使他們成爲道教不
可分割的三位一體的“三清尊神”。

三、神仙譜系的完善與定型

　　隋唐時道教處于興盛發展階段，其重要原因與唐代皇室積極
扶植道教分不開。唐皇室以老子李耳爲“朕之本系”尊爲始祖，先後
加號爲“太上玄元皇帝”、“大聖祖高上大道金闕玄元天皇大帝”。故
當時的道教學者也從宗教理論上宣揚太上老君以相配合。如杜光
庭《道德真經廣聖義》最具有代表性，認爲老君是至高無上無處不
在的神靈：“在天爲萬天之主，在聖爲萬聖之君，在仙爲萬仙之總，
在真爲萬真之先，在星爲天皇大帝，在教爲太上老君。”“主領天上
天下，地上地下，萬億天界，有情無情，有識無識，有形無形，皆太上
老君所制御也。”又如唐代尹文操也從老子神靈與神通在道教教理
上大作文章：“老子者，即道之身也，迹有内外不同，由能應之身或

---

① 《要修科儀戒律鈔》引《太真科》。
②③　見陳垣《道家金石略》。
④ 《猶龍傳》卷1《啓師資》。

異也。""其内號者……至一者妙而無質也;真一者淳粹湛,然也;玄一者通靈不滯也;皇一者光明無上也;元一者萬道之長也;帝一者百神之聖尊也;太一者長生之大主也;天一者司陰之真宰也;正一者盟威之法王也。"① 這些論述很明顯有推崇和獨尊老子的意圖,但以"三清"作爲最高神的趨勢不可逆轉,甚至杜光庭本人也認爲:"道君爲老君之師,天尊爲道君之師……三聖相師,乃垂教尊卑之本矣!"②

　　唐代的神仙譜系,仍沿習着爲齋醮科儀所請的神靈譜系,唐代中葉的神譜可從張萬福編撰的《立成儀》中見其概貌:"虛無自然元始天尊、無極大道太上老君、上相、上宰、無極元君、太上玉晨高上道君、太微天帝君、後聖金闕帝君、玉皇、二十四高真、玉清紫虛元皇道君…太清上仙、太上丈人…三臺、七元輔弼尊帝神真上聖上保,…南嶽魏夫人…玄中大法師…太上明威正一天尊、天師、嗣師、系師、女師…百千萬重道氣千二百官君……。"③ 唐末的神譜可從杜光庭《道門科範大全集》中見其概貌:"虛無自然元始天尊、無極大道太上大道君、大聖祖高上大道金闕玄元天皇大帝太上老君、高上玉皇、十方已得道聖衆、至真、諸君丈人、三十六天帝君、玉虛上帝、玉帝大帝、東華、南極、西靈、北真……玄中大法師、三天大法師、上清日月九曜、南辰北斗星君、三官、五帝、九府、四司、斗中道德諸君、無鞅聖衆……。"④ 杜光庭的《道門科範大全集》裏不少齋醮科儀儀式,仍在今日宮觀中采用。這個神譜首先是將唐玄宗上給老子的最尊稱號已記入神譜中。其次是與北周《無上秘要》和唐中葉張萬福《立成儀》的神譜比較,最明顯的區別,是在元始天尊與太上老君之間增列了"無極大道太上大道君",這同樣反映了"三清尊

---

① 《太上混元老子史略》引。
② 杜光庭《道德真經廣聖義》。
③ 張萬福編《醮三洞真文五法正一盟威籙立成儀》。
④ 杜光庭《道門科範大全集》卷4,2頁。

神"最終確立的大致年代與前述相吻合。

　　五代、兩宋的道教是隋唐的延續,道教神仙譜系依然繼續崇奉
老子,如宋真宗加號爲"太上老君混元上德皇帝"(《宋史》卷 8)。教
内的道士、學者也總結了唐代推崇太上老君的熱潮,編撰了一批老
子傳略,如《混元聖紀》、《太上老君年譜要略》、《太上混元老子史
略》、《猶龍傳》等,它歷史地、客觀地記錄了太上老君在道教發展中
的神學地位和作用,也是兩宋道教學者研究和總結老子宗教化的
成果。同時,宋代的帝王將相也仿效唐王室利用道教,神化趙氏,造
作道教神仙等。如宋初,太宗繼承其兄趙匡胤的皇位,歷史上曾有
一則"燭影斧聲"的懸案,而道教内部卻留下了"玉帝輔臣"命道士
張守真傳言其兄宋太祖的神話,爲此而封"玉帝輔臣"爲"翊聖將
軍",真宗時命宰相王欽若撰《翊聖保德真君傳》,成爲宋代道教神
譜的"四聖"之一。又如真宗效法唐代奉老子爲聖祖,他奉黄帝爲聖
祖,也造了一個傳玉帝之命的趙玄朗降授天書之神話,爲此上黄帝
尊號爲"高道上靈九天司命聖祖保生天尊大帝"、聖祖母爲"元天大
聖后"①。由于宋代造作的幾起神話多托于"玉帝",所以宋真宗、宋
徽宗一再加玉皇尊號爲"太上開天執符御曆含真體道玉皇大帝"
(《宋史》卷 8),并將已往道書《靈寶齋儀》的三世天尊"過去高上玉
皇天尊"②,更改爲"見(現)在太上玉皇天尊"③,爲趙氏王朝的現實
政治服務。但自此之後,玉皇大帝在世俗民間成爲神州大地民俗信
奉的天界最高神,一直流傳至今。但道教内以元始天尊爲首的"三
清尊神",這個道教歷史發展形成的至上神,卻仍未改變。或許道教
學者也意識到這種富有矛盾的複雜狀況,他們提出了新的神學解
釋:"蓋玉清爲教門之尊,昊天爲三界之尊,各具一列,各全其尊故

---

① 　寧全真《上清靈寶大法》卷 10《三界所治門》。
② 　《一切道經音義妙門由起》引《靈寶開天經》。
③ 　《雲笈七籤》、《道教三洞宗元》。

也。"① 從而形成了"三清"、"四御"的神仙譜系新格局,即"三清"爲"教門之尊","四御"爲"昊天三界之尊"。

　　道教的神仙譜系學者們認爲在兩宋才有一個較爲定型的體系,後世大致沿習流傳至今。兩宋道教學者撰定的涉及道教神仙譜系的道書,有朱自英《上清大洞真經》6卷、寧全真校、王契真纂的《上清靈寶大法》66卷、林靈素編《靈寶領教濟度金書》320卷、金允中編《上清靈寶大法》44卷、呂元素集《道門定別》、留用光傳、蔣叔輿編《無上黃籙大齋立成儀》57卷以及張君房編《雲笈七籤》122卷等,不僅匯集了近1000年來道教的神仙譜系,還作了總結與評述。正如南宋金允中所説"允中今立玄穹主宰品,以明三清三帝三炁之源,繼之以三界宫曹品,以備關申之目,祈禳、升度、拔幽、濟顯已足備事。恐學者反謂此書之略或輕易增入謬妄名司,貽害無窮,故不得不爲之辯。"② 他對道教"三界宫曹品"分上界,無上大羅天、玄都玉京、玉清境、上清境、太清境、九天上帝等;中界,中嶽崑侖山、十大洞天、三十六洞天、三百六十名山、九壘、北都羅酆山等;下界,東霞扶桑宫、蓬萊宫等。對進行齋醮科儀時的360位或160位神仙譜系,都有詳細記載:"今具聖位之略云:玉清聖境元始天尊、上清真境靈寶天尊、太清仙境道德天尊;昊天上帝、北極大帝、天皇大帝、后土皇地衹;長生大帝、青華大帝;東華木公青童道君、白玉龜臺九靈太真金母元君、東極太乙救苦天尊。九天上帝、三十二天帝、五福十神太一真君、上清十一曜星君、北斗七元星君、天地水三官大帝、四聖元帥真君、靈寶五師真君、日宫孝道仙王、月宫孝道明王、太極仙翁葛真人、都仙大史妙濟真君、南極長生大君、度世司馬大神、好生韓君丈人、司命司錄尊神、延壽益筭度厄尊神、三界大魔王、五帝大魔王、五天魔王、十方無極飛天神王、南昌上宫主宰高真、北陰酆都大帝、東霞扶桑大帝、五岳五天聖帝、酆都六天十洞主宰、暘谷神

① 《靈寶領教濟度金書》、《三界醮壇圖》。
② 金允中《上清靈寶大法》卷5,4—5頁。

王、九江水帝、十二河源聖衆、洞天福地主錄仙真、昆侖上宮三百六
十名山仙衆、童初府、蕭仙堂、易遷館真仙聖衆、三五功曹左右官使
者、左右龍虎君、侍香、金童、傳言玉女、五帝直符、直日仙官。"① 在
兩宋神仙譜系中還有"九皇御號"(《道門定制》卷2)之稱,即"三
清"、"六御"組成,"三清座"、"七御座"等②,這些只是兩宋以來道
教神譜"三清四御"格局的擴展,補充而已。

金元時期出現了道教的新道派和全真,正一兩大派確立,一直
沿襲至今。從總體上看,神仙譜系格局變化不大,僅增設一些與新
道派有關的仙真。如全真道元世祖加封正陽、純陽、海蟾、重陽真君
號(加上東華帝君王玄甫稱北五祖),丹陽以下七真俱號真人"載人
方册,傳之萬世。"(《金蓮正宗仙源像傳》)又元武宗時正陽等升格
爲"帝君",北七真升格爲"真君"、"元君"(同上書)。宋元時出現的
淨明忠孝道,崇拜陽陰日月二君,稱"陽有陽之至神,太陽上帝是
也。 陰有陰之至神,太陰皇君是也。"(《淨明忠孝全書》卷5)又稱
"無極者淨明之謂,三界上者是也。天黃大陽即天界之無極,昊天上
帝爲太極。地黃大陰即地界之無極,后土氏爲太極。"(《淨明忠孝全
書》卷5)有着很濃的道派神學意識,并稱日宮太陽謂"孝道仙王",
月宮太陰謂"孝道明王",打上了"淨明忠孝道"的烙印③。

道教神仙譜系兩宋以來逐步完善與定型,從衆多齋醮科儀中
的神譜排列,道教祭天帝、敬仙真、祀百神的奉獻崇拜體系,大致可
以概括爲以下十個層次:最高層是"三清""四御"等教門之尊與昊
天之尊;第二層是諸天帝,如九天上帝、五靈五老天君、三十二天帝
等;第三層是日月星辰,如十二曜星君、五斗星君、二十八宿星君
等;第四層是三官、三元、四聖等;第五層是歷代傳經著名法師、玄
中大法師、三天大法師、靈寶三師等;第六層是雷公、電母、龍王、風

① 金允中編《上清靈寶大法》卷5。
② 《靈寶領教濟度金書》、《三界醮壇圖》。
③ 金允中《上清靈寶大法》卷5,卷39。

伯、雨師等;第七層是五嶽、諸山神、廬治化洞天福地仙官;第八層
是北陰酆都大帝、水府扶桑大帝及它們所屬諸神;第九層是各種功
曹、使者、金童、玉女、香官、役吏等;第十層是城隍、土地、社稷之
神。

四、神仙譜系演變的三大制約因素

我們從道教神仙譜系的演變歷史中可以看到,道教從其創教
時起,就不像世界三大宗教那樣,有一個具體的、至高無上的、公認
的創教人,它是在中華大地的廣闊空間、漫長歲月中,逐步孕育、興
起、發展的,其神靈是"源起多頭、兼收并蓄、神系龐雜、層次不清",
因此史有"雜而多端"之說,雖有貶意,卻從一個側面反映了道教成
長的真實情況。因此,道教神仙譜系的演變,深深地受着傳統神學
因素、教派因素、時空因素的制約。

首先是傳統神學因素,當一切自然原始宗教向人爲神學宗教
的過渡,繼承先民們神靈崇拜的傳統是不可避免的,道教神靈的形
成也不例外。道教初創時五斗米道,所崇信的天、地、水三官,以及
神仙譜系中的諸天帝、日月星辰、風伯雨師、諸山神等等,均是繼承
中國古代宗教的祭祀演變而來。在道書中所謂"自然之神,非人學
所得"①。大致也是指這種情況吧!傳統神學中聖賢崇拜的影響,從
《太平經》的神仙譜系有"聖人""賢人",葛洪《枕中書》中的元始天
王創世說,也是托盤古神話與歷史傳說銜接而成,傳統的烙印是深
刻的。在《上清衆仙真記》、《真靈位業圖》、《無上秘要》的"道人名
品"等神譜中,列有堯舜禹三王、殷湯、周武、齊桓公、漢高祖、劉備
等帝王將相及諸子聖賢孔丘、顏回、墨翟等,也是傳統聖賢崇拜的
影響。宋代朱熹提出詰問:"但是老子既是人鬼,如何卻居昊天上帝
之上,朝廷更不正其位。"(《朱子語類》)這是對道教神靈駕臨于傳

---

① 《無上秘要》卷83載"道人名品"。

統神靈之上的指責。對類似指責,在神宗時的大臣張商英奉旨整理的《金籙齋投簡儀》,已有所注意,認爲"名號繁多,非道之體,博研經論,考三界質之",提出"虛皇太上三尊道之真元也,三清上帝道之妙有也。昊天玉皇上帝、三十二天帝,統御世界而成變化者也,天皇大帝紫微帝君在天成象之帝也,虛皇地后三元九氣所生也。"(《金籙齋科儀序》)至宋徽宗時,道士寧全真從教理視角還作了進一步發揮:"蓋三清爲教門之尊,昊天爲三界之尊,各居一列,各全其尊故也。"(《靈寶領教濟度金書》)可見,道教神譜受傳統宗教神學制約是很大的,但也不是照搬照抄,而是依據教理又隨歷史前進,不斷完善的。

其次是教派因素。在對待教門尊神上,總是以"道"爲始點衍化,無論是"太上老君乃元氣之祖、萬道之宗、乾坤之根"(《太上混元老子史略》卷中),或"元始天尊者即天地之精,極道之祖氣,本生乎自然,消即爲氣,息即爲神"。(《洞淵集》卷1)由于它們總以"道""氣"爲本原而始終不變,使它成爲名符其實的道教。但又確實在關鍵的最高神上出現過分歧,究其原因是教派不同所致。從早期的五斗米道與太平道創教時,前者以太上老君爲教主,供奉"三官",後者則崇拜黄老,供奉"中黄太一",可見,道教從創教之始,由于教派不同,在神靈崇拜上就有所分歧。魏晉南北朝時,上清、靈寶等派出現,大造神靈,最高神的分歧,前已論及不再贅述。

各教派都尊奉自己教派的仙真,天師道崇奉張天師、寇天師等;上清派奉三茅君、許真君等;靈寶派奉葛玄、葛洪等;淨明道奉許遜;全真道奉北五祖、北七真等等。同時,由于道教對"仙真"之界定不清,也影響着神仙譜系。道教的神仙傳記從《列仙傳》、《神仙傳》所列不足100人,到元代趙道一《歷世真仙體道通鑒》、《續編》、《後集》增至900餘人,在這衆多的神仙人物面前,正如劉鑑泉先生《道教徵略》所稱:"蓋其所失在以仙爲名,既以仙爲名,則最近之道流,不敢質定爲仙矣!""夫儒家傳記,止云儒林,不云聖賢;佛家傳記,止云高僧,不云佛菩薩","而道家乃以道士及俗間男女之得道

者,混爲一編,何怪源流接受之不明乎"。又加之教派傳承不同,各
取所需,都影響着神仙譜系。道教各派多數有自己的本山,在各自
本山崇奉自己的神靈,如陝西樓觀臺奉祀老子、江蘇茅山奉祀三茅
君、武當山奉祀玄天上帝、江西萬壽宮奉祀許遜、純陽宮奉祀呂洞
賓、北京白雲觀的丘祖殿奉祀丘處機等,都是教派因素所致。

　　第三是時空因素。時代、歲月的變遷是神仙譜系演變中非常重
要的因素,前所叙述,已可證明。這裏着重補充三點。一是受道教
教理教義思想變化的影響,道教初創時,重視長生成仙、白日升天,
南北朝時的三個神譜,就以這一神學思想爲指導。從北周《無上秘
要》記載的齋醮科儀所請神譜,仍將十方得道的"大聖、至真、諸君、
丈人"列在"三十二天帝"之前,隋唐的道書中仍有沿襲的。至宋代
以來,形成"三清""四御"的神譜格局,諸天帝、諸星官排列在衆仙
真之前,它和道教的轉向內丹修持和"白日升天"神學思想的幻滅
有關。二是歷代帝王對道教神靈的干預,有着較大影響,這類事例
史書上記載較多。如唐王朝奉老子爲聖祖,宋王朝奉黃帝爲聖祖,
對此,南宋蔣叔輿評論:"本朝及唐之祀聖祖,猶其祀感生帝也。感
生帝出于諸儒,聖祖出于方士,其爲附會則一耳。"(《無上黃籙大齋
立成儀》卷15)又如自奉教主的道君皇帝宋徽宗,貶毀佛教曾下詔
"佛改號爲大覺金仙",雖僅一年就取消了。但"金仙"之稱後來演變
成亦仙亦佛、仙佛合宗的十二金仙,至今在成都青羊宮三清殿內的
兩側就有十二金仙的畫像,如廣成子、赤松子、文殊天尊、普賢真人
等,這在神仙譜系中富有濃厚的時代色彩。三是道教的盛衰,也影
響着神仙譜系。像明清以來道教逐漸衰微,三教合一的神學思想,
在明代道教神仙譜系就有着明顯反映。如《皇經集注》稱:"蓋玉帝
乃道身,道無窮,玉帝其有窮乎!信乎!玉帝最上一乘,諸佛之師,
萬天之王。"(《皇經集注》卷1、卷2)認爲"玉皇者聖中最尊,神中最
貴,諸佛聖師萬天帝主,故尊稱曰'玉皇'"(同上書)。道經裏的這些
注解,都和民間信仰至上神玉皇大帝逐步駕臨于儒、釋、道三教之
首有關,也和中國長期以來的"皇權神授"的神學思想有關,正如

《聊齋志異》所説"天上有玉帝,地下有皇帝。"(《聊齋志異》卷23
《鴞鳥》)它象徵着玉帝在天上統率着三教的聖、佛、仙,皇帝在人間
統攝着儒、釋、道①。又如明萬曆35年(1607)大真人張國祥奉旨校
梓的《搜神記》6卷,其卷一開宗明義就以儒氏源流、釋氏源流、道
教源流爲始,突出了玉皇上帝、后土皇地祇;其次列有道教的許真
君、張天師、三茅真君等,又列觀音、達磨等佛、菩薩,還列西楚霸
王、伍子胥等。更多的列有民間、地方所奉的神,如洞庭君、湘君、槃
瓠狗神等。這是由于"朱氏政權起自民間,故明代帝王信仰有着民
間信仰的特點"②。這一特點或多或少地影響着明代的神仙譜系。
就空間因素而談,也是不可忽視的制約因素,道教初創時五斗米道
源于巴蜀、漢中地區,太平道流傳于青徐幽冀荆揚兗豫八州地區,
造成了他們奉神的差異,以後出現的上清派、靈寶派、樓觀派、淨明
道等等在奉神上的差異,與地域也有很大關係。同時道教齋醮科儀
所請神靈,歷來重視隨世俗心理供奉當境民間的一切神靈。如西蜀
道士呂元素集成《道門定制》卷9載:以上"三狀内皆有蜀中君臣神
祇,其或他郡國各有山川郡望,隨所奉事增減"。可見空間地域的因
素對神仙譜系也有一定影響。

　　道教神仙譜系演變的歷史長河中,始終圍繞着最高信仰"道",
并没有因各教派出現至上神的分歧而解體分裂,它能與固有的傳
統神學、歷史變遷、教派迭起、廣闊空間相適應協調,充分表現了道
教極大的包容性,構成了道教神仙譜系的複雜格局。

---

　　① 明太祖認爲"仲尼之道顯明,共睹共聞,陽德也,故爲世教之主;佛仙
之道幽靈,不可睹聞,陰德也,故爲世教之助。"《中國佛寺志》3冊《金陵梵刹
志》卷一,191頁。
　　② 任繼愈主編《中國道教史》597頁。

論道教神仙體系的結構及其意義

郭　武

内容提要　道教是一種崇奉多神并主張人也能够轉變成神的宗教。種種先天存在的神祇以及由人轉變而成的仙真組成了一個龐雜的道教神仙體系。這個神仙體系中的各種神和仙有着不同的等級之分，其中又有一個統治衆神仙的最高主神。這種等級差異的存在，使得整個道教神仙體系中的成員大致呈一種塔狀結構而排列着；這種排列與道教的宇宙觀有着密切的關係。這個體系中的各種神仙乃是證明道教神仙理論正確、可行的具體"證據"。同時，道教神仙之不同等級的劃分，也使得追求成仙的人們既可及早品嘗成爲低級神仙之果，從而焕發出更大的求仙熱情，又須不懈地努力修行，以求不斷地向較高的層次邁進、不斷地趨近于最高的"無限"之境。

　　道教在其形成的過程中，吸收了中國古代宗教的多神共存的觀念，以爲"萬二千物，各自存精神，自有君長"（王明撰《太平經合校》第 218 頁，中華書局 1960 年 2 月版），這種觀念使得道教在其漫長的發展過程中能不斷地吸收衆多的神靈來充實自己的萬神之殿①。

---

　　①　道教除了從中國古代宗教和神話中吸收大量的天神、地祇、人鬼來作爲自己神系的成員外，還通過以下途徑來擴大自己的神系：一是在宇宙空間的每一部份奉立一批掌管一方的神靈，如十方諸天尊等；二是將各種傳説中的成仙人物納入其神仙體系中，如呂洞賓等；三是將民間不斷新奉的諸神及其他宗教所奉的神靈改造爲自己神系的成員，如關聖帝君、救苦天尊等。

其所信奉的種種神靈仙真構成了一個龐雜的道教神仙體系。這個
龐雜體系中的各種神仙來源多端、其進入道教神系的時間也不盡
相同，這就使道教的神仙體系呈現出一種頗顯雜亂且又不斷處于
變化的狀態；加上道教本身派別林立，各派所崇奉的神仙名稱不盡
一致，其對各種神仙的排列方式也各不相同，從而更使得我們在認
識道教神仙體系時深感眼花繚亂而難以對它們進行劃分。但是，透
過這種令人眼花繚亂的現象，剝去種種神仙的不同名稱，我們仍然
可以從各個時期道教所崇奉的衆多神仙中抽象出一個道教神仙的
排列方式、窺見道教神仙體系的大致結構。

　　當我們剝去衆多道教神仙的種種名稱，而只看到它們各自的
存在方式時，我們就會發現：道教的衆多神仙大致是按照道教對宇
宙世界之結構的認識模式而排列着的，同時還受着人間等級制度
的影響而分有不同的品位。這種現象并不奇怪，因爲人們在認識事
物時難免會受到一些固有觀念的束縛。通過以下對道教神仙體系
結構的具體分析，我們將會看到這種結構與道教的宇宙觀及世間
等級觀念的聯繫是如何緊密。

　　首先，我們來看道教對宇宙産生過程的認識模式與道教神仙
體系結構的關係。

　　道教認爲宇宙間萬物都是由"道"化生的，"道"是最早的存在
并是"大化之根"（《太平經合校》第 622 頁）。受這種認識的影響，道
教的神仙體系中也有一個最早存在并創造萬物的最高主神；這個
最高主神在不同時期的不同道派或經典中有着各種不同的名稱，
如《太平經》稱之爲"天"、《老子想爾注》稱之爲"太上老君"、《枕中
書》稱之爲"元始天王"、《魏書·釋老志》引道士寇謙之言稱之爲
"無極至尊"，較多的經典則稱之爲"元始天尊"，等等。這些不同名
稱的最高主神實質上都是"道"的神化；這個代表"道"的最高主神
具有創造世界并主宰一切的絶對無上的能力和權威，一切大大小
小的神仙都歸它管轄，如《太平經》說各種神靈皆是"皇天之吏"
（《太平經合校》第 221 頁）。

　　最高主神之下的各種神仙的排列也受着道教對宇宙生成過程的認識模式的影響。道教對宇宙生成過程的認識模式有不盡同一的幾種，如有"道生一，一生兩儀，兩儀生四象，四象生八卦"這種據"易"說而來的模式（見《淨明忠孝全書》卷二，臺灣藝文印書館影印《正統道藏》本），也有太易→太初→太始→太素→太極……這種"氣化"模式（見《玄經原旨發揮》卷上，《正統道藏》本），但影響最大、也是最常見的則是根據老子"道生一，一生二，二生三，三生萬物"說法而得的模式。道教對"道生一，一生二，二生三，三生萬物"這種模式的具體解釋也有不同的兩種，一種是以"陰陽"釋"二"，如李道純的解釋爲：

　　　　虛無生一氣（道生一），一氣判陰陽（一生二），陰陽成三才（二生三），三才生萬類（三生萬物）。（《中和集》卷七，《道書全集》本，中國書店 1990 年 10 月版。）

　　而另一種解釋則是以天、地、人"三才"爲各個不同階段的產物，如《老君太上虛無自然本起經》說："天爲一，地爲二，人爲三"（見《雲笈七籤》卷十，《道藏要籍選刊》本，上海古籍出版社 1989 年 6 月版）；《太平經》的解釋也是以天、地、人"三統（三才）"爲宇宙形成過程中三個不同階段的產物：

　　　　元氣恍惚自然，共凝成一，名爲天也；分而生陰而成地，名爲二也；因爲上天下地，陰陽相合施生人，名爲三也。三統共生，長養凡物。（《太平經合校》第 305 頁）

　　與這兩種不同的解釋相應，各個時期的道教在構建其神仙體系時所采用的方式也有兩種。一種是在最高主神之下安排一對代表陰陽的神靈作爲最高主神與天、地、人神之間的過渡；另一種則沒有安排代表陰、陽的神靈作爲最高主神與"三才"神之間的過渡，而是在最高主神之下直接開列天、地、人神的名單。相比之下，道教經典在排列各種神仙時有代表陰陽之神作爲過渡者很少，僅《枕中書》及《老子中經》等少量道經所列的神系中有代表"青陽之元氣"和"太陰之元氣"的東王公（東王父）、西王母作爲最高主神與"三才"神之間的過渡,如《枕中書》把東王公、西王母作爲最高主神"元始天王"的一對兒女列于諸神仙之上①,《老子中經》也把東王父、西王母作爲"萬神之先"而列于諸神仙之上、"無極太上元君(道君)"之下②。而不用代表陰陽的神靈作爲過渡、直接在最高主神之下開列"三才"神的道經卻較多,如《洞玄靈寶真靈位業圖》、《道門科範大全集》、《太上出家傳度儀》、《上清靈寶大法》、《道門定制》等重要道經俱未列有代表陰、陽的神靈作爲過渡。這種現象大概與道教把"三"這個數字看得比"二"更重要有關係。道書中曾有"合三以爲一,散一以爲三,道之要"的説法(見《雲笈七籤》卷十一),即以爲"一"之中包含有三個不同的因素而非僅僅有陰陽這兩個截然對立的因素,如《太平經》曾説"元氣有三名:太陽、太陰、中和"(《太平經合校》第19頁),《雲笈七籤》卷十又説"三一混合,名曰混沌";在此基礎上,道教有所謂"一分爲三"的認識,其説如下:

　　源乎道家由肇,起自無先,垂迹應感,生乎妙一:從乎妙一分爲三元,又從三元變成三氣,又從三氣變成三才……(《雲笈七籤》卷三)

　　這種一分爲"三"(太陽、太陰、中和)的説法似乎要比一分爲"二"(純陽、純陰)的説法更合乎道教之理一些,因爲道教講求的是陰陽平衡而不是陰陽失調,陰陽平衡的狀態即所謂"中和",有陰和陽在一起就必有"中和"狀態(只不過中和的程度和範圍會有差異)。所以,"一分爲三"的説法在道教中的影響要比"一分爲二"的説法大一些;這也許就是各個時期的道教所列出的神仙體系中較少有代表純陰、純陽的神靈作爲最高主神與"三才"神之間的過渡者之緣故。

　　其次,我們來看道教對世界存在結構的認識模式與道教神仙

----

　　①　該書還以"太元聖母"作爲"元始天王"的配偶,表明其作者很重陰陽觀念。

　　②　該書在道君之上還列有作爲"道之父"的"上上太一",但同時又説道君"非其子也,元氣自然耳";這大概是受了"太極"之前尚有"太素"等的"氣化"論的影響。

體系結構的關係。

　　道教對世界之存在結構的認識，大致是將世界分爲天上、地下與人間三大部分；與此相應，其神仙體系中的成員也有天上尊神、地下鬼吏及人間神仙等幾大部份。下面，我們具體地考察一下二者的關係。

　　1. 天的結構與天上諸神。

　　道教有所謂的“九天”之説，如《三洞道士居山修煉科》以爲東、南、西、北、中央、東北、東南、西北、西南九方各有一“天”，《猶龍傳》卷二則以爲“三清之炁，各生三炁，合成九炁，而爲九天”。與這種認識相應，道教的神系中也有所謂的“九天上帝”、“九天真王”或“九天九王”等主管“九天”的神。後來，從“九天”之説又衍化出“三十六天”之説，如《靈寶無量度人上經大法》卷四以爲“大羅一炁生三天，三清之境是三天降炁，而生九重……一重各又生三天，九重總爲三十六天”；《道教義樞》卷七也以爲“九天各生三天，三九二十七天，就本九天，合三十六天”。與此相應，道教的神系中也有主管“三十六天”事務的三十六位天神，如北魏道士寇謙之説：“二儀之間有三十六天，中有三十六宮，宮有一主”（《魏書·釋老志》，中華書局標點本）。各“天”的主神分別管轄着一些神仙，如“三清境（天）”中“別有左右中三宮，宮別有仙王、仙公、仙卿、仙伯、仙大夫”（《雲笈七籤》卷三），“三清天”之下的三十二“天”中也有各種“天中之尊、天中之神、天中之魔、天中之靈”（《靈寶無量度人上品妙經》卷一，《道藏要籍選刊》本），等等。此外，天空中存在的日月星辰等物體也各有其主神，如日中有“日宮太丹炎光鬱明太陽帝君”，月中有“月宮黃華素曜元精聖后太陰元君”，各個星辰之上也有各種神靈。這些“天”神雖各有自己的主權，但同時又都聽命於“大羅天”中的過去元始天尊、現在太上玉皇天尊，未來金闕玉晨天尊這“三世天尊”，如《雲笈七籤》卷三説：“三十六天，總是三（世天）尊所統。”又有以“三清天”的中天寶君、靈寶君、神寶君或元始天尊、靈寶天尊、道德天尊爲萬神之主的説法——道教以爲這些名稱不同的大神乃是

“道”的一體三位，即所謂“三號雖殊，本同一也”。（《雲笈七籤》卷三）

2. 地的結構與地下諸神。

與“九天”、“三十六天”的説法相應，道教認爲地下也有“九地”、“三十六音”之分，如《三洞道士居山修煉科》説：“上有九天，下有九地”，《雲笈七籤》卷二十二又説：“天地各有三十六分。”“九地”又稱“九壘”，“九壘”各分爲四層，每一層皆有一位“土皇”統治之，故合有三十六位“土皇”。《雲笈七籤》卷二十二列舉了這三十六位“土皇”的姓氏名諱，并説它們能“于九壘之下，皆舉學道得仙之名，上奏九天九王”，使得道之人升天成仙。

道教認爲地下有地獄鬼府，是不能成仙的人死後的去處，其中也有管理地獄事務的大大小小的鬼神，如《真誥》以爲“羅豐山”上有六個地獄之宮，每宮各有一“大魔王”主事，其下有司錄神君、司功神君、司殺神君、察命童子、考獄靈官、九都使者、符命使者、巨天力士、三天執罰大神、九泉治罪典者等等神靈。各種魔王、神靈都聽命于地府的最高統治者“北太帝君”（又有説是“北陰豐都大帝”或“東嶽大帝”者）。除了各種主事或輔佐主事的神靈外，地獄之中還充滿了各種鬼魂。這些鬼魂因其在世上行爲的善惡而在地府中享有不同的待遇；作惡之人的鬼魂會受到執罰大神、治罪典者的管制和處罰，行善積德之人死後則可成爲悠游于陰間的“清鬼”，一定時間之後還可以“漸得進補仙官”或“得爲地下主者”（《真誥》卷十六，《道藏要籍選刊》本）。

3. 人間地理與人間神仙。

這裏所謂的“人間”，即人類所生活的空間，指的是大氣層包裹着的地球。由於認識水平的限制，古代的人們不可能對地球有一個全面而科學的認識，他們只能憑着有限的材料加上自己的想象來得出對地球的認識。道教徒的認識是以爲天地間有五方六國、十洲三島等等地方，這些地方生活着各種各樣的人類，也有着眾多的神仙。如其認爲東方呵羅提國有“太帝宮”，南方伊沙陁國有“紫府宮”，北方旬他羅國有“太玄都”，上方元精清純自然之國有“玉虛館”等神仙居住的地方，十洲三島中也各有靈芝仙草供仙人食用，中國則有“閬風臺”、“玄圃臺”、“昆侖宮”、“天墉城”等專供神仙居住生活之處（以上說法出自《雲笈七籤》卷二十二及卷二十七）。除了“玄圃臺”、“昆侖宮”等之外，道教還將中國的一些名山勝境作爲神仙居住的“洞天福地”，并以爲各洞天福地皆有一位得道成仙的人作爲“仙官”治之，如《雲笈七籤·洞天福地》中曾詳細羅列了道教所謂的“十大洞天”、“三十六小洞天”、“七十二福地”的名稱、所在及其主治仙官。此外，道教還在人間各地奉立了種種掌管一方的神靈，如四海各有其“神王”，山嶽各有其“山神主者”，各地也各有其“土地真官”，等等；各種與人類生活有關的事也都有掌管它們的職能神，如“穀父神”、“蠶母神”、“播種五穀神”、“樹木花果神”、“藥王”、“財神”等等。

　　總之，從天上、人間、地下的各種神仙來看，道教神仙體系的組成方式與其對宇宙的產生和存在方式的認識有着非常密切、甚至是對應的關係。道教不僅以天上、人間、地下這種模式來歸劃其眾多的神仙，而且還將一些宇宙方位觀念用來劃分其神靈，如其對宇宙的認識有四方、五方、六合、八極、十方等等說法，而它的神仙體系中也有很多與這些觀念相應的成員。與“四方”觀念相應的神有“四方之神”（青龍、白虎、朱雀、玄武）、“四極真王”（扶桑大帝、素靈大帝、丹靈大帝、洞陰大帝）、“四極大帝”（青華大帝、天皇大帝、長生大帝、紫微大帝）等，與“五方”觀念相應的神有“五靈五老天君”（又稱“五老上帝”）、“五嶽聖帝”、“五臟神君”等，與“六合”觀念相應的神有“六御”，與“八極”觀念相應的神有“八極仙都護尉”，與“十方”觀念相應的神有“十方大聖”、“十方諸天尊”等。這種仿照宇宙之結構來編排各種神仙的做法在道教列舉人身體之中的各種神靈時也得到了體現。道教認爲人體乃是整個宇宙的縮影，其中也有着眾多的神靈，這些神靈皆與人體之外的大宇宙中的神靈有着對應關係。如《上清黃庭內景經》以爲“六腑五臟神體精，皆在體內運天經",《老子中經》則列舉了五十多位體内之神與外界神靈的對應關係,認爲人體之中也有道君、東王父、西王母、赤松子、王子喬等神仙分布于人體的不同部位。這種小宇宙(人體)與大宇宙間神靈的相互對應,進一步顯示了道教的神仙體系結構與其對宇宙結構的認識之間的密切關係。

第三,我們來看人間等級制度對道教神仙體系的影響。

道教的神仙體系深深地烙有人間等級制度的痕迹。《太平御覽》卷六六二曾這樣描述道教的神系:"三清九宫,并有僚屬,例左勝于右。其高總稱曰道君,次真人、真公、真卿,其中有御史、玉郎諸小號,官位甚多也。"這些"官位",《道門定制》卷三中列有上宰、上相、上卿、尚書、侍郎、僕射、大夫、大丞、都尉、校尉、都護尉等等,其實都是從人間官吏制度中搬借而去的。陶弘景撰《真誥》談到地府中的一些鬼吏官職時,還生怕人們不明白它們的權力大小,特意以現世的一些官職與之作了比附,如説陰間侍帝晨八人"如世之侍中"、中郎直事四人"如世之尚書"、大紫晨二人"如今尚書令"、中紫晨則"如今之中書令監"(《真誥》卷十五),等等。這些神仙官吏如同人世間大大小小的官吏一樣,皆服務、聽命于各自的上司,而這些上司又都同樣地再服務、聽命于更高一級的神仙;這樣,就構成了道教神仙層層叠叠的權力金字塔。

高居道教神仙權力金字塔頂端的是能主宰一切的神化了的"道",它有着眾多的名稱,如"一曰自然,二曰無極,三曰大道,四曰至真,五曰太上,六曰道君,七曰高皇,八曰天尊,九曰玉帝,十曰陛下"(《雲笈七籤》卷三)等等。"道"神之下有各種權力很大的尊神,如"六御"及諸天尊、天帝等。其中又以玉皇大帝較爲顯赫,它能"承三清之命,察紫微之庭",是"總領宇宙主宰之君"(《太上靈寶淨明洞神上品經》卷上,《正統道藏》本);玉皇大帝之下有中央紫微北極大帝協助它執掌天經地緯、日月星晨、四時氣候,勾陳上宫天皇上帝協助它執掌南北極與天地人三才、統御諸星并主持人間兵革之事,后土皇地祇協助它執掌陰陽生育、萬物之美及山河之秀①。諸尊神之下又有各種主管一方或專掌一事的天神和地祇等，如日月星辰、風雨雷電諸天神，山川鳥獸、五穀草木諸地祇，以及地府中的諸大魔王、鬼官等等。上述神靈中有些還各擁有一定數量的僚屬，如所謂的四値功曹、五百靈官、六丁六甲、侍香金童、散花玉女等等小神。最低層的受管制者是現實中的人（等待現實中人的可能是成仙，在這個體系中向上升遷并獲得較大的自由權力；也可能是成鬼，墮入地獄中遭受更多的管制和懲罰）以及人死之後的鬼魂②。這個權力之塔中的各種神仙所擁有的權力與其所處的空間有着一定的對應關係，如權勢大者得居天上，次爲地下鬼官，人間的神權勢最小——這大概與道教對宇宙生成過程的認識模式（道→天→地→人）有關。

　　這個體系中處于不同層次的神仙也如同人間不同品位的官吏一樣，有着不同規格的服飾和儀駕。《無上秘要》中有"衆聖服冠品"及"天帝衆真儀駕品"詳細介紹了不同品級神仙所能夠享用的服飾和儀駕規格，如元始天王"頭建九氣流精紫曜之冠，衣九色無縫赤斑自然虎裙，腰帶太山火玉"，五方之五帝頭戴五色玉冠，身着五色羽衣，各大魔王則"衣玄文之裘，頭戴橫天之冠，腰帶龍頭之劍"；玉清境神仙"給玉童玉女各三千人，建三七色節，駕紫雲飛軿"，上清境神仙"給玉童玉女各一千五百人，建紫毛之節，駕飛雲丹輿"，太清境神仙"給玉童玉女各八百人，建五色之節，駕龍輿飛烟"，五岳聖帝則只能乘青、赤、白、黑、黄單色"彩霞飛輪"。《三洞珠囊》卷七又説："上真給仙童玉女二千人，中真給玉童玉女千人，下真給玉童玉女五百人。"可見，神仙之中也存在有人間的貧富、貴賤

---

　　①　玉皇大帝地位如此崇高，始于宋代。這與宋統治者對它的推崇有關；宋徽宗曾尊玉皇爲"太上開天執符御歷含真體道昊天玉皇上帝"并自封爲"昊天上帝元子"（見《宋史》卷二十一及《續資治通鑒》卷九十二）。後來，《太上全真早壇功課經》又將后土等神列爲協助玉皇大帝掌事者。

　　②　道教認爲人生來就有神性，如《太上老君開天經》（見《雲笈七籤》卷二）言："上取天精，下取地精，中間和合以成一神，名曰人也。"

差異現象。

通過以上考察，我們可以得出一個對道教神仙體系的總的認識：道教的各種神仙按其分布的空間可以被劃分爲天上、地下、人間三大類，這種種神仙不僅分別分布于不同的空間層次上，而且還各享有不同等級的權力和待遇。這種層次、等級的差異，形成了道教神仙體系的階梯狀結構；這種階梯狀結構的最上層只有一位最高主神（其表現形式是多樣的），它之下各個層次中的神仙則呈一種權力逐層縮小、數量逐層增多的趨勢，最下層的人鬼數量最多而權力毫無，這種排列最終形成了道教神仙體系的多層次之塔式的結構。

道教層層塔式的神仙體系結構，客觀上是由於受到了道教對宇宙結構的認識及人間等級制度的影響而成，但其中也包含有其構建者的某些主觀意圖。人們總是爲了達到某一目的才努力地去完成某一件事；歷代道士羅列了無數類似的神仙體系，其目的是爲了使他們的意圖通過神仙體系得到體現。道士們所試圖表達的意圖也正是道教神仙體系的意義所在。筆者認爲：歷代道士對道教的各種神仙進行排列，一是爲了使道教的神仙理論有一個最終的依附處，因爲這個體系中各種神仙的存在能夠使道教的神仙理論具體化，是證明道教神仙理論正確、可行的具體"證據"，若無這種種活靈活現的神仙，道教所宣揚的信仰及理論就只能如空中的樓閣、水中的月亮，可望而不可及、可賞而不可觸，從而也就難以對現世的人們產生太大的影響，在他們之中掀起崇道的熱潮。其意圖之二則是爲了使世俗的人們能從這個神仙體系中得到某種啓示。

這個神仙體系能給人們什么樣的啓示呢？

當我們審視這個體系并試圖找到人在這個體系中所處的位置時，我們便會發現：人在這個體系中的位置是不固定的；除了人間之外，人還可以存在于天上或是地下。如《無上秘要》中有"得太清道人名品"及"得太極道人名品"等，其中列舉了葛洪、欒巴、徐福、尹軌等得道成仙後而升天的人名；又有"得地仙道人名品"，其中列舉了鮑靚、李廣、比干、務光等得道成仙後游于名山之間的"地仙"
人名；還有"得鬼官道人名品"，其中列舉了曹操、劉備、孫策、孫秀
等死後成爲陰間鬼官的人名(見《無上秘要》卷八三及卷八四)。當
然，這兒所説的"人"，已不再僅僅是指生活在現實中的人了，它指
的是人的"本我"，可以在現實中人的肉體毀滅後存在，其實也就是
某些宗教所説的"靈魂"。每一個"人"("本我"或"靈魂")在這個體
系中的位置都是可以移動的，這種觀念正如同十九世紀末德國天
主教思想家馬克斯·舍勒所認爲的一樣：人的位置就在于沒有定
位和趨向定位之中，人的定位只在一個動姿性的 X 上，在一個未
知數上(參閱舍勒《人在宇宙中的地位》中譯本序第 14—15 頁，貴
州人民出版社 1989 年版)。這種趨向、移動的結果會如何呢？道教
所設立的神仙體系爲人們提供了答案。

　　道教認爲"人"的趨向不外乎兩種，一即在他們所設定的神仙
體系中向上升遷，另一則是在這個體系中下跌；向上升遷的結果是
可以進住天宮、得享各種富貴與歡樂，下跌的結果則是進入地獄、
遭受各種折磨與痛苦。道教曾對這兩種不同的結果作過種種描述，
如説得入"三界"者，"壽命長遠"，且可以在"黃金薦地、白玉爲階、
珠玉珍寶自然而有"的天宮中盡情歡樂，得入"四梵天"者則可"斷
生死，三災之所不能及"(《雲笈七籤》卷三)，又可時時享用靈芝仙
草、瓊漿玉液，有官爵者還有侍香金童、散花玉女等侍候；而入地獄
者則會受"三涂"、"五苦"的折磨，慘遭猛火燒灼、互相啖食、刀劍逼
迫及溟泠、鑊湯之苦。一個"人"如何趨向取決于他自己的行爲，其
不同的行爲可以轉化爲他向上升遷的動力或是向下跌落的墜力。

　　推動"人"在這個體系中向上升遷的動力之一是勤奮修道。葛
洪曾説："夫求長生、修至道，訣在于志，不在于富貴"(見王明撰《抱
朴子內篇校釋·論仙》，中華書局 1985 年 3 月版)，這個"志"其實
也就是勤奮修道的內在動力。"志"的具體表現是"敬信"和"誠"，如
司馬承禎曾把"敬信"作爲道教徒進行修煉實踐的根本保障，以爲
"信者道之根，敬者德之蒂"(《坐忘論》，《正統道藏》本)，《太上説南

斗六司延壽度人妙經》則説：誦經"切須至誠；處心禱祝，無不應
驗"。吳筠也從反面對此進行了説明，他以爲"人"若不誠則會導致
不勤、進而導致不能成仙升遷："有學而不得（仙）者，初勤而惰，誠
不終也"（《神仙可學論》，《全唐文》本）。動力之二是行善卻惡，如
《太平經》説："行善正則得天心而生，行惡失天心則凶死"（《太平經
合校》第 355 頁），葛洪也説："欲求長生者，必欲積善立功"（《抱朴
子内篇校釋・微旨》），《雲笈七籤》卷三則將上登"三界"天宫的條
件列舉如下：

> 欲界人壽命萬歲，人在世生不犯身業、殺盜、邪淫之罪，來生即登此
> 天之中……（色界）人壽億萬歲，若一生之中不犯身業，貪嗔之罪，得生此
> 天……（無色界）人壽命億劫歲，若人一生之中不惡口、兩舌、妄言、綺語，
> 當來過往，得居此天。

反之，如果一個"人"不勤奮修道，不行善積德，就會失去在這
個體系中上升的動力；如果他作惡多端的話，還會增加其下跌的墜
力，直至跌入地獄中最令人痛苦的底層。以上就是道教神仙體系給
人們的啓示。這種啓示一方面能激勵人們勤奮修道、行善積德，令
人們爲能升入美妙的天堂而努力追求；另一方面，它又能使人們對
自己的行爲加以約束，令人們不敢肆意地爲非作歹以防跌入地獄
的深處。這個神仙體系的意義不僅在于它能吸引更多的人信道、修
道，從而擴大道教徒的隊伍，而且還在于它能夠在某種程度上對廣
大世俗人們的行爲產生制約作用，對世間的道德倫理規範產生影
響。

爲了更進一步地激發人們學道求仙的熱情，道教還將其仙階
的起點定得很低，把俗人稍經努力便可獲得的一些感覺、現象也説
成是"得道"的迹象，如《洞玄靈寶定觀經》説：

> 夫得道之人，凡有七候。一者心得定易，覺諸塵漏；二者宿疾普銷，身
> 心輕爽；三者填補夭損，還年復命；四者延數萬歲，名曰仙人；五者煉形爲
> 氣，名曰真人；六者煉氣成神，名曰神人；七者煉神合道，名曰至人。

這"七候"中，前三者是現實中的人可以經過努力而獲得的。道

教這樣做，無非是唯恐世人覺得天堂離人間太遙遠、太縹緲難求而放棄追求；它讓世人早品成仙之果并告訴人們只要沿着這條路不懈地走下去就一定會不斷地升遷、最終與"道（無限）"相合，爲的是堅定人們的信心并激發他們的熱情。爲此，道教還爲其神仙體系中的成員設立了層層升遷的"進補"制度，如《真誥》所列的各種善人死後的進補制度是：忠孝者一百年後"得補仙官"；有上聖之德者"一千年乃轉補三官之五帝"、"復一千四百年乃得游行太清爲九宮之中仙"；有蕭邈之才、絕衆之望者"四百年乃得爲地下主者；從此以進，以三百年爲一階"；至貞至廉者"二百八十年乃得爲地下主者，從此以漸得進補仙官，以二百八十年爲一階"（見《真誥》卷十六）。《無上秘要》中也記有地仙升爲地真，再升入太清、太極、上清等境界之事（見《無上秘要》卷八十三、卷八十四），又有"靈官升降品"叙述各種仙真的升降制度①。這種説教體現了道士們的良苦用心，其用心正如《雲笈七籤》卷六所言：設立種種等級并製定各種"品級轉遷"的制度，目的不過是爲了"誘俗修仙"。

作者簡介　郭武，1966 年生于雲南。1991 年獲哲學碩士學位。現在雲南省社會科學院宗教研究所工作。參與撰寫發表《試論道教長生成仙信仰的形成》等論文十餘篇。

---

①　《無上秘要》卷九載：上清真人不勤仙事則"退上真之錄，充五嶽都校之主，千年隨格進號"；太清仙人不勤仙事則"削真仙之錄，退充五嶽都校主者，二千四百年隨勤進號"，等等。

試論道教咒語的起源和特點

劉仲宇

内容提要 本文從民俗學和文化人類學的角度研究道教咒語,探討了道教咒語和原始文化的關係、道教咒語的特點及其文化意義等,并對道咒的結構及用法進行了叙述。

道士作法,有一種常用的法門,叫做咒術。咒又稱神咒、秘咒、神祝,是用來對付敵害,衛護心神的神秘語言。據道士們解釋,它是由天上的神仙傳授下來的。《太平經》説:"天上有常神聖要語,時下授人以言,用使神吏應令而來往也。人眾得之,謂神咒也。"神咒是與對神靈的信仰連結在一起的。道教經典中有關咒語來源的解釋,是道教徒信仰的表現,卻不好作爲它的歷史證據。要覓得神咒的源頭,尚需從古代文獻及一般民俗學、文化人類學的研究着手。

施用咒語,并非道教獨有的現象,但道咒又有它特殊之處,這種特點又是與它的起源聯繫着的,只是長期以來,極少有學人對之詳加探究。本文擬對道咒的起源和特徵這相關的兩個側面,作些初步的討論,以期引起同行的注意,展開更多的研究。

一、語言的魔力

談到咒語的來歷,人們每引《尚書・無逸》"厥口詛祝"及疏"祝音咒,詛咒爲告神明令加殃咎也",解釋其字義的來源。這條資料,對理解咒的詞義,有一定幫助。我們在後面再來討論。不過,依照《疏》的說法,咒是"告神明令加殃咎",它是以對神明的信仰爲前提的,這咒,已是在神靈觀念產生以後的形態。《無逸》中的資料更晚至三代,祝咒的運用已經相當成熟。其實,在此之前,早在原始時代,神明觀念尚未明確形成,已經有了咒和相關的法術。只是當時沒有文字記錄下來。現在難于索考。然而,也并不是毫無綫索可尋。近現代人類學、民俗學有關原始氏族的一些資料,可以對我們有所幫助。

　　根據宗教人類學的研究,在早期原始社會裏就已有法術出現。(按:此法術概念爲宗教學中所通用,指在巫術產生以前的一種准宗教現象。但在漢語習慣中,稱佛道等教中的方伎術數爲法術,二者含義不同。)任繼愈主編、上海辭書出版社出版的《宗教詞典》對法術是這樣解釋的:

　　　　准宗教現象之一。起源于早期原始社會。幻想以特定動作來影響或控制客觀對象。這類動作最初多爲模仿。如于狩獵前舉行模擬所欲獵取之鳥獸的動作而跳舞,佩戴猛獸牙骨或雄牛利角而奔突;或爲息風而吹氣、爲喚雨而撒水等。舉行方式與原始的宗教儀式頗近似,但尚無依靠神力行事的觀念。并且,宗教儀式的目的在于取悅神靈,求其賜助;法術則被認爲,可憑特定動作本身,以奏所欲達到之效果。各種宗教及神靈觀念出現後,法術仍繼續存在,且仍無須以"神靈之助"爲前提。

據此當時尚無"神靈之助"的觀念,施法的辦法,在用特定的動作本身,以爲借助它們就可控制外物,影響外物。

　　繼上述法術之後,在原始社會中出現了巫術。巫術的出現,標志着人們已有了某種"超自然力"的觀念,施術者自認爲已經具有這種超自然的力量。它們在施術中也是直接"運用"自己的超自然力去影響、控制客體,而不借助神明。只是在以後的發展中,巫術才與神明、萬物有靈等觀念結合起來;再晚一些,隨着人類社會向階級社會過渡,氏族、部落中的不平等反映到鬼神觀念中,人們才將巫術的施行與借助神明的力量結合在一起。但即使是這時,法術和

巫術發展的早期階段企圖借助超自然力直接作用于對象的做法仍
然有所保留。用咒語"命令"各類事物就範即是表現。

　　在國外人類學的研究中，在許多材料都説明，原始人有過直接
向自然物發布命令的咒語，捕魚、狩獵等活動正式開始前，都要施
行，在澳洲的林肯港附近的獵人中："自遠古以來，他們就從祖先那
裏繼承了一定數量的、由兩句短詩組成的經咒，現時只有成年人才
知道這些經咒了。當他們追踪着動物或者向它投矛，他們就不停地
飛快地重複念這些經咒，他們完全不知道這些經咒的意義，也根本
不能對它們作任何解釋……然而他們堅信這些經咒有一種力量能
夠使被追踪的動物迷惑，或者能夠使它産生一種無憂無慮的安全
感，以致使它不能發現敵人，或者能夠使它衰弱到不能逃脱的程
度。"（〔法〕列維·布留爾《原始思維》，中譯本第 227 頁）在契洛基
人那裏，"漁人必須先嚼一小片捕蠅草，然后把它吐到魚餌和魚鈎
上。接着，他臉朝順水方向站着，念着咒語并把魚餌挂在魚鈎上
……這個方法應當使魚鈎具有引誘并釣住魚的能力，如同捕蠅草
能捕捉昆蟲把它纏在自己的萼片裏一樣……咒語是直接對魚念
的，按照土人們的觀念，魚是有家有户定居着的。"（〔法〕列維·布
留爾《原始思維》，中譯本第 234 頁）

　　這些例子，説明在原始時代，咒語的運用不是什麼稀奇的事
兒。中華民族進入文明時代比較早，特別是漢族，有文字記載的歷
史便有四、五千年，典籍中記述的咒語，絶大多數是進入文明時代
的産物，表現出"告神明令加祑咎"的特點，但也有若干古老的孑
遺。傳説出于堯時的伊耆氏蜡辭，即是代表。

　　這首祝辭不長，只有四句話：

　　　　土反其宅，水歸其壑。昆蟲毋作，草木歸其澤！

但它傳遞的古代文化的信息卻是很有價值的。

　　據《禮記·郊特牲》："伊耆氏始爲蜡。蜡也者索也。歲十二月，
合聚萬物而索饗之也。"索指求索其神，饗之指用食祭之。所祭的神
和物有八類：先嗇、司嗇、農、郵表、貓虎、坊、水庸、昆蟲。前二類是

農業的祖師神和職司神，農是古代的掌管農事田畯，有功于民，都可稱爲鬼神之祭；郵表是田間的房舍，據說一是作爲田界，一是爲田畯督耕之所。但竊以爲這是引階級社會中田畯與耕作的奴隸之間對立的制度以爲說，最初的郵表大約是供農事間隙休息、避風雨之用的，和坊、水塘（溝渠）一樣都是跟人們生活密切相關的建築設施。昆蟲、貓虎是與農業生産有直接利害關係的動物。這種神、無生命的建築設施和有生命的動物合祭的情形，實際上匯合了幾個不同的文化時代的觀念；將萬物有靈、祖先神崇拜都包括了進去。所以儘管注家解釋伊耆氏即是堯，那已到了原始社會的末期，但八蜡之祭保留下來的一部份内容，其起源年代比這悠遠得多。至于其祝辭，則是采取直接向對象發布命令的形式，正是神明觀念形成前的慣常做法。與我們前面引述的契洛基人向魚直接念咒語，在方法上、思維習慣上、心態上都是一致的。

　　原始人施行咒術的一個觀念基礎——早期原始社會，這種觀念是朦朧的，只作爲長期沿襲的習慣流傳着——是將語言和它所表述的事物和事物間的聯繫混做一談。正如我國著名學者李安宅先生所說的那樣："語言所代表的東西與所要達到的目的，根據原始信仰，都相信與語言本身是一個東西或與語言保有交感的作用。因爲這樣，所以一些表示欲望的辭句，一經說出，便算達到目的。"

　　同時，應當指出，原始的法術和巫術施術的方法很多，比如巫舞，圖書等等，都是常用的。不過，這些方法的含義，總要通過語言宣布出來，那怕只用三言兩語加以點明。文明時代以前，還沒有記錄語言的工具——文字，不可能用書面的形式來宣布和傳達，只能憑施術者口說；這類語言的代代流傳，也只能通過口耳相傳的辦法。這樣一來，咒語的地位便顯得十分重要了。正如著名人類學家馬林諾夫斯基所說的那樣，"在土人看來，所謂知道巫術，便是知道咒，咒語永遠是巫術行爲的核心。"（《巫術、科學、宗教與神話》中譯本第 56 頁，中國民間文藝出版社，1986 年）

　　道教的咒語，所繼承的就是這種心態和做法。只是，它所直接繼承的,乃是進入文明社會後經歷了巫師和方士們加工的咒術。

二、方士和巫師咒術的承繼者

從最初的淵源看,咒可以溯至原始時代。不過道教的形成在東漢,距原始時代已有三、四千年之久。它的直接前身,是漢的方士和民間巫師,它的神咒,也直接從方術、巫術的咒中轉變而來的。《周禮·春官》規定大祝掌六祝,有祝、祈祠、告禱、詛諸名,都是祝告神明的言辭,也都是古代咒語的演變。不過後來各種祝辭往兩個方向發展。向文字方面去發展的,成爲一種文體,劉勰《文心雕龍》中列有《祝盟》,其中"祝"即專指此類;仍留在口頭上宣念的,才是原來意義上的咒語。祝文後來也被道教所吸收,成爲給神仙上章表的先聲。祝文和咒本是同一根上生出來的,但文的容量較大,語句有長有短,不一定押韻;咒則大多不怎麼長,句式整齊,多押韻,以利于記憶和口念。它們之間的區別,是散文和詩的差異。

三代巫術的種類很多,除直接用祝之外,比如卜筮,是借助蓍草、靈龜的通神性質預測吉凶的,在商、周時代的巫術中地位極重要,所謂甲骨文和後來的《易》,都是它們的產物,但在卜筮開始前先得祝告一番,念幾句咒語。褚少孫補《史記·龜策列傳》中收有幾首《龜祝》,其一云:"謹以梁卵煒黃,祓去玉靈之不祥。玉靈必信以誠,知萬事之情辯,兆皆可占。不信不誠,則燒玉靈,揚其灰。"所以咒語在巫術中不僅可單獨使用,也常作其他諸術的輔助方法,流布的範圍很廣,具體形式也很多。就它們和道教咒語的關係而言,最密切的是古代的祝由術和禳解災害,驅趕邪鬼的咒語。

祝由,指用念咒的方法給人治病。《黃帝內經·素問》《移精變氣論》:"余聞古之治病,惟其移精變氣,可祝由而已。"注云:"由,從也。言通祝于神明,不勞鍼石,病從而可愈也。"我們知道,早期道教的一個特點是用符、祝治病,那麼它的源頭便在祝由科了。

禳災的咒語,漢代以前社會上流傳的很有不少。即如祈雨吧,漢代緯書《春秋漢含孳》有一首《請雨咒》,《博物志・史補》也載有一首:"皇皇上天,鑒臨下土,集地之靈,神降甘雨,庶物群生,咸得其所。"《太平御覽》卷七百三十六也引過古代的止雨祝。漢武帝時,且有一種"秘祝移過"的做法。《史記・封禪書》說:"祝官有秘祝,即有災祥,輒祝祠移過于下。"下,指臣民。有災變,便咒使臣民承擔,皇帝卻脫除干係。道教祈雨,移殃也都有咒法,無疑是從方士、巫師那兒搬用來的。

至于驅邪鬼之咒,在古代的大儺中表現得尤爲突出。儺,即驅疫鬼的巫術,歷代相承,皆作爲朝廷禮制。漢代大儺中要讓人扮十二種神獸,并唱歌:"甲作食殟,胇胃食虎,雄伯食魅,騰簡食不詳,攬諸食咎,伯奇食夢,强梁祖明共食磔死寄生,委隨食觀,錯斷食巨,窮奇騰根共食蠱。凡使十二神追惡凶,赫女軀,拉女幹,節解女筋,抽女肺腸,女不急去,後者爲糧。"這歌,便是一首咒語,劉勰在《文心雕龍》中批評它"同乎越巫之祝,禮失之漸也",看來是漢人編的新辭。道教的咒術,所側重的,正在驅趕鬼魅妖邪,與逐疫中的歌辭是嫡親。

三、道士的集萃和造作

道教從方仙道和巫術中脫胎而出,繼承沿用咒語、咒術,是再自然不過了。幾乎現在可以找到道教形成之前的各種類型的咒語,在道教中都可以找到相同的或經過變形的樣式。

前面說到過,早期道教的一項法術,就是以符咒治病。張角的太平道,主要就靠這種方式傳布發展。《漢天師世家》記述張道陵創教時的情況,也提及相似的法術。看來,咒仍然是它們的基本手段。

不僅如此。作爲有理論、有組織的人爲宗教,道教對咒術的論證、造作和運用,比起自發的原始宗教和巫術,要系統得多,規範得多,咒語的種類也空前地豐富。

對于咒的威力,道士們是將它抬得很高的。《太上正一咒鬼經》説："吾含天地炁,咒毒殺鬼方,咒金金自銷,咒木木自折,咒水水自竭,咒火火自滅,咒山山自崩,咒石石自裂,咒神神自縛,咒鬼鬼自殺,咒禱禱自斷,咒癰癰自決,咒毒毒自散,咒詛詛自滅。"那已經很了不得了。還有比這更厲害的是,道教稱,它有法力强大的尊神做靠山,不斷把秘藏天上的咒語傳授下來,而且動輒有幾萬乃至幾佰萬的天兵天將應咒所召來服役,那簡直是通天徹地無所不能了。

太平道的咒,我們已無法得其詳。早期正一派的咒,我們上面引了《咒鬼經》,可能只是其中的一部分。晉代以後,神咒便越出越多,有的一下子弄出二十餘卷。比如晉代道士王纂傳出的《太上洞淵神咒經》便是二十卷,其中有咒語,也詳載其行持方法,可謂洋洋大觀了。新的咒語不斷造出的同時,道士們還採取回環誦讀技巧,大大擴展了諸咒的用途,最有代表性的便是《天蓬神咒》。

《天蓬神咒》亦名《北帝祝法》,一名《北帝煞鬼法》。起源甚早,陶宏景《登真隱訣》、《真浩》已經記載,名北帝煞鬼法。云或高聲誦之以制鬼神,或可微微而誦,自然除穢惡、滅三尸、消故氣,鬼魅邪精,永不敢近。行之久久,則北帝每差天丁侍衛。宋代指天蓬爲北極大帝屬下大將之一,北宋時賜"真君"號。該咒又托始于元始天尊的話,云誦此咒可假天蓬大將威德,"降伏衆魔,消蕩妖兇,掃諸穢毒,保令清肅"(《太上洞淵北帝天蓬護命消災神咒妙經》)。其辭爲:"天蓬天蓬,九玄煞童,五丁都司,高刁北翁,七政八靈,太上皓兇,長顱巨獸,手把帝鍾,素梟三神,嚴駕夔龍,威劍神王,斬邪滅踪。紫炁乘天,丹霞赫衝,吞魔食鬼,橫身飲風,蒼舌綠齒,四目老翁,天丁力士,威南禦凶,天騶激戾,威北衝鋒,三十萬兵,衛我九重,辟屍千里,祛卻不祥。敢有小鬼,欲來見狀,钁天大斧,斬鬼五形,炎帝烈血,北斗然骨,四明破骸,天獣天類,神刀一下,萬鬼自潰,急急如律令。"其每句秘義《太上元始天尊説北帝伏魔神咒妙經》卷一曾于注釋,且不來管它。在《上清天蓬伏魔大法》用它做基本咒語,顛倒回環念之,如自末字"潰"倒讀成"潰自鬼萬……"成《元帥橫天亂地咒》，從末句倒讀成"萬鬼自潰，神刀一下"云云，則稱《天蓬緘魔咒》。因此，由之衍生出咒語甚多，皆收于《道法會元》。這咒的讀法，看來是取法于古代的回文詩。

回文詩，原是古人的創造，據說最初由才女蘇蕙織出回文，後來創作的代不乏人。但作爲詩作，顛倒回環讀去皆成字義才行。咒語的衍生，就不用再顧及這點了。因爲它根本就是非理性的東西，即使全無義理，只剩某種神秘的音調也不妨事的，在稱爲秘咒的咒語更是這樣。

總而言之，咒在道教中是越出越多，應用範圍越來越廣，成爲道法中最重要的手段之一。凡結壇有淨壇咒、鎮壇咒，登壇先要宣衛靈咒，召五方正氣，正神衛護身心，書符有書符咒，發符有發符咒，步罡有步罡咒，誦經前先要念開經玄蘊咒；至于召將咒，那麼有多少設想的天將神吏，便有多少咒；殺鬼制魔、捉妖，也都有相應的咒。而且道派不同，咒語各異，究竟有多少種，恐怕是巧歷難計其數。離了咒，道法的施行是無法設想的。從這個意義上，我們可以說，沒有咒，就沒有道教的法術。

四、"如律令"和道咒的結構

道教咒語品種繁多，形成龐雜的體系。其內容千變萬幻，殊難一概而論。但從其結構上看，總有一些共同的特徵。譬如文學中的詩歌，再特殊，也有若干共同之點，否則就不算詩歌。道教咒語在文體上、形式上的特點表明在哪裏呢？我們可以從它末尾常用的"如律令"的定格說起。

道教咒語常常以"如律令"、"急急如律令"、"太上老君急急如律令"結尾。且先舉些例子。

"召集"神兵收妖破邪，有開旗咒和會兵咒，其詞爲：

五雷猛將，火車將軍，騰天倒地，驅雷奔雲，隊仗千萬，統領神兵，開旗急召，不得稽停，急急如律令！

> 召雷將，召雷兵，揚雷鼓，伐雷精。領天將，領天兵，發天鼓，揚天星。飛金精，執火輪，布巽炁，斬妖精。唵吽敕攝，五雷疾速行，急急如律令！

這種格式，占了道咒中的絕大部分。即是首呼神將名，中囑神將施行內容，最後以"如律令"催召。也有些咒，是直接對鬼魅念的，那麼其格式爲首呼鬼神名，中間夾驅趕、威脅之詞，仍以"如律令"收煞，比如《伏土神咒》：

> 星煙復應，五土社神。披靈散惡，黑錄霹形。聞知膽碎，應召潛形。當吾者死，拒吾者刑，神威一發，急急檄行，驅雷速發，速起天星。急急如律令！

這"如律令"也常有些變格，後面再來闡述。現在且討論這如律令的來歷。

清代有人曾從雷部神鬼的名號中尋求答案。《土風錄》解釋"急急如律令"的意思說："令，音伶，律令，雷部神名，善走，用之欲其速。《三教搜神大全》：雷部有神名曰健兒，善走，與雷相疾速。"雷部有神名律令，確有其事。道書載雷部元師鄧天君便稱欻火律令大神。至于健兒云云，不得其詳，但"善走"是雷神的一般特徵，所謂飛捷報應張使者是其中最著名者。清代雷部神名律令的說法爲人所熟知。所以《四庫全書》的總纂官紀昀，曾用他們和正一真人（俗稱張天師）開了個玩笑。他在《閱微草堂筆記》卷五中說：

> 俗傳張真人廝役皆鬼神。嘗與客對談，司茶者雷神也。客不敬，歸而震霆隨之，幾不免。此齊東語也。憶一日與余同陪祀，將入而遺其朝珠，向余借。余戲曰："雷部鬼律令行最疾，何不遣取？"真人爲囅然。

紀昀的玩笑頗有趣。讀之也可"囅然"一笑。不過，清人將"急急如律令"溯源于雷將，卻有數典忘祖之嫌。

道理是容易辯明的。雷部律令大神的名號出現于宋代。北宋末年，雷法才興起。《道法會元》中記述的欻火律令大神鄧天君大法，其年代不可能早于北宋。明清時，雷法盛行，龍虎山張天師的畫像變成手捧"雷令"，于是人們到雷神中找"如律令"的淵源。但"如律令"收尾的咒語，遠比雷法出現的北宋要早得多。它的真正淵源，在漢代的公文中。

原來,漢代詔書和檄文中多有"如律令"的一句話。比如:《史記·三王世家》:"御史大夫湯下丞相,丞相下中二千石,二千石下郡太守、諸侯相,丞書從事下當用者。如律令。"《文選》陳孔璋(琳)爲袁紹檄豫州:"布告天下,咸使知聖朝有拘迫之難,如律令。"如律令,意指按法令執行,在語氣上有違律必究的意味。這種申述法律、政令威權的官方套語,很快被民間的巫師所吸收。東漢巫師舉行"墓門解除"(即在殯葬中對墓壓鎮,使人鬼分途,鬼不殃及生人),解除文如咒語,末尾即以"如律令"收梢,最簡單的句式便是:"百解去,如律令。"道教是從巫覡脱胎而來的,僧徒曾罵三張的五斗米道有"左道餘氣,墓門解除"。自然而然,道咒中帶着"如律令"這一胎記。

"如律令"後來又有些變格,主要是嵌入神名,最常見的有"太上老君急急如律令"、"急急如太上老君律令";有的在其後復加"攝"、"敕"、"疾"等字。

這種定格,成爲道咒的鮮明特色,民間的巫師乃至一般的民衆,常有模仿道教的咒語,其中亦常以"太上老君急急如律令"收尾。

那麼,這種結構上的特點傳達出什麼信息呢?

首先,它表現出,道教咒語是托于神授、從而被視作具備神效的。稱太上老君,稱神霄玉清王、稱天師,都是直接説出所托的神靈的名號,借他們的權威,來召役神將、鎮壓妖邪。有時稱引神名不放在末尾,只在一組或整本咒的前面加以説明,有些説明本身就是咒語,如《太上正一咒鬼經》開卷就咒:

> 天師曰:太上大君,天之尊神,左監祭酒,天之真人,左從百二十蛟龍,右從百二十猛虎,前導百二十朱雀,後從百二十玄武,頭上有五彩華蓋,足履魁罡,素男玉女,衣服元炁,玄炁玄黃,周旋而游生門,晝夜與日月同光,下統地祇,上應北辰。自有力士,童男童女,數千萬人,齊持刀劍,所礙者穿。皆乘天鹿,鳳凰騏麟,窮奇辟邪,數百爲群,騰蛇猛獸,九萬九千。皆能飛行,出入無間,噉食百鬼,數千萬人,衆精百邪,不得妄前。天師神咒,急急如律令。

因此,道教咒術的施行,與其整個神仙譜系是緊密連結的,其中表現了他們的信仰,也反映了他們實踐其信念的方式。不過稱引神名,并不是道咒特有的現象,甚至不是咒語特有的現象。基督教徒在祈禱之後總要說:"奉耶穌基督的名。"那是對神强烈的信賴敬仰的表現。所以,道咒中末尾的稱引神明,表現的是許多宗教中共通的對神靈的信仰,依賴,只不過各自的神各有面貌罷了。

其次,更重要的是,它表現出,道教的咒語是以命令祈使外物(包括擬想的鬼神世界)發生變化爲目的的,其目的直接表現在咒語中,而如律令,既是催促,又是强調其命令必須執行。不執行,則依律懲罰。——別看這是說說而已,道士們真的爲鬼神世界製訂了法律,稱做鬼律、天律。比如有一篇《太上混沌教條》,第一條是:

> 一款,頒降諸天諸地、日月星辰、南辰北斗、河漢群真、三官五帝、九府四司、混沌雷省、十一列曜、雷神、三界十方、五嶽四瀆、五湖四海、十二溪真、水國陽間、里域正神、祀典城隍、雷部真衆,教書到日,卷水揚波,雲騰雨驟,大施三日之霖,以慰萬民之望。抑各遵依教書內,毋得稽延,違者仰斬勘使太乙月孛雷君便宜施行!

末句說得明明白白,違者由月孛雷君便宜施行,那就是先斬後奏的尚方寶劍交給了月孛實即交給了施法的法師了。另有第九條云:

> 一款,凡遇邪魔妖怪侵擾生民,仰即差雷神便宜驅治,毋得貪圖財帛,違者徒一年。

那律是治法師還是治不應召的雷神,似乎都可理解,那"徒一年",即判一年徒刑,當然與凡間的官府無干,而是由神界的法庭來執行。比這更詳細的天律,是《太上混洞赤文女青詔書天律》,其中分正神、人死鬼、邪神、土地、山神、龍王、地司官、水司官、精怪、雷神等等幾十類,每類違律,都有撤職、流、徒、杖乃至處斬。有興趣的讀者不妨查一下《道法會元》卷二百五十一。要而言之,"如律令"從漢代的詔書、檄文中搬來,要說明咒語有法律效果,不容違逆;天律的製定,無疑也是搬用封建時代的刑律,給不如律令者以處罰的依據。

　　"如律令"，目的是保證祈使、命令之事得以實現，那麼這祈使、命令本身是功利性很強的。這一點，與原始時代和巫術中用咒的情況比較接近，也比較地符合大多數中國民眾對宗教的態度。一般來說，中國的民眾對待宗教的態度，祈求解決眼前困難爲主導，求得平安便算有福，像西方社會和印度人那種對神靈虔誠的皈依，是有相當差距的。同樣是咒語，印度傳來的，大多數稱引神名、表示皈依占着全部内容的絕大部分。比如印度傳來的主夜神咒："婆涉演波底"，據說夜行時念它可以辟邪。但其詞實際上是印度人所奉夜神的音譯。佛教的重要咒語《千手千眼觀世音菩薩大圓滿無礙大悲心陀羅尼》(又稱《大悲心咒》)共有八十四句，句句皆表示對觀音皈依禮敬之意，八十三句稱呼菩薩(包括觀音的種種變相)名。這部咒語，據說威力是大得不得了。觀音稱他之所以要説此經，是因它能：

　　　　爲諸眾生得安樂故，除一切病故，得壽命故，得富饒故，滅除一切惡
　　　業重罪故，離障難故，增長一切自法諸功德故，成就一切諸善根故，遠離
　　　一切諸畏故，速能滿足一切諸希求故。(《大悲心陀羅尼經》)

在咒的後面，又詳細載有用它來治病、催人救産、解蠱毒、辟蛇蝎等等的方法。這樣説來，它和道咒不是基本相同嗎？

　　從其功能看，和道咒是基本相同的，但從結構看，又很不相同。大悲咒的特點，在叫人先皈依，儻皈依了，一念它，觀音就能幫助解決各種魔難，直至接引他上西方極樂世界，念咒本身即是皈依。道咒則是直接驅策鬼神，讓它們走開或完成凡人不可思議的事情，那現實的目的是前提，對神的敬仰自然是有的，但這種敬仰，乃以當下直接的利益爲中心。那種虔誠的皈依，五體投地地將自己奉獻給神靈的宗教熱情是很淡薄的。道教咒語的這一特點規定了每一咒的使用範圍相對狹窄，——每一咒常對應某類事，所祈既廣，咒焉能不多？

五、收邪和罵鬼

　　道教咒語的相當一部分是針對鬼魅用做收邪的。古人的精神

世界中，似乎到處可以見到有鬼魅精靈們在游走的。生病是疫鬼引
起的，財物損耗，是魖魅鬼引起的，精神失常尤其是花癡，一定給狐
狸精迷了……甚至無緣無故鷄飛狗跳，都被說成是有鬼有妖在作
祟。所以道教以功利爲目的的咒語，不少就用來"解決"這些問題。
那麼，制服鬼魅的主要方法是什麼呢？說來你不相信，其中用得相
當頻繁的一種方法，是俗得不能再俗，社會上司空見慣，習以爲常
的：罵！

　　罵鬼罵神以召劾驅策，聽來是曠古奇聞，實際上卻是繼承老祖
宗的傳統，——傳說中做出這一創舉的是黃帝！《文心雕龍·祝
盟》說："至如黃帝有祝邪之文，東方朔有罵鬼之書，于是後之譴咒，
務于善罵。"後之譴咒，自然包括道教咒語，但不囿于道咒，"務于善
罵"是廣泛流行的做法。沿着劉勰提供的綫索，我們稍微做點追溯。

　　黃帝作祝邪之文，也就是做了一大篇咒妖邪的文章。這件事，
據說和一種白澤神獸有關。《抱朴子內篇·極言》："黃帝窮神奸，則
紀白澤之辭。"這件事，《雲笈七籤》卷一百《軒轅本紀》說得較詳細：
"帝巡狩東至海，登桓山。于海濱得白澤神獸，能言，達于萬物之情。
因問天地鬼神之事，自古精氣爲物、游魂爲變者凡萬一千五百二十
種。白澤言之，帝令以圖寫之，以示天下。帝乃作祝邪之文以祝之。"
從這些記載看來，黃帝得到一種叫做白澤的神獸，講述了各種鬼
物、精怪達一萬多種，所以能夠做出一篇大咒語來咒服它們。這當
然是傳說，但透露出"祝邪"的法門很可能是從原始時代就存在着，
一直流傳不絕。劉勰把它作爲"善罵"的開端，值得注意，後文再來
分析。

　　東方朔"罵鬼之書"，學人都沒能找到它的綫索。它的出現，是
漢代王延壽的《夢賦》，說是夢見東方朔給了一部"罵鬼之書"，後來
有誰做惡夢，只要用它一讀，就能辟除邪鬼。那樣，罵鬼之書可能只
是托于東方朔。劉勰博學，怎麼會當成真的，確是很奇怪。想來書
雖不一定真的東方朔做，社會影響卻是不小。"罵鬼"的內容，《夢
賦》是記載得很周詳的。說是夢中見到諸種惡鬼，"于是夢中警怒，

膃臆紛紜,曰:‘吾含天地之純和,何妖孽之敢臻’!"罵完一句後便
是打:"爾乃揮手振拳,雷發電舒,斷游光,斬猛豬,批觺毅,斫魅虛,
捎魍魎,拂諸渠,撞縱目,打三顱,撲𩵋蟯,扶夒魖,搏睍睆,蹴睢盱,
剖列瞡,制羯臬,劓尖鼻,踏赤舌,挈儉㞞,揮犓鬐。"漢人做賦喜歡
掉書袋,在遣詞造句上一個動作排列出一大串不同的詞彙。斫呀,
批呀,斬呀等等,都是打鬼、殺鬼的動作,且不用多論;至于它們所
施的對象,名字都很古怪,正是傳說中的各種鬼魅精邪。從《夢賦》
我們知道"罵鬼"的主要表現是叱斥它們走開,如不老實,就要打殺
斬殺,大約還是以威脅為主。回頭來看道教咒語,凡對著邪鬼宣戰
的,正充滿了威脅叱責的句子。比如那個"旦夕掃除鬼",先三呼其
名,再咒曰:"石未子,石未子,太一使汝為我使。何物逆鬼,令速出
速出!"

　　令人不解的是,精鬼那樣狡詐,怎麼一罵就逃呢?原來,道士們
手中有一個極厲害的武器:知道鬼的名字。

　　前面說到,黃帝做《祝邪大文》,首先得力于白澤告訴他一大堆
精怪鬼魅的名字。一旦知其名,那些邪物就掀不起大浪,只好聞聲
而遁了。所以葛洪說:"論《百鬼錄》知天下鬼之名字,及《白澤圖》
《九鼎記》,則眾鬼自卻。"《百鬼錄》、《白澤圖》、《九鼎記》都是古代
記載精鬼姓名形狀的書,一旦掌握了它們的秘密,鬼物就不敢來害
人了。

　　正因為此,道士要專門造出一種書來,詳細記述鬼的名字,《女
青鬼律》便是有代表性的一本。此書開卷就說,世間有鬼千萬種害
人,太上大道不忍見之,將"下此鬼律八卷,紀天下鬼神姓名、吉凶
之術,以勑天師張道陵,使勑鬼神,不得妄轉東西南北,後有道男女
生,見吾秘經,知鬼姓名,皆言,萬鬼不干,千神賓伏,奉行如律。"記
鬼名,足足化了幾卷書之多。

　　儻若我們要追問一句,為什麼知道精鬼的名字就能制服它呢?
或者確切點說,古人尤其道士們為什麼會這樣想呢? 毋需說,從無
神論的立場看,精鬼和咒語制服精鬼,統統是荒謬的幻想。然而,儘

管有千百萬次的事實證明了它是幻想，卻仍有千百萬的人相信其真實性，事情遠不是那樣簡單。從文化史上看，這類對名字的神秘觀念可以追溯到人類的原始時代，與我們前面所講咒語的起始年代，大略是相當的。

著名人類學家弗雷澤的《金枝》、列維・布留爾的《原始思維》等著作中，都舉了大量實例，説明在原始時代，對名字的神秘觀念是普遍地存在着的。比如布留爾引述説："印第安人把自己的名字不是看成簡單的標簽，而是看成自己這個人的單獨的一部分，看成某種類似自己的眼睛或牙齒的東西。他相信，由于惡意地使用他的名字，他就一定會受苦，如同由于身上的什麼部分受了傷一樣會受苦。這個信仰在從大西洋到太平洋之間的各種各樣部族那裏都能見到。"在西非沿岸，"存在着對人與其名字之間的實在的和肉體上的聯繫的信仰……使用人的名字，可以傷害這個人……帝王的真名始終保持秘密……看來是很奇怪的：只有生下時起的名字（而不是日常使用的名字）才被認爲是能夠把個人的一部分轉移到其他地方去……但是，問題在于土人們大概認爲日常使用的名字似乎不是實在地屬于人所有。"（《原始思維》，商務印書館，1981年版P.42.）弗雷澤也指出，不但自己的私名要忌諱，而且親屬的私名，如父母、妻黨、弟兄之名，都不准稱。小孩仇人比較少，不易被人因名加害，所以通常可稱某某之父，某某之兄，某某之母等。死人的名字也不能説，因爲一説，鬼即作祟。

在中國，上古的情形已不得而詳，但對名字的神秘觀念和禁忌也在民間流傳。例如企圖用詛咒害人的，先要知道對方的姓名，圖像或木偶上寫上其人姓名咒之，認爲即可以置他于死地。所以名字不能輕易讓人知道。至于在少數民族中，這種觀念的表現就更多了。它們猶如文化的活化石，證明了中國古代的情形。將這關于"名"的神秘觀念，用到鬼神、精怪的世界，于是有知其名則能制其命的觀念，——很可能，開始的時候，對這觀念本身沒有去反思過，甚至沒有清晰地表述出來，只是習以爲常的、自然而然的使用着這

個辦法。及專職的巫師出現，方將這一做法規範起來，對精鬼名字
的知識也漸漸壟斷到巫師手上，到了文字發明後，再做出《白澤精
怪圖》、《九鼎記》、《百鬼錄》一類書，其間不知經歷了多少萬年的傳
承和演化。道教沿用其法，正是繼承了這一漫長的文化傳統。

　　道士們在咒術中沿用着"罵鬼"的法門，創作了許多揭露鬼魅
名字、威脅、叱責和驅趕的咒語。後來又將之運用到召神將中去。凡
念咒召將也例必須先呼該將名號。——對各類神將的名號的擁
有，是學會各類秘法的前提，所以也是不輕泄于人的。而且，也有用
罵爲召的。試看《先天雷晶隱書》所載召雷霆使者張珏的召誓咒：
"吾知汝名，吾知汝姓。吾爲汝兄，汝爲吾弟，汝若不至，罵汝九祖。
吾負汝弟，永墮冥苦。吾叫汝名天下知：雷中夜叉，雲中烏鴉。雷鬼
雷鬼，速至速至。吾奉雷祖大帝律令。"這咒將罵鬼之法，賭咒之術，
加上"如律令"的官方口氣，看來是完備周全，威力倍加了。雖然"雷
鬼"的有無尚是一個大問號。

　　作者簡介　劉仲宇，1946 年生。上海教育學院副研究員。近著
有《道・仙・人》(與陳耀庭合著)、《儒釋道與中國民俗》。

道教"守一"法非濫觴佛經議

李養正

讀漢魏時期道教經籍和佛教所譯、撰經籍,屢見其均多處記述"守一"之法。讀近代研究佛教史的學術著作,每多謂"守一"之法源出佛教禪觀。我以爲此論斷未必可以目爲定論。

考"守一"一語出現于佛經者,如:

畫夜守一,心樂定意。

守一以正身,心樂居樹間。(見《法句經》)

篤信守一,戒于壅蔽。(見《分別善惡所起經》)

何謂四禪,惟棄欲惡不善之法,意以歡喜,爲一禪行。以舍惡念,專心守一,不用歡喜,爲二禪行……(見《阿那律八念經》)

孝事父母,則一其心,尊敬師友,則一其心。(後漢支曜譯《成具光明定意經》)

《法句經》爲三國東吳黃武三年(224)來華之天竺沙門維祇難所譯。其梵本名《曇鉢經》。據梁慧皎《高僧傳》卷一《維祇難傳》說,維祇難和他的同伴竺律炎共譯該經,但都未善漢言,故而"頗有不盡。志存義本,辭近樸質。"《分別善惡所起經》爲漢桓帝建和二年(148)來華之安息僧人安世高譯(東晉道安《衆經目錄》未錄此經。南朝梁《祐錄》四在續失譯中。隋《長房錄》四謂爲安世高譯)。按安世高雖善華語,但只能口解而未能譯爲漢文,襄助其譯經者實漢僧嚴佛調。《阿那律八念經》爲漢靈帝時月支客僧支曜譯。(《高僧傳》卷一《支婁迦讖傳》僅記曜譯《成具定意小本起》等。隋《長房

錄》四謂漢支曜譯,《祐錄》三謂安公失譯錄中著錄。)湯用彤先生
《漢魏兩晉南北朝佛教史》第一分第五章《佛道》注中謂:"亦當爲晉
以前所出。"實際即謂爲三國時出。

又據隋《長房錄》四謂,漢僧嚴佛調譯有《菩薩內習六波羅密
經》,其中解禪波羅密爲"守一得度"。

考"守一"一語之出現于道教經籍者,如:

　　夫一者,乃道之根也,氣之治也,命之所繫屬,眾心之主也。……人之
根處內,枝葉在外,令守一皆使還其外,急使治其內,追其遠,治其近。守
一者,天神助之。……故頭之一者,頂也。七正之一者,目也。腹之一者,
臍也。脈之一者,氣也。五藏之一者,心也。四肢之一者,手足心也。骨之
一者,脊也。肉之一者,腸胃也。能堅守,知其道意。(見王明《太平經合
校》卷十八至三十四)

　　守一明之法,長壽之根也。萬神可祖,出光明之門。守一精明之時,若
火始生時,急守之勿失。始正赤,終正白,久久正青。洞明絕遠復遠,還以
治一,內無不明也。百病除去,守之無懈,可謂萬歲之術也。(見《太平經合
校》卷十八至三十四)

　　以何爲初,以思守一,何也? 一者,數之始也;一者,生之道也;一者,
元氣所起也。一者,天之綱紀也。故使守思一從上更下也。(同上書卷三
十七)

　　故聖人制法,皆象天之心意也。守一而樂上卜,卜者,問也,常樂上行
而卜問不止者,大吉最上之路也。(同上書卷四十八)

　　夫守一者,以類相同,古今守一,其文大同。大賢見吾文,守行之不
解,策之得其要意,如學可爲孝子,中學可爲忠臣,終老學之,不中止不
懈,皆可得度世。(同上書卷九十六)

　　是故夫守一之道,得古今守一者,復以類聚之。上賢明力爲之,可得
度世;中賢力爲之,可爲帝王良輔善史;小人力爲之,不知喜怒,天下無怨
咎也。(同上)

　　比到玄甲,使其慎慎,如有求吾書者,以守一浮華爲前以付之。(同上
書卷一百二)

　　一者,數之始也,生之道也,元氣所起也,故守而思一也。子欲養老,
守一最壽,平氣徐臥,與一相守,氣若泉源,其身何咎,是謂真寶,老衰自

去。(《御覽》六六八引《太平經》)

　　人知守一,名爲無極之道。人有一身,與精神常合并也。形者,乃主死,精神者,乃主生;常合即吉,去則凶,無精神則死,有精神則生。常合即爲一,可以長存也。常患精神離散,不聚于身中,反令使隨人念而游行也。故聖人教其守一,言當守一身也。念而不休,精神自來,莫不相應,百病自除,此即長生久視之符也。陽者守一,陰者守二,故名殺也。(見《太平經鈔》癸部之十九)

　　一者道也,今在人身何許?守之云何?一不在人身也,諸附身者悉世間常僞伎,非真道也;一在天地外,入在天地間,但往來人身中耳,都皮裏悉是,非獨一處。一散形爲氣,聚形爲太上老君,常治崐崘,或言虛無,或言無名,皆同一也。今布道誠教人,守誠不違,即爲守一矣;不行其誠,即爲失一也。(《老子想爾注》"載營魄抱一能無離"下注)

　　《太平經》本源西漢成帝時齊人甘忠可之《包元太平經》,後經于吉擴充而爲神書百七十卷,號《太平清領書》,東漢順帝時宮崇曾上此經于帝。張陵亦曾有此經,號《太平洞極經》,漢靈帝時太平道張角亦"頗有其書焉"(《後漢書》卷三十下《襄楷傳》)。《老子想爾注》爲東漢張道陵或張魯所出。五代杜光庭謂爲"三天法師張道陵所注"(《道德真經廣義想爾》),中唐釋法琳亦曾謂張陵"注五千文"(《辨正論》),唐初陸德明《經典釋文》謂"一云張魯,或云劉表"。現代學者饒宗頤謂"當是陵之説,而魯述之,或魯所作而托始于陵"(《老子想爾注校證解題》)。

　　據以上經籍記述,考其時間則道經佛典之用"守一"一語,可以説大體同時,以《太平經》看,則道經稍前。

　　近代著名佛學家湯用彤先生于《漢魏兩晉南北朝佛教史》中有多處斷語:

　　……則漢末魏初,河北、江南及中州一帶固均有禪學也。而《太平經》中"守一"之法,固得之于佛家禪法。(第五章《佛道》)

　　"守一"一語似老子之抱一。但《太平經》中有守一之法,謂爲長生久視之符。守一者可以爲忠臣孝子,百病自除,可得度世。謂有三百首,茲已不詳。但其法疑竊取佛教禪法。(同上)

　　……據此則"守一"蓋出于禪支之"一心"。而《太平經》之守一,蓋又源于印度之禪觀也。(同上)

一言以蔽之:道經之"守一"法乃源于佛教之禪觀。

現代學者饒宗頤先生于《老子想爾注校證》中所表述的看法,則與湯公之見有所不同。饒公說:

　　……若"守一"一詞,見于《莊子·在宥篇》廣成子語黃帝云:"天地有官,陰陽有藏,慎守汝身,物將自壯。我守其一,以處其和,故我修身千二百歲矣,吾形未嘗衰。"漢代太平道天師道,俱論"守一"之方,說蓋本此。(《老子想爾注校證·箋證》)

　　漢佛所譯佛教,亦每見"守一"語。如《法句經》:"守一以正身。"是守一爲東漢道家所恒言,故取以譯釋氏之"禪定",亦格義之一例。湯錫予疑《太平經》之"守一",源于印度之禪觀,按不如以格義說之較妥。(同上)

我以爲饒公所言較中肯。"守一"確乎本源于道家養生文化,并非濫觴于東漢禪觀譯經。道、佛經籍之"守一",皆係沿用早已流傳于中土的傳統養生文化,蓋來之于民間黃老養生術。

現據饒宗頤先生的觀點,更作一點史料補充:

　　載營魄抱一,能無離乎?專氣致柔,能嬰兒乎?滌除玄覽,能無疵乎?愛民治國,能無知乎?(《老子》第十章)

　　視之不見,名曰夷,聽之不聞,名曰希,搏之不得,名曰微。此三者,不可致詰,故混而爲一。(《老子》第十四章)

　　昔之得一者,天得一以清,地得一以寧,神得一以靈,谷得一以盈,萬物得一以生,侯王得一以爲天下貞。(《老子》第三十九章)

　　至道之精,窈窈冥冥;至道之極,昏昏默默。無視無聽,抱神以靜,形將自正。必靜必清,無勞汝形,無搖汝精,乃可以長生。目無所見,耳無所聞,心無所知,汝神將守形,形乃長生。慎汝內,閉汝外,多知爲敗。我爲汝遂于大明之上矣,至彼至陽之原也;爲汝入於窈冥之門矣,至彼至陰之原也。天地有官,陰陽有藏,慎守汝身,物將自壯。我守其一,以處其和,故我修身千二百歲矣,吾形未常衰。(《莊子·在宥》)

　　純素之道,唯神是守,守而勿失,與神爲一;一之精通,合于天倫。(《莊子·刻意》)

……壹其性，養其氣，合其德，以通乎物之所知。夫若是者，其天守全，其神無郤，物奚自入焉。(《莊子·達生》)

生也死之徒，死也生之始，孰知其紀！人之生，氣之聚也，聚則爲生，散則爲死。……故曰："通天下一氣耳。"聖人故貴一。(《莊子·知北游》)

其動也天，其靜也地，一心定而天地正：其魄不祟，其魂不疲，一心定而萬物服。(《莊子·天道》)

足見漢魏佛、道經籍中所講到的"守一"、"一心"，皆濫觴于《老子》之"抱一"、"得一"和《莊子》中之"唯神是守"、"神將守形"、"貴一"、"一心"。

再者，"守一"一語，籠統聽之，似乎含意一致，而實際則并不單純。在佛教，或曰"禪定"、"一心"、"守意"，或謂注守鼻端；在道教則或曰守道、守神、守氣，或謂凝神內視、神氣合一、存神守一，或謂無視無聽無搏混而爲一，或意守丹田(或某一穴位)等。蓋用語爲一，而含意則不盡相同。佛經、道經皆不過在保持自身特點的前提下，因循沿用已流行于社會之養生法術語而已。未必可以定言爲誰"竊取"誰！如果追根溯源，則"守一"之法中土固已有之，絕非外來品也！

作者簡介　李養正，1925 年生，湖北公安人。《中國道教》雜志主編。中國道教學院副院長、研究員。

遍游山川説輿地

——道教地學思想簡述

賀聖迪

内容提要 本文據《山海經》及有關的道教輿地志、輿地圖等資料,叙論道教的地學思想,分析了道教關于天文地理的基本觀念、道教對九州山川的描述、對地理現象之變化規律的探索,認爲道教的地學思想在中國地學史上起過積極有益作用。

道教與中國古代科學技術關係密切,在地學上也取得諸多成就。本文論述道教的大地概論,描述九州山川與探索自然地理規律。

一、大地概論

道教源于巫術,在繼承遺産後,以其大地觀爲己之大地觀。《山海經》卷五《中山經》在論述天地及其關係時説:"天地之東西二萬八千里,南北二萬六千里。"地下天上,地之邊緣即天之界限,兩者相對而合一。地天之外是否有物? 其物爲何? 與地天的關係如何? 這些問題都未有論及。或許,當時根本就未曾發生思考過。天地的

方圓厚度也未加論說。所語及的南北、東西間距離，表明作者認爲
大地是有限的，且可加以度量。隨着人們活動範圍的擴大、地域觀
念的擴展，不滿三萬里的大地四極數據被舍棄，但其中所包含的天
地相等而合一觀念却被保存下來，爲後世的道教學者所認同和宣
揚。

　　南宋紹定六年（1233），羅浮山道教學者梁彌仙名其所居爲"廣
漠庵"。對"廣漠"之意，他作了解釋，其中談及大地時說："輿地廣輪
去天八萬一千三百餘里，東西南北相去二億三萬餘里。渤海之東，
不知幾億萬里。岱輿圓嶠，隨潮出没。弱水隔蓬萊又三十萬里。東
登泰山，黄河環匯，下視六國，蠻觸相峙，如蜂窠蟻穴，總總紛紛，畫
爲九州，不過海内之一堁。北望漠北，飛沙揚塵，又不知其幾千萬
里，此地之廣漠也。"（陳洎《廣漠庵記》；陳槤《羅浮山志》卷八）大地
有極限，但其範圍擴大了，地與天仍是相對而合一，并給出了其間
的距離。地與海的關係說得模糊不清。晚于梁彌仙的鄭思肖對此
有所闡述。他說，"無邊大地，懸浮于茫茫無邊大海之上"，且認爲可
以將海"以之爲地"（《所南文集·答吳山人遠游觀地理書》），大地
包括陸與海，是無有邊際的。

　　這種天地平行的見解，被納入其他宇宙學說中，使天地與宇宙
相分離，僅成爲宇宙的一個部分。梁彌仙宣稱，"吾聞混元一散三十
二天"，"世界粒粟，空無定空，廣漠何有？"（陳洎《廣漠庵記》）大地
在宇宙中微乎其微，且無從確定其所在位置。這一見解在元代道教
學者的論述中更爲清晰。

　　鄧牧在《超然觀記》中說："且天地大矣，其在虚空中不過一粟
耳。"又說："虚空、木也，天地、猶果也。虚空、國也，天地、猶人也。一
木所生，必非一果；一國所生，必非一人。謂天地之外無復天地，豈
通論也。"（鄧牧《洞霄圖志》卷六）不僅大地只是虚空中的一粟，而
且虚空中還有其他大地。這些大地自然也有人有物，外星人的問題
實際上已被觸及。同時代或許是稍後的尹世珍也論述過這一思想。
他假托九天先生與姑射謫女的對話，在前者答後者問時，指出："人

物無窮，天地亦無窮也。譬如蛔居人腹，不知是人之外，更有人也；人在天地腹，不知天地之外，更有天地也。"(《瑯嬛記》)認爲宇宙中有無數天地，還發生天地毀于此而成于彼的過程，"故至人坐觀天地，一成一毀，如林花之開謝耳，寧有既乎？"(同上)換句話説，人類所生活的大地，也避免不了由成而毀的自然過程，但毀于此而成于彼，使宇宙中永遠有這樣的大地。其結論近似現代學者的論述。

　　關于大地形狀及其在宇宙中的位置，在道教學者中還有其他説法。一本名爲《黃帝》的古老道經説："天在地外，水在天外。"(引自《晉書》卷十一《天文上》)這是説在地——天——水三個層次構成的宇宙中，大地是它的核心。東晉的葛洪以此爲根據，吸取張衡學説，認爲"地如雞中黃，孤居于天内，天大而地下。"又説："天出入水中，無復疑焉。"(《晉書》卷十一《天文上》)他的大地在宇宙中的位置學説與《黃帝》相同，進而認爲大地的形狀類似于雞蛋黃，是一個表面有高低起伏的圓球。這一説法屢遭非議。梁武帝蕭衍曾利用皇帝權勢，組織一批學者"于長春殿講議，别擬天體，全同《周髀》之文，蓋立新意，以排渾天之論"(《隋書》卷十九《天文》上)，否定葛洪之説。至唐初，李淳風著《晉書·天文志》，又肯定宣揚葛洪之説。

　　道教的大地結構模式，據《山海經》全書而言，中間陸地，四周爲海，海中有島，海外的東、南、西北、東北等處又是陸地，稱之爲荒。在海之内、海之中、海之外的陸地上，有山丘、河湖、原野、禽獸、草木、玉石、種族。爲海所環繞的大陸，中間地區即華夏族地區，分布着數以千計的山嶺，其中"出水之山者八千里，受水者八千里；出銅之山四百六十七，出鐵之山三千六百九十。"(《中山經》)具體描述，尤其是數字在後世少有信奉者，但所構建的大地結構模式卻不曾受到懷疑。因爲隨着航海發展而增進的海外地理知識證實大地是如此這般的。

　　道教的大地結構説，還受到鄒衍學説的影響。鄒衍大九州説在漢代廣爲流行，除司馬遷《史記》外，桓寬《鹽鐵論》、王充《論衡》和某些緯書中都有所論，作爲道教典籍被收入《道藏》的《淮南子》也有所采納。《墜形訓》説:"天地之間,九州八極。"所謂九州,即各爲裨海所環的大九州.其名稱與位置如下:"東南神州曰農土,正南次州曰沃土,西南戎州曰滔土,正西弇州曰并土,正中冀州曰中土,西北台州曰肥土,正北濟州曰成土,東北薄州曰隱土,正東陽州曰申土。"又説九州之外有八殯,八殯之外有八紘,八紘之外有八極。整個大地自東極至西極、南極至北極的距離都是二億三萬三千五百里七十五步。東北至西南、東南至西北的里程未提及,很可能也是這一數據。倘若如此,由州——殯——紘——極四個層次構成包含大海的鄒衍大九州説大地形狀,是一個有高低起伏的圓面。

　　《山海經》與《淮南子》的大地結構模式,是道教學者從其先導者那裏所得到的兩份遺産。在此基礎上,他們又提出略微有別的模式。《海内十洲記》説中央大陸之外的東海中有祖、瀛、生三洲,北海中有玄、元二洲,西海中有流、鳳麟、聚窟三洲,南海中有炎、長二洲。其面積,大者如玄洲"地方七千二百里",小者如祖洲"地方五百里"。距大陸里程,遠者如瀛洲"去西岸七十萬里",近者如祖洲"去西岸七萬里"。又有扶桑、蓬萊、昆侖、鍾山等地。《神異經》分爲東荒、東南荒、南荒、西南荒、西荒、西北荒、北荒、東北荒、中荒九處。從其目次來看,或許兩者是對《山海經》的海中島嶼與海外大荒之地的補充。

　　對于地面以下的大地結構,道教也有所論述。宋元間的鄭思肖指出大地不是塊然之土,而是"支脈井井有條理"之物。"大地之下,皆一重土、一重泉相間,層負萬氣,支縷萬物",在水的循環中有着物質變化,而大地根部極熱,是"非金、非石、非土、非水"(《所南文集·答吳山人問遠游觀地理書》)之物。這些猜測,具有一定的合理性。

二、描述九州山川

　　地球表面各種事物連續展開的形象,吸引着道教學者,使他們對自己生活及視綫以外的地區深感興趣。爲着尋找宜于修煉的洞天福地,他們浪迹四海、遍游山川。游覽不忘研究,形成對各地差異,尤其是秀美險麗之地的清晰意象。他們感到有必要將自己的認識記載下來傳與他人,俾使"道侶游山,得之披覽。"(李沖昭《南岳小錄》)爲此,他們從事著述,"寫九州山川百物之形"(《廣黃帝本行紀》)這是以大地爲對象,用文字和圖象描述山丘、江湖、原野、窪地等的形狀、長短、高卑、寬窄、面積,生活于其中的生物及有所關聯的其他事物。這種認識,使他們具有一種自覺的地理意識。

他們在雲游四海時,"瞻河海之長短,察丘山之高卑"(《漢武帝內傳》)在觀玩、欣賞之後,還加以考察、測量。王胄《羅浮圖紀後跋》說:"凡地理廣袤之數,岩洞泉石之名,祠宮藍舍之居,真仙高士之迹,宸奎聖翰之煥炳,符瑞寶鎮之璀璨,與夫一草木、一禽獸之有異于人間者,靡不詳訪而備錄之。"(陳槤《羅浮志》卷八)李志常著《長春真人西游記》,"凡山川道里之險易,水土風氣之差殊,與夫衣服、飲食、百果、草木、禽獸之別,粲然靡不畢載。"(孫錫《長春真人西游記序》)

之所以如此,是因爲他們意識到務必認識大地,把大地作爲人的世界去理解,使地理知識成爲道教徒獲得居住和活動于大地上的指南。然而,"以四海之大,萬物之廣,耳目未接,雖有大智,猶不能徧知而盡識也。"(孫錫《長春真人西游記序》)而地學圖籍具有"窮數千載事于須臾,覽數百里境于指顧"(王胄《羅浮圖志後跋》)的功能。一部部著述,使人們逐一把握各個地區,積累而至于瞭解全域。王胄說他往游羅浮,"浹日登洮,百未一及,歸來深以不到不識爲限。"及睹鄒師正的《羅浮指掌圖》,則一覽無餘,靡不畢識。鄒師正在《羅浮指掌圖記》中談自己何以要繪製《羅浮指掌圖》時說:"山之高,且三千六百丈;地之袤,直五百里。峰巒之多,四百三十二;溪澗川源,有不可勝數者。是雖長年隱者,猶未易遍覽,而況士大夫來游者,暫至倏還,旬日而罷,又安能周知!兹指掌圖所以作也。"(陳槤《羅浮志》卷九)吳全節與沈多福在各自爲《洞霄圖志》所寫的序言中分別説：“山川之奇秀，嵒洞之深杳，宮宇之沿革，人物之挺特，昔耳目之未接者，今一覽無遺”；“凡山川標致之勝，宮觀規制之詳，仙聖游化之迹，英賢記述之美，皆收拾而無遺。非但游息于斯，洞見今古，而足迹未能至者，一睹此志，便眇眇然如行翠蛟白鹿間，有頡頏飛霞之想，亦滌心一助也。”

　　道教學者意識到《山海經》的地理價值，加以注釋，爲之宣揚。《山海經》是古代巫師集其地理、歷史、傳説神話及其他知識的結晶。在語怪力亂神中，記叙各地山川物産。其中的《五藏山經》部分，更是神話不多，有很高的地學價值。但隨着人文思潮的發展，它被視爲閎誕迂誇之作，屢遭非議，司馬遷、譙周等著名史學家都曾加以抨擊。晉代道教學者郭璞力糾其偏。他有感于“其山川名號，所在多有舛謬，與今不同，師訓莫傳，遂將湮泯。”于是，“爲之創傳，疏其壅閡，闢其茀蕪，領其元致，標其洞涉，庶幾令逸文不墜于世，奇言不絕於今；夏后之迹靡刊於將來，八荒之事有聞于後裔，不亦可乎！”（《注山海經序》）他的努力，不僅使《山海經》便于閲讀理解，免遭佚失；還恢復了其在地理學上的地位。《山海經》在班固《漢書藝文志》中，被列入《數術類》，視爲形法書。至《隋書經籍志》編于史部地理類。它出形法而入地理，無疑與郭璞的活動相關。自此以後，雖有人以其爲小説、爲巫書，但始終動搖不了它在地理學上的地位。

　　《山海經》的《五藏山經》勾勒北起蒙古高原南達南海、東自沿海西抵新疆東南的山河大勢。其中有二十六列山嶽的位置、高度、走向、陡峭、形狀、谷穴、面積和兩山之間的關係，海、黄、淮、江等水系的三百多處河湖，和分布其上的動植礦物。道教學者在此基礎上，繼續考察、研究、描繪、論述祖國大地。由于他們以山區爲活動的主要場所，早期道教的地學著作大多圖寫山嶽。如《金華山經》、《荆山記》、《五嶽真形圖》、晉葛洪《嶓阜山記》、徐靈期《南嶽記》、前秦王嘉《名山記》、宋王韶之《神境記》、南齊宗測《衡山記》、《廬山記》、梁陶弘景《尋山志》。隨着山記發展爲圖經、方志，山區依然是

道家學者描述的主要對象，如唐木玄虚撰賀知章注《四明山圖》、徐
靈府《天台山記》、李沖昭《南嶽小錄》、宋鄒師正《羅浮指掌圖記》、
王胄《羅浮志》、倪守約《金華赤松山志》、李宗諤《龍端觀禹穴陽明
洞天圖經》、金王處一《西嶽華山志》、元鄧牧《洞霄圖志》、張天雨
《茅山志》（舊題劉大彬）、曾堅與危素編《四明洞天丹山圖咏集》、明
陳楗《羅浮志》等。

　　道教山志，按其所體現的地學思想，可區分爲三類。第一類，以
地爲綱描述山石、岩穴、懸崖、峽谷、水流、湖泊、生物、宮觀、丹爐、
藥院等，叙其方位、距離、高度、大小、形狀等，并顯示相互間的關
聯，使所記叙山區成爲有内在聯繫的整體。如徐靈府《天台山記》。
第二類，以類爲綱，分記山、峰、岩、洞、谷、穴、坑、澗、溪、潭、池、崗、
石、泉、村、市、門、寺、觀、樓、堂、祠、軒、庵、亭、院、廬、臺、壇、塔、
橋、藥槽、碓磑、冢、神仙、人物、詩文。類分部聚十分顯目，但缺乏相
互間的方位、距離和關聯，構成不了整體，看不清它的全貌。如鄧牧
《洞霄圖志》。第三類，僅記名稱、所在、周迴里數。如《名山洞天福
地記》，就科學價值言，第一類最高，第二類也不乏有真知灼見，第
三類略勝于無。

　　山記之外的道教地學著作，如《神州真形圖》、《六安記》、《平都
記》、《山陰記》、晉葛洪《關中記》、王羲之《游四郡記》、元李志常《長
春真人西游記》、朱思本《河源記》、《輿地圖》、熊夢祥《析津志》、明
朱權《異域圖志》等，在數量上不如山記，但科學價值更高。《長春真
人西游記》與玄奘的《大唐西域記》齊名，記載蒙古、新疆、中亞等地
的地理狀况；朱思本的《河源記》較潘昂霄的同名著作，更爲詳細地
記載元代考察黄河源的成果；《輿地圖》所反映的地域遼闊，已將非
洲繪成尖端南指的類似三角形形狀；《異域圖志》記載包括鄭和遠
航成果在内的國外地理；《析津志》等著作在叙説各地時，也都有可
以稱述之處。

　　道教學者重視以地圖的形式來描述山河大地。他們所繪製的
地圖有山圖、山脈位置圖、地區圖，《漢武帝内傳》談及繪製地圖，説

要"因山源之規矩,睹河岳之盤曲。"繪製之前要觀察測量,注意"陵迴阜轉,繪製時用彎曲的綫條來表現山的高度和坡的斜度,看上去似書寫的文字。這種用彎曲盤旋的綫條所描繪的山圖,實際上是用等高綫繪製的山區地形圖。日本學者小川琢治曾將一幅十七世紀出版的道教泰山真形圖,同一幅現代測繪的泰山等高綫圖作比較,發現無論從山的外形輪廓與山區内的封閉曲綫來看都很相似。道教學者之所以要繪製這類地圖,是爲着給道士在山區活動作指南,幫助他們瞭解所在山區的地形、道路與物產。五岳與其他山區地形圖所取得的高度成就,被道教的迷信一面所扼殺。等高綫在道士"經行山川"時所起的積極有益作用,被神化爲得神靈保護免受精怪之害,等高綫圖因難于復製蜕化爲符篆。它失去指導人們在山區行動的真實功能後,所獲得的是在任何山嶺免受妖精之害的虛幻靈驗。

　　道教學者所創的等高綫地形圖因過早降臨人世而夭折,他們在使用"計里畫方"上所取得的成就則影響深遠。明代學者羅洪先在《廣輿圖序》中說:"元人朱思本圖,其圖有計里畫方之法,而形實自是可據。從而分合,東西相侔不至背舛。"用正方網格表示距離的方法,此後風行,直至鴉片戰爭後還有人將其與經緯綫結合起來。朱思本在繪製地圖上,又提出下列思想:一、以實地考察來檢驗已有地圖,他由此發現前人所作,如滏陽及安陸石刻禹迹圖、建安混一六合圖"殊爲乖謬,思構以圖正之。"(《輿地圖自序》)二、繪製地圖,不僅要從事實地考察,"訊遺黎,尋故迹,考郡邑之因革,覈山河之名實",也需閱讀前人著作,如《水經注》、《大元一統志》,要"參考古今,量校遠近,既得其說,而未敢自是也"。(同上)三、繪製時,于"河山綉錯,城連徑屬",宜"旁通正出,布置曲折,靡不精到"。(同上)四、繪圖所據資料務必信實正確。對于"遼絶罕稽,言之者既不能詳,詳者未可信"的地域,即使朝貢時至的,也只能"姑用闕如"(同上),勿載于圖。這幾點都是精當之論。

三、地理現象的變化規律

道教學者在描繪地理現象的同時,還探索其變化規律。

大地形貌是否向來如此,有否發生過變化,發生什麽樣的變化?古今中外思考之後,有着不同的看法。基督教的《聖經》以山丘永遠不變來回答上述問題。南宋鄭萬的見解似與相同。他說:"自有宇宙,便有玆山。"(《羅浮圖志續跋》;陳槤《羅浮志》卷九)不過,自西周後期以來,我國的文人學者一般傾向于大地變化說。西周末年,關中一帶的劇烈地震造成"燁燁震電,不寧不令,百川沸騰,山冢崒崩"。《詩·小雅·十月之交》的作者由此得出"高岸爲谷,深谷爲陵"的思想。這一陵谷變遷的思想,《周易·象傳》將其概括爲"地道變盈而流謙"。它在被彙編入《道藏》的巫術與道家著作中也有所記述。《山海經·北山經》有精衛塡海的神話,《列子·湯問》記有愚公移山。這是在認識地形變化現象之後,企圖以人力或得到神助,使地形發生有利于人的變化。記載地形自然變化的,如《莊子·胠篋第十》說,"川竭而谷虛,丘夷而淵實",已認識河川變爲谷地,和山地受流水侵蝕後在低處堆積夷爲平地的過程。焦延壽《易林》的記載更多。卷一《屯卦》述山崩谷絕之後,"涇渭失紀",河道淤塞;卷五《觀卦》叙"山没丘浮,陸爲水魚,燕雀無巢,民無室廬";卷九《遯卦》描述"海老水乾,魚鱉盡索,高落無潤,獨有沙石。"後兩例說陸地可化水域,滄海能成陸地。至道教形成,葛洪著《神仙傳》,對海底上升轉化爲陸地的規律說得更其明白:"麻姑自說'接待已來,已見東海三爲桑田,向到蓬萊,水又淺于往昔會時略半也。豈將復還爲桑陸乎?'方平笑曰:'聖人皆言海中行復揚塵也。'"(卷三《王遠》)海域升高爲陵陸後塵土飛揚之事,又見于葛洪《麻姑傳》,這是中國東部沿海地區的某些地段海陸互相轉化的事實,爲道教學者發現加以神化故事化的結果。唐代顔真卿繼承這一學說,爲使世人認同,他以所發現的地質資料加以證實:"東北有石城觀,高石中猶有螺蚌殼，或以爲桑田所變。"(《顏魯公文集》卷十三《撫州南城縣麻姑山仙壇記》)認爲滄海變爲桑田後，地層繼續變化，形成山丘。

　　道教學者探索大地上水的循環，成書年代不遲于明初的《雨暘氣候親機》説："地不至天天不雨，地氣升天三日雨。"認爲在"日光升"、"日㸌動"的前提下，地面上的水氣化由地至天，化而爲雲，再降雨返回地面。如果在天之水全部回歸地面，而地面水氣又不能上達于天，便發生"六九之旬"的"天之至旱"。他們又探索地下水的循環。宋元間的鄭思肖曾説："大地之下，皆一重土、一重泉相間。"(《所南文集・答吳山人問遠游觀地理書》)水土相間的地層中分布着千萬條支脈。水在支脈中"蕩化流躍"、"互爲鉗鎖"、"密相囊篰"，循環不已。

　　鄭思肖在同一篇文章中，又認爲"地之水輪之下極熱"。高熱使循環着的地下水發生"縮"即蒸發，同時又產生"消諸陰氣"的過程。結果溶化在水中的物質沉積下來形成礦床。現代科學認爲礦物形成的主要原因，是地殼中的冷却和降壓作用，而不是由液體受熱蒸發所造成的。但這并不影響鄭思肖的認識在當時是一種卓越見解。約與鄭思肖同一歷史時期而早于他的《鶴頂新書》與《造化指南》的作者，則論述地下礦物的嬗變過程。

　　《鶴頂新書》説："銅與金銀同一根源也。得紫陽之氣而生綠。綠二百年而生石，銅始生于其中。其氣稟陽，故性剛戾。"(引自《本草綱目》卷八)《造化指南》説："鐵受太陽之氣，始生之初，鹵石產焉。一百五十年而成慈石，二百年孕，而成鐵。又二百年不經采煉而成銅。銅復化爲白金，白金化爲黃金，是鐵與金銀同一根源也。今取慈石碎之，内有鐵片，可驗矣。鐵稟太陽之氣，而陰氣不交，故燥而不潔，性與錫相得。"(引自《本草綱目》卷八)兩書的具體説法有雷同，在理論上大體一致：一、均上承《淮南子・墜形訓》的五土之氣經歷一系列變化，分別形成黃金、青金、赤金、白金、玄金，即金、錫、銅、銀、鐵的學説，認爲各種金屬與非金屬都是地中之氣歷經歲月變化而成；二、金屬形成之後，儻未被開采，在地下會隨着時間流逝

越出一定界限而繼續化遷,變爲其他金屬;三、根據一金屬轉化爲
其他金屬,提出某些金屬具有同一根源;四、金屬的性質決定于它
所源氣的性質。此外《造化指南》還提出"鉛乃五金之祖"的論點,以
其他金屬礦中雜有鉛或鉛氣、鉛多變化爲證。礦物嬗變學説,是道
教學者以采礦、冶金、煉丹所取得成就的某些現象爲根據,糅合氣
爲萬物本源、金屬非金屬形成于地下等思想而杜撰的規律。雖然在
自然界并無此種規律,然而錯誤中含有合理因素,即地殼成份在緩
慢地發生化學變化。這一認識對地質學史的發展,對科學思想的進
步有所貢獻。

　　地面植物能指示地下的礦物,這一真理在先秦時已被觸及。
《荀子》卷一《勸學》説:"玉在山而草木潤。"被視爲道教經典的《文
子》也説過這話。《山海經》卷二中荒山條,似乎談到蕙棠與金之間
的關係。南北朝時出現的這方面的專著《地鏡圖》與道教有無關係,
因書遺佚無從得知,但道教學者在這方面確有成就。顏真卿曾指出
葱與銀、韭與金、姜與銅錫的對應關係。植物能夠指示礦藏,是因爲
植物同人一樣需要金屬與非金屬元素,具體需要因植物不同而變
化。植物從土壤中吸取所需元素并將其貯存起來當超過飽和點時
會發生生態變化。朱權説:"透山根似蔓菁而紫,含金氣"(《物理小
識》卷七引《庚辛玉册》),屬於後一種情況;而"石楊柳含銀氣,馬齒
莧含汞氣,艾、蒿、粟、麥含鉛、錫之氣,酸芽、三葉酸含銅氣"爲前一
種情況。道教學者所説的植物指示礦藏的具體關係不一定全都確
切,但這不足以影響他們取得的成就和作出的貢獻。

　　道教學者又認爲地層中的土、水、石與地面生物也有一定聯
繫。鄭思肖説地下各處的土、水、石,在"土性、土脈、土色、土味、土
聲,水性、水脈、水色、水味、水聲,石性、石脈、石色、石味、石聲一一
不同"。(《所南文集·答吳山人遠游觀地理書》)由此而決定"各地
所產禽獸,所生草木,以至種種方物,其狀其性不同"。地下的水土
石,確實和地面上的禽獸草木一樣,在各處有所不同,其間存在某
些關係也是必然的。但認爲各處地上之物其性狀的相異,完全爲地

下水土石的特徵所決定,是種過而不當之論。至于"地氣通,一方之水土俱甘香暖潤,人物亦正清賢慧;地氣塞,一方之水土俱苦澀枯塞,人物亦愚陋逆惡"之論,更是無稽之談。地氣無所謂通塞,也就與水土甘苦無關,更與人的政治倫理品質、智慧才能無關。

　　道教學者的上述思想,除個別問題外,在中國地學史上都有程度不等的貢獻,起過積極有益作用,應予肯定。至于道教在中國地學發展中的地位、作用和意義,有待于進一步研究。

　　賀聖迪　1940 年生。上海大學文學院中國文化研究所副教授。發表論文近二十篇,有《道教風雨術》、《秦始皇的倫理觀》等。

法國道教學研究

劉楚華

內容提要　本文報告法國道教學研究狀況,追溯本世紀初法國漢學由傳統文獻學的路向,率先引入了社會學、人類學的理論,逐漸發展爲一套成熟的道教學研究方法。經過五代的繼承,已將道教學發展爲一門獨立的學科,具有特色的研究領域,今日已爲國際學界所普遍接受。

一、前　　言

道教以道家思想爲宗教哲理基礎,吸收儒、佛的理論,是我國本土成立的唯一一種宗教。中國文化以儒爲本位,道教長期地適應儒家社會,又與佛教互相依附而并存,它對我國社會、政治、文化都有極深遠的影響,歷史上的道教輝煌時代多得帝皇的提倡,曾經流行于上下各階層社會,又幾度領導社會學術思潮。明清以後,佛道二教式微,理論思維沒有進一步發展,至清末道教可謂極度衰落,其後一百年間社會激變,再受到接二連三的現代化思想打擊,自晚清西學潮流至五四新文化運動,在提倡西方科學的前提下打擊傳統文化,大力貶斥宗教迷信,道教與儒家同遭厄運。此時有知識份子鼓吹新佛教,使現代佛教出現一點新興氣象,相比之下,道教研究在學術界就更形冷落了。

中華人民共和國成立以後,馬列爲指導的宗教政策下,以依附在民間節令爲主的道教信仰，尚可維持一定限度的活動。據朱越利的統計①，自 1949—1966 年，國內發表的道教研究論著有五十篇，其中史學家陳寅恪、陳垣的論文，及陳國符的《道教源流考》，都是 49 年以前的研究成果。60 年代初的道教研究比較活躍，湯用彤發表《讀道藏札記》；任繼愈編的中國哲學史教材中增加道教章節，又在北大古代文化講座中講道教問題，是爲在大學講授道教課題之先例。期間發表的論文，除了在自然科學方面肯定道教文化的卓越貢獻之外，其餘多以歷史研究爲主，舉凡涉及到世界觀、有神論、意識形態或歷史觀等課題時，論者多慎重地剔除道教文化中的封建性、落後性，肯定其中所反映的人民性、進步性。學術界到這個時候才逐漸承認道教研究在中國歷史及哲學史之重要性。

　　可惜緊接的文革十年，道教組織停止活動，宮觀與文物所受的破壞，遠比佛教爲嚴重。道教研究中斷，要到76年以後始恢復，由於對外開放，國內學界與海外的道教團體及外國學者有交流接觸，國外道教研究的成就，對國內學術界有一定程度的刺激和推動作用。到八十年代，陸續發表的道教學論著，不但數量上遠遠超過文革以前的成績，研究領域擴大，研究方法也有更新和突破。

　　過去國內比較知道日本的道教研究，自七十年代開始注視歐洲法國的道教研究動向。近十多年的法國道教研究，被視爲國際漢學界一支突起的異軍，新一代的研究專家關注現存的道教活動資料，近年仍積極在臺灣及大陸進行田野調查工作，特別是南方（福建、臺灣等地）的道教界亦爲之觸目。國內不少人特別感到不解的是：何以今日的法國學者會關注教團組織、繁瑣的戒律、齋醮軌儀等課題？何以今日中國道教正在努力剔除有"低級的原始宗教觀

---

　　①　朱越利《三十七年來的道教研究》，《中國文化與中國哲學》北京三聯書店，1987。

念”,要求改革意識、精化教理以適應新社會的時候①,他們仍熱衷于搜羅紀錄我們知識界所唾棄的迷信成份？

　　任何一家一學,尤其是人文科學領域,在吸收或研究外來文化之同時,自不能完全避免本國文化的觀點和思維特色。法國學派的道教研究取向,與法國的漢學淵源、與二十世紀的法國學術思潮都有一定的關係。本文試從這一角度報告一下本世紀法國道教學研究的發展和現況。希望在拓展研究視野方面,我們會找到可資借鑒的地方。

二、世紀上半葉法國道家與道教學研究

　　本世紀的法國道家與道教研究,至今已經歷四代的師承,世紀上半葉,是法國漢學的奠基期,此時漢學傾向綜合研究,道教尚未發展為獨立的專門領域,第一代漢學家沙畹,第二代是他的門生伯希和、馬伯樂與格蘭耐,他們當中馬伯樂的研究已廣泛觸及道家與道教各個領域,法國學界奉為現代道家、道教學的先鋒;在介紹馬伯樂以前,我們得先瞭解沙畹及他在方法學上對漢學後輩的影響。

　　十九世紀末年,法國漢學或中國學 Sinology 一詞在歐洲學界多少帶一點貶意,不似早期耶穌會教士的實地經歷,此時漢學家多無緣涉足中國,只能從書面文字研究,故在史學、文獻學方面的表現比較突出,以精密見稱,强于旁徵博引,對純文藝純哲理的興趣則較弱。二十世紀初年,歐洲流行唯科學主義,漢學界基本上依附歐洲上一世紀的傳統,以語言學、史學、考古學方法為重。

　　沙畹本人專攻《史記》,同時,我們不要忘記宗教學在歐洲人文科學傳統中一直受尊重,這種文化背景令他特別注重宗教,他的主要成就在佛教。1907 年曾到中國實地考察,晚年寫出《中國的社

---

① 見胡孚琛、陳靜《從宗教學看道教》,載《世界宗教研究》,1991.1 期。又李養正《道教新頁》,載《世界宗教研究》,1991.1 期。

神》,是爲第一篇涉及道教崇拜儀式的論著。由于當時道教文獻資
料相當缺乏,《道藏》未刊行,沙畹未有引用碑記文字,又忽略當時
尚流行民間宗教中的大量活資料,都可以説是這篇文章的缺失;作
爲第一位向西方介紹中國宗教社會學的學者,他的重要貢獻在爲
後來學者開了新的研究方向。1911年左右,巴黎國家圖書館購得
兩套不完整的正統大明《道藏經》的萬曆印本,沙畹與伯希和都研
閲和翻譯過一些片段,他的 Le jet du dragon 是西方第一篇引用道
藏和翻譯爲歐洲文字的資料①。

　　本世紀上半葉,歐洲興起一股新潮流,大家相信社會的基本結
構與人的意識有密切的關係,社會深層機制可以發動或左右個體
的思維。爲求較客觀的理解,非歐洲文化社會成爲新的研究對象,
社會的集體意識、行爲,具體者如人們的日常生活、風俗,抽象者如
夢想、神話傳説、宗教信仰均爲熱門的研究領域。沙畹受到他的同
輩社會學理論家杜肯②的影響率先在漢學研究中引進了社會學和
人類學方法,令漢學擺脱了十九世紀以前耶穌會式的漢學框格,尤
其在宗教上撤除基督文化本位的主觀,尊重其他民族的宗教文化,
以宗教行爲本身作觀察、研究的對象。這個重要的開端,引導了本
世紀法國漢學方向,而且在資源人力有限的形勢下,尚可形成其與
英美漢學不同的獨特性——特別是在道教研究方面獨竪一幟,使
用具有社會學、或民族學方法,走出了富有人文主義色彩的

　　① 沙畹力作《漢文大藏經五百寓言及故事選》(Cinq cents contes et
apologues extraits du Tripitaka),第一至三册,1910—1911出版。《中國的社
神》一文見其1910發表之《泰山·附錄》。
　　② 杜肯(1858—1917)在法國社會學的地位之輕重尤弗諾依德之在心
理分析學。他的理論具有自然主義色彩,特別重視社會中集體現象,認爲社會
的事象是個體的思維、感受與行爲的外在化表現。他在1895年所發表《社會
學方法的規則》(Les regles de la mé thode sociologique)、1912年《宗教生活
的基本形式》(Les formesélémentaires de la vie religieuse),決定了法國廿世
紀社會學與人類學的發展方向。

道路。

　　沙畹的弟子之中的伯希和(1878—1945)，中國人所共知。伯氏專長不在道教，他于 1904 年將大量古西域及敦煌文獻帶返巴黎，因而名震一時，旋即得法蘭西學院教席，自此終生用力于整理敦煌殘卷。他死後目錄編整的艱巨工作，由他的後輩續成，到今快近一世紀了①。爲何提及敦煌卷子？三十年代以前歐洲道經文獻缺乏，國際學界對道教認識不深，連國內知識界也很不重視；敦煌卷中的唐代道經寫卷雖非道藏全體，當中包括入藏道經及未入藏異經材料，不獨是當時難得的一手文獻，在 1926 年上海商務翻印明版《道藏》以前，敦煌卷幾是在國外唯一可用之資料。沙畹及馬伯樂、葛蘭耐等均占了先睹之利。

　　格蘭耐(1884—1940)是沙畹弟子，本身又是杜肯的學生，他的作品有深厚的傳統文獻工夫基礎，不乏文學和哲學的敏感，又比起沙畹更明顯地備有社會學家的洞察，例如他由《詩經》中的歌謠，説明古代社會的宗教祭祀、禮俗，講中國古代文化特別關注社會組織、婚姻家庭制度、民間信仰等；他的《中國的宗教》1922、《中國文化》1929，屬綜合性研究，而其中新穎的觀點一方面直接啓發後來道家研究中的社會學、民俗學的觸覺，另一方面，還反過來回饋法國人文科學界，社會學家利維斯特的理論即深受他影響。格氏雖非專攻道家學，從他的研究路向，格氏與同輩漢學家之間的共識、漢學與法國學術思潮關係之密切都可見一斑；同一年代，正當中國知識界要徹底打倒傳統、號召全盤西化的時候，法國學者繼續他們對古希臘、古埃及文化的追尋，熱衷于探究東方文化、追溯中國社會

---

　　①　伯希和藏卷國內先已有陳垣及王重民編目，五十年代法國國家科學院開始編寫《法藏敦煌漢文寫本注記目錄》Catalogue des manuscrits chinois de Touenhouang，自 50 年代展開，1970 年第一冊間世，其後成立敦煌學工作小組，陸續編整至最近(1993)目錄全五冊并索引已刊出，全部工作經歷是法國漢學界四代師徒努力的成果。

文化的最古者根源。他的《中國思想》(1934)，至今被奉爲介紹中國
文化的經典性著述，他認爲道家與儒家是中國思想中兩支同等重
要的主流，兩者的完美結合産生了中國文化的智慧。他的洞察和詮
釋方法，今日仍普遍地影響着西方對中國宗教研究的觀察
態度。

　　史學傾向爲主的馬伯樂(1883—1945)，是現代道家、道教研究
的先鋒，他的大量論文主要是道家思想史和道教發展史的研究。父
親是著名埃及學專家，他早年曾受過埃及學訓練，年輕時到中南半
島作民族學的考察，光緒年到過北京，民國初游歷浙江，曾以比較
研究的角度寫了《現代中國的神話》(1928)及《古代中國和現代安
南的社會和宗教》(1929)，已表現他對古代及民間宗教的興趣，其
後經歷兩次大戰，馬伯樂都在不十分理想的條件下進行研究。1920
年繼沙畹任法蘭西學院教授，其時開始整理道藏，一直至晚年集中
道教發展史的研究。

　　馬氏的摸索可謂是從零開始，一則中國傳統揚儒抑道，在道佛
之間又往往取佛而貶道，正統士人除了老、莊以外很少涉閱道經，
馬氏要擺脱以儒家爲古代文化唯一正統、視道教爲獨立研究課題，
建立全新的論點；二則道藏文獻浩繁，內容複雜，向來缺少工具性
的專門著述，比之佛教，它的學習條件很不完善。馬氏在法蘭西學
院先講《道教的起源》，繼講古代史，其後專攻漢六朝至唐代的道教
史發展，他的論文當中已包涵了道教組織、儀式及修養等內容，晚
年再深入到道教的神仙、養生、導引等課題，常有頗新穎的見地。例
如，關於六朝道佛的交涉，在馬氏以前學界普遍認爲早期道教模仿
佛教，或者是改頭換面的中國化佛教，馬氏提出相反看法，論證佛
教初傳時期大量借用道家概念術語。1928—1929 年訪問日本，與
日本史學、漢學界關係密切，部份論文早于三十年代已在日本發
表，方法學上對日本道教學研究有相當的影響。既有學術性而不避
通俗，他的作品擁有非專業的讀者，其中部份論文先有日譯；大部
份與宗教有關的論文，後由弟子結爲論集，題名《道教和中國宗教》

1971 年出版；同書英語翻譯在 1981 年美國密知根大學出版。此書
可算是幾十年來國際間最普及的道教學著作之一。

馬伯樂的研究中的幾個論點曾引起過爭論：

其一，對《道藏》的出版年代的誤解及道經中細節的技術錯誤，
這些問題後有卡特馬及其他學者加以補充和更正①。其二，馬氏以
爲漢代道教已有求長生不死的宗教傾向，而中國與日本學者多以
爲漢代黃老思想以政治社會爲主導，宗教發展則屬後出的現象。其
三，"道家"與"道教"概念的分野模糊引起爭論。經過五十年，馬氏
的一些論點已由門人或其他學者所發展補充。時至今日，國際間大
致肯定他的學術地位，以爲這些是小疵，不掩他作爲先鋒學者的貢
獻：

其一，歷來中國學者道教研究的態度消極，對其中宗教迷信成
份或不符儒家倫理的成份尤其輕視。此種偏見既來自傳統，也來自
現代知識份子的唯科學唯實用的觀點，所以本世紀前五十年，中國
民間宗教研究是空白的。世紀前三十年，道教在英美學界亦無人問
津，馬伯樂的確在這方面是開路者，比日本領先十多年。日本受了
馬氏的啓發，到了三十年代積極開拓道教方面的研究。儘管日本的
學術傳統與中國接近，束縛畢竟較小，加上日本藏書齊備，又有一
班學者在戰前已擁有中國本土道觀的第一手資料，所以發展較快，
到世紀中便後來居上，進展速度超過了歐洲。日人守專長在道教概
論和歷史研究，三十年代的小柳氣司太、妻木直良及佛教學者常盤
大定的著述，成爲傅勤家撰寫中國道教史的藍本。

其二，過去中國學者對《道藏》的興趣止于其中的儒家書目或
者是歷史考證，世紀初劉師培只是少數留意《道藏》的學者②，羅振
玉、王國維等考證敦煌《老子化胡經》，都非對《道藏》或道經文獻本

---

① 見卡特馬 1971 年法語版《道教與中國宗教》序言及同書英語版 T.
H. Barrett 的導言。
② 見《國粹學報》1911 年 75—77.

身的關注。同年代的法國教士韋格正在以法文撰寫一份極爲粗糙的《道藏》總目,沙畹與伯希和的論著中已運用敦煌道經的材料,所以馬氏也順理成章地開始整理《道藏》,他的道教史已率先引用《道藏》材料。三十年代中國學者稍爲注意《道藏》研究,其中最出色的要算陳國符的《道藏源流考》(1948),可是戰時的中國不遑道術,而日本的《道藏》目錄和道教史的編寫已蔚然成風了,大抵他們在推證年代及排比文獻的方法上,也一定程度地吸收了伯氏的技術,四十年代進行的道經目錄整理工作,陸續在五十年代推出面世。

三、成熟的第二代

格蘭耐和馬伯樂造就的弟子是本世紀法國漢學最成熟、成就最卓著的一代漢學家,他們在兩次大戰之間成長,五、六十年代正方盛年,一方面維持穩固的文獻學基礎及深廣的文化涵養,另一方面教學研究趨向系統化和精密化,大體已從綜合性、概論性的文化介紹,走向道家學內的專門研究。

他們之中不免要提戴密微(1894—1979)。戴氏本身專長佛教,但在長期的中國文學和哲學講課中,精要的介紹中國哲學術語,曾講授莊子,深入介紹魏晉郭象王弼等玄學思想,爲新一代道教學者打下理論基礎[①]。又在 1945—1950 年整理發表他老師馬氏生平遺作。

格氏另一弟子斯丹,西藏學專家不忘中國宗教的研究,六十至七十年代發表多篇道教與民間宗教關係的論文。1951 開始講學,1966 年,他與著名社會人類學家利維斯特在法國高等研究實驗學

---

① 見戴密微《漢學選集》Choix d'études sinologiques, p. 44—99. Leiden: Brill,1973. 又戴氏《馬伯樂傳略》,見《亞細亞學報》(Journal Asiatiques) 234 期,1943—1945。

院創立"中國宗教史資料中心"①。這裏得説明一下，五十年代以前，道家學主要是個人研究，他們一般是隸屬學校機構，如沙畹、馬伯樂爲法蘭西學院漢學教授，格氏爲高等研究實驗學院第五科"宗教學部"教授，戴氏曾任教第四分部"史學及文獻學部"。此皆爲教學部門，在學院附設中國研究組織則屬首次，該中心其後再分爲多個部分，其中之一爲"藏學研究中心"，另一爲"道教研究及資料中心"。二十年間，高等學院的宗教部壯大爲西方最重要的道教研究機構。

　　第二代道教學專家卡特馬，繼格蘭耐的導向，以批評研究方法深挖《道藏》原典。五十年代譯注《列仙傳》，六十年代發表《神秘的道教》、《老子與道教》，七十年代發表有關《靈寶經》及《太平經》的論文多篇。卡氏在高等研究實驗學院講學，是第一位講解古代道經原著的學者，他的道教學講座吸引了一班來自歐洲不同地區的年輕學者，其後還陸續有美洲的學生加入行列。他教學的幾十年可謂是當代國際漢學發展的關鍵性階段，栽培了七、八十年代的歐洲道教學的專業精英，令法國道教學的影響進一步國際化。

　　五十年代以後歐洲道教學，大概有以下幾個特性：

　　其一，重視培育工作，教學方法更爲系統化和集中化，其中卡氏的工作固然重要，其他漢學界的同輩如戴氏、利維氏、斯氏等，亦各自從個人的專業與志趣，以不同角度對道教學研究有所貢獻。他

---

　　① Lévi—Strauss（1908— ）是 60—80 年代法國學術潮流中舉足輕重的人物，1988 年發表《憂鬱的熱帶區》，令知識界注目，始創"結構的人類學"觀念，他第一個走出書齋式的學理思維，不再從"存在"或"虛無"去思索人類處境問題，而敢于深入巴西印第安人區，以原始社會的飲食、宗教或性別等"行爲"作爲研究對象。重新考慮婚姻、家庭等觀念。利維氏不但在社會學、民族學有重要地位，他的理論亦引起哲學、文學及藝術界對"人"的問題的一些反思，對道教研究領域的影響深刻。要認識中國文化，當從中國人最基本的生活習俗理解開始，不能忽略他們的宗教精神生活，這可説是本世紀法國人文科學、尤其是近三十年來漢學界的共識。

們既是五十至六十年代的道教研究的主力，又爲新一代道教學生
提供全面教學訓練——包括漢語、思想文化、宗教學、社會學，他們
這一代多兼通佛、道，所以教學上除了道教當行知識以外，尤其是
強調佛學訓練。

其二，整體來説，五、六十年代，道教的研究工具都比過去充
備，上文所説"道教研究及資料中心"的成立，促使研究活動組織
化、制度化，爲以後大規模的集體研究計劃創造新的條件。

其三，五十年代以後，中國社會急變，道教在中國本土，不論是
宗教生活或教學研究的發展條件都甚爲不利，加上政治的關係，中
國與西方隔閡，一則令中法學術交流中斷絶，道教研究缺乏實例研
究的對象。二則促使法、日道教學加緊了合作和聯繫；法國學者比
以往更大量借重日本宗教學、佛學、道教學的研究成果，研究機構
交流也更密切。

四、第三、四代

卡特馬在高等研究實驗學院訓練出的第三代學生，六十年代
中期開始活躍，七十年代組合爲一支國際化的隊伍，令人括目相
看。他們當中計有德籍的斯德兼通佛學道教，荷籍的施舟人從事
《道藏》索引工作、研究道教傳統禮儀，羅賓妮專研《上清經》及《道
教史》，此外有博克研究中國藥物學史。總體成績可觀。

1979 年"道教研究及資料中心"與"歐洲漢學協會"合作，成功
地取得歐洲科學基金的經費資源，以施舟人爲主，組合散布在歐洲
各地的人材，發揮集體力量進行大規模的"道藏研究計劃"，主要工
作是電腦輸入《道藏》全部資料，進行標目、內容、年代的分類。1981
年先編出《雲笈七籤索引》，而《道藏索引》則全部于 1988 年編成。
與此計劃相關的一系列論文多篇，分別由德、法、意、英文寫成，現
正進行英譯，將由密知根大學出版。

七十年代以後，法國道教學的人材增多，他們分屬不同機構，

研究活動除了上述機構以外，尚有一些的關係組織，它們在工作上密切交流，資源上也是相互支援的，機動靈活的關係令他們更有效利用道教學的人材與資源：

一、高等研究實驗學院第四科（史學及文獻學）屬下的"敦煌研究小組"，1973年成立，該組主要工作是編纂敦煌寫本目錄及敦煌學叢書，近年編出了敦煌法藏目錄，其中包括了道經部份。

二、歷史悠久的法國遠東學院1898年成立，近年成爲第四代道教學的集中地，該院屬下在京都的"法寶義林研究所"，主要任務爲編纂《法寶義林》佛學辭典，該所的雙語刊物"遠東學院亞細亞紀要"，近年成爲發表道教研究論著的重要園地。

三、法國國家科學院與巴黎第十大學合辦的"民族學及比較社會學研究所"屬下成員從事中國民間宗教、民族神話及宗教儀式比較之研究。

四、利氏學社1966年成立，是爲繼承耶穌會的漢學傳統而設的國際性機構，其屬下研究員除了漢語，并從事道、佛、民間宗教、醫學等的研究。

五、道教材料中蘊存大量的古代科學史料，自五十年代李約瑟的《中國的科學與文明》面世以來，各國開始注重有關方面的研究。1984年法國漢學家謝和耐教授提出集合不同學術領域專家的合作計劃，于是"中、日、韓科技史研究組"成立，靈活地動員語言學、思想史、數學、植物、化學、藥物等超過二十名學者參與。與一般從西方現代科學觀點來衡量中國古代科學成就的態度不同，他們主張以文獻爲依據，將中國的科學活動放回到在中國歷史文化的環境中去觀察，這可以說是具有法國漢學傳統特色的方向。在法國學界，科技史與道教的研究，仍然是一個等待進一步開發的研究領域。

自七十年代開始，受了國際學界跨學科教育的潮流的影響，法國道教學的跨領域合作趨向日漸明顯。八十年代道教學者在教學上脫離了過去純漢學——文獻學爲主的訓練方法，一再強調學者

要具備多項知識工具——除了足夠的中、日語文基礎、能閱讀古代
文獻,講究佛學的訓練,此外要漢學以外多一種專門的知識裝備,
例如藝術史、社會學、化學、數學等。新一代學者由于有較廣闊的知
識視野,爲道教學開拓出更大的研究領域。例如施舟人在七十年
代,實地考察臺灣道教,親身體驗道士生活,因而恢復了現代道教
學的田野工作的方向。他的學生一輩勞格文、貝桂菊等正積極在臺
灣、香港、福建、四川等地搜羅資料。又例如近年在西方學界,女性
問題最爲熱門,所以法國道教學亦出現道教文化中女性形象與地
位的探討,這個課題在西方正快速開拓之中,在國內則似乎尚未觸
及。

　　由于篇幅所限,不能逐一介紹學者。最近謝世的斯德女士,發
表過一篇現代道教研究發展的報告——《西方道教研究紀實》
(1950—1990),詳盡地報告了近四十年國際道教研究的發展,幾乎
沒有遺漏地敘述了所有直接與間接涉及道教問題的論著及有關的
學者。由這篇文章可見法國學派一直在西方領先,至八十年代道教
學進一步國際化,它的傳統和方法仍保持重要的影響。文末附三十
多頁的書目表,錄了近四十年在西方及日本出版的重要道教學著
作。該文分類地將西方道教研究全幅展示了,現抄錄它的綱目以見
其中梗概。

1) 導論

2) 《道藏》中的老莊

3) 資料研究

　1. 《道藏》史

　2. 《道藏》以外的材料

4) 道教史

　1. 道教史概論

　2. 早期道教史

　3. 唐以後道教史

5) 道教的世界

1. 神仙及有關之神話
2. 宗教地理
3. 經典——經典的傳授與符籙的書寫
4. 神靈的職位——社會性與道德性
5. 長生的修煉
6. 外丹
7. 禮儀
8. 圖像

6）道教與中國文化

1. 皇朝的崇道
2. 儒家與仕宦的崇道
3. 藝術：詩、書、畫
4. 民間宗教
5. 醫藥

7）道教與佛教

1. 原始的漢文佛經
2. 道經中的佛教
3. 佛道的論爭
4. 發展的共同點

8）漢域以外的道教

1. 高麗
2. 日本

9）展望

10）書目

斯德女士在文末展望道教研究的前景，提出國內學者比較少談到的看法，有好幾點是值得注意的，其間或多或少地反映着中外研究之間的基本分野。她的意思大致如此：

1）由于過去中國對道教及民間宗教存有成見，西方學者應該全盤審視過去四十年發表的考古報告，發掘更多非道教文獻中的道教資料。

2）由于社會轉變、文革的打擊及中國進一步的經濟改革等因素,搶救紀錄已瀕于消亡之道教及傳統民間文化的實例資料的工作急在眉睫。道教研究必須配合田野工作。

3）道教研究要進一步的跨領域化,與文學、考古學、藝術史、社會史及人類學專家合作。

4）西方的心理學、環境學已逐漸注意道教文化,學者正需要有系統的回應和有條理的討論,以傳統的東方心靈回饋現代世界中的個人、社會道德,這課題尚待開發,而且將會是具挑戰性的路向。

5）中國的道教學者長期與外界隔絕、先入爲主的貶抑道教觀點、連接的反封建迷信運動、政治上的限制、資源條件缺乏等等,造成中國學者在宗教研究上的保守和局限,西方學者有責任在宗教研究保持客觀獨立的態度。

廿世紀的資信發達,學術交流頻密,過去道教學研究的地域特色已日漸淡化。本來比較傾向實用主義傳統的英美學界,五十年前除了老莊的翻譯和注釋,對道教不感興趣,到四、五十年代也開始加入研究行列,使這個領域更加國際化。相對而説,中國道教學的發展就顯得特殊和孤立了;這種現象自八十年代開放以來始有轉變,隨着中、西道教學的交流,大家學術方向的距離已較前接近,西方的影響的確在國內起了一定的促進作用,方法學上也有積極的刺激。舉一個例,《道家文化研究》第一輯,陳耀庭的《論道教儀式的結構》一文,以道教儀式行爲本源社會行爲的角度立論,又以結構方法分析,此種新嘗試明顯是受了法國學派的影響。

學術無分國域,相信日後中外道教學的進一步交流合作,是國內國外學者的共同願望。

作者簡介　劉楚華,香港浸會學院中文系講師,講授莊子、佛教與中國文學。

【漢譯人名對照表】

沙畹　Edouard Chavannes (1865—1918)

杜肯　Emile Durkheim (1858—1917)

格蘭耐　Marcel Granet (1884—1940)

馬伯樂　Henri Maspero (1883—1945)

伯希和　Paul Pelliot (1878—1945)

韋格　Weiger

戴密微　Paul Demiéville (1894—1945)

卡特馬　Max Kaltenmark

斯丹　Rolf Stein

利維斯特　Levi—Strauss

博克　Manfred Porkert

施舟人　Kristofer Schipper

斯德　Anna Seidel

羅賓妮　Isabelle Robiner

勞格文　John Largaway

貝桂菊　Brigitte Berthier

【參考資料】

Marcel Granet, La pensée chinoise. Paris: 1988, éditions Albin Michel.

Henri Maspero, Le Taoisme et les religions chinoises. Paris: Gallimard, 1971.

T. H. Barrett, Introduction. Taoism and Chinese Religion, Henri Maspero, translated by Frank A. Kierman. University of Massachusetts Press. 1981.

Paul Demiéville, Choix d'études sinologiques, p. 44—99.
　　Leiden: Brill, 1973.
　　"Nécrologie Henri Maspero", Journal Asiatiques 234 (1943—1945).

Kristofer Schipper, L'études des religions —Bref état de la sinologie francaise, Actes d'études, Association Francaise d'études Chinoises. Paris: novembre 1992.

Anna Seidel, "Chronicle of Taoist Studies in West, 1950—1990", Cahiers d'Extrême－Asie，no. 5，1989－1990. Tokyo：1990.

朱越利，《三十七年來的道教研究》，見《中國文化與中國哲學》，北京三聯書店，1987。

任繼愈主編，《中國道教史》，上海人民出版社，1990。

《太平經注》序

龍　晦

内容提要　《太平經》向來無注，讀者每苦其艱澀難懂，王明先生根據敦煌石室遺書及各種傳本加以校勘，成《太平經合校》，至是《太平經》總算有了一個比較可以通讀的本子，但《合校》爲注甚少，且校文亦間有疏失，因此我們集合了三、四位有志于作此項研究工作的同志，在《合校》的基礎上進行了再校和注釋，此序便是爲了對《太平經校注》一書的介紹而作。

　　本文對《太平經》裏所涉及的陰陽五行，以及它所提到儒家、佛教的問題，均作了一些探討，對它所提到的"多人則國富"的人口學説進行了介紹和批判。并對"天地君親師"這一涉及到舊社會裏千家萬户的崇拜與道教的關係試作了一些探索，從而證明道教對中國古代文化與民間信仰的影響。除此之外，還介紹一些頗有特色的注文。

　　《太平經》各家著錄均稱它有一百七十卷，與《後漢書·襄楷傳》説"初，順帝時，琅玡宫崇詣闕，上其師于吉于曲陽泉水上所得神書百七十卷，皆縹白素朱介青首朱目，號《太平清領書》"的卷數相合。如果它真是這樣，那它就應在道家典籍中，算部頭較大的了①。古代部

---

① 在《漢書·藝文志》中，道家以《太公》卷數最大，爲二百三十七篇，班固自注云："或有近世又以爲太公術者所增加也"，便是一個例證。《後漢書》無《藝文志》，故僅舉《漢書·藝文志》與《太平經》同屬道家的《太公》作比較。

頭大的書，多爲弟子所增益，很少是一人自著，故《仙苑編珠》云：
"帛和授以素書二卷，于吉（即前引之千吉）受之，乃《太平經》也。後
演成一百七十卷。"因此王明先生相信《太平經》先有"本文"若干
卷，後來崇道的人連續擴增，逐漸成爲一百七十卷①，這個論斷是
非常有道理的。

　　《太平經》内容龐雜，語言樸質，很多章的末尾，總有一些口語，
表示小結。如《某訣第一百九十二》云："書辭小息，且念其後，得善
復出，不令遺脱。"《病歸天有費訣第二百一》云："書復小止，止後念
之，當所道説者復道之。"《不承天書言當解謫誡第二百二》云："文
複重，故小息爾，息後有言，復陳説之。"……這都透露出這些部分
是宣揚教義的人的講稿，它是後人整理《太平經》時擴充進去的，而
且這部分語言特別拙澀，造詞比較生硬，重複歧沓，反覆叮嚀，正是
宣道的人，對知識程度不高的人講道的口吻，而不是經文的原本。

　　《太平經》有許多段落有韻，而且有些叶韻所反映的情況，還是
較古的。如《知盛衰還年壽法第八十三》："言種不良，内不得其處，
安能久長，六極八方，各有所宜，其物皆見，事事不同，若金行在西，
木行在東，各得其處則昌，失其處則消亡。……夫道如此矣，故有其
人星在天，時有明，墮地反無光，故亂常道，有可爲出不妄行（陳第
《毛詩古音考》音杭），是其人則明（《毛詩古音考》音萌），非其人則
不可行。"前一段是陽東通韻，在《老子》、《淮南子》裏出現特別
多②；後一段以明、光、行、明、行爲韻，可見"明"是入陽部讀的，這
是秦漢古音的表現，據羅常培、周祖謨兩先生合著《漢魏晉南北朝
韻部演變研究》。明字在前漢仍入陽部，後漢才轉入耕部。

　　又卷三十八《師策文》："師曰：吾字十一明爲止，丙午丁巳爲祖
始，四口治事萬物理，子巾用角治其右，潛龍勿用坎爲紀，人得見之

_____

①　《太平經合校·前言》頁2。
②　我曾在拙文《馬王堆出土〈老子〉乙本卷前古佚書探原》曾作過統計，
見《考古學報》1975年2期。

壽長久。"其中的右字是讀"以"的（見陳第《屈宋古音義》），久字是
音几的（見《毛詩古音考》）。這種叶韵也是較古的。其中"子巾用角
治其右"，據緊接《師策文》之後的《師策解書訣第五十》"子巾用角
治其右者，誦字也"，這係用的拆字影射法。可見《師策書訣第五十》
是專用來釋《師策文》的。把它放在《師策文》的緊後面，是便于學
習的道眾，既省翻檢之勞，又便于復習，很像後世的教科書在每章
後附的解答。它當然是作道教宣講人自己的編造，與用韵較古的
《師策文》比較起來，《解師策書訣第五十》顯然要晚得多。這正和
《韓非子·解老》、《喻老》與《老子》的時代不同一樣。

　　因此，我們認爲《太平經》的原狀如果是《太平本文》，那《太平
本文》一定像《師策文》那樣簡短，和《老子》類似，部分甚至大部分
用上了韵，經過道教徒的宣講，各有各的講本，弟子各有各的筆記，
然後將《太平本文》和宣講時所用的講稿，筆記加以總纂，爲了適應
當時建教、宣教的需要，把漢代盛行的陰陽五行、讖緯、建除，和儒
家一些東西一併包括了進去，因此形成一個内容十分龐雜，卷帙巨
大的《太平經》。

　　《太平經》由于在民間進行宣講，它不可能像《老子》那樣十分
富于哲理，也不可能像《莊子》那樣"汪洋恣肆"，富于文學魅力與想
象力，説教特別多。宣傳那種到處有神，你得小心一點的恫嚇語言，
幾乎觸目皆是，因此它一直没有被追求意識形態的文人學士所重
視，歷來無注。從現在研究，它還用了當時的一些口語，這些口語正
如元曲中的口語一樣，專家學者也難以解答，加上行文冗複，不易
被人看下去，這就造成了近兩千年而没有人爲之整理和作注的原
因。

　　到了解放後，王明先生才利用敦煌卷子與《道藏》的傳本加以
輯校，于五十年代末完成了《太平經合校》。王先生的艱辛勞動，篳
路籃縷，開創了一條路子。我們終于有了一個可以粗讀的《太平經》
了。我們現在的注釋就是根據王先生的《合校》，在他的成果基礎之
上，集合了幾個同志，群策群力，分工合作把它加以注釋的。

　　王先生的《合校》也存在了一些問題,一部分是斷句問題,一部分是錯訛字的校正問題。有小部分還存在得比較嚴重,比如《太平經鈔壬部》問:"《太平經》何以百七十卷爲意"段云:"天下施于地,懷姙于玄冥,字爲甲子;布根東北,丑爲寅始;見于東,日出卯;畢生東南,辰以巳垂枝于南,養于午;向老西南,未以申也,成于西方,日入西;畢藏于西北,辰與亥也。"(斷句暫悉依《合校》,但斷句有誤,詳後)其中"辰以巳垂枝于南","向老西南,未以申也"兩句中的"以"字,都當據羅常培先生的《唐五代西北方音·i 攝第四》校爲"與",因爲表中《金剛經》、《大乘中宗見解》的漢藏對音,"與"均注爲 yi,與"以"同音,可以互代。如果王先生没有注意到西北方音這個問題,那麼至少也應該根據《太平經·經文部數所應訣第一百六十七》裏相關的話去比較,那段正是作"畢生東南,辰與巳;垂枝于南,養于午;向老西南,未與申"。不但字没有錯,而且斷句也没有錯。又如同書《不用書言命不全訣第一百九十九》:"諸所案行,當所稟食,勿過文書,隨其多少。"這裏正應在"勿過"下斷句,言天神視查各部,應在供給膳食上,不要超過標準,而天神則應把文書閲完。這是嚴格對待天神的要求,"勿過文書,隨其多少"很不好講。

　　《太平經》出現于東漢,漢代五行陰陽學説盛行,因此它用了很大一部分記録了一些陰陽五行與迷信,有時甚至以陰陽五行作爲它的理論依據,在今天看來是没有什麼研究價值的。但注釋它,就得負責弄懂,使讀者清楚,特別是建除學説在全書中幾乎貫穿。爲了它,我們經常翻檢《淮南子》、《協紀辨方書》、《六壬大全》、《奇門遁甲》。但應該承認,我們迄今爲止,仍有許多未能了了。比如《三者爲一家,陽火數五訣第二百一十二》有"金火最爲伍,赤帝之長",我們到現在仍不夠明白。按五行生剋説,火剋金,怎麼能"金火最爲伍"?後來看到《漢書·翼奉傳》:"下方之情,哀也,哀行公正,戌丑主之。"孟康注云:"下方謂南與西也,陰氣所萌生,故爲下。戌,窮火也;丑,窮金也。翼氏《風角》曰:金剛火强,各歸其鄉,故火刑于午,金刑于酉，酉午，金火之盛也，盛時而受刑，至窮無所歸，故曰哀也。火性無所私，金性方剛，故曰公正"。恍惚才找到"金火最爲伍"的根源，原來《太平經》是采取了翼奉學說。而與翼奉同卷的《李尋傳》裏又記載了："初，成帝時，齊人甘忠可詐造《天宮曆》、《包玄太平經》十二卷。"①看來《太平經》裏還有許多與翼奉及甘忠可、李尋等學說有關的東西，而《太平經》與《包元太平經》名學又那樣巧合，恐亦非偶然，惜翼奉的《風角》及其他諸人學說，因書缺有間，尚無從進行比較研究。因此他們的關係以及與《太平經》所涉及的五行學說，也無法全部探明。

《太平經》產生于重儒重孝的漢代，漢代各帝（除高祖外）均在其廟號上加一"孝"字，從漢惠帝起到漢獻帝止，他們都分別可以稱爲"孝惠帝"、"孝文帝"……"孝獻帝"，顏師古于釋"孝惠皇帝"四字時說："孝子善述父之志，故漢家之道，自惠帝已下，皆稱孝也"。因此《太平經》除了講五行陰陽之外，篇幅占得最多的就要算講孝了。在《太平經·六極六竟孝順忠訣第一百五十一》便要求上善孝子"要常守道，不敢爲父母致憂，居常善養，旦夕存其親"，這與儒家要求的"晨昏定省"②就沒有什麼差別。在《卷一百一十五至一十六》裏提出"樂爲王之經，孝爲地之經"，在《爲父母不易訣第二百三》更提出"子亦當，承父母之教，乃善人骨肉肢節，各保令安全，父母所生，當令完，勿有刑傷"，這就和《孝經·開宗明義第一章》所說"身體髮膚，受之父母，不敢毀傷"完全一致。《太平經》如是地重視孝道，因此道教徒把《孝經》提高到與符咒、法寶可以禳病祛災的程度。《後漢書·向栩傳》："（栩）少爲書生，性卓詭不倫，恒讀《老子》，狀

① 據《李尋傳》，哀帝受了忠可弟子賀良的建議，認爲漢德告終，只宜改號，才能禳除災害，故以建平二年爲太初元年，號曰"陳聖劉太平皇帝"，這個稱號顯然是受《包元太平經》的影響，可見甘忠可著書是企圖參與政治活動的，與黃老主張清靜有所不同。

② 《禮記·曲禮上》："凡爲人子之禮，冬溫而夏清，昏定而晨省。"

如學道，又似狂生，好被髮著絳綃頭，常于竈北坐板床上，如是積久，板乃有膝踝足趾之處，……徵拜侍中，……會張角作亂，栩上便宜，頗讒刺左右，不欲國家興兵，但遣將于河上，北向讀《孝經》，賊自當滅，中常侍張讓讒栩，不欲令國家命將出師，疑與角同心，欲爲內應，收送黃門北寺獄，殺之。"絳綃頭即"絳帕頭"，《三國志·孫策傳》引《江表傳》曾說到"張津爲交州刺史，舍前聖訓典，廢漢家法律，嘗着絳帕頭，鼓琴焚香，讀邪俗道書，云以助化"。可見道教徒在上層階級內是以著絳綃頭讀道書爲風尚的①，從而可知向栩是位道教徒。這種崇尚《孝經》的方式還影響到王允。袁宏《後漢紀》曰："尚書令王允奏曰：'太史令王立說《孝經》六隱事，令朝廷行之，消卻災邪，有益聖躬。'詔曰：'聞王者當修德爾，不聞孔子製《孝經》有此而卻邪者也。'允固奏請曰：'立學深厚，此聖人奧秘，行之無損。'帝乃從之，常以良日，王立與王允入爲帝誦《孝經》一章，以丈二竹簟畫九宮其上，隨日時而出入焉。"這可見到漢末道教重視《孝經》風氣的影響，也可以看到道教與儒家思想的融合，他們在《孝經》上共同攜起手來，無怪劉宋時的著名道士顧歡要以《孝經》去禳病了②。

　　道教徒與儒家在《孝經》上的融合，也還有另一個重大原因，即聯合起來對付佛教。在晉代興起了"沙門應致敬君親"與"沙門不應致敬君親"的論戰，佛教徒對不敬王者堅持立場，但對致敬雙親，情況有所變化。如淨土宗的慧遠在《答桓太尉書》裏，以爲沙門若致敬王者"一旦行此，佛教長淪"③，而于孝道，則作了修正。因爲自孟子斥楊墨爲"無父無君"以來，無父無君就成爲中國封建王朝的大叛逆，誰也當不起這雙重罪行。慧遠不但身體力行孝道，他還親自爲在家弟子講《喪服》，雷次宗、宗昞，周續之等人傳其學，雷次宗禮服

---

① 直到宋代蘇軾還有"從今免被孫郎笑，絳帕蒙頭讀道書"的詩句。
② 《南史》卷七十五《顧歡傳》。
③ 《弘明集》卷5與卷2。

之學且與康成并稱①。《隋書·經籍志》有雷次宗《略注喪服經傳》一卷，還有僧人慧琳注《孝經》一卷。至于在家居士更崇奉《孝經》，北魏馮亮在臨終時"遺誡子孫，斂以衣帢，左手持板，右手執《孝經》一卷，置尸盤石上，去人數里外，積十餘日，乃焚于山，以灰燼處，起佛塔經藏"②。綜上所述，似乎三教在以《孝經》爲中心，逐步進行融合。而推動這個融合的主動力是《太平經》，是道教。是他們把《孝經》加以神聖化，而使佛教逐漸接受的。

　　此外還有一個在民間流行最廣的"神龕"（或神香），值得一提。解放前幾乎家家都有一個神龕，書寫方式有兩種，一種是"×氏高曾祖香位"（或"×氏歷代昭穆香位"），一種是"天地君親師香位"。前者是典型的儒家崇奉，敬祀自己的祖宗；後者極可能與《太平經》有關。俞正燮《癸巳類稿》四《尊師正義》雖然對"天地君親師"作了一些詳細的考證，但他獨獨把《太平經》遺漏掉，好像是他沒見過《太平經》，或瞧不起《太平經》，覺得不值一提。他引的《禮記·檀弓》及《國語》，《文子·符言》均只提到君、父、師，而并未提到天地；五者同時提到的只有《白虎通·封公侯》、《禮記·禮運》、《大戴禮·三本》及《荀子·禮論》。《禮論》云："天地者，生之本；先祖者，類之本；君師者，治之本，是五者相并也。"荀子提的"先祖"，還沒有提到父，可見他與後世的"天地君親師"還相隔有間（《大戴禮·三本》與此同，不另引），而且君師的位置是放在最後的，顯然意向有所不同；《禮記·禮運》云："故天生時而地生財，人其父生而師教之，四者君以正用之，故君者立于無過之地。"五者全了，但把君放在最後，次序仍然沒有密合；《白虎通·封公侯》云："天有三光，日月星；地有三形，高下平；人有三尊，君父師，是三者相并。"它似乎更與"天地君親師"十分接近，但仍然沒有把五者緊密地合在一起。《太平經·上善臣子弟子爲君父師得仙方訣第六十三》云："太上中古以來，人益愚，日

---

　　①　錢福林：《六朝經術源流論》，見《皇清經解》卷1385。
　　②　《魏書·馮亮傳》。

多財,爲其邪行,反自言有功于天地君父師,此即大逆 不達理之人也。"因此我于拙文《全真教三論》①引用它,認爲解放前每家的神龕所供的"天地君親師",有可能是從道教這裏來的,因爲只有《太平經》把"天地君父師"緊緊湊在一起。

按儒家祭祀是有嚴格等級的,《禮記·曲禮下》:"天子祭天地,祭四方,祭山川,祭五祀,歲徧;諸侯方祀,祭山川,祭五祀,歲徧;大夫祭五祀,歲徧;士祭其先。"因此士庶之家没有資格祭天地,他只能祭祀祖先,這就是神龕上的"×氏歷代高曾祖香位"或"×氏歷代昭穆香位"的來源②。《春秋繁露·王道第六》曰:"春秋立義,天子祭天地,諸侯祭社稷,諸山川不在封内不祭。"可見就是諸侯祭山川,也只能祭他的轄區内的名山大川。各種祭祀隨其身份地位而定,不能躐等。道教徒爲了標明他們的信仰,在家中私設小小的神龕,書寫"天地君親師"有可能在宋末已流行,最初是道教徒,以後影響了信衆或非信仰的群衆。《馬可波羅行記》百〇三章叙述他在當時看到的民間信仰云:"其人是偶像教徒,前已言之,各人置牌位一方于屋壁高處,牌上寫一名代表最高天帝,每日焚香禮拜,合手向天,扣齒三次,求天保佑安寧,所禱之事只此;地上供一偶像,名稱納的蓋Natigai,奉之如同地上一切財産及一切收獲之神,配以妻子,亦焚香祀奉,舉手扣齒禱之,凡時和年豐,家人繁庶等事,皆向此神求之。"扣齒是道教徒祭祀神祇時,存思念道,致真召靈的重要方法。馬可波羅由于對中國精神文化了解太少,他分不清中國古代諸多信仰,他以基督教眼光看待家庭祭祀,認爲是在禱告天帝。他可能識不了幾個中國大字,對下面的君親師就没有記下來,但從每日一祭,牌位一方置于屋壁高處,祭祀要進行扣齒,仍給我們描述了神龕的來源。從這裏我們不難看出《太平經》對中國文化影響的重大,它幾乎影響到家家户户。

① 見《世界宗教研究》82年1期。
② 直到《三才圖會》裏的《古禮家衆叙立之圖》仍是以高、曾、祖考并列。

　　《太平經》成書時，佛教已傳入中國，在《太平經‧天咎四人辱道誡第二百八》有非常强烈的反映。它批評說：“今學爲道者，皆爲四毀之行，共汙辱天之神道，并亂地之紀，訖不可以爲化首。”然後分叙了四毀之行：“其第一曰不孝，第二曰不而（能）性真，生無後世類，第三曰食糞飲其小便，第四曰行爲乞者，故此四者皆共汙辱天正道，甚非所以興化。”我們注釋這章時，參考了《論衡》以及一些佛經，特別是《論衡》裏叙述楚王英的故事，加以比較，然後對《太平經》罵的食糞飲小便，才比較清楚。按《論衡‧雷虚篇》云：“道士劉春，熒惑楚王英，使食不清，死未必遇雷也”，這大概是小乘或西域某些外道使用的方術，後世中醫的“黃龍湯”、“還元湯”①也許與此不無關係。又《太平經鈔壬部》云：“今學度世者，象古而來内視，此之謂也。”此一“而”字，我們根據《唐五代西北方音‧i 攝第四》當校爲“如”，“如”在《阿彌陀經》的藏文注音既有時注 zi，也有時注 zu，“而”在《阿彌陀經》的藏文注音則爲 zi，在《阿彌陀經》的注音裏至少而、如是有同音互代可能的，在《金剛經》裏，“而”、“如”二字均同注音爲 ze，完全是同音的，故“而來”當校爲“如來”。同時在《太平經》裏我還有幾個强有力的内證。如《大壽誡第二百》“淚下如行”當校爲“淚下而行”；《天咎四人辱道誡第二百八》“合如爲形”，當校爲“合而爲形”，同卷另一處有“天上受如問之”，當校爲“天上受而問之”。因此“象古而來内視”，當校爲“象古如來内視”，如這一校文成立，那就是道教對于禪觀的理解，把禪觀視爲與道教“内視”是同一東西，這恐怕是道佛最早的一種融合嘗試。如前揭述，《太平經‧天咎四人辱道誡第二百八》對佛教抨擊不遺餘力，甚至謾罵粗俗，把食糞飲小便罵爲“犬豬之精所下”，然而這裏對于如來的禪觀，卻心平氣和，足見《太平經》對佛教并不一味排斥，而是吸收了其中認爲有益的東西。

　　道教反對佛教四大理由中最大的是前兩項，第一曰不孝，這我

---

　　①　《本草綱目》卷五十二《人部》人屎、人尿條下。

們在論道教與儒家關係時已談過了，第二個理由是佛教徒不婚不娶，沒有子孫，不能傳宗接代，它顯然是接受儒家的"不孝有三，無後爲大"的思想。但《太平經》也還有自己的主張，在《太平經佚文》裏，主張"理國之道，多人則國富，少人則國貧"，這與老子主張"小國寡民"對比，是一個進步。但爲了生育，《太平經》還提出了"一男二女"的主張，因此它對于男女交接的問題在很多章節裏都提到，北周道士衛元嵩勸人和合，勸恩愛會①，便是這種表現。這種思想對中國人口的膨漲，必然也起了不少的作用，過去研究道教養生法的同志，只强調房中術養生的一面，而對《太平經》的經濟與人口思想，則很少提，這個缺點，希望在研究中補起來。

《太平經》由于内容龐雜，卷帙大，過去研究的人特別少，成果不多，即使有點也比較枝枝節節，因此對《太平經》的研究似乎可以說，剛剛開始，它對我國社會文化各項的巨大影響，遠遠還沒有觸及，我們注釋它，不僅是爲了道教的研究，，還要兼及秦漢的眾多學術領域。我們學識譾陋，僅僅是只做了一點小小的工作，發掘還要等待更多的學者，錯誤的地方，敬請海内方家，不吝指正。

作者簡介　龍晦，1924 年生，四川教育學院中文系教授。著有《馬王堆出土〈老子〉乙本前古佚書四種探原》、《讀〈中國科學技術史〉第 5 卷第 2、3 分册，兼評其有關煉金術和道家部分》、《全真教三論》等論文。

---

① 《余嘉錫論學雜著·衛元嵩事迹考》。

成玄英"道"概念分析

[韓國] 崔珍晳

内容提要 本文以成玄英的《莊子疏》、《老子成玄英疏》爲基礎,對成玄英思想體系中的核心概念"道"做一系統剖析,認爲成玄英對道概念的理解與其它思想家比較,有其特色,并對道與重玄的滲透做了疏理。

1. 序

我們看一個哲學家或者哲學學派,不難找出其所使用的一貫的有機的範疇體系,而那個範疇體系的嚴密性程度則決定了一個哲學家或者哲學學派的嚴密性乃至水平,因此在理解一種哲學思想的時候,我們便不能不從分析那個範疇體系乃至那些範疇的内容着手。所以理解成玄英的哲學思想的捷徑當然也是先分析、理解他的範疇體系乃至那些範疇的内容。

成玄英對《莊子》、《老子》、《度人經 》作了注解,而我們以收入《莊子集釋》的《莊子疏》和蒙文通先生整理的《老子成玄英疏》6卷(《道德經義疏》1946年四川省立圖書館石印)爲中心探討他的思想。看一看《道德經義疏》和《莊子疏》就能看出他對這兩本書理解得很深。

讓我們先探討、考察一下成玄英對于《道德經義疏 》的理解深度。他在《道德經義疏》篇首即通過道和德的關係來説明爲什麽把

老子寫的這本書叫做《道德經》,把上卷的38章分成3個部分而說明
上卷內的有機的邏輯關係,而且在第38章的前面把下卷的44章分
成3個部分而說明下卷內的邏輯結構。各個章也分成幾個部分而有
機地說明各章內在的邏輯發展過程。更有甚者他不僅說明各章都
處于有機的邏輯關係裏,而且在各章首指出"這章"擺在"上章"的
後面的理由和前後章之間有什麼樣的邏輯關係,以闡釋了章和章
之間的有機的邏輯關係。可見成玄英把道德經理解爲邏輯關係非
常致密的一個完整的著作而他對《道德經》的態度也很有全體性
的。

　　通過《莊子疏》也能看出成玄英是以總體性的眼光而理解《莊
子》的,成玄英把內篇理解爲說明"理本",把外篇理解爲說明"事
迹",把雜篇理解爲說明"理事",而指出內篇之間的有機的關聯性。
下面的引文可充分說明這一點。

　　　　"內篇明于理本,外篇語其事迹,雜篇雖明于理事。內篇雖明理本,
　　不無事迹,外篇雖明事迹,甚有妙理,但立教分篇,據多論耳。(《莊子
　　序》)

　　　　所以逍游建初者,言達道之士,智德明敏,所造皆適,遇物逍游,故
　　以逍游命物。夫無待聖人……故能大齊于萬境,故以齊物次之。……可
　　以攝衛養生,故以養生主次之。……可以處涉人間,故以人間世次之。
　　……內外冥契,故以德充符次之。……可以匠成庶品,故以大宗師次之。
　　……既而驅馭群品,故以應帝王次之。駢拇以下,皆以篇首二字爲題,既
　　無別義,今不復次篇也。"(同上)

可見成玄英帶着體系性很強的思維能力,而對這兩本書作注疏以
前不僅已經完全理解好這兩本書,而且用的自己已有的思維體系
或者看法來對待它們。因此他的範疇體系也肯定是體系性相當強
的。

　　那麼成玄英用什麼樣的範疇結構來分析《道德經》和《莊子》以
展開自己的哲學思想?他在《莊子序》的第一句裏說:"夫莊子者,所
以申道德之深根,述重玄之妙旨,暢無爲之恬淡,明獨化之窈冥
……"可見成玄英是以"道德"、"重玄"、"無爲"、"獨化"四個概念用

作基本範疇而分析《莊子》的。而這四個範疇不光是用于分析《莊子》,而是用于他的全部著作以展開自己的哲學思想的基本範疇。當然在《道德經義疏》裏這四個範疇是他使用的最基本範疇。而"道德"和"無爲"是道家一貫使用的核心概念,"獨化"是郭象在注《莊子》時使用的範疇,"重玄"是成玄英解釋《莊子》所使用的新範疇。雖然"重玄"這個範疇不是從成玄英開始使用的,但是學界一般認爲成玄英在"重玄學派"學者中理論思維水平最高,而且他把這一範疇專門用于建立自己的哲學體系,所以"重玄"這個概念在成玄英思想裏的意味和作用比它在任何一個哲學家那裏都更爲重要。

我們將通過分析"道"這個最基本的範疇來探討成玄英的哲學在道家思想史上的地位,同時也要通過分析他用來解釋莊子和展開自己的哲學的"重玄"這個概念來理解他的獨特的思維方式。成玄英把莊子和郭象的基本範疇引入自己的哲學體系,這表明成玄英繼承了莊子和郭象。因此,雖然他也受佛教(特別是三論宗)影響很大,所以研究成玄英不能對佛教置之不問,但在本文中我們側重于分析"莊子——郭象——成玄英"這條單綫道路。這肯定不能夠達到對成玄英思想的完整的理解,可是就技術性方面說,這更便于理解"道家"成玄英的特點,最少能爲以後更完整的研究提供一個小小的基礎。

2. 道與理

【2—1】 "道"這個範疇是代表中國哲學思想的一個基本範疇。幾乎所有的中國哲學家都在不同的形式和意味上圍繞這個"道"闡述自己的哲學思想了。不同的學派有不同的對道的看法,同一個學派裏各個思想家所使用的"道"的含義也都不一定完全相同。自老子把世界的運動過程和本體規定爲"道"以來,"道"一直是道家哲學的中心概念及最高範疇,道家用這個"道"來說明世界的運動過程和本體。照道家看,"道"是萬有的根據,天地萬物都依靠

這個"道"來產生出來,存在的所有價值都只有依賴于"道"才能獲得其保障,它不僅是萬有的存在根據而且是價值根據。"道"是認識的最高目標以及真理,對"道"的認識才是真正的認識,而對道以外的認識則不是真正的認識,但人類的語言和認識能力都表達不了它認識不了它。對它的認識只能通過特別的方式即是"直觀"來直接地體會到。"道"存在于區別之前,即是還沒有區別是和非、善和惡等等的最原始狀態。對道的這些說明都是成玄英以前的道家學者或者道士們大概都同意的。

成玄英是如何理解"道"的?成玄英對道的認識與其他思想家有何不同?我們將把它置于與莊子、郭象的關係中進行探究。因爲成玄英本人在《莊子序》上自認了他受了他們這兩位偉大哲學家的很大的影響:"夫莊子者……明獨化之窈冥……玄英不揆庸昧,少而習焉,研精覃思三十矣。依子玄所注三十篇,輒爲疏解,總三十卷。"當然,他既繼承又改造了這兩位的思想,如果我們更正確地理解他繼承和改造的內容的話,就可疑充分揭示成玄英的思想。

【2—2】 成玄英把"道"解釋爲"理"。

> 道者,虛通之妙理。(《道德經義疏》62章)
> 至道,理也。(《莊子·知北游疏》)

道家的"道"是唯物論的本體還是唯心論的精神實體?是本體還只是抽象化的概念?是實體還是規律?對這些問題可謂衆說紛紜。老子本人在使用"道"這概念時,好像沒注意到這樣的區分,而其實老子哲學體系卻沒有這些兩分法式的疑問。"道生一,一生二,二生三,三生萬物"表明"道"作爲宇宙本原有其宇宙發生論的意義,"道法自然"表明"道"有規律的意義。在《道德經》裏同時存在實體和規律的意義,這一點可證諸直接發揮解釋老子思想的《文子》。像老子一樣,文子也把"道"看成是天地萬物的本原,是無形無狀、無所不在的存在,并以"道"兼具實體與規律二義,爲"物之所道"①。但是

---

① 陳鼓應著《老莊新論》101頁,上海古籍出版社1992。

老子一次也没用可以表達"規律"的"理"這個概念,而把老子的
"道"解釋爲"理"的傾向是早就有的。韓非子在《韓非子·解老》説:
"道者,萬物之所以然也,萬物之所稽也。理者,成物之文也。道者,
萬物之所以成也。故曰道,理之者也。"可見他把"道"解釋爲"理"。
可實際上在《道德經》裏"理"這個概念一次也没出現,跟《道德經》
不一樣,《莊子》中"理"大約出現40餘次。其中除了表明人倫關係
("人理")的以外,有形而上學意義的則有如下例句:

> 同類相從,同聲相應,固天地之理也。(《莊子·漁父》)
> 始臣之解牛之時……依乎天理……。(《莊子·養生主》)
> 萬物有成理。(《莊子·知北游》)
> 留動而生物,物成生理,謂之形。(《莊子·天地》)

莊子用"理"來顯示出萬物本來所有的特性、變化規律或者自然界
的運行規律。而"萬物有成理"、"物成生理"表示"理"是事物形成以
後才能存在的,不能對萬物的生成發展起作用。"理"只是爲了化生
天地萬物的"道"的運動而存在,就是説"理"不過是表示"道"的規
則的、必然的運行過程的概念而已。《繕性》篇説:"道,理也",這不
是在"生天生地"的本體意義上説的,而是在自然界的變化規律或
者萬物的特性的意義上説的。而值得注意的是《莊子》裏的"理"概
念都集中在于外雜篇,在内篇只有一次出現于《養生主》,即所謂
"依乎天理"。一般認爲《莊子》的外雜篇不是莊子自己寫的而是莊
子後學寫的,尤其是把"道"直接規定爲"理"的《繕性》篇中的"道,
理也"或者"道無不理,義也"等説法,很多學者都認爲不是莊子學
派的思想[1]。只要我們注意到這些文獻,就能看出在道家思想史上
以形而上學意義上的"理"來界定"道"最早也是老莊以後的事。即
使在包括外雜篇在内的《莊子》中,"理"也還没有成爲表現莊子哲
學的範疇,只是描述"道"的補助概念。道家初期思想中的"道"兼有
宇宙發生論的本體意義和支配那個發生變化的規律的意義。後來,

---

① 陳鼓應著《莊子今注今譯》403頁,中華書局1991。

"道"的宇宙發生論意義經過魏晉玄學的本體論哲學而逐漸退色了，抽象的"一般"或者規律的意義逐漸被强化或形而上學化。

到了郭象，作爲宇宙本體的"道"概念有了大的變化。郭象的哲學蘊含于"獨化于玄冥之境"這一句裏。他把世界理解爲在現象界存在着的所有的事物的總合（"天者，萬物之總名"《莊子・齊物論注》），而否定有在現象界的背後使現象界存在的、先在于現象界的什麽"存在"。郭象認爲：莊子所説的存在之"至道"是不存在的。

　　　至道之精，窈窈冥冥，至道之極，昏昏默默。（《莊子・在宥》）

　　　窈冥昏默，皆了無也。夫莊老之所以屢稱無者，何故。明生物者無物
　而物自生耳。自生耳，非爲生也。又何有爲于已生乎。（《莊子・在宥注》）
可見，郭象把形容"至道"的狀態的詞語看成形容"無"的詞語，以此正面否定王弼式的"無"的存在和它的主宰能力。照郭象來看，萬物都不依靠自身以外的東西就已自己自然而然地存在。郭象把王弼認定爲現象界背後的本體的"無"規定爲"什麽樣的存在性都没有的""零"（"至道者乃至無也"《莊子・知北游注》）。因此作爲萬有的存在根據、發生根據、價值根據的"道"的至上權威被郭象完全摧了。郭象否定"道"的存在性和權威："道，無能也。"（《莊子・大宗師注》）在郭象的體系裏無所不在的、全能的"道"淪爲"無能力者"。他又敷衍説明如下："此言得之于道，内所以明其自得耳。自得耳，道不能使之得也。我之未得，又不能未得也。然則凡得之者，外不資于道，内不由于己，據然自得而獨化也。"（《莊子・大宗師注》）他不僅强調"萬物自得"，從而否定以"道"代表的背後存在，而且連"自己的原因"都否定掉。"獨化"是用來説明在現象背後没有"使現象界存在的存在"、及萬物是"自得"、"自生"、"自爾"的概念，它又是所有的存在者或者全世界的存在形式。郭象雖然説萬物的生成變化是"自得"、"自生"、"自爾"的，但他又肯定表明規律性、必然性、規則性和無可奈何的必然趨勢的"命"和"理"的存在，因而陷于了與其"獨化"理論自相矛盾的境地。

那麽，郭象爲什麽會既否定"道"、主張"獨化"，又肯定"理"和

"命",以致産生矛盾？他説的"理"是什麽意思？郭象首先肯定人類的意志無可奈何的規律。萬物不是依靠什麽（"自己原因"包括在内）而存在的、而是自己突然生成出來,但是各有其必然性。（"凡萬物云云,皆自爾耳,非相爲使也,故任之而理自至矣"《莊子·齊物論注》）萬有都有不是"那個"而又不能不是"這個"的原因。（"不得已者,理之必然者也,體至一之宅而會乎必然之符者也"《人間世注》）,即只好是這樣（"不得已"）就是事物的必然性。這不是别的,而正是"自然而然"的即是自然的必然性。郭象説:"事有必至,理故常通",就是説事物有必然的規律,這種規律不可能有什麽障礙而"通達"。没有什麽障礙而"通達"就是一定要實現的意思,這似乎爲後來成玄英把"道"解釋爲"虛通之理"開了先河。因爲"理"是事物的自然的必然性,所以隨任這種必然性就是最善的行爲。（"任理之必然者,中庸之符矣,斯接物之至者也"《莊子·人間世注》）很明顯,郭象之"理"指的是事物的必然性和規律性。在郭象看,雖然"理"指的是必然性的規律,但是,由于他强調事物的個别性或者個别事物的價值獨立性,所以他又難以認爲"理"是貫通萬物的規律。事物突然自己發生和這種發生被"理"支配着這兩者之間確實是存在着矛盾的。所以,一般都認爲"獨化"與"命"和"理"之間有矛盾之處。

可是其實郭象的"理"概念不是那樣。郭象用"理"來説明"不可奈何"、"不知其所以然而然"、"不得已"的"趨勢",即是由于人類的能力或者認識的局限性引起的"不可抗拒"的趨勢,而不是形而上學地存在于事物之外的"必然性"。

> 不得已者,理之必然者也。（《莊子·人間世注》）
> 知不可奈何者命也。（《莊子·人間世注》）
> 不知其所以然而然,謂之命。（《莊子·寓言》）

可見,郭象認爲"理"不是在現象的背後使現象存在的"存在",而是我們的認識達不到的"秩序"乃至"趨勢"。雖然萬物没有什麽原因而"自生"、"自爾"、"自得"（"獨化"）,可是在那兒還有我們的認識達不到的什麽"秩序"乃至"趨勢"。郭象指出"獨化"裏的絶對和諧,就是説和諧裏的"獨化"。這樣的和諧在我們的面前不是具體的,這就是"玄冥之境"。"玄冥"表示我們認識不了的事物之間的微妙和諧乃至關係,或者表示萬物的微妙的存在形式。當然,這裏反映了郭象重視"精神境界"。在"精神境界"方面看"玄冥"是體會到獨化原理以後能達到的某種精神狀態。"玄冥"又是一般的認識能力所不能知道的和諧裏的獨化,而又是體會到世界是和諧裏的獨化的精神境界。像這樣存在論、認識論和人生論一致的現象在中國哲學史裏是常有的。可是成玄英和郭象不一樣,他不把"玄冥"看成是認識不了的事物之間的微妙的和諧乃至存在形式。成玄英把"玄冥"理解爲説明"理"的狀態的概念或者理的存在狀態。就是説,在成玄英看來,"玄冥"是"理"的一種存在狀態。所以,可以説郭象的"獨化于玄冥之境"到了成玄英就變爲"獨化于玄冥之理"。再回到郭象來説吧。如果把獨化論裏的秩序、和諧或者趨勢看成是干涉萬物生成變化的神秘決定能力的話,那就推測得太過分了。因爲"理"本身也有實現于"自得"的意味。("至理盡于自得也"《莊子·齊物論注》),因此不應該光根據"唯在命耳"、"理自爾耳"(《莊子·德充符注》)而把郭象的"理"、"命"看成萬物背後的神秘決定能力,而應該把郭象的"理"、"命"理解爲不是命運或者必然的規律而是不可知道其原因的自然而然的(as such)。實際上既然強調萬物的個別獨立性,就無法説明在我們的面前展開着的規律或者秩序。因爲什麼樣的認識及理解都只有證明一個個別的現象或者事實不過是一般的法則或者原理的一個特殊的例子,才能成立。好像郭象也理解到了這一點。所以他用獨化論來説明這個世界的時候,指出和諧和規律裏的各個個體的獨立性。("故天地萬物,凡所有者,不可一日而相無也。一物不具,則生者無有得生,一理不至,則天年無緣得終。"《莊子·大宗師注》)而這樣的"和諧"也只有在獨化的原理裏才會成爲可能。("相因之功,莫若獨化之至也。故人之所因者,天也,天之所生者,獨化也。"《莊子·大宗師注》)所以這樣的"理"、"命"好像有什麼意圖或者目的、支配萬物的能力,可是其實不然。("不知其所以然而然,謂之命,似若有意也,故又遣命之名以明其自爾,以後命理全也。""理自相應,相應不由于故也,則難相應以無靈也。"《莊子‧寓言注》)在獨化過程裏萬物形成了,"理"就自然具備了,("既稟之自然,其理已足。《莊子‧德充符注》)它就成爲個體的本性了。"理"和"命"一形成就不變而有絕對價值了。("性命之固當","其理固當"《莊子‧德充符注》)

　　郭象把"自然之理"看成是規律性或者必然性就似乎沒有問題了。可是如果把這種規律性和必然性理解爲是實在的,認爲萬物依靠這種規律性和必然性而存在的話,這就與自己的獨化論矛盾了。而如果認爲"理"是萬物在"自然"生成、發展、變化的過程中有着的一般認識達不到的必然的和諧乃至秩序的話,不一定跟獨化論發生矛盾。這種和諧乃至秩序一定不是在現象界外另外先在的存在,而是自然的"自然而然"的必然性。不管怎樣,郭象在"必然性"、"規律性"的意義上使用"理"這一概念是很明顯的。可在郭象的思想裏"理"也不過是說明"獨化"這種存在形式的補助概念而已,沒有存在性。看來,郭象注解《莊子》時關心精神境界問題似乎更甚于關心"有無"問題。所以與王弼企圖把"有無"問題吸收到"玄"概念裏而予以解決不一樣,郭象主張體會到玄冥的獨化原理。

　　【2—3】　和郭象不一樣,成玄英肯定"道"的存在和它的能力。

　　　　至道之精,窈窈冥冥,至道之極,昏昏默默。(《莊子‧在宥》)

　　　　窈冥昏默,皆了無也。(《莊子‧在宥注》)

　　　　至道精微,心靈不測,故寄窈冥深遠,昏默玄絶。(《莊子‧在宥疏》)

莊子把"窈冥昏默"使用于形容"至道",以肯定道的存在,郭象則用"窈冥昏默"來形容"無",從而暴露了他否定"道"的存在的思想傾向。而成玄英又把"窈冥昏默"用于形容不可弄清的"至道"的狀態,就肯定"道"的存在而言,成玄英復歸到莊子了。他說:

　　　　至道微妙,體非五色,不可以眼識求……故夷然平等也,無色無聲無形……明至道雖言無色,不遂絶無,若絶無者,遂同太虛,即成斷見。今明不色而色,不聲而聲,不形而形。故云夷希微也,所謂三一者也。

《道德經義疏》14 章)

因爲"道"沒有 具體的形象,所以我們的感覺器官摸不着它。儘管如此,它卻不是不存在的。如果把它理解爲"絕對的無"的話,它就相近"太虛"了,這就是"斷見",是不對的。這種看法不僅是對把"無"看成"絕對無""零(zero)"的郭象的反對,而且直接地是對影響過成玄英的三論宗創始人吉藏的反對。吉藏在他的著作《三論玄義》説:"問:伯陽之道,道曰太虛,牟尼之道,道稱無相。理源既一,則萬流并同,什肇仰揚,乃詣于佛。答:伯陽之道,道指虛無,牟尼之道,道超四句,淺深既懸,體何由一,蓋是子佞于道,非余詔佛。"①吉藏把道家的"道"看成是"虛無""絕無",而成玄英卻批評吉藏的看法是"斷見",因而明確肯定"道"的存在性。("不遂絕無,若絕無者,遂同太虛,即成斷見。"《道德經義疏》14 章)當然這也反映了當時的道教一貫認定"道"的存在。成玄英不僅肯定"道"的存在,而且肯定"道"的能力。他説:"夫無形之道,能生有形之物,有形之物,則以形質氣類,而相生也。"(《莊子·知北游疏》)與否定"道"的存在和能力的郭象("至道者,乃至無也"《莊子·知北游注》,"道,無能也"《莊子·大宗師注》,"至道者,知其無能也"《莊子·秋水注》)完全不一樣。那麼成玄英認定的"道"到底是什麼? 成玄英直截了當地把"道"規定爲"理"。

　　道是虛通之理境。(《道德經義疏》上卷篇首)

　　天道,自然之理也。(《道德經義疏》47 章)

　　道者,虛通之妙理。(《道德經義疏》62 章)

成玄英在 751 很分明地、直接地説"道"就是"理"。

　　至道,理也。

在《莊子·齊物論》中,郭象注曰:"道,無封",成疏曰:"理,無崖域",這樣,成玄英就把"道"明確地解釋爲"理"。

【2—4】　成玄英把郭象理解爲" 無"的部分理解爲"理"。

---

①　韓廷傑校釋《三論玄義校釋》32 頁,中華書局 1991。

> ……言之所不能論,意之所不能察者,不期精粗焉。(《莊子·秋水》)
>
> 唯無而已。(《莊子·秋水注》)
>
> 妙理也。(《莊子·秋水疏》)

可見郭象把不能用語言來表達的、一般的認識達不到的理解爲"無"的狀態,相反,成玄英則理解爲"妙理"。下面我們再比較一下莊子、郭象、成玄英三人的見解。

> 知道者必達于理。(《莊子·秋水》)
>
> 至道者,知其無能也,則何能生我,我自然而生耳。(《莊子·秋水注》)
>
> 夫能知虛通之道者,必達深玄之實理,達深玄之實理者,必明于應物之權智。(《莊子·秋水疏》)

成玄英使用"實理"這個概念以指明"理"不是像郭象一樣表示存在的和諧乃至規律的述語性的,而是"實際"存在的"規律"的意義。在成玄英看來"理"是實存的,他給"理"賦予了存在性。

通過以上的論述我們已經了解到:"道"這個概念到了成玄英成爲實際存在的"理"了。那麼,成玄英把"道"理解爲"理"的意思是什麼?

看一看成玄英的哲學體系,我們就可以知道成玄英受莊學和佛教的方法論以及思維形式的影響很深。而他的哲學體系的展開和對範疇的界定,在《道德經義疏》裏邊比較容易找得到。這可能與當時的學術大都圍繞着《道德經》而展開的時風有關吧。對"道"的明確的解釋也可見于《道德經義疏》。

> 道是虛通之理境,德是至德之妙智,理境發智,智能克境,境智相會故稱道德。(《道德經義疏》上卷篇首)
>
> 道以虛通爲義,常以湛寂得名,所謂無極大道是衆生之正性也……常道者不可以名言辯,不可以心慮知,妙絕夷希,理窮恍惚。(《道德經義疏》1章)

成玄英哲學中的"道"概念的根本和一貫的意思就是"虛通之理境",即是以"虛通"爲特徵的"理境"。成玄英哲學體系是以"虛通"、"重玄"、"虛無"、"玄虛"、"靈通"、"深玄不滯"形容"道"的,而這些形容"道"的概念當中就"道"的存在性或者功能說，最概括地說明"道"的還是"虛通"。整理當時道教理論的概念的《道教義樞》也說，"夫道者……虛無不通……"，可見"虛通"是"道"的關鍵特征。成玄英把"虛通"明確解釋爲"能用而無滯"（《道德經義疏》11章），就是說"道"的作用没有什麼障礙。其實"虛通"的"虛"是就"道"的内在特徵而言的，表示"道"没有什麼已定的内容，而"通"則是就"道"跟外部的現象有關的方面而言的，同時表示"道"的功能和無所不在性。因爲"道"是"虛"，所以"道"的作用能没有障礙，因而"道"在任何地方、在任何存在物中都能存在。"虛"是"道"的内在條件，"通"是"道"的外在結果。成氏在《莊子·齊物論疏》所説的"所在皆無"，在《道德經義疏》25章所説的"所在皆通"則説明了"道"的無所不在。成玄英用"無"表示"道"的"無形象性"、"無界限性"、"無色"、"無聲"、"無已定的内容"的特徵，這些特徵跟"虛"的意思相當接近；而用"通"來表示"道"的作用在功能上没有障礙地"通達"，則與莊子認爲"道"是"無"，因而認爲"道通爲一"是一脈相通的。因爲"道"没有具體的内容和界限，所以在任何地方任何事物中都能貫通、通達。《道教義樞》也解釋"通"爲"能通生萬法變通無壅"，它接着引河上公語曰："河上公云，通四通也"，他把"通"理解爲没有障礙而"通達"，因爲通達，所以必然能實現到。這或許不是既能實現、也會不實現的蓋然性的意思。事實上"通"這個概念對研究隋唐時期的"道"是相當重要的。吳筠也説："通而生之之謂道"。"通而生之"也表示無所不能的"道"的功能，也就是事物發展變化的自然過程。司馬承禎認爲"道"是"通生無匱"的"神異之物"，亦與成玄英的"能用而無滯"很相近。

　　成玄英哲學的更重要的特徵是他把"道"看成"理境"，即"理"是獨立于主觀的客觀存在。成玄英多處并用"道"和"理"："虛道妙理"、"道理虛通"。有時他還以同樣的句型使用"道"、"理"以表示這兩個概念的意思是一樣，例如"虛通之理"和"虛通之道"，"自然之理"和"自然之道"。《莊子·德充符》成疏言："虛通之道，爲之相貌，自然之理,遺其形質……",可見成玄英在同一個意義上理解"道"
的虛通的性質和天的自然之理。"道"是不能用語言表達、寂寞、還
沒有分是非;"理"也是這樣:"故知彼我彰而至道隱,是非息而妙理
全矣。""玄道冥寂,理絕形聲,誘引迷途,稱謂斯起。"(《莊子·齊物
論疏》)《道教義樞》也把"道"理解爲"理":"道者,理也",可見當時
把"道"解釋爲"理"的傾向頗爲明顯而且流行。

　　【2—5】　照成玄英看來,"理"是自然法則。"道"也有自然法則
的意義,而成玄英注重在功用方面上使用"道"這概念。他說:

　　　　虛道妙理,本自無名,據其功用,强名曰道,名于理未足也。(《莊子·
　　則陽疏》)

　　　　因其功用,已有道名,不得將此有名比于無名之理。(《莊子·則陽
　　疏》)

　　　　今以有名之道比無名之理者,非直粗妙不同,亦深淺其異,故不及
　　遠也。(《莊子·則陽疏》)

所以不能夠用"道"來很清楚地表達自然的規律性。成玄英模糊地
區分"道"和"理"的作用,"道"給事物形成具體的形狀,"理"主管事
物的本質乃至規律。可"道"和"理"其實是一樣的,就是說它們是同
一"自然"的不同表現、不同的作用。他說:

　　　　虛通之道,爲之相貌,自然之理,遺其形質,形貌具有,何得不謂之
　　人。且形之將貌,蓋亦不殊,道與自然,互其文月。(《莊子·德充符》)

"自然"是爲這宇宙的通稱,又是全體世界。"通生萬物"的就是
"道",也即是"理",這正是"自然之理"。"自然之理"就是自然的運
行規律。

　　　　大塊者,造物之名,亦自然之稱也。言自然之理,通生萬物,不知所
　　以然而然。(《莊子·齊物論》)

在成玄英的哲學裏,"自然"、"道"、"理"都從不同的角度說的同一
個存在。其中"自然"是最本質性的上位概念,用"道"來表達"自
然"的功用和作用,"理"表達"自然"的規律性。在"自然"這個概念
裏也有宇宙自然即世界的意味,也有"自然"的屬性即是"自然性"

的意味。這種"自然性"表示宇宙的"自然而然"的屬性,就是説宇宙
運行的必然性。世界依靠這"必然性"來運行,而我們認識的最大目
標和任務就是對這"必然性"的認識。這必然性是我們要認識的"真
理"。"自然"的"自然性""必然性"正是"規律",而成玄英則用"理"
來表示這自然的規律。作爲自然的必然規律的"理"是客觀存在的,
所以説是"理境"。成玄英把"道"和"自然"之間的關係表現爲本迹
關係。"本迹"是成玄英哲學中的有代表性的方法論。他説:"天次
須法通虛通,包容萬物也。既能如道,次須法自然之妙理,所以重玄
之域也。道是迹,自然是本,以本收迹,故義言法也。"(《道德經義
疏》25章)。在"道"和"自然"之間的關係裏"自然"的外的表
現就是"道"。這"道"和"理"的關係上説的話,"道"跟宇宙發
生有直接的關係。

> 有應道也,所元一之氣也。元一妙本,所謂冥寂之地也。言天地萬
> 物,皆從應道,有法而生,即此應道從妙本而起元乎妙本即至無也。(《道
> 德經義疏》40章)

> 一元氣也,二陰陽也,三天地人也。萬物一切有識無情也。言至道妙
> 本,體絶形名,從本降迹,肇生元氣,又從元氣,變生陰陽,于是陽氣清浮
> 升而爲天,陰氣沉濁降而爲地。二氣升降,和氣爲人。有三才次生萬物
> ……(《道德經義疏》42章)

這裏很明確地説"道"產生萬物。宇宙發生順序就是:道—元氣—陰
陽—天地人—萬物。成玄英就宇宙發生論方面説明的時候,喜好用
"道"或者"妙本"這些字,没用"理"字。但在從一般的角度説明產生
萬物的問題的時候,也用"理"字("自然之理,通生萬物")。成玄英
好像傾向于把作爲規律的"道"("理")"通生萬物"的作用和作爲跟
元氣有直接關係的"道"通過元氣—陰陽—天地人—萬物的順序來
"通生萬物"的作用區别開來。從本迹關係方面看,"道"是作爲
"本"的"自然"的"迹",可是"道"本身也區分爲作爲"本"的"道"和
作爲"迹"的"道":"始,道本也。母,道迹也……夫本能生迹,迹能生
物也。"(《道德經義疏》52章)把下面的幾句仔細地比較起來看,我

們就會理解作為"本"的"道"即是"理"。

> 至道妙本，體絕形名。(《道德經義疏》42 章)
> 妙本即至無也。(《道德經義疏》40 章)
> 自然者，重玄之極道也。(《道德經義疏》23 章)
> 玄道至極，自然之理。(《莊子‧大宗師疏》)

成玄英還沒注意到"理"和"氣"的關係，可是對"道"和"氣"的關係曾經說過："五氣未兆，大道存焉"(《莊子‧大宗師疏》)，"道在五氣之上"(《莊子‧大宗師疏》)，可見"道"在"氣"的上邊引導支配"氣"。而如果把"道本"看成是"理"的話，儘管成玄英沒有明確地指出"理"和"氣"的關係，但是通過"道本"、"道迹"、"理"、"氣"之間的比較，就可以小心地推測"理"在"氣"的上邊支配"氣"了。可以推測"理"在"氣"的上邊支配"氣"這一點和把"道"理解為"理"而認為"理"是實存的這一點都肯定跟主張"天者，理也"、"天為萬物之祖""理者，實也"等認為天理獨立于物質世界之上、是萬物之主宰而派生萬物的宋明理學有一定程度的繼承關係。在"理"和"氣"的關係方面也以上邊的論述為基礎而可以預料到成玄英和宋明理學之間會存在着的一定程度的關係。成玄英提得朦朧的綫索，到了二程變為很分明的、堅定的命題了。二程認為"理"先"氣"後，有了"理"才有"氣"。("有理則有氣""理"先"氣"後意味着"理"是第一性的，"氣"從屬于理，理生氣。)

　　成玄英是"道士"，他關心人生論問題、關心獲得精神境界，而且為獲得精神境界作過不懈修養。但修養一般是以對世界的認識為基礎的。各人對認識方法會有不同的看法，但是修養不能不以對世界的認識為前提。認識的對象當然是窮極存在和世界的窮極狀態。這窮極的存在以及世界的窮極的狀態當然不會是具體的、個別的現象，不應該有已定的內容。("言理者謂理實有虛無"《道教義樞》)這認識的對象表出為抽象性的"一般"的形式，而這個"一般"就是"規律性"。成玄英把"道"解釋為"理"肯定與他作為道士的修養論有關。("知道之士，達于妙理"《道德經義疏》53 章)我們認識

個別事物的時候也只有通過"一般"即"類概念"，才能得到認識。對
世界的認識也只有經過對規律性的認識，才能成立。在這種意義
上，把"道"理解爲"理"是很有意義的。而這個"理"是我們的認識達
不到的，要認識這個"理"的話，必須得經過中間階段，這就是"教"。
通過"教"我們能得到向"理"的飛躍的認識。"理"開導萬物的創生，
也是我們把握"道"、"自然"的通道。

3."道"與"重玄"

【3—1】　自老子用"玄"來說明"道"的神秘和深遠的特徵以
來，"玄"就一直是道教（家）的重要範疇。成玄英也用"玄"這個概念
來表達"道"的神秘，而更有特點的則是在他所使用的"玄"概念裏
滲透着他的認識方法論。那麼成玄英用"玄"這個概念來表現他的
認識方法論的根據是什麼？那個根據就在于存在論，可見在這兒存
在論和認識論是一致的。

　　成玄英首先和傳統的方法一樣用"玄"來形容"道"：

　　　　玄者，深遠之義，亦是不滯之名，……深遠之玄，理歸無滯，既不滯
　　有，亦不滯無，二俱不滯，故謂之玄。（《道德經義疏》1章）

可見"玄"表示"道"的深遠的特徵。但成玄英所說的"玄"真正意指
的則是在于"不滯"，就是說，因爲深遠的"道"以虛通爲特性，非有
非無，"既不滯有，亦不滯無，二俱不滯"，所以它的作用沒有什麼障
礙而不執着于什麼。（"虛通故能用而無滯"《道德經義疏》6章，"玄
者，深遠之義，亦是不滯之名"《道德經義疏》1章，"道無不遍"《莊
子·齊物論》）成玄英認爲如果使用模仿這樣的"道"的特性的邏輯
方法論的話，人們就能體會到不執着于什麼的絕對精神境界。王弼
把老子的"玄"解釋爲"把有和無都包括在内"的狀態，和王弼不一
樣，受了追求圓融玄通的哲學的郭象的影響，成玄英進一步提高了
思維水平，把"玄"理解爲"非有非無"、"既不滯有，亦不滯無"，就是
說因爲"道"即窮極存在的存在形式是"非有非無"（"既不滯有，亦

不滯無"），所以我們的認識方法也應該"既不滯有，亦不滯無"。"深遠"形容"道"的存在狀態，而"不滯"是把"道"的存在形式和認識方法論都包括在內的。存在狀態及形式和認識的方法論互相一致的現象是中國哲學的一個特徵。在西方哲學裏，存在狀態及和認識方法論互相一致的現象可在 PIato 那兒能找到一個典範，而 PIsto 哲學裏的"一致"只是在我們的真正的認識就是對真正的存在即"Idea"的認識的意味上說的，與成玄英從存在形式中抽象出邏輯方法論頗爲不同。成玄英認爲：由于存在形式如此這般，我們的認識（或者是修養）形式（邏輯）也應該如此這般。代表成玄英哲學特徵的"玄"的正確的意思就是"不滯"，"不滯"不僅表示"深遠"的"道"的存在形式，而且表示認識的方法論（邏輯以及修養論）。成玄英一直都把"玄"解釋爲"不滯之名"。

　　那麼，被認爲是"重玄派"的成玄英哲學體系裏，超出"玄"的"重玄"是什麼意思？我們知道：成玄英解釋"玄"爲"不滯"，用"玄"來同時描述"道"即窮極存在的狀態和認識"道"的認識論上的方法。王弼的"玄"包含"有"和"無"，就是說是"有"和"無"都肯定的"玄"而成玄英的"玄"是"非有非無"（"既不滯有，亦不滯無"）的，就是說"有"和"無"都被否定的"玄"。所以我們應該保持"既不執着于'有'又不執着于'無'"的態度，這就是成玄英的"玄"。可是成玄英認爲"既不滯有，亦不滯無"也是一種觀點。就是說"又不執着于'有'又不執着于'無'"的態度或者看法也算是另外的一種觀點或者態度而已，所以這樣的看法（"玄"）都應該否定掉。成玄英通過病人和藥的關係來說明這一點，即爲了治療叫做"執着于有無"的"病"，要吃叫做"既不滯有，亦不滯無"的"藥"，治好"病"了的話，只有扔掉那個"藥"才能從那個病中得到自由。這就是成玄英所說的"重玄"。

> 有欲之人，唯滯于有，無欲之士，又滯于無，故說一玄，以遣雙執。又恐行者，滯于此玄，更袪後病，既而非但不滯于滯，亦乃不滯于不滯。此則遣之又遣，故曰玄之又玄。（《道德經義疏》1章）

上述引文是成玄英對"重玄"的明確的解釋。他認爲認識"非有非無"及追求"非有非無"在根本上説也是不足的，它不過是另外一種執着。他明確地反對停留于"玄"（"又恐行者,滯于此玄"），他的關心的不是在于玄學所追求的本體論以及政治哲學，而在于追求圓融玄通的精神境界，所以對成玄英來説，光對世界的理解是不夠的。他不是在形而上學的存在論方面，而是在精神境界方面闡述"重玄"，因爲他擔心"行者""滯于此玄"，而"行者"就是追求精神境界的修行者。

在他看來，他所追求的絕對精神境界没有一定的、固定的内容，所以只有通過否定的方法才能達到。我認爲：儘管這樣的精神境界以對世界的理解爲前提，如果同意對世界的認識也都不是全體性的而是部分性的話，對世界的任何觀點也不能不是部分性的。如果願意克服這樣的部分性得到全體性的認識的話，不能不肯定正面性的、肯定性的觀點是不夠的，不能不依靠否定的方法。因爲任何一種觀點都不能完整地解釋好世界是什麼樣的。

郭象也有一些言論與"重玄"有類似之處：

> 既遣是非，又遣其遣，遣之又遣以至于無遣，然後無遣無不遣。而是非自去矣。

"遣"與"不滯"一樣也是否定性的概念，所以"遣之又遣"和"玄之又玄"很相近。成玄英本人也認爲郭象的這句話符合"重玄"的意義。他説："此則遣于無是無非也，既而遣之又遣，方至重玄也。"雖然成玄英把郭象的"遣之又遣"認定爲"重玄"，而且其立論亦頗精當，但是郭象的"重玄"（"遣之又遣"）僅限于認識論方面。而成玄英的"重玄"把認識論和存在論兩個方面都包括在内。

那麼，成玄英用"重玄"來要説什麼了?由"重玄"修飾而成的概念在成疏中一共有四種："重玄之道"、"重玄之理"、"重玄之境"和"重玄之域"（"重玄之鄉"）

> 重玄之道，本自無名，從本降迹，稱謂斯起。《道德經義疏》1章）
> 自然者，重玄之極道也。《道德經義疏》23章）

"重玄之道"的"道"意指産生萬物以後賦予萬物以秩序者①。如果"道"跟"重玄"聯繫起來的話,就離開發生萬物的宇宙發生論的意味了,而有了規律的意味,"稱謂斯起"應該理解爲産生萬物以後賦予萬物以秩序。成玄英又是怎樣描述創生萬物的"道"的？成玄英用了"妙本"這個概念,他説:"至道妙本,體絶形名,從本降迹,肇生元氣,又從元氣,變生陰陽,于是陽氣清浮升而爲天,陰氣沉濁降而爲地。二氣升降,和氣爲人。有三才次生萬物……"(《道德經義疏》42章)從没有具體的形象和名稱的、我們的一般的認識達不到的、不能用語言來表達的"妙本"發生"元氣",這"元氣"變爲"陰陽",依靠"陰陽"的屬性成爲"天"和"地","陰陽"的"和氣"成爲"人"此論似乎又回歸到漢代的宇宙發生論了。比較一下看"至道通生萬物"和"妙本一氣,通生萬物"(《莊子·在宥》)的話,可以看到,"至道"和"妙本"的意思似乎一樣。下面,我們再討論"重玄之道"即是賦予由"至道妙本"産生的萬物以秩序之意。

　　至于重玄之妙理,超絶形名。(《莊子·則陽》)

　　體于重玄之理也。(《莊子·齊物論》)

　　故于重玄之境,有不信之心也。(《道德經義疏》23章)

這"重玄之道"是我們要認識到的窮極存在、最高真理以及規律。它在我們的認識對象的意味上是"重玄之境",就是説"道"不是我們的"主觀"虛構的最高抽象概念,而是在客觀上實際存在的認識對象。這一點證諸"道是虛通之理境"就更清楚了,即,"道"是以"虛通"爲特徵的"理",而且它是客觀地實際存在的對象("境")。

　　六合之外,謂衆生性分之表,重玄至道之鄉也。(《莊子·齊物論》)

　　雖復三絶,未窮其妙,而三絶之外,道之根本,而所謂重玄之域,衆妙之門。(《莊子·大宗師》)

　　歸其重玄之鄉,見其至道之境,其爲樂也,豈易言乎。(《莊子·則

　　①　砂山稔"成玄英の思想とフムて——重玄と無爲を中心とレこ"《日本中國學會報》第32集。

陽》）

　　當成玄英展開他的哲學時，使用"本迹"、"體用"等方法論。這
些方法論表示本體與現象和本質與表象不是互相分離而存在的。
可是"六合之外，謂衆生性分之表"，"三絕之外"這兩句好像意味着
另外存在"道"的世界。這是不是與現象界隔絕的另外的一種世界。
而從存在論的角度而言，這并不是斷絕，而是宇宙萬物從妙本一貫
地、連接地發生出來，所以不會有本體和現象之間的斷絕，可是從
精神境界的角度而言則不一定是這樣。事實上真理一定是"依賴于
人類思維"的對客觀存在的表象及叙述。不用説所有的表象及叙述
了，就連什麽樣的認識、什麽樣的知覺也是依賴于人類的認識，不
可能離開意識結構或者語言的概念而成立，這是現代認識論和現
代心理學都承認的前提。因此任何形式的知識也在一定的意義上
可以説是主觀性的。成玄英所崇拜的莊子和郭象都強調克服主觀
性的相對性，成玄英在《道德經義疏》篇首部分裏也強調"境智相
會"。但問題不僅在于主觀性而且在于客觀的變化性。所以真正的
存在、真理不能在于現象界，因爲主觀的相對性和客觀的變化性充
滿着現象界。所以絕對真理首先要離開現象界，至少成爲"一般"、
"規律"。特別是從追求絕對精神境界的道士的立場來看，存在的形
式或者狀態當然就是離開現象界的了。

　　【3—2】　還有一個跟"重玄之道"有關的重要概念，這就是"一
中之道"。"一中"（或者"中一"）是不執着于相對的對待存在及對待
價值的任何一方而掌握"道"的真正的面貌。（"雙遣而邊，妙體一
道"，"忘智會道，妙體一中"，"向一中之道，破二偏遣執"）就存在論
而言，"有""無"兩個都忘卻掉，這就是"一中之道"，他説："有無雙
離，一中道也。"（《道德經義疏》37 章）就認識論和價值論而言，
"善""惡"和"是""非"都忘卻掉，才是"一中"，他説："夫善惡兩忘，
刑名雙遣，故能順一中之道……"，"是非雙遣，而得環中之道者。"
（《莊子·逍遙游》）就主客觀的關係而言，忘卻掉主觀和客觀的區
分，才是"一中"，他説："雙遣二邊，妙體一道，物我齊觀，境智兩

忘。"這"一中之道"的根據也在于"道"的存在形式和作用原來是
"中",他説:"明至道以中爲用。"比較一下《道德經義疏》5章的"多
聞博學,不如體真"和"多聞適足⋯不如守中也",不難能理解"中"
表示"道"的存在形式以及狀態。所以,可以説"一中之道"是不執着
于對待存在及對待觀念的任何一方的態度。成玄英認爲,如果堅持
這"一中之道",就能體會到"道",能獲得現實的效果,能參與宇宙
創生的規律,他説:"人欲得虛玄極妙之果者,須靜心守一中之道則
可得也。"(《道德經義疏》16章)"妙體一中,爲物楷式"。(《道德經
義疏》22章第2標題)因此聖人治國以獲得"一中之道"爲關鍵,他
説:"聖人持此一中之道,軌範群生,故爲天下修學之楷模也。"(《道
德經義疏》22章)在成玄英的體系裏似乎存在着一種矛盾,即他有
時把"一中之道"理解爲是理想的境界或者是"道"的狀態,而有時
他則説"一中之道"還是不足的。他説:"言持此動寂不殊一中道者,
不欲住中而盈滿也。此遣中也。"(《道德經義疏》15章)"夫一之者,
未若不一而自齊,斯又忘其一也。"(《道德經義疏》16章)可見他强
調不要執着于"一中"。

　　成玄英作爲一位頗富思辨力的哲學家,他的體系裏怎麽會發
生這樣的矛盾呢? 讓我們比較一下《道德經》第三章和第四章的疏
解。

　　首先看一下成玄英對《道德經》第三章第三段落"則無不治"的
疏解:

　　　　行人但能先遣有欲,後遣無欲者,此則雙遣而邊,妙體一道,物我齊
　　　觀,境智兩忘,以斯爲治理,無不正也。

他主張忘卻掉"主觀"和"客觀"、"有"和"無"等等對待觀念的區分
而體會到渾然單一的"道",又指出按照這樣的態度來治國的話,就
能獲得實際的成就。他給這一段落作的標題是"重敕學人令忘知會
道",由此可見成玄英之用"一中之道"是主張抛棄分別智的 能力
而體會"道"。

　　成玄英在解釋第三章和第四章之間的邏輯關係時説第三章之

旨是"忘智會道，妙體一中"，第四章之旨是"明至道以中爲用"。像前邊所説的一樣，他明確地主張拋棄分別的認識能力而體會"道"，這是因爲"道"的存在形式和作用就是"中"。

接着他解釋第四章的"道冲而用之又不盈"這一段落説："明雖復以中爲用應須遣中"。"遣中"在意義上跟"重玄"很相近，就是説雖然"道"的"用"是"中"，但是只有不執着于這個"中"才能實現"道"的真正的面貌。照成玄英看，"重玄"既是獲得精神境界的方法，又是實現"中道"的方法。如果執着于"中道"的話，"中道"絶不能實現了。

第四章"道冲而用之又不盈"成疏言：

> 冲，中也。言聖人施化爲用多端切當而言莫先中道……此明以中爲用也……向一中之道，破二偏之執，二偏既除，一中還遣，今恐執教之人，住于中一，自爲滿盈，言不盈者，即是遣中之義。

可見他擔心"執教之人"滿足于"中一"而提出"遣中"。如果執着于、停留于"中一"這個觀點和態度的話，儘管是對"中一"的執着，但是也是一種"執着"。因此"二偏既除，一中還遣"。上面引用的成疏是從修行的角度來解釋《道德經》中形上之道的，可見成玄英所追求的是絶對精神境界，而達到絶對精神境界的方法不是"一中"或者"玄"而是"遣中"或者"重玄"。

第七九章第一段落的標題爲"雖離二邊，未階極道"，以明確地指出"一中"不是最善的。成疏第七九章第二段的標題爲"聖人虛會，妙契重玄"，以指出聖人是達到"重玄"之人。成疏第七九章第一段曰：

> 行人雖舍有無，得非有非無，和二邊爲中一，二優是前玄，未體于重玄理也。此雖無待，未能無不待。此是對獨，未能獨獨，故有餘對……雖遣二邊，未忘中一。故和可盡善也。

他明確地指出，"重玄"和"一中"之間有質的差異。"一中"還不是達到絶對精神境界的最好方法。

成疏第七九章第二段言：

　　　　體道聖人,境智冥符,能所俱會,超茲四句,離彼百非,故得久示長
生。

"境智冥符,能所俱會,超茲四句,離彼百非"表示"重玄","久視長
生"是"重玄"的結果乃至目的。可見"重玄"的結果乃至目的不在于
單純對存在的認識而在于達到絕對精神境界,"久示長生"。如果考
慮到成玄英是一名道士的話,這都是不難理解的。

　　【3—3】 "重玄"這個概念本來需要圓融貫通的思想而成的,
同樣成玄英也把"重玄"用作獲得圓融貫通的最高認識。但這傾向
不是到了成玄英突然發生的。莊子的"兼忘"、"到樞"、"環中"等觀
念裏已經有"重玄"思想的來源。而莊子所說的"兼忘"指的是:由于
主觀的相對性,我們不能正確地、整體地把握客觀,所以只有不執
着于所有的對待概念、對待存在、對待價值的任何一方,才能獲得
精神自由或者正確的價值判斷。郭象也好像有重玄思想:"然則將
大不類,莫若無心,既遣是非,又遣其遣,遣之又遣,以至于無遣,然
後無遣無不遣。而是非自去矣。"關于這一點前邊已有論述,茲不贅
述。可是成玄英受了佛教的影響,不僅否定客觀存在而且否定主
觀,進而主張連否定主客對待的觀點、態度也要否定掉。在成玄英
看來,莊子的"兼忘"也要否定掉。這當然是由于當時已經成熟的般
若學的影響使然。在筆者看來,般若學的中心概念"空"不是什麼存
在,而是存在形式,而是對存在的一種看法,是把存在形式作爲邏
輯化的觀念,是爲了達到涅槃的邏輯手段。般若學主張對"空"的追
求或者看法也都要否定掉。其實成玄英的"重玄"也是其獲得絕對
精神境界的思維形式、邏輯形式,此種意義在其重玄思想中更爲重
要。

4. 結　語

　　成玄英是在較爲開放的唐代思想氛圍中成長起來的一位很有
思辨能力傑出的道士。唐代是一個儒家、道家、佛家互相排斥而又互

相吸收，從而產生豐富的理論的"百家爭鳴，百花齊放"的時期。因此，我們從成玄英思想裏不僅能發現不少的原始道家、道教、佛家理論以及儒家理論成份，并且還能看到這些理論的互相滲透的這一事實。如果我們不探討成玄英如何吸收道家、佛教、儒家的養份，從而形成他自己思想的過程，就很難理解完整的成玄英思想面貌。特別是他的理論和佛家三論宗的關係是我們更需要注意的一面。可是本文章只試探從莊子、郭象，到成玄英思想的來龍去脈，也就是說，本文章的着重點只在于道家思想裏的成玄英。筆者希望根據這一基礎，以後再寫出"完整的成玄英思想面貌"的一文。

作者簡介　崔珍晳，韓國人，北京大學哲學系博士生。

成玄英《道德經義疏》中的重玄思想

強　昱

内容提要　本文從結構、思維特色、主要概念的内涵及相互關係三方面，分析成玄英在《道德經義疏》中表達的"重玄之道"。作者認爲，成玄英通過對道德範疇具有的規定上的主客體意義，來揭示會同主客，達到"自然者重玄之極道"的終極關懷，是在心性論的立場，對道教教義理論作出的具有時代意義的形而上的考察。

"重玄之學"繼承傳統的思維方式，吸收借鑒佛學的成果，在諸多方面，開啓了宋明理學，是思維發展史上不可缺少的環節。

成玄英是唐初著名的道教人物。其《道德經義疏》① 在千年沉没之後，由今人蒙文通先生從《道藏》中輯出，之後，臺灣嚴靈峰先生、日人藤原高男又加以補正，愈見精善。今以蒙先生的輯本爲據，對近期各家所論不及或不充分之處，略述所見。

一、對《道德經》結構的認識

老子《道德經》計八十一章，分道德上下兩部，河上公本，王弼本同。成玄英認爲，之所以分爲道經(上經，計三十七章)，德經(下經，計四十四章)，在於其論述的重點有所不同，是其思想結構的必

---

① 《道德經義疏》，蒙文通輯，四川省立圖書館，1946 年石印本。

然反映。他指出:"上經明道,下經辨德。上經亦俱道德,但以道爲正,以德爲傍;下經亦俱明道德,然以道爲傍,以德爲正。據傍正爲論,故有《道德經》上下。"(下經解題)

就上下經而言,成玄英認爲它們各包含有三部分的内容。具體地説,即第 1 章爲第一段落,其宗旨在於"標道宗致",第 2—36 章爲第二段落,義在"廣明道法",第 37 章自成段落,任務在於"總結指歸"(上經解題)。下經亦如此,第 38 章爲第一部分,"正開德宗",第 39—80 章"廣明德義",第 81 章同爲"總結指歸"(下經解題)。成玄英通過對《道德經》的考察,將其劃分爲六個前後相承的部分,反映了他對《道德經》結構的認識,這在《老子》研究史上,具有創見,表明了《老子》研究者對《道德經》理解的深入。

成玄英認爲,《老子》八十一章,是部結構謹嚴、内容博大精深的作品。它章章相扣,每一章闡發的内容都有特別的意蘊。而第 1 章與第 38 章,是其全部 精神實質的體現和整個思想核心的綱領性概括。故"標道宗致"之第 1 章,含有四方面的内容。"略標理教;泛明本迹;顯二觀不同;會重玄之致"(解題)。如果進一步看,道經中對此又是以不同的層次展開的。這即是,第 2—5 章,"至道以中爲用"(第 4 章解題),第 6—12 章"以明實法虛幻相對"(第 8 章解題),第 13—21 章,是説"所修之境希夷,能修之境難識"(第 15 章解題),第 22—36 章則明"權道方便"(第 36 章解題),最後予以總結。

就德經看,成玄英在解題中指出,"正開德宗"這一章,爲德經的主綱,具有"顯上下二德;妄執不同;辨仁義禮之德,明澆淳世異,明去本之末,勸令息末崇本;斥禮爲浮僞之始,示其取捨向方"四節。成玄英對此從不同的角度分析了德經的内容。他認爲,第 39—54 章,"明有道者照而不由於心,無道者由心而不能照"(第 47 章解題),第 55—65 章是講"道體沖奧,令物歸依"(第 62 章解題),第 66—71 章"雙遣空有"(第 69 章解題),第 72—80 章"明剛柔損益,以進修學"(第 77 章解題),最後一章,爲全書的思想予以歸納。

　　成玄英對《道德經》結構的分析和内容上的認識,源自他對《道德經》的中心概念道德的充滿新意的詮釋,就道德的相互關係看,"道是虛通之理境,德是志忘之妙智;境能發智,智能克境,境智相會,故稱道德"(解題)。這是説,道是非實體性的形而上的存在,是所知,德是表示"離形去知,同於大通"的神妙的認識的認知主體,是能知,智由境發、智可知境,兩者雖異而不離,"所以題稱道德",是因爲它"大無不包,細無不入,窮理盡性"(同上),因此,《道德經》是"三教之冠冕,衆經之領袖"。至高無上,包羅萬象,洞極玄微。

　　由此可見,道是世界的本質,那麽,道之所以爲世界之本,及其具有哪些特性,即或爲道論所要解決的問題。德經則闡發得道之美,失道之危,修行返本的方法和境界,故《道德經》五千言,乃是真理的淵藪。

　　成玄英對《老子》思想的創造性發展,就現代哲學意義看,它是建立在對主客體的規定和相互關係的説明上的,這一説明,又是以客體爲起點,主體爲主導,最終實現會同主客,泯除物我之别,實現自我解脱超越爲目的。成玄英對《道德經》結構的理解和詮釋,表達了"重玄之道"的邏輯内涵。

二、重玄之學方法論的特色

　　哲學的進步,離不開新的方法論的確立。在一定意義上,方法與對思維本身的探討,具有同等的價值。

　　成玄英成長在道教教義理論日趨完善之時,受到了魏晉以來中外思想的强烈影響。如何在堅持道教的根本原則下、利用以往的思想資料,吸收佛學成果,從而揚棄佛學,回應以佛學爲代表的外來文化對中土傳統思想的挑戰,這是一個不容回避的課題。

　　成玄英繼承了王弼以來魏晉玄學的"辨名析理"方法論主張、以《老子》的方法論爲基調,將"有無俱遣、不落有無兩邊"的中道觀融鑄爲一爐,顯示了"重玄之學"在方法論上的鮮明性格。

　　依照湯一介先生的研究,《道德經》哲學體系的建立,集中表現在"有無相生"(第 2 章),"有物混成,先天地生"(第 25 章),"道常無爲而無不爲"(第 37 章)這三個命題,以及與此有着密切聯繫的第 11 章和第 48 章。其方法,從根本上看是"負的方法"或"否定的方法,其思維模式就是從相反的方面,否定的方面,負的方面來表達他所要肯定的和建立的①。

　　成玄英對《道德經》的上述的思想作了這樣的理解。"有無二名,利因而言,推理窮性,即體而空。既知有無相生,足明萬法無實"(第 2 章,釋"有無相生")。有作爲存在或存在的規定,與無作爲非存在或存在的沒有規定性,是根據認識的需要産生的,認識的歸宿在於把握世界的本質,若能了知體相,則"有無"作爲"名",已無價值。就此意義看有無關係,足以説明紛紜複雜的事物沒有恒常性。所以説,"無賴有以爲利,有藉無以爲用"(第 11 章,釋"有之以爲利,無之以爲用")。無依賴有來顯示其爲根據,有則爲無之外部表現。

　　有無均是對道體的説明,而"至道深玄,不可涯量,非無非有,不斷不常"(第 1 章,釋"名可名,非常名")。"非無非有,不斷不常"源自佛教中觀學。中觀學創始人龍樹言,"衆因緣生法,我説即是空。亦爲是假名,亦是中道義。"(《中論・觀四諦品第二十四》)又曰:"不生亦不滅,不常亦不斷,不一亦不異,不來亦不出。"(同上《觀因緣品第一》)"一切諸法本無自性,因緣和合而生",這是佛學的理論基礎,也是中觀學所承認的。但中觀學以生滅、常斷、一異,來出諸範疇深化和多方規定對世界本質的認識,這是從根本上探討世界的本原,連續性和中斷性、差別性和同一性等重大哲學問題,并把它提煉爲"有無俱遣,不落有無兩邊"的中道觀,在思想史上産生了極大的影響。

　　中觀學在中土受到人們的重視,離不開著名義學沙門,鳩摩羅

---

① 　見《中國傳統文化中的儒道釋》,和平出版社,1988 年,第 78 頁。

什的弟子僧肇的闡釋。僧肇對有無的理解是，如果有無是恒常的，
是不需要依靠因緣而後生起，而佛陀早已明示"衆因緣"的和合才
生成事物，所以，這樣的有是"非真有"，而"非真有雖有不可謂之
有"。無應該是"湛然不動"，不會有生成變化的存在，果真如此，萬
物也就不能夠生起，有生成則說明并非無，因爲有緣起的存在。正
確的看法是，"言有是爲假有，以明非無，借無以辨非有"。這是同一
問題的兩個方面，表達上雖有不同，若能領會其精神實質，二者即
無差別。從言意 的角度看，這是"僞號"與"真名"的關係，故稱"真
未嘗有"，"僞未嘗無"，如此，"諸法不有不無者，第一真諦也"(《中
論》)①。

　　僧肇的思想中有大量的老、莊成份。本來，佛學對有無的規定
不同於中土，在中觀學那裏，有指外部現象，這些形形色色的現象
是一不真實的存在，是假象，雖然它不真實，但并非不存在，不是無
而是假有，既不執著於有，又不迷惑於無，才是世界的本質"空"的
準確反映。

　　成玄英吸收了佛學對常斷、生滅等的有益探討，"非有非無"的
思想豐富深化了有無的規定，但他的思想與佛學還是根本不同。成
玄英承認現象對本質而言是假象，但他不否認現象的實在性，"萬
法無實"僅指山河大地處於無窮的運動變化的過程中，沒有恒常
性。"即體而空"是指道體自然無爲，空同時指認知主體心無染著的
精神狀態，而非以空來表示世界的本質是虛幻。

　　道是事物得以存在的依據，它本身"無形無相"，但它又確實存
在，所以說，"夫有物者道也，道非有而有，非物而物，混沌不分，而
能生成庶品"(第 25 章，釋"有物混成")。道 不同於具體的事物，所
以是"非物"，"非有"，但具體事物又不能獨立於道而自存，道又是
"有"有於"物"，物與道就是這樣不可分割。在認識上，就需"以有資
空，以空導有"，如此"有無資導，心不偏溺"(第 11 章，釋"有之以爲

_____

①　以上内容見《不真空論》。

利,無之以爲用")。成玄英在相當的程度上是把"無"和"空"放在同一層次的,這與僧肇大不相同,僧肇主張"不真"即是"空"。

　　成玄英認爲,真常之道超絶於言象,但任何對道的認識把握,離開言説,將無從下手。雖然"常道"不能輕易爲言教概括無遺,但不妨礙"至教"致廣大而盡精微,所以"可名非常名",這樣,"教理不一不異"。因"義有揚抑,教存頓漸,所以亦常以破可,故言可道非常道。至論造極處,無可無不可,亦非常非不常"(第1章,釋"名可名,非常名")。語言文字作爲共同的交流工具,其内容有深淺之別,引導衆生開悟的方法,因其資質不同而有頓漸,然而得道之言,無不圓通,故"常言"就升華爲"非常言",因其"造極",終能與道"不一不異"。成玄英强調和肯定了"至教"的作用,這是前代道教主張的"仙可學致"的繼續。

　　王弼以來的中外思想家,都對成玄英"重玄之道"的建立提供了營養,這是思維發展過程中的必然結果。這也是從理論上揚棄佛學的自覺。它不再是前代長期存在的禮法之爭,而是在思維方式上的解析建構。因此,成玄英對有無、言意、體用等的分析説明,既有對傳統的繼承,又有着自己獨特的創新,這是《道德經》方法論總結性説明的"正言若反",在新的歷史條件下的回覆和表達。

三、重玄之學的主要概念的内涵

　　道德、有無、有爲無爲等,是重玄之學的核心概念。分析成玄英對上述概念及概念間關係的規定,即可獲得重玄之學的基本印象。

　　(一)論道、德

　　成玄英對道有多方面的規定。他首先指出:"道以虚通爲義,常以湛寂得名,所謂無極。大道是衆生之正性也。"(第1章,釋"道可道,非常道")"虚通"是道的根本屬性,包含着雙重的内容。"虚"指道爲非實體的存在,"通"則意味着無處不在,這即是"無極",它是一切存在的根據。而且"道無不在,名曰周行,所在皆通,故無危

殆"（第25章，釋"周行不殆"）。因其行而皆通，所以，任何利害對它
無所加損。

道是絕對的恒常的存在，沒有變化可言，也不依賴它物，是無
因無待的獨立自存，深不可測，妙絕形聲，成玄英曰：

> 道體窈冥，形聲斯絕。既無因待，亦不改變，此乃獨獨，不待獨也。
> （第25章，釋"寂寥獨立不改"）

> 至道幽微，非愚非智。升三清之上，不益其明；墜九幽之下，不加其
> 闇，所謂不增不減。（第14章，釋"其上不皦，其下不昧"）

成玄英強調了道的非意志性特點，這與老莊乃至魏晉玄學的主張
是一致的，而有別於儒學思孟一系。

"無極"之道，即道"體無涯際"之意，所以稱道"爲大"（第25
章，釋"強爲之名曰大"）；道又是"強"，因其"不大爲大"（同上），雖
然大無不包，細無不入，通貫萬有，無有損益其容狀，不可增減動搖
其體性，但不自詡其"大"，具有超越一切的力量。

綜上所述，道具有"虛通"、"正性"、"周行"、"無危"、"無因"、
"非智"、"不改"、"大"、"強"諸特性。這是對"道是虛通之理境"的具
體說明。

德是相對於道的次一層次的概念。成玄英把德界說爲"德以剋
獲爲義"（第38章，釋"上德不德"）。"剋獲"於道即是德，道是形上
之理的全體，德爲其部分，物得道而生成。

（二）論道、物

道是事物存在的根據，是事物的生化之源，道的不存在是絕對
不可想象的。在這樣的意義上，成玄英認爲道是"素質"（第15章，
釋"敦若樸"）、"真本"（第28章，釋"復歸於樸"）。樸是對道的生化
功能的說明。

道生物具有哪些先後順序呢？成玄英指出："至道妙本，體絕形
名，從本降迹，肇生元氣。又從元氣變生陰陽，於是陽氣清浮升而爲
天，陰氣沉濁降而爲地。二氣升降，和氣爲人，有三才，次生萬物。"
（第42章，釋"道生一，一生二，二生三，三生萬物"）元氣以至萬物

的生成，是本迹關係的顯現，氣是物質世界的最直接承擔者，其變化越繁赜、變現的外物就越具體。所以說"一元氣也，二陰陽也，三天地人也，萬物一切有識無情也"（同上）。

因道"即寂而動，即體而用"（第48章，釋"無爲無所不爲"），是靜中有動，動中之靜，體用如一，故本性無爲而無所不爲，能夠"應物施化"，所以說"一，道也"（第39章，釋"昔之得一者"）。一既指萬物的統一性，又指道爲終極本源。從道論之，"道能善貸"（第42章，釋"道生一"）；就物觀之，"稟道而有形質"，"以德化導，陶瑩心靈，令行業淳熟而成就也"（第51章，釋"物形之，勢成之"）。道"即寂而動"故有生，生是生生不息之意。

而道之生物，是"在天地先生，還是不先先"（第25章，釋"先天地生"）。"先"與"不先先"，是指道與物不離而異、不一而一，所謂"道不離物，物不離道；道外無物，物外無道"（第21章，釋"道之爲物"）。這種"先"是一邏輯的抽象，非以時間早晚立言。成玄英對本體諸問題的探討，與北宋的周敦頤、程顥等的思想，不惟内容上一致之處甚多，連表述的語言幾無差别，無疑是宋明理學的思想源淵之一。

（三）德：對主體的考察

人是知、情、意的統一，凡聖的不同，來自己身能否克惡揚善，雖處紅塵之中，但無耽染之失。

芸芸衆生，之所以不能解脱，因其"外逐塵境"、"心耽絲竹，耳滯宫商"、"耽貪醪醴，咀嚼膻腥"、"快心放蕩"（第12章，釋"五音、五味、田獵"）。不惟爲物欲所牽，而且制於名利，"得寵則逸豫喜歡，遭辱則怵惕憂恚"，但寵辱"皆非真性"（第13章，釋"寵辱若驚"），以"順意爲善，違心名惡"（第14章，釋"善之與惡"），不知自己已蹈死滅之原。爲什麽會這樣呢？成玄英指出："令譽芳名，本爲身也。身既爲名致死，名竟何所施爲"，生活的安逸和滿足，是人生幸福所祈求的，爲名利而導致死亡，豈非逐末舍本，故不能"求外喪内，貪名忘實"（第44章，"名與身孰親"）。身外的名利一切均爲外，身是內,識此者鮮矣。

　　有道之士與此不同,"虛懷內靜,不馳心於世境,而天下之事悉知"(第47章,釋"不出户、知天下")。因爲"心爲五臟百行之主"(第75章,釋"以其上食稅之多"),"靜則無爲,躁則有欲,有欲生死,無爲長存"(第26章,釋"靜爲躁君"),靜則能使生命永固,而且成就無上智慧,因爲"靜爲行先,定能生慧"(第25章,釋"人法天"),這樣,"游心虛澹,超然物外","處染不染"(第26章,釋"燕處超然")。人處在具體的環境中,現實的外部對象,雖然引發感官欲望的動搖,但栖息山林,杜絶視聽,也是修行之大患,必須是"妙悟諸法,同一虛假不舍虛假",在生滅不定的現象界,"即假體真"(第27章,釋"善計不用籌算"),由現象而領悟本質。所以,有道之士能"外無可欲之境,內無能欲之心,恣根起用,用而無染"(同上,釋"善閉無關楗"),境智相會,産生真智,而心體虛靜。

　　有道之士"即假體真",在於其"誓心堅固"。成玄英指明了五種"誓心",是爲"發心"、"伏心"、"知真心"、"出離心"、"無上心"。"發心"者"發自然道意,入於法門",具有向善的基質;"伏心"者"伏諸障惑",可以降伏外界塵累;"知真心"可使人"生彼九宫",實現元神在腦;"出離心"則可"生彼三清,所謂仙真聖",化升三清勝境、會歸仙真聖;"無上心"臻乎"直登道果,乃至大羅天",這是修行的最高境界(同上,釋"善解無繩約,不可解")。成玄英從心性論的立場,論證解脱的根源在於主體具有的内在動力,從而爲道教的教義理論提供了一種新的形而上的依據,極具時代色彩。

　　(四) 言教:權道方便

　　真常之道"不可以名言辨,不可以心慮知"(第1章,釋"道可道,非常道")。只因"聖人慈悲救物,轉無爲之妙法,治有欲之蒼生"(第2章,釋"是以聖人治"),以言教之方便法門,給衆生提供一個可資修習的樣本,"所以因無名立有名,寄有名詮無名"(第1章,釋"有名萬物母"),使耽染塵境、不能自拔的衆生開悟。

　　成玄英認爲,"名者能正名百物,垂迹顯教",(第47章,釋"不見而名"),聖人立教,"意在引物向方,歸根返本"(第 32 章,釋"夫亦將知之"),這就如同筌蹄之用,在乎魚兔,"不可滯執筌蹄,失於魚兔","應須止名求實"(同上),不能因手段而放棄目的,故"筌蹄既忘,妙理斯得"(同上,釋"知止不殆"),如此"寄言詮理",可無危殆。這是成玄英的"得意忘言"説,與魏晉玄學的主張無有不同。

（五）漸進:修行上的累劫修研

愚智的不同,決定了修行者在成聖道路上的差異。成玄英指出,"上機之士,智慧聰達,一聞至道,即悟萬法皆空,所以勤苦修學,遂無疑怠";"中機智闇,照理不明,雖復聞道,未能妙悟。若斂情歸定,即時得空,心纏涉世塵,即滯於有境";"下機之人,根性愚鈍,聞真道玄遠,至言宏博,心既不悟,謂爲虛誕,遂生誹謗,拊掌笑之"(第 41 章,釋"上士"、"中士"、"下士")。上機與下機之人,在實際生活中并不佔有多數,普遍存在的是中機之人。這似乎是王弼的"神明"與"五情"論的翻版①。自我的自覺與否,表現爲才智的高低和對至道的不同態度,"斂情歸定,即時得空",反映了常人的意志力不能持久,使覺解受到限制,爲假象所迷惑。雖不像下士妄陋,也不能像上士"勤苦",對其修學進道,需要多加扶持。

爲之,成玄英指出:"學道之初,有定有慧,有行有解。見小即是慧解之門,用柔即是定行之術。""解則是慧是空,行則兼空兼有。"(第 52 章,釋"守柔曰強")因此,定慧雙修,使認識與實踐一致,"見小"則是暗無不照,智慧特出之表現;"用柔"即是指守靜而無爲,爲"累劫修研"創造條件,進而則走向"虛通",乃至"自然"。所取法即是"地"之"安靜"、"天"之"清虛"、"道"之"虛通",達到"重玄之域"(第 25 章,釋"人法地,地法天,天法道,道法自然")。概括言之,"始自知雄,終乎守辱,三種修學,爲道之要",反覆不已,"常道上德於是乃足。故能復歸真空,歸於妙本也。"(第 28 章,釋"常德乃足,復歸於樸")。原因在於,"雄躁剛猛,適歸死滅;雌柔靜退,必致長生"(第

---

① 王弼認爲:"聖人茂於人者神明(即智慧),同於人者五情也。"

28 章,釋"知其雄,守其雌")。

復歸"真空","妙本"是一個長期的過程,意欲達到"塵累斯盡,心靈虛白"(第 15 章,釋"曠若谷")的終極目標,漸進的理由,成玄英指出:"瑚璉九鼎,非一朝可成",這就如同修行之人,"豈近心能證,必須累劫修研,方致虛極"(第 41 章,釋"大器晚成"),經過不斷地努力,而致"虛極"。

(六) 長生久視:對道教教義的堅持

追求"長生不死,氣化三清,虛室生白,肉身成仙"是道教區別於其它宗教的根本特點。這是不同於常識的看法,前代道教學者對長生不死的論證,在於對貴金屬等的物質性比附,通過服食金丹大藥等手段,達到突破死亡制約的目的,這是漸修之可能的物質基礎。

成玄英考慮的重心在於內丹的修煉,他提出了這樣的修煉方式。"修道之初,先須拘魂制魄,使不馳動也"(第 10 章,釋"載營魄"),首要的是保持魂魄的寧靜穩固。"次須守三一之神,虛夷凝靜,令不離散"(同上,釋"抱一能無離"),精氣神三者各得其位,使其靜處,而不逃逸。如此,"只爲專精道氣、致得柔和之理,故如嬰兒之無欲也"(同上,釋"專氣致柔能嬰兒"),剛強必致死亡,柔弱可得長久,通過對道氣的專一精勤養育,可使人達到如同嬰兒那樣無有分別的境地。這樣,"滌蕩六府,除遣五情,使神氣虛玄,故能覽察妙理,內外清夷而無疵病也。然後身無所爲,心無所取,不爲有生,不爲無滅,以此而用,豈有疵病"(同上,釋"滌除玄覽,能無疵")。氣朗神清,天機玄發,天下之事不足以動其心,固能超越生死。此乃"至道以中爲用",從而使修行者從容中道,沒有過不及之累,故言"守中即長生久視"(第 5 章,釋"不如守中")。中即是有無俱遣,"守中"亦指"處心中正,謙和柔弱"(第 42 章,釋"冲氣以爲和"),它使行與心相互連結。因此說:"此一中之道,軌範群生,故爲天下修學之楷模也。"(第 22 章,釋"聖人抱一爲天下式")

"復歸於嬰兒"是一個否定之否定的過程。由混蒙未知,到解脱

的自覺，最終實現破執顯真，這是彼岸與現實的矛盾對立中，體悟
"靜是長生之本，躁是死滅之原"(第 45 章，釋"躁勝寒，靜勝熱")的
艱苦曲折的螺旋上升。人類的精神渴求，在成玄英的意識深處，表
達的如此執著堅定。

（七）自然：重玄之極道

成玄英從《道德經》"玄之又玄"一語中，提煉出的"重玄之道"，
具有這樣的内容。

他認爲，有無，有欲無欲，雖遣而得中，猶未盡善。他指出，"雖
舍有無，得非有非無，和二邊爲中一，而猶是前玄，未體於重玄理
也"(第 79 章，釋"和大怨，必有餘怨")，固然"有無二心，微妙兩
觀，源乎一道"，這是"深遠之玄"(第 1 章，釋"同謂之玄")，這僅僅
是"無待"、"待獨"、"未能無不待"、"未能獨獨"(同 79 章所釋)，有
所依靠，而非"即體而用"，就修行而言，是知修而達"空"，尚未忘
"空"。而應"非但不滯於滯，亦乃不滯於不滯，此則遣之又遣"(第 1
章，釋"玄之又玄")。達到這樣的境界，則"能所兩空，物我清靜，一
切諸法，皆成勝妙之境"(第 69 章，釋"則哀者勝")，超越了一切矛
盾對立，而達到永恒的和諧，由道而自然。可見，"道法自法"，是因
"自然"是道的最深層的本性，故説"自然者重玄之極道"(第 23 章，
釋"希言自然")。"道是迹，自然是本"(第 25 章，釋"道法自然")，大
羅天之所以可稱"道境極地"，是因其一切自然而然，無所主宰。"重
玄之理"歸結於此。

解釋的有效性，取決於能否在原有的資料上，予以符合時代要
求的創新。成玄英以慧觀和長生相統一，從心性論角度，爲其提供
新的形而上的基礎，并以"自然"來表達"重玄之極道"的終極關懷。
他吸收佛學的有益成份，繼承魏晋玄學的思辨傳統，爲道教與思維
的轉變，進行了成功的探索，是思維發展中不可缺少的環節。

作者簡介　强昱，内蒙古人，1964 年生。現爲北京大學哲學系
博士生。

周敦頤《太極圖》淵源慎思

姜廣輝　陳寒鳴

内容提要　本文根據現有資料,試對周敦頤《太極圖》淵源問題作一種可能性和合理性的解釋。認爲有三個環節應該把握:1.以圖解易是漢易的傳統,從"坎離匡廓、運轂正軸"的形象性看,可以推論《周易參同契》原本有圖。《水火匡廓圖》、《三五至精圖》當是其中二圖。2. 北宋邵伯温《易學辨惑》説陳摶《易學》"不煩文字解説,上有一圖以寓陰陽消長之數與卦之生變",則陳摶也繼承了以圖解易的傳統。因此,傳説他有《無極圖》傳授,也不爲無據。我們所作的推論是,此圖可能綜合有《水火匡廓圖》和《三五至精圖》。3.因周敦頤是陸詵的女婿和蒲宗孟的妹婿,這樣的社會關係使周敦頤與陳摶後學發生了種種聯繫,因而可能見到《無極圖》,并將它改造成《太極圖》。

一

關于周敦頤《太極圖》淵源問題,自清儒毛奇齡、黄宗炎、朱彝尊、胡渭考證以來,今人多引據以爲定論。近李申博士著《太極圖淵源辯》(載《周易研究》1991 年 1 期),對清儒的論據發生懷疑,于是這個問題便有重新審視的必要了。

考證之事,係根據歷史資料對歷史事實所作的一種可能性、合理性的解釋,歷史資料是否真實? 即使真實,又是否符合當時之事實？而歷史資料在流傳過程中多有散佚，今人僅從他書引錄而得知，則此引錄之書可信程度亦成一問題，加之推論方法是否合乎邏輯等主觀因素，造成種種限制，因而考證的結論只有相對的真理而已，我們所能做的，是根據現有的資料作出某種更 具可能性、合理性的解釋，因此，爲求嚴謹起見，"多聞闕疑，慎言其餘"，則是我們所應有的態度，這也是我們所說的"慎思"的意思，慎思才可明辨。

　　毛奇齡等清代學者認爲，《太極圖》"總出于《參同契》"(《西河集》卷十八)，《周易參同契》爲東漢魏伯陽所著，一向被尊爲丹經之祖。毛氏認爲，《參同契》原本有許多附圖，"《參同契》諸圖，自朱子注後，則學者多刪之……惟彭本有《水火匡廓圖》，《三五至精圖》……今藏書家與道家多有之。"(《太極圖說遺義》)但是，我們今天見到的彭注本并沒有圖，這是一個疑案。對此我們可以有兩種態度，一是認爲毛氏的話不可信據，一是依靠版本學家的幫助，進一步進行調查。

　　不過，從《參同契》本身文字來看，我們有理由相信《參同契》原本是有圖的。《參同契》所說的"坎離匡廓，運轂正軸"已有鮮明的形象性，以代表水的☵和代表火的☲經過藝術化的處理，形成一個同心多圓體(匡廓)，而此圖形又像是一個貫有中軸的運轉的車轂，你看，這不正與今天我們所看到的《水火匡廓圖》相符合嗎？

　　《參同契》又有"三五與一，天地至精"的話，"三五"聯辭，頗費索解。因爲古代哲學通常講"二五"，即指陰陽二氣和金、木、水、火、土五行，那"三五"又是指什麼呢?毛奇齡指出，這有《三五至精圖》(如左)與之相應，他說："分五行爲三五，中央土一五也；左火與木一五也，地二生火，天三生木也，二三五也；右水與金又共一五也，天一生水，地四生金也，一四亦五也；……(自注：合三五而皆鉤連與下之一"○")。則此一'○'者，三五之合，非二五之合；三五之精，非二五之精。蓋丹家水火必還一元。"(同上)據《尚書·洪範》和《漢書·五行志》，五行的代表數依次

《水火匡廓圖》

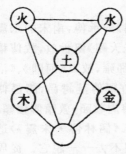

《三五至精圖》

爲水一火二木三金四土五，它們是由天之奇數和地之偶數衍生的，因此毛氏才有這樣的解釋，通過這樣的解釋，再結合《三五至精圖》來看，可以說是天衣無縫的，有了《三五至精圖》，"三五與一"的寓意才由隱而顯，若沒有這圖，則此語很難理解。

道教奧義往往采取隱寓的形式，那一語道破的真義則單傳秘授，甚至不形諸紙端，只是口耳相傳，而決不肯輕易披露于外人的，這很可能是《參同契》通行本不附圖的一個原因。當然，我們還是希望通過努力能夠找到附圖的《周易參同契》版本。

從《周易參同契》到周敦頤的《太極圖》，有一個中間環節，其中一說是陳摶的《無極圖》，我們比較傾向這一說法，陳摶是五代末、北宋初的著名道士，就像《老子》所說，"爲學者日益，爲道者日損"，陳摶的《易》學"不煩文字解說，止有一圖以寓陰陽消長之數與卦之生變"。這是邵伯溫在《易學辯惑》中說的，邵是北宋時人，距陳摶時代不遠，當可信據。當然，陳氏是否僅此一圖，此圖是否就是《無極圖》？也還是個問題。

對于陳摶的《無極圖》，學者多不經見，但是清代考據學家如黄宗羲、朱彝尊卻鑿鑿有據地描述了這圖，朱氏說："陳摶居華山，曾以《無極圖》刊諸石，爲圓者四，位五行其中，自下而上，初一曰玄牝之門；次二曰煉精化氣，煉氣化神；次三五行定位，曰五氣朝元；次四陰陽配合，曰取坎填離；最上曰煉神還虛，復歸無極，故謂之《無極圖》，乃方士修煉之術爾。相傳摶受之呂嵒，嵒受之鍾離權，權得其說于（魏）伯陽，伯陽聞其旨于河上公。"（《太極圖授受考》）朱氏所說的"相傳"云云，是不確定的，但說"刊諸石"云云，則是很確實的，那《無極圖》到底刻在華山的什麼地方？這是需要進一步調查的。

從下圖看，這已是前兩圖的綜合而成一新系統，用以說明道家

修煉的原理及煉養過程

關于周敦頤《太極圖》的承傳，南宋的朱震有一個説法："陳摶以《先天圖》傳种放，放傳穆修，修傳李之才，之才傳邵雍，放以《河圖》、《洛書》傳李溉，溉傳許堅，許堅傳范諤昌，諤昌傳劉牧。穆修以《太極圖》傳周敦頤，敦頤傳程顥、程頤。"（《宋史》卷四三五《儒林傳‧朱震》）這一段話問題相當多，我們不去一一説它。從周敦頤到朱震已經數十年，這期間并無人説起《太極圖》的淵源，朱震突然"公開"這一"薪傳"，有什麼根據？除周、程外，這些人之間的相互聯繫的資料，歷史上幾乎没有記載，且既説周傳于二程，如何二程文集、語錄對此隻字不提？

此外，陳摶的《先天圖》與《無極圖》是否一回事，周敦頤究竟從什麼渠道得到的？

周敦頤這個人簡淡優游，一心向道，雖然他生平未歷顯宦，也没有大的文名，可是同時代的高士文人一見便傾心仰慕，程珦視周敦頤氣貌非常，一交談便看出他是知道者，遂令二程兄弟師事之。而同時代的蘇軾、黄庭堅對他

（《無極圖》）

都有極高的評價，黄庭堅稱譽他"人品甚高，胸中灑落，如光風霽月"。對于周如何得道，由于歲月深遠，書缺有間，我們不可能編製成一個傳承系統，只是通過考察他的社會關係和交游，來看他可能得道的途徑。

《朱子語類》卷九十四："問：周子之學是自得于心，還有所傳授否？曰：也須有所傳授，渠是陸詵婿。"朱熹并没有提到朱震所説的那套傳道系統，而是力圖找尋周敦頤得道的真實聯繫，他的話很具啓發性。

據潘興嗣《濂溪先生墓志銘》所記，周敦頤"娶陸氏，職方郎中參之女，再娶蒲氏，太常丞師道之女。"(《周濂溪集》卷十)陸參即陸詵("參""詵"同音而訛用)，陸詵爲邊帥時，張伯端(平叔)曾做爲他的幕僚，兩人一直有着深厚的友誼。張伯端後來成爲最重要的道教人物之一。陸詵之孫陸思誠說：張伯端"少業進士，坐累謫嶺南兵籍。治平中，先大夫龍圖公詵帥桂林，引置帳下，典機要。公移他鎮，皆以自隨，最後公薨于成都，平叔轉秦隴。"(《悟真篇記》)張伯端亦自謂："至熙寧己酉歲，因隨龍圖陸公入成都，以夙志不回，初誠愈恪，遂感真人授金丹藥物火候之訣，其言甚簡，其要不繁，可謂指流知源，霧開日瑩，塵盡鑒明，考之丹經，若合符契。"(《悟真篇序》)他雖未明言授其金丹藥物火候之訣的真人是誰，但據《山西通志》說，張伯端"遇劉海蟾，授以金液還丹之道。"而《歷世真體仙道通鑒》卷四十九《張用成傳》亦謂：伯端"遇劉海蟾，授金液還丹火候之訣，乃改名用成(誠)，字平叔，號紫陽。"劉海蟾是陳搏的弟子，所謂"金丹藥物火候之訣"當來自于陳搏，而陳搏的《無極圖》正是講丹功修煉之術的。

其後，張伯端著《悟真篇》，闡發其逆施成丹與順行造化的思想。此書"專明金丹之要，與魏伯陽《參同契》，道家并推爲正宗"(《四庫提要》卷一四六)。張伯端將此書授給馬默，默以此書傳之張履，張履也是陸詵的女婿，張履又將此書授給陸詵之子陸師閔。而周敦頤既是陸詵之婿，又是向道之士，很有可能通過張履 或陸師閔而得悉張伯端從劉海蟾那兒得到的陳搏真傳。并且，張伯端與陸家是世交，周敦頤由于是陸家的姻親，也有直接與張伯端結識的可能。這雖是一種推測，也不是全無根據，周敦頤四十一歲時曾致書傅伯成，傅答書中說："執事以濟衆爲懷，神所勞賚，故得高士與施至術，而心朋遠寓名方，豈不勝哉！"(《周濂溪集》卷十《年譜》)這裏的"高士"，"至術"，當是有所指的，朱熹在講到周子之學的來源時說"渠是陸詵婿"，這就意味在這樣的社會關係中可能有非常的際遇。

　　至于周敦頤四十三歲時續娶的蒲氏,乃蒲宗孟之妹。《年譜》記"左丞蒲公宗孟,閬中人,太常丞蒲師道之子也。從蜀江道于合,初見先生,相與款語,連三日夜,退而嘆曰:'世有斯人歟?'乃議以其妹歸之,是爲先生繼室。"(同上)蒲宗孟也是位好道之人,同張伯端、陳景元均甚友善。陳景元是陳摶弟子張無夢的高足,得陳摶之學的精髓。蒙文通先生說景元之學"源于希夷(陳摶)。昔人僅論濂溪、康節之學源于陳氏,劉牧《河圖》、《洛書》之學亦出希夷,而皆以象數爲學,又自附于儒家。今碧虛(景元)固道士之談老莊者,求摶之學,碧虛倘視三家爲更得其真邪?"(《陳景元老子莊子注校記》)陳摶的《無極圖》是可以通過張無夢傳給他的,而周敦頤又很有可能通過蒲宗孟了解到陳摶之圖。

　　正由于周敦頤同陳摶後學有這種種聯繫,所以他能了解到《無極圖》的内容,也是題中應有之義,因此也就無須爲他編造一個傳授系統。

二

　　周敦頤的《太極圖》與陳摶的《無極圖》從圖形看,是一樣的。前者自上而下讀,後者自下而上讀,甚至連圖形也不用顛倒過來。道教講順而成人,逆而成仙,據此推測這圖原本是可以作順、逆兩種讀法的,只是道教中人重視仙道,而不屑或不願對"順而成人"的道理作理論研究和概括。

　　周敦頤從哲學的高度上吸納道教理論的合理内核,將道士丹功修煉之圖改造成爲演示宇宙生化的圖式,這一改造表明周敦頤的儒者立場,而不同于一般的方士。《太極圖》與《太極圖說》是一體的。後者很簡短,但很重要,它對這個宇宙生化模式作了解釋,今錄全文于下:

　　"無極而太極,太極動而生陽,動極而靜,靜而生陰,靜極復動,一動一靜,互爲其根。分陰分陽,兩儀立焉。陽變陰合而生水火木

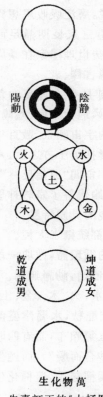

金土。五氣順布，四時行焉。五行，一陰陽也。陰陽，一太極也，太極本無極也。五行之生也，各一其性。無極之真，二五之精，妙合而凝，乾道成男，坤道成女，二氣交感，化生萬物，萬物生生而變化無窮焉。惟人也得其秀而最靈。形既生矣，神發知矣，五性感動而善惡分，萬事出矣。聖人定之以中正仁義而主靜（無欲故靜）立人極焉。故聖人與天地合其德，日月合其明，四時合其序，鬼神合其吉凶。君子修之吉，小人悖之凶，故曰立天之道曰陰與陽，立地之道曰柔與剛，立人之道曰仁與義。又曰：原始反終，故知死生之說。大哉易也，斯其至矣。"（《周濂溪集》卷一）

　　《太極圖說》以《周易》思想為主體，其中揉進了道家思想，如無極、無欲、主靜等思想。《太極圖說》曾有幾個版本，洪邁國史傳本作"自無極而太極"，而周敦頤九江故家傳本，則為"無極而生太極"，這兩個版本中"無極"都是最高的範疇。而經朱熹訂正的今通行本作"無極而太極"。朱熹將"無極"解釋為無形，而以"太極"作最高範疇，關於"無極"、"太極"問題，朱熹同陸九淵有過一場大辯論。陸九淵指出："無極"二字為"老氏宗旨"。在我們看來，"無欲"、"主靜"思想亦出于老氏，迨無疑義。戴震說："周子之學，得于老氏者深。"可謂知言。同時，由于周敦頤曾與東林常總等禪師交游，思想亦難免受其影響，據《尚直編》說，周敦頤曾向常總禪師扣問"《太極圖》之深旨，東林為之委曲剖論。周子廣東林之語而為《太極圖說》。"同書又說："濂溪'無極之真，妙合而凝'，'無極而太極'等語，全是東林口訣。"

朱熹訂正的《太極圖》

　　從思想發展史的角度看，要創立一種新學說，廣泛吸收思想資料，應視爲一種正常現象，但由于當時儒、釋、道三家長期鼎足而立，儒學内部就有强烈的排斥釋老的情緒，因而後世理學家在談周敦頤思想來源時，往往只談《周易》、《中庸》，而諱言釋、老。

　　雖然有此背景，但以太極圖來解釋世界，卻是令人贊嘆的創造，因爲太極圖高度凝聚了中國古代的智慧，巧妙地把太極、陰陽、五行、四時、萬物聯繫起來，組成一個優美和諧的宇宙圖景，數百年來一直作爲理學家世界觀的基本模式。太極圖囊括了千古之上、六合之外的一切不可窮詰的東西。它告訴人們，宇宙間“原始反終”，不過如此。這種理論的積極意義，是以自然造化論代替了宗教神學的世界觀。這種世界模式，有這樣幾個值得重視的具體特點：

　　一、整體性，“萬物統體一太極”，萬事萬物都統攝于太極。

　　二、對立互補性，陽動陰靜猶如一個互補的循環體，截取一段說，靜爲動根，動爲靜根，而從全體看，則是陰陽無始，動靜無端。

　　三、生化性，由太極而有陽動、陰靜，而生水、火、木、金、土。又由于木屬陽稚配春，火屬陽盛配夏，金屬陰稚配秋，水屬陰盛配冬，土爲冲氣，兼行四氣，這樣木、火、土、金、水五氣順布，而有四時運行。又由于陰陽、五行氣化交合（“二五之精，妙合而凝”），而産生萬物；人也是造化的産物，與天地萬物同體，而獨稱靈秀，這種化生機制是太極自然之理，本然之妙，不假安排。

　　四、全息性，周敦頤另一部闡發《太極圖説》的著作《通書》説：“二氣五行，化生萬物，五殊二實，二本則一，是萬爲一，一實萬分。”所謂“是萬爲一”是説，合萬物而言爲一太極；所謂“一實萬分”，是講太極與萬物的關係，如月印萬川，處處皆圓，物物各有一太極，人人各有一太極。這表達了部分包含全體的全息思想，後來理學家講的“理一分殊”，即是發揮這一思想。

　　然而，太極圖畢竟是思辨的，而非實證的。它的宇宙模式體現了一種完美性，卻不能體現科學性。遺憾的是，自宋以來歷代士人對于自然事物不是從其自身中去求其本質和規律，而是套用太極圖去加以解釋,以爲它包含着宇宙奧秘,并可從中得到一種似是而非的滿足。因此,太極圖雖曾宣傳了自然造化論,反對了有神論,但它對科學的發展并沒有起到積極的作用,以至清代一些啓蒙學者要極力反對太極圖,如戴震要"發狂打破宋儒家中太極圖"(引自段玉裁《經韵樓集》卷七《答程易田丈書》)。

周敦頤提出的無欲、主靜原則,成爲爾後理學的重要特徵。雖然一些理學家對此有所修正,但從總體上看,仍未脫出這一窠臼。

關于太極圖的來源,南宋的朱震與清代學者都認爲出自陳摶,同是站在儒家的立場上,朱震對周子之學持肯定的態度,并不認爲這種來源不光彩。清代學者因爲反對宋學,周敦頤由于被尊爲"理學宗主"而首當其衝。太極圖被考定源自道家,便被視爲捉住"真贓實據"。今天,由于清儒的論據未被確鑿地證實,而引起懷疑,這種懷疑是有價值的,它可以使我們清楚地認識到對此問題解決的實際情况,促進此一問題的深入解決。但是因爲清儒的論據不夠確鑿,便認爲太極圖不可能源于道教,而是周敦頤的獨創或首創,則顯得更加缺乏根據。我們希望這個問題能得到學界的重視,而有更進一步的解決。

〔附記〕 近年關于周敦頤《太極圖》淵源問題成爲一討論之熱點,邱漢生先生《理學開山周敦頤》(《中國哲學》第5輯,1981年版。後收入《宋明理學史》上卷,人民出版社1984年版)、拙作《周敦頤》(《朱子學刊》第1輯,福建人民出版社1989年版)基本根據清人考據立論。學弟陳寒鳴家居鎮江,據載歷史上周敦頤與其鄉(鎮江古稱潤州)鶴林寺僧 壽涯有問學之誼,發掘到一些新資料,撰成《周敦頤〈太極圖說〉淵源新探》發表(《朱子學刊》第4輯,黃山出版社1991年版)。此時學友李申、王卡博士對清人觀點提出異義,李申先後撰成《太極圖淵源辯》(載《周易研究》1991年第1期),《話說太極圖》(知識出版社1992年版)的專文和專著,提出了一系列

值得重視的意見。爲此拙著《理學與中國文化》（上海人民出版社
1994 年版）中對此問題重新加以探討，但仍認爲清儒的意見可以
據信。本文是應陳鼓應先生之約，在此基礎上改寫的，改寫的原則
是翦芟枝蔓，突出主題。文甫寫就，收到束景南先生寄來的《太易圖
與太極圖——周敦頤太極圖淵源論》（《東南文化》1994 年 1 期）。
前此束先生曾來函言及要作這方面的考證文章，我以爲這個問題
非常重要，因而極表支持。束先生的觀點同我與陳寒鳴的觀點互有
異同，讀者可以參考。

　　作者簡介　姜廣輝，黑龍江省安達人，1948 年生。現任中國社
會科學院歷史所中國思想史研究室主任、副研究員，《朱子學刊》主
編、《中國哲學》執行編委。主要著作有《理學與中國文化》、《顏李學
派》等。
　　陳寒鳴，江蘇省鎮江人，現任天津工會管理干部學院講師、天
津中國哲學史學會副秘書長，主要著作有《中國文化史綱》等。

論敦煌本《本際經》的道性論

姜伯勤

内容提要 本文在廣泛吸收國内外有關研究成果的基礎上，系統研述敦煌本《本際經》的道性論。通過與中觀學説的比較，認爲《本際經》的道性論，是在"道性自然"的傳統指引下，依憑莊子思想而吸收羅什之學的超越智慧，促進了文化藝術之超越性的盛唐氣象之開展。

近半世紀以來，對敦煌道書的研究，使我們對中國中古道教史及道家學説有了若干耳目一新的認識。

1945 年，蒙文通先生發表了《校理老子成玄英疏叙錄——兼論晉唐道家之重玄學派》①，文章不僅訂正了將一件敦煌文書疑爲老子孟智周疏的舊説，且對于重玄學派研究有發明之功，其影響惠及今日。

1956 年，饒宗頤先生發表了《老子想爾注校箋》②，使佚失千年的天師道經典《想爾注》重新發現。《校箋》一書在國際敦煌學界和道教學界，產生了重大的反響。

---

① 蒙文通：《校理老子成玄英疏叙錄》，見《蒙文通文集》第一卷《古學甄微》，成都，巴蜀書社，1987 年，343—360 頁。

② 饒宗頤：《老子想爾注校箋》，見《老子想爾注校證》，上海，上海古籍出版社，1991 年。

1960 年,吳其昱先生在巴黎發表了敦煌道教卷子《太玄真一本際經》十卷本影印本,并著有《本際經》引論①。國際上對《本際經》影印本所作書評已有十餘篇。而現已發見的本際經寫本,累計已達 106 件,均占敦煌道書卷子的四分之一。三十年來,研究者繼踵而上,吳其昱、陳祚龍②、大淵忍爾③、鐮田茂玄④、砂山稔⑤、尾崎正治⑥、盧國龍⑦ 等諸先生,各有貢獻。

對《本際經》文本的研讀,使我們感到一種震動。以往,我們讀道宣《集古今佛道論衡》,常有佛道相互排拒下道教在思弁水平上對佛教處于弱勢的印象。如今,我們研讀了《本際經》的湮没多年的文本,所得到的完全是另一種觀感。這就是如方東美先生所指出的:"印度的佛學思想同中國的道家思想接觸了之後,立刻産生交互作用,就是拿道家哲學的思想精神,提升佛學的智慧;再拿佛學的智慧增進道家的精神"⑧。以下,我們試以"道性論"爲中心,探討

---

① 吳其昱:《敦煌漢文寫本概觀》,《道教文獻》。見池田温編:《敦煌講座》5,《敦煌漢文文獻》,第 76—80 頁,大東出版社,東京,1992 年。

② 陳祚龍:《關于道家〈本際經〉及其〈要略妙義〉與〈疏〉的敦煌古抄》,見《敦煌文物隨筆》,臺北,1979 年。陳祚龍:《敦煌學識小》,《敦煌古抄〈本際經〉卷七的輯補與評介》,見《敦煌學津雜志》,臺北,1991 年。

③ 大淵忍爾:《敦煌道經 · 目錄篇》,第 169—171 頁。福武書店,1978年。

④ 鐮田茂玄:《道藏内佛教思想資料集成》,《東京大學東洋文化研究所報告》,1986 年。

⑤ 砂山稔:《論〈太玄真一本際經〉── 以"身相"、"方便"、"重玄"爲中心》,見《金谷治教授退官記念論集》,《中國人性探究》,1983 年。同氏:《本際經札記── 關于本際經的異名與卷九卷十接續問題》,《東方宗教》61 號,日本道教協會,1983 年 5 月。

⑥ 尾崎正治:《太玄真一本際經》,見《敦煌講座》4,《敦煌與中國道教》,東京,1984 年。

⑦ 盧國龍:《中國重玄學》,北京,1993 年。

⑧ 方東美:《道家精神與佛學智慧》,見《生命理想與文化類型》,北京,中國廣播電視出版社,1993 年。第 305 頁。

一下《本際經》如何在中國道教精神及中國大乘佛教的交互啓迪中,致力于中國智慧的尋求。

一、《本際經》以前的道性論

　　“道性”一語見于《老子河上公注》。“道法自然”句注云:“道性自然無所法”①。河上公章句所提出的“道性自然”,可視爲早期道教對“道性”的界定。

　　王明先生認爲《老子河上公章句》出現之時,“蓋當後漢桓靈之際”②。饒宗頤先生據敦煌天寶十載寫本所記“係師定河上真人《章句》”,證定河上《注》自東漢已有流傳,《想爾注》部分取自河上③,則《想爾注》産生在河上《注》之後,并受到河上《注》的影響。

　　《想爾注》繼續發揮了道性論。《老子想爾注》“道常無爲而無不爲”條注云:“道性不爲惡事,故能神,無所不作,道人當法之”。同書“無名之樸,亦將不欲”條注云:“道性于俗間都無所欲,王者亦當法之。”又云:“道常無欲,樂清靜,故令天地常正。”《想爾注》的道性論,似可概括爲道性無爲無不爲論及道性清淨論。

　　《想爾注》的道性清靜的思想,爲産生于北周以前的《升玄内教經》所承繼;但是,《想爾注》的道性無爲無不爲的思想,在《升玄内教經》中卻爲“無所有性”及“法性空”的思想所取代。敦煌本 S.107號《太上洞玄靈寶升玄内教經》云:

　　　　得其真性,虛無淡泊,守一安神。見諸虛僞,無真實法。深解世間,無
　　所有性。

　　①　《道德真經注》,河上公注。《道藏》洞神部,363 册。參見湯一介:《魏晉南北朝時期的道教》,第 123 頁,陝西師大出版社,1988 年。
　　②　王明:《〈老子河上公章句〉考》,見《道家和道教思想研究》第 297 頁,北京,中國社會科學出版社,1984 年。
　　③　饒宗頤:《老子想爾注校證》,第 82 頁,上海,上海古籍出版社,1991年。

《道教義樞》卷八《道性義》第二十九引《升玄經》云：

> 臣知道反俗，何以故？法性空故。

《道教義樞》所引《升玄經》，與敦煌所出靈寶系《升玄內教經》爲同一部書。

本來，《老子》及《莊子》原書，也在實質上論及道的自性及體性。《莊子》云："形體保神，各有儀則，謂之性。"① 陳鼓應先生云："‘道’法自然"就是"道"性自然。"道"的自性而顯示創生萬物的無目的性、無意識性②。《本際經》對此又有發揮。

隋唐之際出現的由五卷發展至十卷本的《本際經》，以重大篇幅論及道性。這一方面是承襲了河上公《注》、《想爾注》，尤其是《升玄內教經》的道性論傳統；另一方面則是由于中國大乘佛教，尤其是三論宗的"佛性"論激發的結果。

中國大乘佛教的佛性論有許多家。隋三論宗吉藏在《大乘玄論》卷第三《佛性意》門③，曾列舉了十一種佛性論。吉藏對此十一種均不同意，而同意河西道朗的第十二種解釋"中道佛性"。吉藏說："非中非邊，不住中邊，中邊平等，假名爲中，若了如是中道，則識佛性。"

隋江南攝山吉藏的三論宗，是隋及唐初思想界中有重大影響的潮流。三論宗溯源于鳩摩羅什（公元 350—409 年）于關河所傳大乘龍樹的中觀學說④。在今本《道藏》中，我們仍可看見據傳是鳩摩羅什《老子》注的一鱗半爪。《老子》"無爲而不爲"句鳩摩羅什注云：

> 羅什曰：損之者無粗而不遺，遣之至乎忘惡，然後無細而不去，去之至乎忘善。惡者非也，善者是也。既損其非，又損其是，故曰損之又損，是非俱忘。情欲既斷，德與道合，至于無爲，己雖無爲，任萬物之自爲，故無

---

① 《莊子》，《天地》篇。

② 陳鼓應：《老莊新論》第 72 頁。上海，上海古籍出版社，1992 年。

③ 《大正新修大藏經》第 45 冊，

④ 呂澂：《關河所傳大乘龍樹學》，見《中國佛學源流略講》第 86—110 頁，北京，中華書局，1979 年。

不爲也①。

鳩摩羅什巧妙地把大乘佛教的龍樹中觀學説之有無"雙遣"説,用于解釋老子的"損之又損"和莊子的"兼忘"。蒙文通先生有云:"鳩摩羅什爲般若一家大師,亦注《老子》,其弟子慧觀、慧嚴亦皆有注。"蒙文通先生在論及上引羅什對老子"損之又損"的注釋時指出,"般若之學入于道教,而義益圓滿,遂冠絶群倫矣"②。羅什及其後學隋唐之際三論宗,影響了其時道教《本際經》的道性論對佛家中道觀的采納。

二、道性與中道:自然──真空論

敦煌本《本際經》中,道性又名法性、真性、道界性。《本際經》卷八《最勝品》云:"等道界性,同虛空相。"佛教中佛性又稱佛界、如來界。界義即"本性義"。道界性亦即道性。

p.2393《本際經》卷二《付囑品》云:"若説諸法無修無得、無滅無生、非有非無、非因非果、而有而無、非不因果,巧解因緣,假名中道,示教是法,乃名明師。"則"中道"是一種非有非無、不落兩邊的"正空"觀或"真空"觀。

2.1. 道性:真空、正空與相似空的對立

《本際經》把道性解釋爲"真空",亦稱"真實空"。p.2463《本際經》卷四《道性品》云:

> 道性者即真實空、非空,不空亦不不空,非法非非法,非物非非物,非人非非人,非因非非因,非果非非果,非始非非始,非終非非終,非本非末,而爲一切諸法根本。無造無作,名曰無爲。自然而然,不可使然,不可不然,故曰自然。悟此真性,名爲悟道。

---

① 李霖:《道德真經取善集》,涵芬樓本《道藏》悲墨帙,424—427 册。參見湯用彤:《讀〈道藏〉札記》,見《湯用彤學術論集》第 407—408 頁。北京,中華書局,1983 年,
② 蒙文通:《古學甄微》第 323 頁。

"真實空"是與"相似空"相對而言的。同卷記張道陵作答時説道：
"雖悟真空,斷諸結漏,而無知未盡,正解未圓。于諸法門,未悉洞
了。何況卿等,學相似空,未稱真境。""相似空"當指"説小乘有得之
義,生滅法相,有有有無,有因有果"①。而"真實空"則是不滯于有
無、有無雙遣、"空非空"、"不空亦不不空"的"真空"觀。故同卷稱道
君宣稱要"開真空道"。

這種"道性即真實空"的"真空"觀,是早期道教及玄學的"無"
的觀念的進一步蔓衍。p. 3280 號《本際經》卷九《秘密藏品》有云：

> 一切法性即是無性。法性、道性,俱畢竟空,是空亦空,空空亦空。空
> 無分別,分別空故,是無分別,亦復皆空。空無二故,故言其即。

又云：

> 了達正空中道之相,是即具足。無俟更修,諸餘法術。

則《本際經》的道性即真實空、真空,亦即正空。《本際經》卷二《付囑
品》云："萬物皆是空無,性無真實,假合衆緣,皆相待"(p. 2393
號)。可知《本際經》采納了龍樹的中觀學説,亦即"緣起性空"説。緣
起是有,自性是空。在方法論上,不取著名相,如《大智度論》卷六説
"非有亦非無,亦復非有無,此語亦不受,如是名中道"。不落于對
待,如《大智度論》卷四十三所説："離是二邊行中道,是名般若。"②
如上《本際經》中所説的空——非空、不空——不不空、非法——非
非法,都是二邊,都是相對,中道正觀不落于二邊,不落于對待。王
弼的玄學遣"有","以無爲本"謂之玄,《本際經》以有無雙遣超越了
玄學,而借用中觀名相把莊子《齊物論》的超越的有無觀發揮到極
致。

2. 2. 道性與無相道：法性與無相

《本際經》卷一《護國品》(p. 3371)在性與相、即道性與色相的
關連上進行了討論：

---

① p. 2393 號《本際經》卷二《付囑品》。

② 《大智度論》卷四十三。

　　法解曰：……若法性無相，則無有相，亦無無相。云何有于假有，而
體實空？有假有空，何名無相？天尊答曰：爲執性故，因緣方便，説諸法
假，爲執假故，因緣方便，説諸法空。空假之相，還復成假，是名無相……
若有衆生，稍習眞解，學相似空，願離世間，不住諸有，求解脱者，我即爲
説三界皆空，入無相道。

可知，"空假之相"即"無相"。如欲從修學"相似空"的低級階段求得
更高的超越，就要修學"眞實空"，從而進入"無相道"。

　　"無相"是就法相而言，《大智度論》卷三十《釋初品中善根供
養》云："又知諸物虛誑，如幻一相，所謂無相。"《注維摩詰經》卷六
《不思議品》："法名無相，若隨相識，是則求相，非求法也……法不
可見聞知覺。""無相"說亦是鳩摩羅什以後相當流行的觀念。"道性
即眞實空"，是就法性而言。《本際經》聲言性相平等。由道性眞空
論，自然也就推衍出法相上的"無相道"論。

　　"無相"與"無相道"的思想貫徹于《本際經》多卷之中。卷二《付
囑品》云："三清之人，見生滅相，覺無常苦，智明了故，體無相故，以
智慧力，能知能覺。"又云："無上淨妙眞智身，寂滅無相莫能睹"
（p.2393 號）。卷三《聖行品》云："道君答曰：夫道無也，無祖無宗，
無根無本，一相無相。"此"一相無相"說顯然與《大智度論》卷三十
九所云"如幻一相，所謂無相"有關。卷四《道性品》（p.2463 號）論
及"察無相想，是名爲觀"。卷九《秘密藏》（p.3280 號）有云：

　　　十方天尊所得之身，即眞道相，體合自然，無形無名，非造作法，如
虛空相。無數劫來，又證此法同一，性相平等無二。

"眞道相""體合自然"，這是承繼了傳統的道教思想，在這裏，《本際
經》的"性相平等無二"的思想，又表現爲"眞道性"與"眞道相"的統
一，亦即"眞實空"觀與"無相道"說的統一。《本際經》的性相統一
觀，又統一于傳統道教的"道法自然"說。

2.3. 道性：皆與自然同

　　《本際經》的道性論雖然曾采入鳩摩羅什的關河所傳中觀學
說，采入了隋唐之際作爲羅什後學的三論宗的中道觀，但是，《本際

經》仍然堅持了與佛教相異的道教傳統,堅持了道性"皆與自然同"
的學説。

老子云:"道法自然",這是道教的一個根本性出發點。p. 3371
《本際經》卷一《護國品》云:"此經能爲衆生,消淨内魔鬼賊,宿結煩
惱。開發真道自然正性,若人服行,四迷業障,諸漏根本,自然差
愈。"這是説,當衆生因業障與煩惱(諸漏)迷失本性時,宜以《本際
經》來"開發真道自然正性",使人心向道性復歸,此"真道自然正
性"當即"道性"。

在《本際經》卷四《道性品》(p. 2463 號)中,圍繞着"云何識真
本,道性自然因?"所設的問題是:怎樣才能説是認識了真本? 能否
説自然是因位的道性? 能否説自然是道性之因?

《本際經》否定了以自然爲道性之因的説法。同卷云:"理而未
形,名之爲性。三世天尊,斷結諸習,永不生故。真實顯現,即名道
果。果未顯故,强名爲因。因之與果,畢竟無二,亦非不二。"中道正
觀不落二邊,也是超越于一般的因果觀的。p. 3674 號《本際經》卷
八《最勝品》云:"無始無終,無生無滅,是常是實。以是義故,非因非
果。"

《本際經》超越于一般的因果觀,不以自然爲道性之因。這等于
説,不把老子的"道法自然"一語解釋爲"道"效法于自然,而是把
"道法自然"理解爲"道"的法則體現爲自然。因此,《本際經》卷四
《道性品》云:"自然而然,不可使然,不可不然,故曰自然,悟此真
性,名曰悟道",可知道性亦可理解爲自然真性。

既然道性表現爲"真道自然正性",表現爲"自然""真性",因而
《本際經》認爲"自然"不是因位的"道性",而把"自然"看成"道性"
的同一。所以,《本際經·道性品》記真多治(早期天師道二十四治
之一)中一切大衆禮拜天師而説頌曰:"道性衆生性,皆與自然同。"
這也是《本際經》的道性論所顯示的不同于佛教佛性論的最富特色
的地方。由上可見,《本際經》的道性論可概括爲"自然—真空論",
此論又與《本際經》之本體論相關。

三、道性與道本

3.1. 關于道性、"本身"與本體的討論

p. 3280 號《本際經》卷九《秘密藏品》，是《本際經》中十分重要的一章，其中有一段關于道性、本身與本體的討論。經云：

> 言本身者，即是道性清淨之心，能爲一切世間出世法之根本故，故名爲本……是清淨心，具足一切。無量功德，智慧成就，常住自在，湛然安樂。但爲煩惱，所覆蔽故，未得顯了，故名爲性。若修方便，斷諸煩惱，郭法盡故，顯現明了，故名本身。如此身者，本自有之，非今造故，故名爲本。本非有性，非三世攝，方便説故……雖復説有，三世差別，體不動故，常住無變。

這裏是説，"道性"是"清淨之心"，其身相稱爲"本身"。"本身"所體現的本體，是永恒不變的（即所謂"體不動故，常住不變"）。當清淨之心爲煩惱所障時，清淨之心未得顯了，稱爲"性"，而清淨之心去掉煩惱的郭蔽，顯現明了，稱爲"本身"。可知"本身"即道性，是不變的本體的顯著狀態。這裏人們自然要問上面所説的被煩惱所覆蔽的"性"，又與"道性"有何關係呢？于是，《本際經》同卷隨即有以下一段討論：

> 帝君又問：若是本身，性是具足。一切煩惱，云何能郭？若本具足，而起郭者，一切神尊，得成道已，亦應還失。何以故？體唯一故？太上答曰：雖體一，義有二，方便未足故，方便具足故。是故我言一切諸法，以空爲性，爲化眾生，善巧方便，隨宜演説。是言説性，猶如虚空，亦無分別。識本本身，皆虚空相。得無所得，故無所失；有所得，故有所失。是故凡夫，名爲失者，十分神尊，名爲常德。

《本際經》解釋説，本體本來是唯一的。以空爲性本來也是無分別的。但在意義上，卻由于教化凡夫的方便，而分別爲兩種意義。對于十分神尊，是道性具足，超越了有無、得失。對于凡夫，爲煩惱所障，其"性"從方便上説，處于清淨心"未足"狀態，此種凡夫之"性"，尚未具足道性。

　　爲了進一步弄清《本際經》的這一思想，我們有必要弄清《本際經》中所特有的"本身"這一範疇。

3.2."本身"與身相

　　"本身"是《本際經》吸取佛家身相學說，而又據道教在視本源及玄學討論本體的傳統，而提出的一種頗具特色的概念。

　　"身相"的認識，是"入重玄趣"的方便法門，故在《本際經》卷九《秘密藏品》中寫道："明說身相，啓方便門，令諸學者，入重玄趣。"

　　砂山稔先生指出：《本際經》中，所說種種身相，大體可別爲兩組。此兩組爲：(1)法身、道身、真身、報身、正身、本身一組。(2)生身、應身、分身、迹身、化身一組。第(1)組係表示元始天尊的本來身姿。元始天尊，有如虛空，無爲自然，有着生出萬物的作用。第(2)組説的是元始天尊，爲救度衆生，而現示之種種姿相，顯示爲各種具像性的樣子。《本際經》卷十云："身相甚光明，儀容極姝麗。"①

　　佛教《涅槃經》有生身、法身之説。佛教常見的又有報身、應身、化身之説。然而"本身"卻是道教及《本際經》中特有的概念。

　　《本際經》卷九云："本身爲初始。""本身"有初始意義。同卷云："道爲聖本，本即道根。""本對于末，因待假名，稱爲物始"。所以，"本身"在方便上可以假名爲物始。《本際經》卷九云：

　　　　帝君又問，如是本身，能生萬物，即是萬物之本始者，此與神本有何差別？太上答曰：源其實體，無有二相。何以故？俱畢竟故，無始終故，不可説故，以善方便，亦得言異。所謂神本，是妄想初，一念之心，能爲一切生死根本……言本身者，即是道性清靜之心。

"本身"其實是道性清淨心在身相上的體現。"本身"這一有別于佛教名相的概念。與當時道教對"本"、"道本"、"本際"的觀念有關。

3.3 真道性與"真一本際"

　　p.2463 號《本際經》卷四《道性品》云："必欲開演真一本際，示

---

　　①　砂山稔：《論〈太玄真一本際經〉——以"身相"、"方便"、"重玄"爲中心》。

生死源,說究竟果,開真道性,顯太玄宗。"可知"開真道性"與"開演真一本際"密切相關。

那麼,什麼是"真一本際"? 而什麼又是"本際"呢?

"本際"應與"道本"有關。《本際經》思想可溯源于靈寶系的《升玄內教經》。p. 2750《太上靈寶升玄內教無極九誡妙經第九》:

> 道言:泰清道本、無量法門,真一五氣、太一九,成具滿足、滅度大誡也。

可知在《升玄經》中,"道本"是一種無量法門。"真一"指清淨道氣,一種清淨的境界。而要進入泰清道本無量法門,應該"知無是道,絕無想,常住無,爲無爲,行無作,住無作,想無想,興無興。無際心,無際行,無際作,無際想,無際住,察諸性,了無根"。老子河上公注中,認爲"始者,道之本也"。至《升玄經》時,已以"無"爲道本。

《本際經》卷十《道本通微品》記前往淨明國土的一百二十童子中,有"本初童子、本始童子、本玄童子、本無童子、本淨童子、本極童子、本明童子、本首童子、本際童子、本相童子"。這裏羅列了與"本"有關的各種名相,其中"本初"、"本始"、"本極"、"本首"諸語,具有本源意味,"本玄"、"本無"具有本體意味,"本淨"、"本明"具有法性意味,"本相"具有法相意味,而"本際"一詞兼有以上各種意味,尤其是兼有本體與本源的意義。

關于《本際經》中《本際》一詞的意義,拙稿《〈本際經〉與敦煌道教》中另有討論。大抵隋三論宗吉藏著《中觀論疏》,其中有《本際品》疏,略云:"外道人謂冥初自在爲萬物之本,爲諸法始,稱爲本際。"但佛教一般不同意外道人在本源論意義上的"本際"概念。故吉藏説,"佛説生死長遠,本際不可知"。"外人初立有本際,佛説無本際經破之"①。

但"本際"一詞在佛教中有時也在討論本體問題的意義上使用。佛教《中阿含經》卷第十有《本際經》該處"本際"一詞宜解作"真

---

① 吉藏:《中觀論疏》之《本際品》,《大正新修大藏經》第42卷。

理的根據"、"萬物的根本"①。

總之,"本際"一詞原本爲外道如安荼論者所習用。後來佛教亦間有使用。使用"本際"一詞,在佛教中用于討論本體之究竟,外道則用于討論本源之起始。對于外道包括道教在本源論上的這類型"本際"説,佛教則認爲此種"本際"不可知。可知"本際"一詞有多義性。而道教正是利用這種多義性,在《本際經》中,把道教固有的本源論與玄學及三論宗佛教刺激下的"無本爲本"的本體論討論,連結起來。《本際經》提出了本體是"無本"的命題。道家常説的"返本",被重新解釋爲返于"無本"。總的前提爲"本性是空",由此得出"無依無本,無斷無得"的結論。

關于真一,《雲笈七籤》卷四十九有:"《升玄經》:太上告道陵云,汝昔所行,名爲真一道者,是則陰陽之妙道,服御之至術耳,非吾所問真一,此昔教也。"在《升玄經》中,對"真一"的解説,正經歷着重大的改變。從以服御之術、陰陽妙道爲"真一道",轉變爲以清淨道氣、"非有亦復非無"的大智慧作爲真一境界。《本際經》中的"真一"説,繼承了《升玄經》的這一變化,如吳其昱先生指出:關于"真一",近于般若波羅密多(智度,慧度)②。《本際經》中的"真一本際",猶言"道本通微",是一種到達智慧彼岸的清淨境界。

《本際經》卷四説:"説此真一本際法門,使一切人平等解脱",則所謂"真一本際"是一種法門,是用于"開真道性"的一大法門。《本際經》中的"真一本際"法門,是《升玄内教經》的"清泰道本"法門與"真一道"的革新性觀念的進一步發展。

以上可見,當《本際經》繼承《升玄經》對《老子河上公注》的"道性論"進行變革時,同時也對其"道本"説進行變革。這個變革,其實是汲取羅什及其後學的中觀論,重新解釋老子的"重玄"和莊子的"坐忘"、"俱忘",由此尋求中國式智慧。

① 中村元:《佛教語大辭典》第 1261 頁,東京,1981 年。
② 吳其昱先生前揭文,《敦煌講座》5,《敦煌漢文文獻》,第 79 頁。

四、道性與道慧

4.1.“兩半”義與一切智、道種慧及一切種智

p.2463 號《本際經》卷四《道性品》又討論了智慧的品級，以及如何以“雙觀”來尋求“道慧”：

> 了無非無，知有非有，安位中道正觀之域。反我兩半，處于自然……雙觀道慧，反道種惠（慧），滿一切種，斷烟燼郭，圓一切智，故名真一。

p.3208 號《本際經》卷九《秘密藏品》云：

> 雖無念慮，離分別想。以一切智，洞達空門，正解正觀，窮理邊底。與真實相，平等爲一。以一切種智，照世間法，色法非色，心法非心。人天五道，四大六家，衆生想念，果報因緣，于一念中，明了無礙。善識根生，宜隨所行。世出世法，洞達究盡。

從上面兩段引文中得見“道種慧”、“一切智”和“一切種智”等名相。此三智之説，見于鳩摩羅什所譯《大智度論》卷二十七，論云：

> ……是名出世間。若菩薩能如是知，則能爲衆生分別世間、出世間，有漏、無漏，一切諸道，亦如是入一相，是名道種慧。

可知“道種慧”即菩薩所修的能用諸佛一切道法、發起一切衆生善種的智慧。《大智度論》卷二十七在解釋《大品般若》所論“欲以道種慧具足一切智，當習行般若波羅密！欲以一切智具足一切種智，當習行般若波羅密”時，論云：

> 一切智是聲聞、辟支佛事；道智是諸菩薩事，一切種智是佛事。

由此得知，“一切智”指小乘聲聞乘、緣覺乘的智慧；“道種慧”是菩薩的智慧；“一切種智”是成佛的智慧。

《本際經》中，把建立空觀，稱爲一切智，而把超越于世法與出世法，覺悟色法非色、心法非心的最高智慧，稱爲一切種智。這些解説都明顯看出《本際經》對《大智度論》等佛教名相解釋的借鑒。但《本際經》對“道種慧”的解説，卻顯出了佛教所無的鮮明道教特色。

《本際經》以“返我兩半，處于自然”來解説“返道種慧”（寫本中

兩處的"反"字當訓爲"返"),這是以靈寶系《通玄定志經》中所見的兩半義,來詮釋道種慧。

六朝道典《太上洞微靈寶智慧定志通微經》有兩半義,大抵説清虚之氣,因氤氲之交,分半下降,使自然之氣淪于三塗,而復我清虚之氣,返我兩半,則可處于自然。《本際經》卷四《道性品》亦謂,"烟熅"由煖潤氣而生,人的妄想倒想,就如此種輕薄的微烟,覆部清淨的"道果",形成"善業"、"惱業"兩半,"兩半生一",造成福果枉降和苦果如是。只有返離兩半,才能回歸于自然。

p. 3280《本際經》卷九《秘密藏品》又對"兩半"一詞從認識上予以解説。説是大聖皆是正觀,"隨衆生故,半滿不同。爲鈍根者,或時説有,或時説空;或是説常,或説無常,是名兩半。前後異説,不得一時,隨病發故,偏示一義,是名爲半。前病除已,復顯一藥,用具足故,名之爲滿,了兩半已,入一中道"。

"兩半"説本來是道教經典,根據《周易》卷八"天地絪縕,萬物化醇"的學説,解説輕濁氣分合的宇宙生成學説。後來,演變爲兩半中以微烟障道果的"善業"、"惱業"分合説。此後,更進一步演變爲以兩半表示非中道"偏示一義,是名爲半"説。不管如何變化,兩半説所用的傳統的中國思想資料,而從兩半的分化到從兩半中返回自然,就成爲以道性清淨心的觀照來消除"半滿",而達"具足圓滿之相"。從兩半返于自然,就能"圓一切智",就能"返道種慧",就能滿"一切種智",從而達到"真一"境界。

4. 2. 雙觀與兼忘

前引引文中的所謂雙觀道慧,所指爲"氣觀"與"神觀"。p. 2231《本際經》卷六《淨土品》云:

> 所謂一種,是發無上自然道意,如是正因最爲根本。又有二種,所謂二觀,氣觀、神觀,即是定慧。

由上可知,氣觀即是對"定"的尋求,神觀是對"慧"的尋求。

以氣觀求定,在早期道教中當以内丹、導引的修煉來求得定力。但在《本際經》時代及其後,氣觀也賦有了"察無相想,是名爲觀"(卷四《道性品》)的意義,《道教義樞》卷五《二觀義》有云:"義曰:二觀者,定慧之深境,空有之妙門,用以調心,直趣重玄之趣。"又云:"氣者氣象爲意,神、氣而名,具貫身、心兩義。身有色象,宜受氣名以明定。心無難測,宜受神名,以名空慧。"參照《本際經》卷九《秘密藏品》,氣觀或指"體合自然,無形無名,非造作法,如虛空相"的對于自然之氣的理解,來認識"身相"的虛空,從而達到"定"的境界。

　　而神觀,則通過前述兩半學説,認識"神本"的虛空。《本際經》卷四云:"烟者因也,煴者煖也,世間之法,由煖潤氣而得出生,是初一念,始生倒想,體最輕薄,猶若微烟,能郭道果,無量知見,作生死本,源不可測,故稱神本。神即心耳,體無所有……本于無本。"

　　雙觀,即氣觀與神觀,是追求重玄之道、達成有無雙遣的調心術。并建立了初發道意之想——妙心——伏行心——中道正觀的修習次第。

　　《本際經》又承襲了莊子"坐忘"、"雙忘"的學説,以"兼忘"名爲"初入正觀之相"。p. 3674 號《本際經》卷八《最勝品》云:

　　　　何謂兼忘,太極真人答曰:一切凡夫,從烟煴際,而起愚痴,染著諸有,雖積功勤,不能無滯,故使修空,除其有滯。有滯雖淨,猶滯于空,常名有欲,故示正觀。空于此空,空有雙淨,故曰兼忘,是名初初入正觀之相。

在《本際經》卷三《聖行品》中又云:"捐棄執滯,取舍兼忘"。可知兼忘即不滯于有,亦不滯于空,空有雙淨。莊子關于形、知俱忘的思想與羅什所傳中觀結合,成爲《本際經》的兼忘論,而老子之"損之又損"的思想與羅什所傳的中觀論結合,則形成爲《本際經》所致力追求的"重玄"之道。

　　那麼,什麼又是"重玄之道"呢?

4. 3. 重玄:無上正真道意

p. 2331 號《本際經》卷六《淨土品》有云:

　　　　修習二觀,乃悟大乘無上之道,若有利智迴拔之人,直向大乘,不須階級。他方淨土,悉以道意爲其初業,生彼淨土,即入定位。

修習氣觀、神觀二觀，就能覺悟大乘無上之道。但其初業則爲"發道意"。《本際經》卷一《護國品》云："願衆生皆發道意"，"令諸未悟，普見法門。"則"皆發道意"即通常所説的發願。《本際經》卷三《聖行品》云："發真道意，誓舍小乘。"則發真道意與追求衆生平等解脱的大乘境界有關。

　　正如砂山稔先生指出的，《本際經》繼承了《升玄内教經》的"自然道意"和"無上正真道意"的思想①。p. 3341 號《靈寶升玄内教經》卷七《中和品》云："即合無上正真道意。"的確，前引《本際經》卷六《淨土品》亦云"是發無上自然道意"。值得注意的是，在《本際經》中，以兼忘重玄之道爲真道意，而以重玄之道爲"無上道"，亦即以重玄爲無上正真道意。

　　p. 3674 號《本際經》卷八《最勝品》云：

　　　　何謂重玄，太極真人曰：正觀之人，前空諸有，于有無著；次遣于空，空心亦淨，乃曰兼忘。而有既遣，遣空有故，心未純淨，有對治故。所言玄者，四方無著，乃盡玄義。如是行者，于空于有，無所滯著，名之爲玄。又遣此玄，都無所得，故名重玄衆妙之門。

所謂"重玄"，是以羅什在莊子的啓發下用中觀思想解釋老子"玄之又玄"的影響下而形成的一種理論。對"空"與"有""雙遣"（雙雙破除），稱爲"兼忘"，亦即"空有雙淨"。但"兼忘"只是初入正觀的第一階段，這也即是"玄"義，將此"玄"義再行破除，"都無所得，故名重玄衆妙之門"。如蒙文通先生云，重玄之學"雙遣二邊而取中道，則已顯爲釋氏中觀之旨"②。但如本文末尾將有所論，羅什一派又受了莊子的影響。

　　《本際經》卷八《最勝品》中有："若修重玄，遣一切相，遣無所遣，名爲道意"的説法，可知"重玄衆妙之門"，亦即"無上正真道意"。故同卷又云："夫十方天尊發心之始，皆了兼忘重玄之道，得此

---

①　砂山稔前揭文。
②　蒙文通：《古學甄微》，第 323 頁。

解已名發道意,漸漸明了,成一切智,其餘諸行,皆是枝條。"可知重玄之道是《本際經》所追求的最高境界。得此無上正真道意,"具一切智,成無上道,到解脱處爲大法王"(卷一《護國品》)。"成無上道,爲説三洞大乘法門,使得修習,悟真實性"(卷三《聖行品》)。"了真法性,成無上道"(卷九《秘密藏品》)。"深思自了悟,仍成無上真"(卷十《道本通微品》)。

此"無上正真道意",即"重玄衆妙之門",亦即"真一本際法門"。《本際經》卷四《道性品》云:"説此真一本際法門,使一切人平等解脱。"卷三《聖行品》又稱之爲"究竟真一平等大道"。由此把道性的"無上"性與衆生性統一起來。

在十卷本《本際經》中,"道本論"(本際論)和"道性論"是這部經典中最重要的思想。其道性的最高境界是重玄兼忘的清淨心,這一道性論體現了莊子式的中國智慧,并對其後之道教與佛教禪宗,産生了不可抹煞的影響。

五、《本際經》對唐代道教道性論及佛教禪宗的影響

我們討論了《本際經》的道性論,我們從中强烈地感受了兩種學術傳統。

一種傳統,是道教中的重玄學説對傳統道教學説的增益。早期道教中《老子河上公注》與《老子想爾注》中的道性論,賦有樸素的"道性自然"説。至北周以前出現的《升玄内教經》"法性空"説(《道教義樞》卷八《道性義》引),主張"夫真道者,無不無,有不有"(敦煌本《升玄内教經》卷六《開緣品》)。又云:"是故損有者,必先之于無,體無者,以無無爲大"(p.2343《升玄内教經》卷十)。《升玄内教經》已被認爲是"理貫重玄,義該雙遣"①。《升玄内教經》以重玄學説解

---

① 《道藏》太平部,母帙,《太上靈寶升玄内教經中和品述議疏》,759册。參見盧國龍:《中國重玄學》第84頁。

釋道性的思路，在《本際經》中得到了發揚光大。

　　另一種傳統，則是以鳩摩羅什及其後學爲代表的以中國大乘
佛教尋求中國智慧的傳統。鳩摩羅什翻譯了《大智度論》等，又
爲《老子》作注，不啻是帶來了一股鳩摩羅什旋風。細讀《本際
經》，多處都可感受到羅什所譯《大智度論》的影響。如《大智度
論》有佛三密説。密即秘密。三密即身密、口密和意密，謂如來
身、口、意三業，或現通、或説法、或思惟，皆非諸菩薩之所思
議。于是《本際經》亦自稱"開演秘密藏"。其卷九《秘密藏品》，
所論"開演身秘密藏"、"開演口秘密藏"及"開演心秘密藏"，正
好與本文所討論之《本際經》中的身相——道本問題、中道性空
問題及雙觀道慧問題等三大問題相當。而此經之三秘的説法又無
疑是借鑒了《大智度論》。

　　方東美先生指出："鳩摩羅什與道生、僧肇、僧叡這些天才思想
家接觸之後，產生了很大的影響。我們可以説，印度的佛學思想同
中國的道家思想接觸了之後，立刻産生交互作用，就是拿道家哲學
的思想精神，提升佛學的智慧；再拿佛學的智慧增進道家的精
神"①。

　　《本際經》在隋唐之際追尋中國智慧的思想大潮下，成爲道家
精神與佛學智慧結合的實例，并影響其後道性論及佛教禪宗的發
展。

5.1.《本際經》對其後道性論的發展

　　如果説《本際經》全面發展了《升玄內教經》的道性論，那麼，在
《本際經》以後，《本際經》中所包含的"道性衆生性"的思想，卻在有
唐一代得到其後繼者的全新發展。而這一發展勢頭，又與三論宗吉
藏"草木亦有佛性"的思想有關。他説："理外既無衆生，亦無佛性。"
"不但衆生有佛性，草木亦有佛性"②。

①　方東美：《生命理想與文化類型》，第305頁。
②　吉藏：《大乘玄論》，《大正新修大藏經》第45册。

唐初益州道士黎興、澧州道士方長著《海空智藏經》，敦煌出有抄本。《海空智藏經》(《道藏》本，洞真部，20—22 冊)發揮了《本際經》的道性論。略謂：“道性無生無滅。無生無滅故，即是海空。海空之空，無因無果。無因果故，以破煩惱。”又謂：“道性亦爾，一人時和一切眾生，道性不一不二，究竟平等，猶如虛空，一切眾生，同共有之。”《海空智藏經》拓展了《本際經》關于“道性眾生性”的思想，提出“眾生道性，亦復如是，維遍五道，長短異身，而道性常一不異”。又云：“一切眾生，修持淨戒，得入一乘。”

唐人著作《道門經法相承次序》①記有唐高宗問道于潘師正事，則是書當出于唐高宗以後。該書在道性眾生性問題上又有發展，說：“解眾生性即真道性。”又說：“一切有形，皆含道性。”這是將道性普及于“一切有形”。

唐高宗、武後時人清溪道士孟安排集《道教義樞》(《道藏》本，太平部，762—763 冊)，更全面地發展了《本際經》的重玄之趣及道性論。

《道教義樞》分析了對“道性”的下述解釋：“道以圓通爲義，謂智照圓通；性以不改爲名，謂成因果。”該書繼承了《本際經》“非因非非因，非果非非果”的思想。說：“性語在因，謂有得果之性，此解雖強，亦未通理。若道定在因，則性非真道，真道非性。”孟安排在此書中指出：“今意者，道性不色不心，而色而心，而心故研習可成，而色，故瓦礫皆在也。”此處發展了《本際經》卷九“以一切種智照世間法，色法非色，心法非心”的思想，卻又提出“而色而心”說，目的是以“而色”引出道性于瓦礫中皆在的新說。

《道教義樞》把道性總結出五個特徵。此即：一，正中。二，因緣性。三，觀照性(觀照有無二境，因有入無，明照真境)。四、無爲性。五、道性以清虛自然爲體，自然真空。

《道教義樞》把眾生有道性的思想發展到極至。在吉藏草木亦

① 《道藏》太平部，諸，762 冊。《道門經法相承次序》。

有佛性的思想刺激下,《道教義樞》卷八指出:"道性以清虛自然爲體,一切含識,乃至畜生果木石者,皆有道性。"

十分明顯,無論是吉藏的"草木亦有佛性",還是繼承了《本際經》道性論的《道教義樞》的"畜生果木石者皆有道性"的思想,都可以在佛教牛頭禪及南陽慧忠的思想中看到同樣的領悟。

5.2.《本際經》對禪宗的影響

印順法師在《中國禪宗史》一書中指出,中華禪的建立者不是慧能和神會,而是唐初潤州牛頭山的牛頭宗法融(594—657年)。印順法師説:

> 牛頭禪的"無心合道"、"無心用功",是從道體來説的。以爲道是超越于心物,非心境相對所能契合的……其實,這是受了莊子影響的。莊子説:玄珠(喻道體),知識與能力不能得,卻爲罔象所得。玄學化的牛頭禪,以"喪我忘情爲修"。由此而來的,如《絶觀論》……發展所成的,南嶽、青原下的中國禪宗,與印度禪是不同的。印度禪,即使是達摩禪,還是以"安心"爲方便,定慧爲方便。印度禪蜕變爲中國禪宗——中華禪,胡適以爲是神會。其實,不但不是神會,也不是慧能。中華禪的根源,中華禪的建立者,是牛頭。應該説,是"東夏之達摩"——法融①。

敦煌出有多種牛頭法融之《絶觀論》寫本(北圖藏本、石井光雄藏本、p. 2074、p. 2732、p. 2885)。敦煌本《絶觀論》有云:"問曰:云何爲道本,云何爲法用? 答曰:虛空爲道本,森羅爲法用。"這種"虛空爲道本"的説法,與"以無爲道本"的玄學相呼應②。也是與《本際經》的道本論、真空論相呼應。

田中良昭先生提出了《絶觀論》的道教要素從何而來的問題,對《本際經》與《絶觀論》的關係未下結論。但又指出牛頭法融的《心銘》中有"本際虛冲,非心所窮"語,指出以"大道"、"至理"、"本際"

---

①　印順:《中國禪宗史》,第三章,《牛頭宗之興起》,上海,上海書店,1992年,第128頁。

②　同上書,第112頁,117頁。

等語表示禪的究極,可以看出與老莊思想的共通的背景①。

盧國龍先生亦指出:《本際經》"無得誠"的提法,在惠能開創宗門禪的高宗武周朝,已經傳播開來②。而(惠能《壇經》中的)無相戒與無得誠,只是同一個意思的兩種説法而已。

需要補充的一點是,敦煌本 s. 6241 號《升玄内教經》已有云:"今日所戒,亦無所戒。今日之相,亦無所相,今日之法,亦無所法,乃以無法爲法,無相爲相,無戒爲戒。"《升玄内教經》是《本際經》的先行者,其"無相爲相,無戒爲戒"的思想,通過《本際經》的"無得誠""無相道"等思想,也一直影響到惠能的《壇經》。《本際經》對禪宗的影響,是昭然若揭的。

5.3. 後論:論莊子之學在重玄學説形成中的重要地位

在結束本文討論之前,我們還得討論的問題是:從《本際經》上溯重玄學説的發展,我們固然充分認識到王弼和鳩摩羅什的作用,又認識到老子"玄之又玄"的命題是重新闡釋所憑藉的文本,但我們還須強調的是,在大量汲取佛家名相的重玄思潮形成的過程中起決定作用的,應該即是莊子之學。

《本際經》受佛教三論宗影響。所謂"三論"之一,是龍樹的《十二門論》。在僧叡所著《十二門論序》裏,卻看到了莊子對佛家的强大影響:

> 事盡于有無,則忘功于造化。理極于虛位,則喪我于二際。然則喪我在乎落筌。筌忘存乎遺寄。筌我兼忘,始可以幾乎實矣。幾乎實矣,則虛實兩冥,得失無際。冥而無際,則能忘造次于兩玄……③。

隋三論宗吉藏,于隋大業四年(608 年)頃,曾爲此序作講疏,其《十二門論序疏》云,欲讀懂此序,須"善鑒老莊"④。僧叡是鳩摩羅什的

---

① 田中良昭:《敦煌禪宗文獻研究》,第五章第五節,《初期禪宗與道教》,東京,大東出版社,1983 年。

② 盧國龍:《中國重玄學》,第 234 頁。

③ 《大正新修大藏經》,第 30 卷。

④ 《大正新修大藏經》,第 42 卷。

同時代人,也是羅什的門人。上引序文中,提出"筌我兼忘"。《莊子》《外物》有"得魚而忘筌"之説。筌爲竹製捕魚工具。"筌我兼忘"當指"物我兩忘"、"能所雙忘"的境界。而"虛實兩冥,得失無際,冥而無際,則能忘造次于兩玄"。"虛實兩冥"即雙遣有無,達到空冥境界,"冥而無際",所得的空冥境界仍然是没有存在之邊際的,這再一次的超越,就可"忘造次于兩玄"。兩玄即重玄。在僧叡序以莊子解中觀學説的過程中,後來所見的重玄兼忘之説已呼之欲出了。人們現在將重玄之學追溯到東晉人孫登①。我們在相當于東晉末姚秦之世的羅什弟子僧叡的著作中,已見到從莊子出發的兼忘兩玄説。

這是因爲,莊子的思想與後世的兼忘重玄之説是完全相通的。《莊子》内篇《齊物論》有云:

> 有有也者,有無也者,有未始有無也者,有未始有夫未始有無也者也。

莊子的這一思想,確實是與有無雙遣、損之又損的重玄兼忘之論相通的。成玄英《莊子序》云:"夫莊子者所以申道德之深根,述重玄之妙旨",成玄英的《莊子疏》高度評價了莊子在重玄學派形成中的地位。

《本際經》與三論宗之中觀學説都采取了"非有非無"的論式,但實際上仍有基本差别。劉楚華氏《成玄英齊物論疏中的佛家語》一文指出:"莊子的'無'乃是指道是不能確定或不可概念化的意思,不同于釋氏的虚空幻化。"② 此説對認識《本際經》與三論宗之四句法的區别亦有啓發。要之,《本際經》的道性論,依然是在"道性自然"的傳統指引下,依憑莊子思想而汲收羅什之學的超越智慧。這種中國式的以莊學爲主導的超越智慧,在隋唐之際,在唐代前

---

① 蒙文通:《古學甄微》,第 322 頁。

② 劉楚華:《成玄英齊物論疏中的佛家語》《第二屆國際唐代學術會議論文集》(上册)臺北,文津出版社,1993 年。

期,曾促進了文化藝術之超越性的盛唐氣象的開展。

〔附記〕:本文之 3.3. 節引用《太玄真一本際妙經道本通微品第十》,係日本天理大學藏大谷光瑞寫本。蒙北京大學中國中古史研究中心榮新江教授提供複印件,謹致謝忱。

作者簡介　姜伯勤,1938 年生。中山大學歷史系教授。著有《唐五代敦煌寺戶制度》(1987 年,北京)、《敦煌社會文書導論》(1992 年,臺北)、《敦煌吐魯番文書與絲綢之路》(1994 年、北京)等。

《坐忘論》的"安心"思想研究

[日本]　中嶋隆藏

内容提要　《坐忘論》的安心坐忘之法,其實是簡明扼要地説明了道教中的修禪心得。該論問世以來受到了廣泛的歡迎,但其中出現的"安心"一詞,實際上在唐代的道書中很少見得到。要研究《坐忘論》,就不能不檢討這個術語。本論在思考《坐忘論》的"安心"思想的基礎上,從中國關于"心"的思索歷史,以及與隋唐時期佛教的"安心"思想比較中,探索"安心"思想的位置。

一、前　言

先秦以來,中國的思想家們就很重視"心"。可以説,這是治國平天下、治身養生以及得道成仙的關鍵。

提倡王道的孟子,曾經對君主、士大夫、庶民之心進行了考察。他認爲,人心有兩種不同的作用。其一是欲獲得外物,喜生憂死的作用,這是動物也有的本能的感性作用;其二是實現社會的、道德的目的的端緒。這是只有人類才具備的反省的、理性的作用。就像人天生有四肢一樣,人也都具備這兩方面的内容。只是,由于感性的作用,理性作用會很易于動搖,散失在外,失去這天生的東西。所以,爲了在承認感性作用的同時,發揮維持和誇大理性作用的主體性,道問學以及養浩然之氣是絶對不可欠缺的。能否在這一自覺的道路上不斷地前進,參與建立王道的事業,從而使不能主體地參與王道事業的庶民，也能承受信賴心的理性作用，積極地實現王道事業的人的政治的恩惠，享受太平之逸樂，是士庶分別的關鍵。孟子認爲，把散失在外的心收拾到內來（"求放心"），才叫做學問。對于實踐的主體而言，關鍵是不動心，志壹動氣，而不能氣壹動志。"求"、"壹"、"不動"是自覺到心的理性作用的存在與意義，恢復、維持與擴充這一理性作用的具體修養①。

　　荀子認爲，理想的政治存在于學習和教育，但是，要想知道爲政的根本之"道"，則除了"心"之外，并無其他可能的途徑，從而轉入了對心的存在方式的考察。他提出，當心處于虛一而靜的大清明狀態時，人就能正確地認識"道"。人心天生有"知"的作用，這一作用使心向外物，積累關于外物的知識；還能知道外物間的差異，獲得多樣性的知識；而且，思慮能夠不停地運用于各種不同的對象。從這些方面上看，毋寧説心常常是充滿的、多樣的、活動着的；初看起來，決不能説是處于"虛"、"壹"、"靜"的狀態之中。但從積澱的知識并不妨礙對未知的吸收，多樣性知識的并存，以及心的不停運動，并不攪亂知的作用等方面看，説心是"虛"、"壹"、"靜"的"大清明"，還是比較妥當的。荀子并非單純地否定知識的積累、混在以及思慮的流動性，他在肯定這些東西對知的作用來説是必然的同時，又承認心中有"虛"、"壹"、"靜"的作用，主張正是由于這些作用的存在，才使得對于"道"的追求和體得成爲可能。在荀子看來，以"知"爲其本質作用的心，一方面可以根據自身"禁"、"使"、"奪"、"取"、"行"、"終"，具有不受他人命令支配的絶對權能；另一方面，又像水易于受微風影響，鏡子的機能易于受到傷害一樣，心又有其知的作用易于受到傷害的纖細微弱的一面，所以，爲了回避這些損害，必須經常受"理"的指導，根據"清"來養心，不受外物的影響。

　　孟子主張，在充實浩然之氣，涵養不動心，擴充心之四端時，心的作用不僅及于一身，而且還遠及四海；荀子也説，心在"虛"、

────────────

　　① 《孟子》:《梁惠王》上，《離婁》下，《告子》上。

"壹"、"靜"時,它的作用能夠達到天地、萬物、宇宙,超越時空,包括一切①。

眾所周知,在如何把握心的作用,如何考慮心的涵養方面;孟子和荀子之間有顯著的差異;但在對心的脆弱性的深刻反省,以及對心所具有的無限大的能力的期待方面,兩者又是極其相似的。這種相似,不僅可以在同屬儒家的孟荀之間看得到,而且還可以在道家思想中看得到。可以認爲,這是中國思想的共通內容。大致道家對心的思索的積累②,極大地刺激了荀子思想的形成。因爲荀子思想是在諸子百家相互交流而產生的齊都臨淄稷下學中切磋形成的。

以上的梗概本來是眾所周知的。此處想再進一步添足的是,在中國思想史上,對于心的思想的形成有極其深刻的影響的,是兩漢之際始傳來的佛教。看一下三國時吳的譯經僧康僧會在《安般守意經》序中,關于四禪的相當詳細的說明就會發現,他曾指出心是多麼的流動變化不已,難以控制。他說心在一瞬間就有九百六十回,一日間有十三億回的變轉,形成無量的業。而心自身對于這些卻毫無覺察,所以,人只能淪没于生死輪迴的苦海之中。因此,只能通過從一禪到四禪的漸次修行,將心引導到寂靜狀態中來。如此,一旦達到四禪,就會獲得超越時空,萬事隨意的神秘力量③。

在細微地觀察心的作用,詳細地說明心的修行階段上,康僧會遠遠地超出了固有的思想,可以想見當時思想界受到的冲擊程度。但是,在對心究竟是什麼樣的東西這一問題的把握上;在如何陶冶心、以及陶冶以後心能夠獲得什麼樣的能力這麼一個思考框架上,佛教的啓示和原來諸思想家的認識之間,又有出人意料的相似之

---

①　《荀子》:《解蔽》。

②　《管子》:《心術》上,《內業》。

③　此外,請參考超《奉法要》、宗炳《明佛論》、蕭子良《淨住子淨行法門》、《淨度三昧經》等著作。

處。道教是廣泛地吸收固有思想以及佛教的內容,形成自己的教理的,它關于心的認識與前者相似,當然是很順理成章的。

前言雖稍嫌長,但爲了探索《坐忘論》的"安心",提出以上兩點是很有必要的。

二、《坐忘論》的"安心"思想

《坐忘論》在《正統道藏》、《道藏輯要》、《全唐文》、《雲笈七籤》中都有收錄。前三叢書中所收本均以司馬承禎爲作者,《雲笈七籤》缺作者,《四庫全書》甚至連篇名也沒有。卿希泰主編的《中國道教史》第二卷,把此篇作爲足以窺見司馬承禎思想的代表作之一。盧國龍所著《中國重玄學》雖然對此還有疑問,但仍然認爲把此篇作爲司馬承禎的作品未嘗不可。《雲笈七籤》中還有天台白雲撰的《眼氣精義論》,與《坐忘論》在內容上的差別不大。此處,暫且不論作者問題,專就《坐忘論》的內容進行考慮①。另外,道藏本、輯要本與七籤本在文字上也有相當的差別,可以認爲,道藏本與輯要本是根據七籤本對自己所依據的文本進行刪改所形成的。不過,七籤本缺序中明記的《樞翼》篇,而道藏本和輯要本都有這一篇。所以,本文序與內容依據七籤;樞翼則依據道藏本與輯要本,這樣就比較接近于《坐忘論》的原貌了。

根據《坐忘論》的序,這篇文章的目的是這樣的:"生"貫穿天地人物,具有價值,但只有在"道"中才能得"生"。遺憾的是,人們對此都認識不足,遠離"道"而求"生",結果反而傷害了"生",淪沒在"生死苦海"中,永遠循環,不能脫離。所以,對于求"生"而不得其實現

---

① 製作年代的下限,文中所引的《道德經》稱爲經,而《莊子》卻并不稱經,值得注意。《莊子》是在玄宗天寶元年(742年)開始稱爲經的。四年,從天寶四藏中子部目錄移到經部目錄。因此,司馬承禎的沒年當爲玄宗開元二十三年(735)。

正途的人,本文提出了比較容易達成目的的《安心坐忘之法》。共有
七條,分別説明了"修道的階次"。

那麼,"安心坐忘法"的"安心"究竟是怎麼一回事呢? 從"安
心"一詞出現在《莊子》、《淮南子》中以來,思想家時常接觸到、用到
這個詞。尤其是《莊子》注者郭象,疏者成玄英更是頻繁地使用這個
詞。"安心"一詞在《管子》、《墨子》,甚至《後漢書》中也有使用①。但
郭象、成玄英并不是把它作爲熟語來使用的。在"安其所安"② 中
"安"是單獨使用的。現在把話題回到《坐忘論》的"安心"上。
對"安"的對象"心",應該如何理解呢?先考慮一下這個問
題。

在七的階段的第三階段"收心"中,與"心"相關的話語很集中。
第六階段"泰定"中,也有一些不能忽略的説明。下面列舉一
些。

夫心者,一身之主,百神之帥。靜則生慧,動則成昏。欣迷幻景之中,
唯言實是。甘宴有爲之中,誰語虛非。心識別顛痴,良由所托之地。

源其心體,爲道本,但爲心神被染,蒙蔽漸深,流浪日久,遂與道
隔。心法如眼也,纖毫入眼,眼則不安。小事開心,心必動亂。

然此心由來依境,未慣獨立,乍無所托,難以自安。縱得暫安,還復
散亂。隨起隨制,務令不動,久久調熟,自得安閑。無問晝夜,行立坐卧,
及應事之時,常須作意安之。(以上《收心》)

夫心之爲物,即體非有,隨用非無;不馳而速,不召而至。怒則玄石
飲羽,怨則朱夏隕霜。縱惡則九幽非遙,積善則三清何遠。忽來忽往,動
寂不能名;時可時否,蓍龜莫能測。其爲調御,豈馬鹿比其難乎?(《泰
定》)

綜合考慮上述引文可以看到,《坐忘論》的作者是這樣把握心
的:心難説其有,也難稱其無,原以道爲本體。關于"道",第七"得

---

　① 《管子·心術》下,《墨子·親士》,《後漢書·梁節王暢傳》。
　② 《莊子·齊物篇》郭象注"夫聖人無我者也,……使群異各安其所
安";《養生主》篇成玄英疏"安于生時,則不厭于生,處于死順,則不惡于死"。

道"是這麼説的："夫道者,神異之物;靈而有性,虛而無象;隨迎莫測,影響莫求;不知其所以不然而然之,通生無匱,謂之道。"心以"道"爲本體,當然會把"道"的特點作爲自己的特點;把"道"作用當作自己的作用;但是,遺憾的是,心僅僅是以道爲本體,并非道本身。如果"道"與"心"之間没有一點隔閡,或其隔閡之間没有一點夾雜物,那麼,"心"與"道"就會完全冥合。"道"的特點與作用直接就是"心"的特點與作用。但即使僅僅有一點間隙或其間隙中存在什麼夾雜物,那麼,縱然是以"道"爲本體,"心"與"道"之間還是會有差别的。超越有無、生死的絶對存在的"道",儘管生出一切有生之物,但從中生出的"心",隨着與"道"的距離的擴大,會漸漸失去其神異之物的作用;有生之物就會在輪迴的苦海中淪没,甚至不能成爲泥土。

那麼,"心"與"道"之間的隔閡是什麼?從第二"斷緣"、第四"簡事"可以看到如下的説明。

> 斷緣者,謂斷有爲俗事之緣也。棄事則形不勞,無爲則心自安。恬簡日就,塵累日薄,迹彌遠俗,心彌近道。(《斷緣》)

> 人食有酒肉,衣有羅綺,身有名位,財有金玉,此并情欲之餘好,非益生之良藥,衆皆循之,自致亡敗。

> 于生無要用者,并須去之;于生雖用有餘者,亦須捨之。財有毒氣,積則傷人。雖少猶累,而況多乎?……夫以名位比于道德,則名位假而賤,道德真而貴。能知貴賤,應須去取。不以名害身,不以位易道。(《簡事》)

誠如此處所説,使心與道產生間隙的,一是世俗交往中不可避免地產生的一般俗事中的煩惱,還有一個是不厭地追求衣食住行以及名位的欲望。這些在第三"收心"中統稱爲"心識顛痴,良由所托之地"。總之,一切"緣"、"事"都是產生和擴大"心"與"道"的間隙的東西。

那麼,所謂"緣"、"事",究竟是什麼呢?由于"緣"、"事"而與"道"產生間隔的"心識"又是什麼呢?如果這些東西是實體性的,那

麼就不可能對它們有有效的處理。因爲對于具有不變的實體的東
西，任何外在的力量都是無力的。萬幸的是，"緣"、"事"以及"心
識"似乎都不是具有不變實體的東西。修道的第五階"真觀"，對于
這些東西的存在方式進行了觀察，作了如下的記述：

> 若色病重者，當觀染色都由想耳。想若不生，終無色事。若知色想外
> 空、色心內妄，妄心空想，誰爲色主？

> 若病重，當觀此病由有我身，我若無身，患無所托。……次觀于心，
> 亦無真宰，內外求覓，無能受者。所有計念，從妄心生。若枯體滅心，則萬
> 病俱泯。

照上述所論，"緣"、"事"、"心識"、"我身"等等，都不是不變的
實體，不過是在相對的關係中，妄想所産生的假象而已。果如此，則
執着于這些東西，不厭地追求它們，誠然是無意義的事情。除了
"道"之外，一切東西，包括自己的身、心，都是可以拋棄的。一旦理
解了一切皆空之後，則一切問題俱可解決，就會達到"法道安心"
(《收心》)的狀態。一切妄動俱可停止，"心"與"道"冥合，"心"的作
用與"道"的作用也完全重合。知道一切皆空，就已經足夠了。對于
這個問題，《坐忘論》的作者實際上很慎重，決不是樂觀的。第三"收
心"中有以下的說明：

> 若執心住空，還是有所，非謂無所。凡住有所，則自令人心勞氣發，
> 既不合理，又反成疾。但心不著物，又不得動。

> 若心起皆滅，不簡是非，永斷知覺，入于盲定。若任心所起，一無收
> 制，則與凡人原來不別。若唯斷善惡，心無指歸，肆意浮游，待自定者，徒
> 自誤耳。若遍行諸事，言心無染者，于言甚美，于行甚非。真學之流，特宜
> 戒此。今則息亂而不寂照，守靜而不著空，行之有常，自得之見。

執着于一切事物都是空無的見解，初看起來似乎與"住無所
有，不著一物"很相似，其實卻與之有巨大的隔閡。停止"心"的一切
功能，甚至連知覺與判斷也消除，就與"道"産生一切的存在方式毫
無相似之處。恰恰相反，這與完全依賴于"心"本來的功能，不加任
何制御，貪婪地上生活在妄想世界的快樂之中，從而一天天地與
"道"拉開距離的凡人并無什麼兩樣。不知"心"的歸趣，對于善惡缺

乏判定,隨着"心"自然發揮的樣子等待心定,本來就是錯誤的;一切皆行而不受污染的豪言壯語,也不過是有言無實,言行不一的胡言亂語。此處的批判是非常激烈的,大致是把當時與如何陶冶"心"相關的代表見解幾乎都拿來進行批判了。這些見解與所期待的目標是有害無益的。"收心"中還有如下的批判:

> 或有言火不熱,燈不照暗,成爲妙議。夫火以熱爲用,燈以照爲功,今則盛言火不熱,未嘗一時發火。空言燈不照暗,必須終夜然燈。言行相違,理實無取。

> 或曰夫爲大道者,在物而心不然,慮動而神不亂,無事不爲,無事而不寂。今猶避事而取靜,離動而之定。勞于控制,乃有動靜二心,滯于住守,是咸取舍兩病,不覺其所執,仍自謂道之階要,何其謬耶!述曰,總物而稱大,道物之謂道。在物而不染,處事而不亂,真爲大矣,實爲妙矣。然謂吾子之鑒,有所未明。何則,徒見貝錦之輝煥,未曉始抽于素絲。才聞鳴鶴之冲天,詎識先資于穀食。譬之曰干,起于毫末;神凝之聖,積習而成。今徒學語其聖德,而不知聖之所以德,可謂見卵而求時夜,見彈而求鴞炙,何其造次也。

對《坐忘論》的作者而言,除了"道",一切事物都是空無,這點前面已經談到。但這并不意味着可以安坐在這一認識上無所事事了。儘管除了"道"一切都是空無,但如果由于"道"外之物相互影響而編織成的妄想世界的萬般事物,擴大了"心"與"道"的間隔,那麼,就要凝聚工夫,返回到布被編織以前的絲、甚至連絲也沒有形成的階段上去。回到長期織成的布尚處在什麼也不是的階段,需要長期和周到的工夫。必須把編織妄想世界的"心",按照其本體道來"安",通過行立坐臥無所間斷的調熟進行陶冶,才能消滅妄想世界。作者稱此爲"安心"。以下摘錄一些《坐忘論》中關于"安心"的説法。

> 其事易行,與心病相應者,約著安心坐忘之法,略成七條修道階次。(《序》)

> 棄事則心不勞,無爲則心自安。(《斷緣》)

> 今若能靜除心垢,開釋神本,名曰修道。無復流浪,與道冥合,安在

道中,名曰復根。守根不離,名曰靜定。靜定日久,病消命復;復而又續,自得知常,知則無所不明,常則用無變滅。出于生死,實由于此。是故,法道安心,貴無所住。(《收心》)

心不受外,名曰虛心,心不逐外,名曰安心。心安而虛,則道自來止。(《收心》)

此心由來依境,未慣獨立,乍無所托,難以自安,縱得暫安,還復散亂。隨起緣制,務令不動,久久調熟,自得安閑。無問晝夜、行立坐臥及應事之時,常須作意安之。若心得定,但須安養,莫有惱觸。(《收心》)

若見事爲事而煩躁者,心病已動,何名安心?(《真觀》)

雖有營求之事,莫生得失之心,則有事無事,心常安泰,與物同求,而不同貪,與物同得,而不同積。(《真觀》)

夫定者,盡俗之極地也;致道之初基,習靜之成功,持安之畢事。(《泰定》)

上述諸例中,儘管"安心"均未作熟語出現,但把上述諸例作與"安心"同樣的處理,亦未嘗不可。上述諸例的內容,支持了迄今爲止對"安心"的認識。

三、《坐忘論》"安心"思想的外圍

《坐忘論》後半的"安心"、"泰定"、"得道"等,提出了以下的見解:

慧既生已,寶而懷之,勿爲多知以傷定。非生慧之難,慧而不用爲難,自古忘形者眾,忘名者寡。慧而不用,是忘名者也,天下希及之,是故爲難。貴能不驕,富能不奢,爲無俗過,故得長受富貴,定而不動,慧而不用,德而不悖,爲無道過,故得深證常道。(《泰定》)

然虛心之道,力有深淺。深則兼被於形,淺則唯及其心。被形者則神人也,及心者但得慧覺而已。身而不免謝,何則?慧是心用,用多則體勞。初得小慧,悅而多辯,神氣散泄,無靈潤身,生致早終,道故難被。(《得道》)

在這幾條之前所引的《收心》、《真觀》中,"安心"究竟是什麼,這個問題探討起來,未免讓人覺得是一些很奇妙的主張。如果一切事物都是"心"妄動的結果，本來只是空無，那麼，通過不斷地調熟"心"，則只不過是"心"的産物的身，自然就可以得到治理了。如果調熟"心"所産生的結果只是"慧"，那麼，這樣的"慧"究竟怎樣散泄神氣，損傷身體，消滅生命的呢？"慧"在《真觀》中原來被認爲是"究償來之禍福，詳動靜之吉凶。得見機前，因之造適；深祈衛定，公務全生。自始至末，行無遺累，理不違此，故謂之真觀"；《泰定》也説"心爲道之器宇，虛靜至極，則道具而慧生，慧出本性，非始今有"。被認爲是"道"居"心"中才能産生的慧，指的究竟是不是同一之物？從"得道"之後則"非孔佛之所能鄰"，得"上清隱秘"這些誇示的語言來考慮，有人認爲《坐忘論》宣講了以"養生"爲主眼的道教，對以"智慧"爲主眼的佛教的優越地位，這的確是可以肯定的見解，但從前後邏輯脈絡上看，卻很難這麼主張。這種主張讓人覺得是隨心所欲的。的確，《坐忘論》不僅對當時道教内部，而且對儒教、佛教的，尤其是後者關于"心"的種種觀點，擺出了批判的姿態。前面第二部分所介紹的例子，以及"序"中的"竭難得之貨，市來生之福"，都是對于道佛兩教的批判。庶民的生活，本來就是不停地追逐愛利兩欲的；儒家之徒則狂奔于名位；小乘執著于獨居修禪；禪門認爲一切皆空，冷笑修行；淨土門則投擲資財以求來生之福；道教也有與此相平行的各種立場，對此，《坐忘論》都提出了批評。批判的姿態是可以在《坐忘論》中看得到的。

　　可是，《坐忘論》"安心"思想的依據，究竟來自何處？抑或是作者獨自提出的？第二節已經指出，《莊子》的注者郭象，疏者成玄英雖然頻繁地使用了"坐忘"一詞，卻從未使用過"安心"一詞。另外《雲笈七籤》卷十七所收的《太上老君内觀經》、《洞玄雲寶定觀經》、《老君清靜心經》等① 重視"心"的經典中，雖然出現了"澄心"、"修心"、"清靜其心"、"虛心"、"無心"、"定心"、"正心"、"照心"、"空

---

　　① 這三經的成書年代不詳，可以認爲，大致成于唐代以前。《雲笈七籤》卷十七是由這三經單獨編成的，似乎表明，道教的"心學"即以此三經爲代表。

心”、“住心”、“觀心”、“清心”、“靜心”等，卻沒有出現“安心”一詞。此外，《坐忘論》之前的王玄覽的《玄珠錄》以及前後的《三論玄旨》、甚至吳筠的著述①也沒有使用“安心”一詞。由此可見，“安心”似乎是《坐忘論》作者獨自提出的；但是，在性急的結論提出之前，還須確認《坐忘論》的重要批判對象佛教是否使用過“安心”一詞，這恐怕不是多餘的。

在唐代，佛教各派都把智顗的《童蒙止觀》作爲修禪的具體階段的記錄，給予重視②。此書卷頭部分，有“若能善取其意而修習之，可以安心免難，發定生解，證于無漏之智果也”的話。此處智顗是把“安心”當作修行的關鍵而給予重視的。以下舉出的用例，都出自《童蒙止觀》，是修禪十階段中的第四“調和”、第六“正修行”、第七“善根”、第八“覺知魔事”、第九“治病”中的例子。

　　　　心亦難定，若欲調之，當依三法：一者下著安心，二者寬放身體，三者想氣遍毛孔出入，通同無障。

　　　　若坐時心好飄動，身亦不安，念外異緣，此是浮相。爾時宜安心向下，繫緣臍中，制諸亂念，心即定住，則心易于安靜。(《調和》)

　　　　若于止時即覺身心安靜，當知宜止，即應用止安心。

　　　　若于觀中，即覺心神明淨，寂然安穩。當止宜觀，即當用觀安心。(《正修行》)

　　　　行者善修止觀故，身心調適，妄念止息……身心泯然空寂，定心安穩。于此定中，都不見有身心相貌。于後……即于定中忽覺身心運動八觸而發者，當觸發時身心安定……。(《善根》)

　　　　若能安心正道，是故道高方知魔盛。(《覺知魔事》)

　　　　行者安心修道，或四大有病。人以四大不調故，多諸疾患。此由心識

───────────

　　① 《玄珠錄》的作者王玄覽是唐人，比司馬承禎稍早。《三論元旨》作者不明，但從其文中所引《莊子》稱經，又引用《本際經》、《海空經》、《真藏經》等情況來看，可以認爲是盛唐天寶以後成書。成玄英、司馬承禎都沒有使用《南華真經》一語，值得注意。

　　② 請參考關口真大的《天台小止觀》解說。

上緣，故令四大不調。若安心在下，四大自然調適，衆病除矣。(《治病》)

由“止”、“觀”達到“安心”，由“安心”達到身心調適，這可以認爲是智顗的考慮。因此《摩訶止觀》卷五上説“善巧安心”一條中，首先以“善以止觀安于法性也”來定義“安心”。在對“止”與“觀”進行了具體的説明之後，又進一步説明了與自行、教他、信行以及法行相應的“安心”。最後談到，三種止觀中的“安心”達五百二十二種之多，并以“若離三諦，無安心處；若離止觀，無安心法；若心安于諦，一句即是；如其不安，巧用方便，令心得安”作爲總結性説明。由此可知，智顗是多麼地重視坐禪修道中的“安心”。智顗在修禪十階的第四、第六、第七、第八、第九中都談及“安心”表明，在最終階段，即“證果”的達成上，“安心”仍然是不可或缺的條件；這使我們想起《坐忘論》七階段的第二、第三、第五、第六中也都談到了“安心”或“安”；也使我們想起第一“具緣”之所以强調衣食具足，是因爲衣食的具足對于達到《坐忘論》的目的成就來説，也是不可缺少的。在第十“證果”中，定力過度偏向無力或過度偏向有爲的智慧，都不能見到佛性。只有中道正觀才能使人們見到佛性，體現真應＝身，這一主張也使我們想起，《坐忘論》中有不偏于有無兩觀的“息亂而不息照，寧靜而不守空”，以及“散一身爲萬法，混萬法爲一身，智照無邊，形超有際，總色空以爲用，合造化以爲功，真應無方，信惟道德”的説法。《童蒙止觀》與《坐忘論》在論述的細微之處，以及詞彙的使用上本來是有差異的；但在思惟方式的骨架部分，卻出人意料地有相似之處。此處作者再次向指出二者相似之處的識者的見解表示敬意。只是，智顗的“安心”是以“止”與“觀”作爲前提才能實現的，且“下著安心”、“安心向下”以及“安心在下”、身體等表明，“安心”似乎是與場合相應的具體的技術；與此相反，《坐忘論》中的“安心”則使人覺得是精神狀態的抽象的東西。儘管兩家使用的是同一個術語“安心”，但這個術語的内容在兩家中卻有相當的距離。

但是，在考察《坐忘論》中的“安心”思想時，無論如何都必須參考禪門的"安心"思想①。"安心"何時開始受到禪門的注意，現在還難以斷定。在唐初道宣編纂的《續高僧傳》卷十六"菩提達摩傳"中，達摩向道育和慧可所示真法有云"如是安心，謂壁觀也；如是發行，謂四法也；如是順物，教護譏嫌；如是方便，教令不著"，其具體修道方法是理行二入。行入又有報怨行、隨緣行、無所求行、稱無行等四個階段，其第三"無所求行"即"世人長迷，處處貪著，名之爲求。道士悟真，理與俗反，安心無形，形隨運轉，三界皆苦，誰而得安。經曰'有求皆苦，無求乃樂也'"之所謂。這裏似乎是指實踐修道過程之一階段的觀法而言"安心"的。傳記在多大程度上記錄了事實，很難說得清；不過，這種傳聞性質的記錄在道宣的時代就已經存在，則是可以肯定的。此後，這就作爲達摩禪的骨架，得到了廣泛的信仰。靜覺的《楞伽師資記》、黃檗希運的《宛陵記》都有達摩把"安心"法門傳示給慧可的記錄。或許，《楞伽師資記》是爲了主張楞伽宗的基本思想是"安心"吧。宋初求那跋陀羅三藏傳中已有"擬作佛者，先學安心，心未安時，善尚非善，何況其惡？心得安靜時，善惡俱無依"的文字，云"今言安心者，略有四種，一者背理心，……二者向理心，……三者入理心，……四者理心。……有求大乘者，若不先學安心，定知誤矣"。"安心"有深淺四種的説法，很能使我們想起智顗的"安心"有五百二十二種之多的想法。總之，求那跋陀羅三藏——菩提達摩——慧可——道信與"安心"法門是作爲傳聞被記錄的，他們各自都有關於"安心"的見解，值得瞭解。《楞伽師資記》表明，楞伽宗的思想核心是"安心"。此處第五代道信的傳中有道信製定"入道安心要方便法門"的記載，道信對于"安心"的認識，值得注意。

> 離心無別有佛，離佛無別有心；念佛即是念心，求心即是求佛。所以者何？識無形佛無形，佛無相貌，若也知此道理，即是安心。

---

①　本來被認爲屬于禪門的人，是否都注意"安心"，不太清楚。弘忍的《最上乘論》，歸到慧能名下的《法寶壇經》，神會的著作，玄覺的《禪宗永嘉集》等大量能見到的著作的範圍内，都看不到"安心"一語。

　　　　亦不念佛，亦不捉心，亦不看心，亦不計念，亦不思惟，亦不觀行，亦
不散亂，直任運。亦不令去，亦不令住，獨一清靜，究竟處心子明靜。或可
諦看，心即得明靜。心如明鏡，或可一年，心更明淨；或可三、五年，心更
明淨。或可因人爲説，即得悟解，或可用不須説得解。

　　《楞伽師資記》的道信傳中説，“初學坐禪看心，獨坐一處，先端
身正坐，寬衣解帶，放身縱體，自按摩七、八翻，令心腹中嗌氣出盡，
即寂然的性清虛恬靜，身心調適然，安心神則窈窈冥冥，氣息清冷，
徐徐斂心，神道清利，心地明淨，照察分明，内外空靜，即心性寂滅。
如其寂滅，則聖心頭矣”，提出了徐徐陶冶心靈的漸進方法，這也可
從前文“或可一年”、“或可三、五年”等説法中覺察出來。不過，前引
文所强調的是，一切都是無形的平等的，没有特別值得追求的對
象，所以應該“安心”；但是，“直任運”也是值得注意的。黄檗希運的
《宛陵録》中有“問：祖傳法，付與何人？師云，無法付人。云，云何二
祖請師安心？師云，你若道有，二祖即合覓心，覓心不可知故，所以
道，與你安心竟。若有所得，全歸生滅”，這段話也是不能忘記的。

　　本來，并非所有的禪門人都認爲，“安心”是該門的核心；也没
有從認識的立場上，頓悟的方向上來把握和思考它。不過，禪門中
的確有一些人這樣思考，這樣行動，也是事實，這已經由上述記録
文字化了。可以毫不過分地認爲，這些人的思維方式以及行動，酷
似《坐忘論》拿來進行批判的對象的存在方式。

四、結　　論

　　《坐忘論》究竟是否真是司馬承禎所著，遺憾的是，我們缺乏可
以確認的客觀證據。中國關于“心”的思考，自先秦以來即形成歷
史，表現出相當的進展。佛教在大量地接受帶來的關于心的深入廣
泛的思考的六朝到隋唐初期，已經形成了周密的理論形式。所以，
天台止觀能夠從修禪的立場上，輕易地導入這種對“心”的理解，形
成自己關于“心”的思想。縱然唐代佛教各宗派都認可和采用的智

顗《童蒙止觀》中的"安心"思想,但對于禪門的人們來説,如果執著
于"心"或執著于"安",都將會離"安心"更加遙遠。《續高僧傳》時
期,"安心"是被作爲具體實踐的一個階段來理解的,而《楞伽師資
記》甚至《宛陵錄》則主張,不把"安心"作爲一個特定的意識狀態,
才是"安心"。所以,如果説《坐忘論》意在批判前一種"安心"論,那
只是由于禪門中這種傾向很强,道教中這種主張也是十分盛行的
緣故。成玄英甚至没有使用"安心"一詞,是值得參考的。隋唐時代
的道教教理學的理論形式的很大部分都來源于佛教,是不必隱瞞
的事實。爲其如此,方有《中國重玄學》這種饒有興味的著作問世。
《坐忘論》的"安心"思想,是以先秦以來關于"心"的思索的積累、以
及天台智顗的"安心"思想爲基礎,以應對當時盛行于禪門、呼應于
道教中的禪門某派所標榜的"安心"思想進行批判的啓示而形成
的。

（喬清舉譯）

論《陰符經》產生的歷史過程
及其唐代詮釋的思想特點

李大華

内容提要　本文對《陰符經》產生的歷史過程及其唐代詮釋的思想特點作了深入考察與分析,認爲:(一)《陰符經》產生于南北朝,秘密流傳于隋、初唐,中唐自李筌始公開流布。(二)確信《陰符經疏》爲李筌所作,李筌在解注《陰符經》時着重發揮了其中的自然主義觀點,并試圖借自然發生之"機"解決人事與軍事問題。(三)張果解注《陰符經》時發揮了《陰符經》中内修内養的思想,主張以人心與天理契合,從而"天人合德"。這不僅對内丹修煉,而且對理學也產生了相當影響。

　　《陰符經》據稱軒轅黄帝所述,故全稱《黄帝陰符經》,字數不過三百①,然而言簡義玄,包含的思想内容極其豐富。作爲一種理論性極强的道教經典,它自唐代公開流布以來,不僅對道教理論的系統化、辨思化,而且也對理學的形成產生了深遠的歷史影響。在《唐書·藝文志》中著錄詮釋《陰符經》的著作已有六種,在宋鄭樵《通志略》中著錄有三十九部,明《正統道藏》收錄各種注本二十二種,《四庫全書》以其對道家特有的偏見極少著錄道家文獻,然而詮釋

---

　　① 李筌《陰符經疏》謂演道、法、術三章,共三百字。張果《陰符經注》則爲四百三十七字。

《陰符經》的著作在抄錄和存目中也收了十二部。這裏僅對《陰符經》產生的歷史過程、思想内容，以及唐代詮釋的思想特點作以探討。

一

關于《陰符經》的發現及其成書年代歷來眾說紛紜。唐末杜光庭《神仙感遇傳》說："李筌，號達觀子。居少室山，好神仙之道，常歷名山，博采方術。至嵩山虎口岩，得黄帝陰符本經。素書朱漆，軸緘以玉匣。題云：'大魏真君二年七月七日，上清道士寇謙之藏諸名山，用傳同好。'其本糜爛，筌抄讀數千遍，竟不曉其義理。"又說李筌行至驪山下遇驪山老母，得其開導，始悟陰符玄義。《道藏》著錄李筌《陰符經疏序》中所述事迹與杜氏所述相符，細微的差異是"封云魏真君"，不言"大魏真君"。後人以爲這個故事荒誕不經，肯定李筌乃假托黄帝名，自造道教經典，宋黄庭堅《山谷題跋》及其朱熹《陰符經考異》皆持這種觀點。第二種觀點認爲，《陰符經》是先秦時期創作的，二程認爲它"非商末則周末人爲之"（《二程集》），胡應麟《四部正僞》根據《戰國策》中有蘇秦"發匱，得太公陰符"的説法，肯定"此書自戰國以前有之"。梁啓超《古書真僞及其年代》根據《陰符經》"其文簡潔，不似唐人文字"，猜測此書"置之戰國之末，與《繫辭》、《老子》同時可耳。蓋其思想與二書相近也。"第三種觀點依據《陰符經》"言虚無之道，言修煉之術，以氣作氣"，以及寇謙之"藏諸名山"的説法，肯定此書就是寇謙之所作，清代姚際恒、全祖望皆持這種觀點。王明先生對以上各種推測作了考辨，認爲"《陰符經》的成書年代，約在公元五三一至五八〇這段期間，……作者大抵是北朝一個久經世變的隱者。"（王明《道家和道教思想研究》第146頁，中國社科出版社1984年版）這個推論大致合理①。

————

①　但王明先生把造經時期確切地定在"公元五三一至五八〇"年間，倒不夠確切了，他作此推測的根據是杜光庭《神仙感遇傳》云"大魏真君"，卻未注意到李筌《陰符經疏序》云"魏真君"，故見"大魏"不足以確定其準確的年月。

　　這裏謹依據已知事實作進一步的説明論證。首先，認爲《陰符經》爲李筌所作的觀點是不能成立的。清周中孚《鄭堂讀書記補遺》卷三十姜任修撰《陰符經口義》云："唐初褚登善（遂良）有小字真草陰符，爲貞觀六年敕書。則古有是書，非至李筌始得，……然登善之書，僅見於文氏《停雲館帖》，前無稱述，未可遽以爲據也。"余嘉錫《四庫提要辨正》卷十九《陰符經解》進一步指出新的證據，宋樓鑰《攻媿集》卷七十二《跋褚河南陰符經》説："比歲於都下三茅寧壽觀，見褚河南真迹注本。"又説："凡見河南所書三本：其一草書，貞觀六年奉敕書五十卷；其一亦楷書，永徽五年奉旨寫一百二十卷，及此，蓋書百九十本矣。二者皆見石刻。惟此真迹，尤爲合作。"此外，《漢川書屋叢書續編》有褚氏《陰符經》影印墨迹，宋陳思撰《寶刻叢編》卷十三《石氏所刻歷代名帖》中亦有褚氏小字和草書《陰符經》。明文徵明《停雲館帖》也刻褚遂良小字《陰符經》。除此之外，宋岳珂《寶真齋法書贊》卷五説歐陽詢在貞觀年間也書寫過《陰符經》，岳氏跋稱："陰符經真迹一卷，楷莊而勁，嚴而有法，紙古以香，態嶮而絶，真歐筆也。"在歐陽詢編纂的《藝文類聚》和唐玄宗時吳筠的《神仙可學論·守神章》中都徵引了《陰符經》文"火生於木，禍發必克"。因此，肯定《陰符經》的成書在唐代以前是没有問題的。但要説"唐初，廣開獻書之路"（王明《道家和道教思想研究》第146頁），《陰符經》已經公開流傳，則未必然。因爲如果是這樣的話，那麼李筌發現《陰符經》文也就不會有那麼大的歷史反響了，詮釋《陰符經》的注本當在李筌、張果之前已有多種問於世，而李筌的注本也就不會被稱爲"此本爲最古"了。大凡道教的經典皆經歷了從造經到單傳乃至公諸世面的過程，《陰符經》在初唐肯定已經秘密地流傳，開初人們由於對它的神秘感還不敢公開詮注，只是到李筌、張果時，才公開解注，而李筌在解注時還要依托驪山老母，并嚴肅地告誡説："筌所注陰符并依驪山母所説，非筌自能，後來同好，敬爾天機，無妄傳也。"（《陰符經疏序》）其次，《陰符經》作於先秦戰國時期的觀點也不足取。這可從以下兩點看出來：（1）《陰符經》包含了先秦任一學派所不能包容的思想內容，如性命、自然、陰陽、五行、日月、數度、三才、氣(炁)等等，這些在《陰符經》中熟練運用的範疇，在先秦時期分別爲易傳作者、道家、儒家，陰陽五行家等所運用，各家分別以對某一範疇的運用而顯示出自己的思想特點。但在《陰符經》中卻綜合起來了，這之間非有一個較長歷史時期的思想會通便不能做到這一點。(2)，《陰符經》中"天人合發"的感應觀念、天地人相"賊"及其"盜機"的思想不是先秦思想家的特質，而是兩漢董仲舒"天人感應"論和王充"萬物相刻賊"論，及其張湛《列子注》的思想特質。其三，認爲《陰符經》乃寇謙之所做的推斷也不合史實。就理論修養來説，寇謙之有秘傳《陰符經》的可能，卻沒有創作《陰符經》的理論水平。有關這一點，只要熟悉寇謙之生平活動及其言論，就不言而喻了。其四，《陰符經》文云："禽之制在炁。"考气、炁之源，可明"气"的用法早，"炁"的用法晚。《説文》收"气"、"氣"字，不收"炁"。《關尹子》中有"以炁生萬物"的寫法，但《關尹子》其書的真偽歷來存疑。鄭玄在轉注《周禮春官眡祲》"掌十煇之法"時説："煇，謂日光炁也。"元黄公紹《古今韵會舉要》卷十八"氣"字下注："古作旡气。"《汗簡》引《淮南子·上升記》説"氣作炎。"鄭珍《汗簡箋正》卷四炎字下箋云："此形气之變也，漢隸作氣字，其字有作旡者，即與無近(見朱龜碑)。又有作㤅者(見史晨後碑)，四點即近火，誕人合二體爲之，遂別成炁字。"又説："道家書多用此炁，意出自漢時。"(見王季星《行气尒劍珌文考釋》，載《學原》第二卷第三期)于此可見，《陰符經》的成書當在東漢以後。

綜合起來看，《陰符經》大抵運作於南北朝時期。這一時期社會生活多動蕩，懷才有識之士頗多隱居，他們逃離現實，而冷觀社會興衰治亂，熱衷於修生養性及其自然物理之學，把觀察與體驗結合起來，對天人關係有其會心的理解與創獲。《陰符經》的作者的思想境界是很高的，他并不簡單地重複董仲舒乃至讖緯神學那套籠統而粗俗的天人感應論，他的立足點是放在究天人感應之"機"上的，就是説，作者將哲學玄思與人生體驗聯繫起來，盜天人之機，以立道紀,從而使先秦兩漢以來的天人關係問題有了一個深化。再說,南北朝時期也正是道教造經的時期,《陰符經》正是適應道教理論化建設的需要而產生的,至隋唐時期,道教的理論傾向是解注經典,不再造經。

二

　　關於《陰符經》的注疏,《唐書》所記載的六種當中只有《集注陰符經》在卷數和名稱上與《四庫》和《道藏》所收錄的相同,然而參注的人數卻不同,《唐書》中的《集注》有以下十一人參注:太公、范蠡、鬼谷子、張良、諸葛亮、李淳風、李筌、李洽、李鑾、李銳、楊晟。《四庫》與《道藏》的《集注》則少了李淳風、李洽、李鑾、李銳、楊晟。李淳風為李播之子。李播號黃冠子,為道士,曾注《老子》,撰《雲志圖》。《舊唐書列傳》記載李淳風"博涉群書,尤明天文、曆算、陰陽之學",曾著《法象曆》,《麟德曆》,并製作了"黃道渾儀",其身世和經歷是有注《陰符經》的可能的。在唐代,名為李銳的有好幾個,其中有一個李銳參與撰修《晉書》和《初學記》。其他如李鑾、李洽、楊晟生卒年月及其生平事迹皆不詳。這裏有一個問題值得注意:一方面《集注陰符經》是已保存到至今的唐代典籍,然而李淳風等六人的"注"卻不存,這在一般情形下是不可能的;另一方面,從實際情形看,太公、鬼谷子、張良等人所注《陰符經》顯然是後人籍其名義而注。而《道藏》、《四庫》所收的《集注》與《唐書》所錄的《集注》除了皆有李筌注以外,伊尹、太公、范蠡等所假托的六人剛好等于李淳風、李銳等六人,六家注所言又多是唐代道教的思想內容(如諸葛亮序說:"性者命也,性能命通。")。因此,有可能《道藏》、《四庫》所假托的六人也就是《唐書》所記述的李淳風等六人。之所以兩種《集注》皆不隱沒李筌"注",是因為他第一次將《陰符經》公諸世面,在此之前,人們在解注《陰符經》時都只能小心從事,以至于托古注經。

　　再看李筌、張果注解《陰符經》的情形。《唐志》中列有他們各自

撰注的兩種本子①,此外,《舊唐書·張果傳》説張果曾著《陰符經
玄解》,《崇文總目》説他有《陰符經玄義》一卷②;《崇文總目》、《通
志》、《玉海》等説李筌還撰述有《驪山母傳陰符妙義》一卷、《陰符經
序》一卷、《陰符經注》一卷,等等。可見,他們兩人皆解注過《陰符
經》,這一點毋庸置疑。問題在于:(1)新、舊《唐書》、《崇文總目》所
記載的張果的兩個本子皆不存,現今所存的張果注解并序的《黄帝
陰符經》是不是張果所作? (2)《道藏》所錄的李筌的《黄帝陰符經
疏》與《唐書》、《崇文總目》、《通志》等的名目不同。這兩個問題需要
分別加以辨别。首先,就張果來説,《唐書》著錄的兩個本子與《道
藏》所收的本子在篇目内涵上完全不同,這兩個本子已經失傳。至
于《舊唐書·張果傳》及其《崇文總目》所錄的《玄解》、《玄義》是否
即爲《道藏》所錄的《黄帝陰符經》,尚不得而知,但《道藏》的"注"本
則可以認定爲張果所撰。張果與李筌約爲同時代人,李筌公開解注
《陰符經》,必然地引起張果也公開地批駁李筌,在張果看來,"陰
符"乃"聖人體天用道之機也",李筌以一己之見解注,帶有明顯的
偏頗,這種偏頗將陰符玄義狹隘化了,因而張果才會以"不失道旨"
爲己任,另開解注之蹊徑。就張果注的内容來説,性情、心性煉養的
提法也確乎是中唐時期的産物。其次,就李筌來説,劉師培《讀道藏
記》認爲《陰符經疏》非李筌所作,乃宋人僞作。其理由有:(1)《通
志》、《玉海》皆言李筌作"注",不言作"疏",又《郡齋》除"七賢注本"
外,别錄有李筌"注"一卷。因此,"蓋李注有二種,一稱自注即七家
注本所采是也;一托之驪山母所撰此本之注是也。觀《玉海》及晁
《志》并引陰者暗也一條與此本合,則此注即宋人所傳筌注確然可
徵,《唐志》所云《玄義》亦即此書。"(2)李筌所作《陰符經疏序》也只
言作"注",不言作"疏"。(3)《道藏》余字號所錄宋人袁淑真《陰符經

---

① 張果有《陰符經太無傳》一卷,《陰符經辨命論》一卷;李筌有《驪山母
傳玄義》一卷和《集注陰符經》。

② 《崇文總目》注云"張魯撰",劉師培辨明"魯"爲"果"之訛。

集解》序云"唐隴西李筌尤加詳釋,亦不立章疏","今輒叙三章之要義以爲上中下三卷,⋯⋯先注略擧其綱宗,後疏冀陳其周細",這是爲經作疏。而現今所存袁氏《集解》既無注疏之分,章末又無讚。據此,劉氏推測袁氏所作之"疏"即現今李筌之"疏","乃後人取袁疏附李注,因以疏文爲李作,强加改竄,致失袁疏舊名。"這三條乍看有理,細辨起來,全不能成立。首先,《通志》、《玉海》及《郡齋》不言李筌作疏并不能證明李筌不曾作疏。其次,對照李筌的疏序與杜光庭《神仙感遇傳》卷一,除了在内容上一致外,李疏叙其發現《陰符經》的經過要具體一些,杜氏所述經過要簡略一些,杜傳顯然是李疏序的節述。可見李疏序在杜光庭之前就已存在了,否則的話,杜光庭在戰亂的年月裏既無法采訪,又不能憑空捏造出發現《陰符經》的事迹。其三,劉氏說李筌疏序中只說作注,不言作疏,這也自相矛盾,等于説一方面承認了李筌所作的"疏",另一方面又説其疏序中未説曾作疏,其論證的前提已經包含了結論了。其四,劉氏利用袁氏《集解》所述上中下疏三卷與李筌《陰符經疏》上中下三卷偶合,便認爲是後人將袁氏的疏與李筌"七賢"注外的另一注本竄合爲一體而譽之李筌疏,這是没有充分根據的臆測,實際上袁氏《集解》序中所云"今輒取三章之要以爲上中下三卷"已經否定了這種臆測。我們知道,公認爲最古的"七賢"注并不曾分"三章","三章"之分始見於李筌的疏,袁氏《集解》序引李筌疏序説:"上有神仙抱一之章,中有富國安民之法,下有强兵戰勝之術。"既然能夠肯定《陰符經疏序》,那麼也就可以肯定李筌確有其"疏"。其五,對照《集注》與《疏》,可以發現有很多註與疏的内容完全一致,如對經文"天有五賊",皆以五味釋之;對"至樂性餘,至靜性廉",皆以奢爲樂性,以廉爲靜釋之;對"愚人以天地文理聖",皆以聖人體道,愚人驗天道釋之;對經文"生者死之根,死者生之根",皆以《孫子兵法》"陷之死地而後生,投之亡地而後存"之義釋之,如此等等。其六,李筌也是一位軍事謀略家,他的著作多爲軍事著作,在《陰符經疏》中同樣借陰符盗機大段大段地闡述其軍事思想,正由于此,引起張果極爲不滿。此是李筌作疏的最確鑿證據。總之,《陰符經疏》肯定是李筌所作,《唐書》所錄的《驪山母傳陰符玄義》很可能就是《陰符經疏》。

《四庫總目》題《陰符經》説:"注其書者自筌而後凡數十家,或以爲道家言,或以爲兵家言,或以爲神仙家言。"此語正説明《陰符經》抽象力強,涵蓋面寬等特點,後人可以多視度、多元地詮釋,晚唐以前已有多方面的詮釋了①,但能夠認定的只有李筌、張果的詮釋,然而這基本上不影響我們透過李、張二人的詮釋來理解唐人解經水準,因爲李、張二人皆屬唐代富有理論水平的道家、道教學者。

三

關于李筌的身世,新、舊《唐書》俱不記載,晚唐范攄《雲溪友議》説他曾爲荆州節度判官、鄧州刺史,而陳振孫《直齋書錄》説他爲"少室山布衣",《黃帝陰符經序》則又説他"好神仙之道,常歷名山,博采方術",在這裏,李筌是出仕或布衣無關緊要,重要的是他是否出度爲道士,若他是道士的話,他應很懂修煉之道,對《陰符經》"知之修煉謂之聖人"之類的經文,也應從修煉角度加以詮釋,然而李筌卻以"奸火喻人之性,木國喻人之身","木中有火,喻人中有邪惡之性"等等自然主義觀點來詮釋,因此,在我看來,他很可能是一個爲"道家言"或"兵家言"的心出世而身未出世的道家學者。李筌對《陰符經》的詮釋集中地突出在以下兩個方面:

(一)五行"相生""相克"的自然宇宙觀。

與一般道教理論家不同,李筌的宇宙觀的哲學基礎不是"道",而是自然物質意義上的"精炁",他説:

　　天[地]者,陰陽之總名也。陽之精炁輕清上浮爲天,陰之精炁重濁

① 《道藏子目引得》注明《陰符經三皇玉訣》爲李筌撰。《郡齋讀書志》又言:《天機子》一卷,題諸葛亮撰,"觀其辭旨,殆李筌所爲"。此外,《道藏》錄《陰符經集解》也題鍾離權、施肩吾參注。

下沉爲地，相連而不相離，……故知天地則陰陽之二炁，炁中有子，名曰五行，五行者天地陰陽之用也，萬物從而生焉，萬物則五行之子也。("觀天之道，執天之行，盡矣。"疏)

這一生成過程的簡單模式爲：天地——→陰陽精炁——→五行——→萬物。其中天地與陰陽精炁具有直接的同一關係，陰陽精炁與五行、五行與萬物皆爲派生關係。"炁中有子"，故金木水火土五行又稱爲五炁，所謂"陰陽之中包含五炁"("天有五賊，見之者昌"疏)；"萬物則五行之子也"("觀天之道，執天之行"疏)。同樣地，五行之中包含了萬物，故此，萬物皆可以五行的原則來度量規定，"在天爲五星，在地爲五岳，在位爲五方，在聲爲五音，在食爲五味，在人爲五臟，在道爲五德"("天有五賊，見之者昌"疏)。陰陽精炁中包含的是未展開的潛在的五行，轉化爲現實的五行之中又包含着未展開的潛在的萬物，依次遞相展開與實現就是天地、陰陽、五行之"用"，已經展開了的在後的形式又包含了在先的內容，因此，李筌又將陰陽精炁連同金木水火土五行之炁合稱爲"七炁"：

天地者陰陽也，陰陽二字洎乎五行，共成其七，此外更改於物，則何惑之甚矣。言天地萬物胎卵濕化百穀草木悉承此七炁而生長，從無形至于有形，潛化覆育以成其體。("天地，萬物之盜"疏)

這裏列出的自然序數"七炁"之"七"，以至于萬物之"萬"，不過表示了從"無形至于有形"，從單純性到多樣性的自然過程，并不表示特別的原則性，在李筌看來，"二"(陰陽)、"五"(五行)這兩個數才表示了特殊原則性，因爲它們具有普遍的適用性，即是說，最簡單的多樣性"五行"中不可避免地包含了"二炁"，而萬物之中同樣不可避免地包含了"五行"，既然如此，那麼，從任何現象之中也都可以找出"二"的對立性，"五"的相類性。二、五的普遍化也就是精炁與五行的泛化，以至于氣化流行，潛化覆育。

在這裏，二、五的原則不僅適用於陰陽大化的生成序列，不僅表示二氣分爲五行，五行生成萬物，它作爲生成過程產生的原則，同時也表現爲自在與自爲的豐富內容，即自然辯證法，"順之則相生，逆之則相勝。"（《集注》"五賊在乎心，施行於天"注）相生即相用，相勝即相賊，相生相用與相勝相賊又是"相連而不相離"，互爲其根，後者爲前者所生的結果，前者又爲後者所賊的前提。然而，萬物與五行的相用而相賊的整個順逆過程又合乎陰陽相推的原則，他説：

> 五行相生而用之，則爲道德合於陽也；相克之道用之，則爲賊害合
> 于陰也。（"天有五賊，見之者昌"疏）

在李筌看來，天地、陰陽、五行、萬物之"更相爲盜"并非無規則可循，而是有其"道"貫徹其中：

> 凡此相盜，其中皆須有道愜其宜則吉，乖其理則凶。……向於三盜
> 之中皆須有道，令盡合其宜，則三才不差，盡安其任矣。皆不令越分傷性
> 以生禍患者也。（"人，萬物之盜也"疏）

顯然，李筌所理解的"道"不是道教理論家所理解的那個神秘不宣的"道"，這裏的"道"無非統攝自然物質過程的順逆之道，爲自然過程中固有的最高規則。這也可從他對經文"人知其神而神，不知不神所以神"的注與疏看得出來，其"注"説：

> 陰陽生萬物謂之神，不知有至道靜然而不神，能生萬物陰陽爲至神
> 矣。

其"疏"又説：

> 人但見萬物從陰陽日月而生，謂之曰神，殊不知陰陽日月從不神而
> 生焉。不神者何也？至道也，言至道虛靜寂然而不神，此不神之中能生日
> 月陰陽三才萬物種種，滋榮而獲安暢，皆從至道虛靜中來，此乃不神之
> 中而有神矣，其理明矣。

"神"非指神仙之"神"，而是"不測"之功用，這種功用來源於"虛靜寂然"的"至道"。"至道"也并非冥冥在上的超自然力的意志，只是自然而然的規則，所以説至道不神，而不測之功用的"神"恰恰是從"不神"的至道中產生的，所以説"不神之中而有神矣"。只是由于其生成過程"不覺不知"，"潛與其焉"，應用無窮，人們才產生錯覺，以爲有神。可見李筌的"道"論没有給神學留下地盤，但值得注意的

是,他在把"精炁"唯物的觀點堅持到底,用"精炁"觀念解釋一切現象時,他又不可避免地要背離其初衷,如他說:

> 道德之炁固躬養命以致長生久視乎?若人善能制道德之炁,則遨游太虛,禽獸不足比也。爲軍師之體善用五行休王之炁,能知陰陽制伏之源。……。("禽之制在炁"疏)

"道德之炁"、"五行休王之炁"這些帶有精神、意志特性的觀念不是"精炁"、"五行"說所能解釋得清楚的。這乃是道家唯物論者帶有共性的思維過程。

（二）應天順人的盜機論

在"釋題"中,李筌開宗明義地講到:

> 陰,闇也;符,合也。天機闇合於行事之機,故曰陰符。

也就是要求以行事之機主動地契合天機。"天機"不是別的,就是陰陽相推,五行、萬物相生相用相克相賊的"至道"的作用,行事之機如能契合此至道,也就可以"不神而神"了,所以說:"天道應運,陰陽至神,察其機要,存亡在身"。(《演道章》贊)天機、至道講的是自然辯證法,而"陰符"——"闇合"則類似于認識的方法論。對經文"其盜機也,天下莫能知",他解疏道:

> 君子得其機,應天順人,乃固其躬;小人得其機,煩兵黷武,乃輕其命。

在《道章》末又總結說:

> 此神仙抱一演道章上一百五言,使人明陰陽之道,察興廢之理,動用其機宜,然後修身煉行以成聖人。

"應天順人"、"明陰陽之道"、"察興廢之理"都在強調某種認識方法。人何以能窺見天機呢?李筌說:

> 人與禽獸草木俱稟陰陽而生,人之最靈,位處中宮,心懷智度,能反照自性,窮達本始,明會陰陽五行之炁,則而用之,……人於七炁之中,所有生成之物悉能潛取以資養其身,……萬物盜天地以生成,國民盜萬物以資身,但知分合宜亦自然之理,此萬物人之盜也。("萬物人之盜"疏)

這段對人的認知能力予以肯定的論證,其理論基礎有兩點:第一,

按照天地——陰陽二炁——萬物——人之相生相克的"自然之
理"，人作爲此過程中的一個環節，能夠潛取所有生成之物以資養
其身，因此，僅就履行自然發生的責任來說，是可以認知自然天機
的。第二，人畢竟不同於物，人有靈性智慧，因此人不會滿足於自然
發生論，只要將本能發揮出來，就能"窮達本始"，"反照正性"，從而
行事做到"知分合宜"。正是在上述意義上，他進一步論證了心的作
用，說：

> 夫人心主魂之官，身爲神之府也，將欲施行五賊者莫尚乎心，故心
> 能之士有所圖必合天道。此則宇宙雖廣，觀覽只在乎中，萬物雖多，生殺
> 不出於術內，故曰心正可以辟邪也。（"天性人也"疏）

他所理解的"心"乃是人的一種官能，這個官能利用得當，"所圖必
合天道"，"觀覽只在乎中"。在他看來，"心"不具脱離身府的獨立品
格，它在發揮作用時，始終要注意處理與耳目等其他官能的關係，
他説：

> 人之耳目皆分於心而竟於神。心分則機不精，神竟則機不微。……
> 任一源之利而反用於心，舉事發機，十全成也。退思三反，經書歷夜，思
> 而發行，舉事發機，萬全成也。（"瞽者善聽，聾者善視，絶利一源，用師十
> 倍"注）

耳目是心神的泉源，心神反思又是舉事發機的基礎，顯然，這
種退思三反不是懸空思索，而是"任一源之利"，反思於心，是有其
實在的基礎的。李筌還據經文"機在于目"的觀念提出個"心目"共
用的方法，他説：

> 爲天下機者莫近乎心目，心能發目，目能見機。（"心生於物，死于
> 物，目能見機"注）

這裏的"目"已不再是純粹的感官眼目，而是蘊含着心神之意的
"目"。當然，同一般道家、道教學者一樣，李筌也主張心分神竟不能
見精微之機，但他所理解的心神没有任何神秘的，他只是强調用心
契思的專精，"絶利者塞耳則視明，閉目則聽審，務使身心不亂，主
事專精也。"（"瞽者善聽"注）

　　總的説來，無論是論天論人，還是論天人之機，李筌都没有導向神秘主義，這大概是由于他始終以仕宦或軍旅之道的觀點來詮釋《陰符經》的原因，他試圖憑藉自然發生之"機"來解決人事與戰事。于是，他的詮釋受到張果多次嚴肅的批駁："何其謬矣！"

四

　　張果注《陰符經》依據了《陰符傳》，他在"叙"中説道："偶於道經藏中得《陰符傳》，不知何代人制也，詞理玄邈，如契自然。"張果的注解主要突出在内養與冥合兩個方面。
　　（一）"觀之於心"的内養論
　　道教的内養修煉的落脚點在于生死問題上，張果説：

　　　　死生在我而已矣。……故無死機則不死矣，鬼神其如我何！聖人修身以安其家，理國以平天下，在乎立生機以自去其死性者，生之機也；除死機以取其生情者，死之機也。筌不瞭天道，以愚人聖人體道，愚昧之人而驗天道，失之甚也。（"愚人以天地文理聖"注）

對於經文"九竅之邪，在乎三要，可以動静"，"太公"注爲耳、目、口，李筌注爲神、心、志，張果則注爲機、情、性，這顯然也是從性情内養方面着眼的，他説：

　　　　三要者，機、情、性也。機之則無不安，情之則無不邪，性之則無不正。故聖人動以伏其情，静以常其性，樂以定其機。（"九竅之邪在乎三要"注）

這三要又一定落實在"性"上，在道教修煉術中，性、心是同質的，修性也就是煉心，隋唐時期興起的内丹學即是以心性煉養爲特點的，張果作爲唐代修煉大師也不例外，他説：

　　　　人謂天性，機謂人心。人性本自玄合，故聖人能體五賊也。（"天性，人也。人性，機也"注）

又説：

　　　　三盗玄合於人心，三才静順於天理。（"天地，萬物之盗"注）

而且,張果從道教的立場看待"性",將"動靜"觀也納入其"性"論,強調性靜待道的思想,他説:"動靜皆得其性,靜之至也。靜,故能立天地,生萬物,自然而然也。"("自然之道靜"注)因此,他反對李筌把《陰符經》"觀照"之義解釋爲以目見機,力主"觀照"在乎心:

　　觀自然之道,無所觀也。不觀以目,而觀之以心。心深微而無所不見,故能照之自然之性。("觀天之道,執天之行"注)

在主張發揮"心"的作用上,張、李有一致處,但李筌主張的"心目共用",其心能的發揮有感覺基礎,張果則主張心能的發揮以排除感覺基礎爲前提,因此,在張果那裏,其心"深微"的程度是不可以常識測度的。張果本以倡導行氣煉氣的修煉見長,但在道教中心與氣如同道與氣不可截然分開一樣,氣的煉養不可避免地要涉及到心,正如他在《雲笈七籤·服氣論》中説到的:"真氣既降,方有通感,豈有縱心嗜欲而望靈仙羽化? 必無此事也。"只不過在唐代內丹學説中,有偏重於煉心的,有倚重於煉氣的罷了。張果注《陰符經》很少談到煉氣,這是由于《陰符經》偏重於天人感應之機,他也就感應之機問題在心性上作了闡揚。而且,道之在人身中的存喪,也的確要靠心來體驗,"生者人之所愛,以其厚於身太過,則道喪而死自來矣。死者人之所惡,以其損於事至明,則道存而自固矣。"("生者死之根"注)值得注意的是,張、李同樣地談到道,但張果所論的"道"迥異於李筌所論的"道",張果的"道"乃是先天的"道體",李筌的"道"則只是某種先天的規則,是沒有"體"的。

　　(二) 心冥理合的天機論

　　張果在人心深微,天道有體的基礎上,順沿《陰符經》天人感應的思路進一步論證了心與道的天機論。他不贊成李筌將"陰符"解釋爲"闇合",而以"照契"之義詮釋,他説:

　　性惟深微而能照,其斯謂之陰。執自然之行,無所執也。故不執之以手,而執之以機,機變通而無所繋,故能契自然之理。夫惟變通而能契,斯謂之符。照之以心,契之以機,而陰符之義盡矣。("觀天之道,執天之行"注)

以觀照之"心"契合"自然"之機理(此"自然"爲"道"的同義語),此是張果"天機"論的基本思路。《陰符經》説:"天人合德,萬變定基"①,張果理解爲天有天德,人有人德,天人合德,就達于"自然而然"了。換句話來説,就是人心與天理的契合,"心冥理合,安之善也。"("日月有數"注)在他看來,人們一旦做到天人合德,心理冥合,其效果是"用微之功著矣"("食其時,百骸理"注),或者説,用其小得其大,"擒物以氣,制之以機,豈用小大之動乎!"("擒之制在氣"注②)因而心冥理合也是人盜天機,"時人不知盜之爲盜,只爲神之能神"。("食其時"注)人之能夠用小見大,用微見著,其理論依據在于"天理"有公私、顯微兩面特性,他説:

> 傳曰:自然之理,微而不可知,私之至也。自然之功,明而不可違,公之至也。聖人體之亦然。("天之至私,用之至公"注)

> 傳曰:其盜微而動,所施明博,所行極玄妙。("其盜機也,天下莫能見"注)

所以人能夠盜其私微之機,顯其公著之功。張果不像李筌那樣主張從萬物、五行、陰陽逐層的目觀心思去理解變化之機,而是主張直接用心神秘地冥合"自然之道",因而他又把這種"照契"的功夫理解爲"順陰陽之機";"聖人變化順陰陽之機,天地之位自然,故固自然而冥之,利自然而用之,莫不得自然之道也。"("陰陽相推而變化順矣"注)其爲"順",則不排除用其"心",恰恰是"用心順機",甚而在此過程中要先以大其心爲前提:

> 見其機而執之,雖宇宙之大,不離乎掌握,況其小者乎。知其神而體之,雖萬物之殊,不能出其胸臆,況其寡者乎。自然造化之力而我有之,不亦盛乎! 不亦大乎!("五賊在乎心"注)

將道、氣之論與心、性之論、大其心與順其道聯接起來,張果的這個思維過程與唐代內丹學説的思維過程是一脈相承的,也是道

---

① 《陰符經集注》是:"天人合發,萬變定基。"

② 《陰符經集注》爲:"禽之制在炁。"

教發展中所特有的思維方式。

　　作者簡介　李大華，1956 年生，陝西紫陽人。現爲廣州市社會
科學院哲學文化研究所副研究員。著有《重玄哲學論》、《隋唐時期
的道教内丹學》等。

介紹《道藏》中收錄的幾種易著

潘雨廷

易著的内容，可云豐富多采。於先秦時，各國有各國的易學，基本用於卜筮以顯其哲理。能瞭解整體的易理，無礙於與卜筮有關，且不可不知，易理實起原於卜筮。當戰國時，各國各自發展的象數理論，已極精深，方能適應當時的生產力。迨秦始皇統一天下，於三十四年(前 213)有燒書令："所不去者，醫藥卜筮種樹之書"，而儒家典籍莫不被焚。此毫無可疑的史迹，明確說明易非屬儒家的文獻，故能相傳不絶。

秦有齊人杜田生及漢傳易於關中而盛，此係齊魯地區的易，大而言之，屬黄河流域的易學。1973 年得長沙馬王堆三號漢墓中的帛書《周易》，此墓下葬於漢文帝前元十二年(前 168)。《三篇》以卦爲單位，基本與世傳本相同，可證戰國時《二篇》早有定本，而《十翼》大異者，庶見各國的易學不同。帛書本不用《序卦》爲次，無《彖》、《象》、《雜卦》。《繫辭》亦不全同，又合部分《説卦》；尚多一篇似《文言》的《二三子問》等。此當漢初長沙地區的傳本，係楚文化，大而言之，屬長江流域的易學。漢馬司談學易於楊何，何於元光元年(前 134)被徵，官大中大夫。然談主黄老，可證易學本身，未可爲道或儒所限，亦不應爲地域所限。凡讀儒書者，未嘗不可讀易，故自武帝(前 140—前 87 年在位)尊儒術斥百家後，易學非但未被排斥，反而更受重視。而其内容，漸爲儒家的經學所囿。亦即《十翼》逐步固定。宣帝於甘露二年(前 52)舉行石渠閣集會，施、孟、梁丘三家易已名於時,繼之京氏易同立學官,然孟、京易被視爲異黨者,實有取於《二篇》、《十翼》外之易理。今以長沙、阜陽等處出土的易學觀之,如孟氏易的卦氣、爻辰;京氏易的八官、納甲等等,與長江流域的易學有相通處。而後世以經學家觀點視易,反取漢代未立學官的費氏易爲主,必以《十翼》解《二篇》。於《十翼》中未言者,一概認爲是左道旁門;對卦象本身的次序、方位、取象等,既有《説卦》、《序卦》,不可作深入的研究。清代的漢易家,更有此失,且持此以否定宋易,完全忽視時代發展的事實。進一步核諸漢代史迹,亦非如是。今觀《道藏》中收錄的古籍,每有爲儒家所忽視的各種易著。自漢迄明,略有保存,以見明代羽士對易學的認識。下以時代先後,逐部介紹之:

一、《易林》十卷——見《續道藏》千上—兵下(千字文編目下同),1101—1104册(涵芬樓影印本册數,下同),漢焦贛著。贛字延壽,或名字互易,梁人。贛爲孟氏弟子,京氏之師,昭帝(前86—前74年在位)時由郡吏舉小黃令。然《漢書·藝文志》未載其書,或疑爲王莽時人所著。全書取陰陽動靜而回,經六爻組合之變,總數有四千有九十六種不同的形象。此形象的變化,全部合於大衍筮法,亦爲以《周易》卜筮的最高階段。分辨4096種不同情況,殊可探賾索隱,鈎深致遠。西漢時已具此規模,可喻社會結構的複雜,遠勝於《二篇》之象。自漢迄今的易著,於筮占的變化,并未超過此書,亦見二千年來的社會形勢,在我國已無大變化。明萬曆時張國祥編《續道藏》而選入此書,正可反映當時的道教徒,能重視變化的易象;亦可見明中葉後的社會,已在掀起動蕩的情狀。

二、《集注太玄經》六卷——見《道藏》心上—心下,860—862册,漢楊雄(前53—19)著。雄字子雲,蜀人。草《太玄》於建平四年(前3)。宋司馬光(1019—1086)重其書,爲著《集注太玄經》。溫公可當後世之楊子雲,視雄之學識勝過孟子。雄法易而著《太玄》,所以化陰陽二進位制成天地人三進位制;"參摹而四分之",即三之四次方,四當方州部家。以81首各分九,成729贊。合諸易義,首即卦，贊即爻。又以 729 贊分陰陽當晝夜爲 364.5 日，另加誇贊、贏贊各半日許以調整歲實，恰當周天日數，準之可記錄時間。溫公著《資治通鑑》，必須有明確的時間概念。《太玄》發展孟氏卦氣圖，對奇零的六日七分，化成晝夜的陰陽，且順三才之自然變化，的確簡而有當，宜爲所重。凡玄首之次，準卦氣而不準《序卦》，亦可證《太玄》屬長江流域的易學而非黃河流域的易學。由二而三，對道教的三分法有直接影響。凡三清、三洞、九天等等皆是。

三、《太平經》——見《道藏》外上一人下，748—744 册。此書爲道教第一部經典，非一人一時的作品，内容叢雜，惜亡佚已多，原爲 170 卷，佚 113 卷，今僅存 53 卷，尚有後人所增入者。總述其旨，屬佛教教義尚未傳入前，我國本有的各種信仰。最初的作品當在張道陵前，且三張所創立的五斗米道，屬長江流域的巴蜀地區。此《太平經》的作者，遍及全國，主要爲黃老道所信奉，後爲黃巾所取法。究其取法的理論，早在利用易學，如有關天文地勢的易象，合諸方位次序，用干支卦爻以記錄時間等等，莫不引入。要而言之，蓋本孟京易而隨意用之，可見《周易》在當時具體應用的情形。或忽略《太平經》中所依據的易義，僅知儒家所傳的經義，實未瞭解易本屬卜筮書。且陰陽五行之理，殷周之際已結合，尚可能更早，必舍五行而求僅重陰陽的《周易》，未合當時的時代背景。以社會學、民俗學角度治易，於漢代當重此《太平經》。

四、《周易參同契分章通真義》三卷，卷首爲《鼎器歌明鏡圖》——見《道藏》容上一容下，623—624 册。原書爲東漢魏伯陽著。魏與虞翻(170—239)同爲會稽人。虞注《周易》引用其納甲説，爲虞易重要部分之一。漢魏後，其學説同傳至蜀。虞之易注，唐資州人李鼎祚，於代宗元年(762)上《周易集解》而傳出。魏之此書，後蜀孟昶時彭曉傳出，彭自序《明鏡圖》於丁未(947)。《參同契》者，參猶三，所以契合周易、黃老、服食三者而同之，屬長江流域的易學。凡納甲爻辰，十二律呂，周流六虚等易象皆取之。且時在東漢，《序卦》早盛行，宜魏氏亦用"朝屯夜蒙"。全書準易象以象客觀"日月運行"等自然現象,於外物取草茅八石可煉外丹,於反諸自身的氣血可修内丹。當漢代尚未用内外丹的名詞而理已具備。合言煉丹必須有陰陽變化的步驟,以易象之,正《周易》的一大應用處。《道藏》中有大量文獻,每應用易象以象煉丹的情狀,以公所存的文獻考之,此書的時代最早。

以上四部漢代名著,尚在繼承先秦時不同地域的各種易義,義在發展《二篇》、《十翼》,亦即以象數爲主,然每爲經學家所輕視。明編《道藏》對易著不爲經學所囿,以道爲主而存此古籍,確可寶貴。以四庫書目論,《易林》入子部術類二;《太玄》入子部術數類一;《周易參同契通真義》入子部道家類;《太平經》未收。更觀其經部易類,竟始於僞中又僞的《子夏易傳》,繼之即東漢鄭注輯本。可見欲推究易學之原,不可不涉經部以外的各種易著。如近代吳摯甫先生治易,得力於《太玄》;尚秉和先生治易,得力於《易林》;詳考虞氏易否定馬鄭之説,實據於《周易參同契》。故以易學論,應客觀分析各種易著的得失,決不可以儒道是非之。

五、《皇極經世》十二卷——見《道藏》而上—貴上,705—718冊,宋邵雍(1011—1077)著。雍字堯夫,河北範陽人,後定居於洛陽。於易發展陳摶(890?—989)先天圖的象數。以卦次論,先天圖全同二進位制,而《太玄》之次早已全同於三進位之次,且是法易而作,則陰陽二進位之次,在楊雄視之早已形成。惜先天圖的卦象未傳,以"無徵不信"的觀點論之,尚未可謂楊雄已見先天圖。然自陳摶畫出,迄今恰千年。完成卦象排列的科學化,正屬宋易的特色。能使易理納入科學範疇,陳摶實爲一關鍵人物。清代學者,每以道士輕視之,見識之陋令人浩嘆。準陳摶易理,邵雍更發揮之而成此《皇極經世》,能進一步認識科學化的宏觀時間,亦屬劃時代的名著。奈近千年來,尚以小道視之,斤斤於某年當某卦以覘其吉凶,何其卑陋,拙於用大何能見鯤鵬之化。明初《道藏》本的《皇極經世》尚能保存原書面目,列時間而未列卦象,彌覺可貴。迨牛無邪而張行成,始列入逐年的卦象;祝秘起,又有配卦象之例,以論張行成配卦象之未合，尤見其瑣碎。幸有《道藏》本在，能顯示邵雍之旨。特爲指出，可見後世讀此書之變化。

　　六、《易數鈎隱圖》三卷，附《遺論九事》——見《道藏》雲上，71冊，宋劉牧撰。牧字長民，長安三衢人，范仲淹（989—1052）之弟子，後又入孫復（992—1057）之門。生卒年未詳，以其師之年觀之，當與邵雍之年相近。其易以數爲主，亦間接出於陳摶。此書屬宋易圖書派之主要文獻。全書敘述形成圖書之過程，讀之可瞭解卦象與九、十數之關係。

　　以上二部宋初名著，同屬陳摶所傳。此先天圖書派的易學，所以產生於宋初者，因經唐末五代之亂，對儒釋道三教的繁賾思想，當有概括地認識，宜於五代時禪師輩出。而對抽象的《周易》象數，亦有深入認識的必要，此陳摶方能順時代的需要而形成先天圖書。至于九圖十書，九書十圖以當先後天之爭，實非主要方面。後人不辨主次，因圖書名實之變，反疑組合數學的基本原理，及當時內含的精粹之思。迄今尚多輕視先天圖書之學者，此完全爲狹隘的經學思想所誤。《道藏》能選此二書，殊合易學發展之理。

　　七、《太古集》四卷——見《道藏》友下，798冊。金郝大通（1140—1212）著，成於大定十八年（1178）。郝爲北七真之一，屬華山派，以善易名，其全集猶其易著，殊有可觀。然雖地處北方，實與華山陳摶的易學不同，尚取漢唐傳統的易義。而淳熙四年（1177）南方朱熹成《本義》，反取陳摶之說，此見濂洛關閩道南之傳。而王重陽所創立的全真教，由關中至寧海而返，宜太古的易，僅得北方固有的易理，尚未知陳摶所創立的易學新義。且陳摶的易理，可能已流傳入蜀，與彭曉的易理可通。張伯端於四川，得隱者之傳而著《悟真篇》，實已合彭陳之說。故以易道言，北宋時的南方道教，後人名之曰南宗，已承易學新義。南宋時的北方全真教華山派，後人總名之曰北宗，尚繼承傳統而不知已有先天圖。此賴《太古集》的易義，可得易道流傳概況的一證。

　　八、《周易參同契注》——見《道藏》容上，623冊，此書即朱子所著的《周易參同契考異》，附有其門人黃瑞節輯朱子語錄中語等以成《附錄》。朱子（1130—1200）讀《參同契》，由彭曉本以成此《考異》。以書名觀之。似在文字考證，其實在用反身的內丹工夫。其言曰：“先天圖與納甲相應，蔡季通（1135—1198）言與參同契合。以圖觀之，坤復之間爲晦，震初初三一陽生，八日爲兌月上弦，十五日爲乾，十八日爲巽一陰生，二十三日爲艮月下弦，坎離爲日月故不用。參同以坎離爲藥，餘者以爲火候。”又曰“邵子發明先天圖，圖傳自希夷，希夷又自有所傳，蓋方士技術用以修煉，參同契所言是也”。又得策數之理而曰：“欲與季通講之，未及寫寄而季通死矣。”則知朱子之有得於《參同契》，年已六十九歲。所惜者朱子未讀虞氏易，漢虞翻早已用納甲注易，正合易象的消息。若與先天圖相似，尚有方位的不同，通此方位而列入坎離，即陳摶發明先天圖之功。合諸人生內氣的周流，固可相似。然同爲周流又有不同，朱子取少陽老陰與老陽少陰的不同策數，合於反身的消息，以當陰陽出入呼吸的不同，凡人生之生長與衰老，理確有可通處。而此策數之變，即虞氏易中的“否泰反類”。外以示世事之治亂，反身而得出入無疾之復，此朱子所悟得以易理喻此不平衡的循環，確可相應於《參同契》之理。然道者既輕視朱子之說，儒者又小視養生之道。八百年來，徒有感嘆季通之死，尚未見有闡明其策數之理者，特爲鄭重介紹。

以上朱子太古二書，一南一北時間相同。以易理辨之而通於道教，亦合於南北宗之象。

九、《天原發微》十八卷——見《道藏》惜上—逸下，855—859册。宋鮑雲龍（1226—1296）著。雲龍字景翔，號魯齋，歙縣人。登寶祐戊午（1258）進士，入元不仕以終。此書成於元至元二十七年（1290），取天數二十五而作二十五篇，每篇十餘條合成三百八十四條以況爻數。以理爲經，以氣爲緯，自序有曰：“明於天地之性而不惑於神怪，士君子之學，孰有大於此哉。知此則識向上根源矣。”全書以易理說天原，其言甚正，收集歷代象數之說能雜而不亂。今傳四庫本，已經其族人鮑寧辨正於明天順五年（1461），且逐刪原文。

而《道藏》本屬魯齋之原書，爲不可多得的唯一版本。

十、《易筮通變》三卷。十一、《易圖通變》五卷——見《道藏》若下，630 册。此二書同爲宋雷思齊(1230—1301)著。思齊字齊賢，臨川人，宋亡爲道士以見其志。全書合圖書筮數以明易道，屬宋易所發展與數理有關的易學。雷氏於後天配洛書的象數，能有所心得云。

十二、《周易參同契發揮》九卷。十三、《周易參同契釋疑》一卷——見《道藏》止上—止下，625—627 册。

十四、《易外別傳》一卷——見《道藏》若中，629 册。

此三書宋俞琰(1258—1324?)著。琰字玉吾，吳縣人。宋亡爲道士，隱居於林屋山著書，又號林屋山人。徵授溫州學錄不赴。卒年未詳，於泰定元年(1324)尚抄錄《李心傳易傳》而有記，以後無可考，故暫以此年論。琰注《參同契》其見甚達，似當爲學習《參同契》所必讀之書。注畢而悟及原書非一人之言，當分經傳。然其注已成不及重寫。留此未完之業，唯明楊慎(1483—1559)重視之，由是而加以整理，仍據彭曉之記錄，明辨《參同契》之經傳，其功未可没。奈有其功而不直言，且作僞而謂得石函之古本。自欺以欺人，明人有此學風。或未考其詳，僅知楊慎作僞而并非古本，玉吾有知當爲不平。

按：論煉丹而有與於易象之書，《道藏》中不一而足，此文僅取最古之《參同契》一種。注《參同契》之著作，《道藏》中亦收錄有十餘種，此文僅取彭朱俞三家以概其餘。

《易外別傳》一書，係綜述易與道之綱領，書不長而有精深語，載先天六十四卦直圖，能分辨陰陽多寡之消息，殊有新義。

以上鮑雷俞三家之書，其時代相近，其處也法相似，宜其説亦相類。一言以蔽之，各能有悟於易理而終身行之。或歸諸天，或合於人，或反諸身。淡然有得於心，怡然著書以寄情，斯亦老莊之遺風，理當屬道教之旨。依地域言，此三家并屬南方，宜與全真教之見不全同。

　　十五、《周易圖》三卷。十六、《大易象數鈎深圖》三卷。十七、
《易象圖説》内篇三卷,外篇三卷——見《道藏》陽上一雲下,69—72
册。此三書同爲元張理著,理字仲純,清江人。延祐(1314—1320)
中官福建儒家提舉。明朱睦㮮《授經圖》載張理易著有三:"《周易圖
三卷》、《大易象數鈎深圖》六卷、《易象圖説》六卷。"焦竑《經籍志》
同,惟《鈎深圖》作三卷,則與《道藏》本全同。朱彝尊《經義考》僅載
《易象圖説》六卷,未及其他二書。至於編《道藏》者,似有意作僞,於
《周易圖》、《鈎深圖》二書,不題作者姓名。其下又置劉牧《鈎隱圖》,
再下之《易象圖説》,始著張理之名。由是張理的三書不連續,不題
名的二書在劉牧前,容易被誤解爲劉牧前的古籍,作者不知名。又
白雲霽的道藏書目,於《鈎深圖》的作者誤成劉牧,更有不良後果。
當編四庫時,曾翻白雲霽之書,故此誤已爲糾正,且考得《鈎深圖》
爲張理著。然仍未詳閱《道藏》本文,故收入四庫的張理易著僅二
部。《鈎深圖》入經部易類四,《易象圖説》入子部術數類一。而對
《周易圖》一書,又誤從黄虞稷之説,以當鄧錡《大易圖説》,然《道
藏》中實無鄧錡之書。此仍屬張理之《周易圖》,迄今尚未爲人所注
意。至於張理之易,殊能有得於先天圖書之理,凡邵雍劉牧的象數,
經三百年之發展,及元而總結之,張理亦屬主要之一家。於《周易
圖》中,博采各家易圖,又有保存文獻之功。
　　十八、《古易考原》三卷——見《續道藏》給下,1100册。此書
未題作者姓名,以《明史・藝文志》考核之,知爲旌德梅鷟著。鷟於
正德癸酉(1513)中舉,官南京國子監助教。全書論卦象圖書自出新
意,可見明人有幻想之風。《續藏》收及當代的易學近著,庶能有得
於時代思潮,亦見道教之盛行。而四庫入此書於存目,可喻儒道之
辨。
　　十九、《易因》六卷——見《續道藏》家上一給下,1097—1100
册。此書亦未題作者姓名,以《明史・藝文志》考核之,知爲李贄
(1527—1602)著。贄字卓吾,晉江人。嘉靖壬子(1552)中舉,官至
姚安府知府。其思想放蕩不羈,後坐事繫獄而自殺,時當萬曆三十

年,而《續道藏》成於三十五年,距卓吾之卒僅五年,能不避時諱而收之,可見張國祥之識見。不題著者之名,或有所不得已,則與《道藏》不題張理之名,不可并論。此書四庫亦入存目。全書僅解二篇錄象,未及繫辭以下。取義尚平穩。

總上十九種易著的介紹,庶見明代羽士對易學的認識,基本保持易爲卜筮書之原則,重在研究卦爻象的變化及其應用。凡天地人三才之道,莫不可以卦爻象象之,宜於辭不限於《二篇》,於理不拘於《十翼》,此正秦漢前對易學的理解。以漢後言,屬《漢書·藝文志》所謂"世歷三古,人更三聖"中的上古伏犧易。而儒者所重,偏於中下古的《二篇》、《十翼》。究乎宋易之理,貴能上達上古易;漢易之精,又能得《二篇》、《十翼》之蘊。故今日以中國文化觀之,於易不當固執於漢宋易之一端,進而觀儒道之爭,亦何可不核其實而徒爭其名。以宗教角度觀之,尤其是宋後之儒,固執於理性而不疑,與宗教徒之信仰,雖有辨亦微。吾國本有儒釋道三教之名,決非偶然。而易之哲理,不爲儒道所限,更屬史實。故《道藏》中選有各種易著,乃其家珍。誤認易著與道教無關而去之,此亦明後的道教,所以漸趨衰落的原因之一。

作者簡介　潘雨廷(1925—1991),上海人。1949 年畢業於聖約翰大學教育系。生前任華東師範大學古籍研究所教授、中國《周易》研究會副會長、上海道教協會副會長。著有《周易表解》等及未刊稿《讀易提要》、《道藏提要》、《易學史論文集》、《道教史論文集》、《易老與養生》。

論《老子想爾注》中的黄、容"僞伎"
與天師道"合氣"説

劉昭瑞

　　敦煌殘卷《老子想爾注》(S. 6825),自饒宗頤先生詳加錄校并
刊布以來,始終是國内外學術界研究的焦點之一。該殘卷無論是
《注》中使用的詞彙,還是其蘊含的各種思想内容,都還有許多值得
繼續探討的地方。就《注》的年代上説,學術界迄今還存在着不同的
意見,中國學者主要承饒宗頤先生所説,認爲是"張氏天師道一家
之學"①,或直指爲張魯作品②。國外學者則有認爲係魏、晉以後作
品的,如日本學者麥谷邦夫③、楠山春樹④ 等,近澳大利亞學者柳
存仁先生也有類似的看法⑤。否定《想爾注》出自"三張"説的學者,
其主要證據之一,是認爲《想爾注》反對兩漢特別流行的黄老、容成
爲代表的房中術,與三張天師道"黄書合氣"説相矛盾,卻同南北朝
時寇謙之等人的"清整道教"精神相一致。有的學者雖然没有明確
據以否定《想爾注》出於三張,但也作爲一個疑點特別提了出來,如

---

　　① 《四論想爾注》,見《老子想爾注校證》,上海古籍出版社,1991 年。
　　② 如任繼愈主編之《中國道教史》第一章,上海人民出版社,1990 年;
日本學者如大淵忍爾《老子想爾注の成立》,《岡山史學》19 號,1967 年。
　　③ 《老子想爾注について》,見《東方學報》第 57 號,1985 年。
　　④ 《老子想爾注考》,見《老子傳説の研究》,創文社,1979 年。
　　⑤ 見《道教前史二章》注⑥云:"我近年頗疑心這一部《想爾》或者是南
北朝時人所注。"未加詳論。《中華文史論叢》第 51 輯,上海古籍出版社,1993
年。

日本學者窪德忠《道教史》所論①。看來這一點是主張《想爾注》出自三張説的學者必須回答的問題之一。

其實，如果仔細分析《想爾注》相關議論，不難看出，《想爾注》反對黄、容之術，基於兩點理由，一是其與早期天師道實行的"合氣"説有着實質的不同，雖然在形式上相似；二是出於維護教團存在及其純潔性的需要。關於前一點，近已有學者意識到了，但未能詳論②。下面我們結合傳世著録的考古材料以及學術界一般公認能反映三張天師道實際情況的文獻材料，對《想爾注》所論作一些深入分析。

《想爾注》對黄、容之術的看法，主要見於《老子》第九章和第二十八章的注語中，茲分別録之於下，并隨文對其中的疑難術語略作解釋③。

《老子》第九章：

> 持而滿之，不若其已，揣而悦之，不可長寶。

《想爾注》云：

> 道教人結精成神。今世間僞伎詐稱道，託黄帝、玄女、龔子、容成之文相教，從女不施，思還精補腦，心神不一，失其所守，爲揣悦不可長寶。若，如也，不如，直自然如也。

首句之義見下文。龔子，不詳；黄帝、玄女、容成，前人均有釋。"從女不施"之從義爲就，見《廣雅·釋詁三》，房中書多作御。"施"亦爲專門術語，"不施"即握固不瀉。"施"與"不施"亦屢見於其他傳世三張材料，三張另有理解，亦詳下文。末句"若，如也，不如，直自然如也"，是釋《老子》"不若其已"之"不若"的，《注》文化否定爲肯定，采用的是漢代經師解經常用的訓詁方法，即今天訓詁學中所謂"不

---

① 見蕭坤華譯本頁 91，上海譯文出版社，1987 年。
② 李零：《馬王堆房中書研究》注⑪，云"似陵術雖本容成、玄、素之法，但與世間所行仍有不同。"《文史》第 35 輯，中華書局，1992 年。
③ 本文凡引《老子》語句、分章及《想爾注》語，均據饒宗頤先生《老子想爾注校證》一書。

a,a 也"句式①。《想爾注》中還可以找到用這種方法訓注《老子》的語例,如《老子》第六章"用之不勤",《想爾注》釋"不勤"爲"不可不勤也",也是化否定爲肯定,這也是《想爾注》曲解《老子》以爲我用的手法之一。"不如,直自然如也"之直訓徑直或特,見楊樹達《詞詮》卷五,"直自然如"是對"不如"的否定,義即徑直如自然。《想爾注》認爲"從女不施,思還精補腦"是違反自然,其結果是"心神不一,失其所守",故有此議論。

《老子》第二十八章:

> 常德不貸,復歸于無極。

《想爾注》云:

> 知守黑者,道德常在,不從人貸,必當償之,不如自有也。行《玄女經》、龔子、容成之法,悉欲貸。何人主當貸若者乎?故令不得也。唯有自守,絕心閉念者,大無極也。

《老子》他本"貸"均作"忒",《想爾注》改作貸,乃借之義。首句"知守黑者,道德常在",《老子》同上章"知白守其黑,爲天下式"《想爾注》云:"精白與元炁同,同色。黑,太陰中也,于人在賢(腎),精藏之,安如不用守黑?天下常法式也。""守黑"即守精,漢代五行思想中,黑爲人五臟之腎所配之色。元代沙門祥邁撰《辨僞錄》卷二有"合氣爲道僞第十三條"②,其中有云:"同出而異名者,謂精也","玄之又玄者,謂左右腎也;衆妙之門、道可道者,謂朝食美也;非常道者,謂暮爲屎。"下小字自注云:"此依張道陵解,道陵如此説也。"上引文中的《老子》之語,皆見于第一、二章,敦煌本《想爾注》悉缺。饒宗頤先生首先指出《廣弘明集》卷十三釋法琳《辨正論·外論》中的一段文字爲《想爾注》"道可道"注語佚文③,持之與元代祥邁所引相較,二

---

① 參見楊聯陞《漢語否定詞雜談》,《楊聯陞論文集》,中國社會科學出版社,1992年。

② 《大正藏》第 52 册。

③ 《想爾注佚文補》,見《老子想爾注校證》。

者大致相同,唯法琳所引"玄之又玄者,謂鼻與口也",祥邁所引則
作"玄之又玄者,謂左右腎也",或祥邁別有所本,而似與前引第二
十八章注語更合。"守黑"既喻守精。"道德常在"一語中的道德
疑亦有所隱喻。早期道經《上清黃書過度儀》記受道男女行"八生"
合氣交接之術爲"共奉行道德"①,乃指所合男女陰陽之氣。《老子》
第七章有云:"天地所以能長久者,以其不自生,故能長久。"《想爾
注》作者極欣賞此義,并多所發揮,如注此句云:"能法道,故能自生
而長久也。"此解"不自生"爲"自生",亦上舉訓詁之例。又《老子》第
二十九章"或接或隨"下注云:"身常當自生,安精神爲本,不可恃
人,自扶接也。"上引注文"自有"、"自守"均"自生"之義。

　從對上述兩段《想爾注》文字的分析看,第一,《想爾注》反對的
主要是托黃、容之文以相教的"僞伎"中的"從女不施,思還精補腦"
之術;第二,《想爾注》主張滿之則已,因其自然,法天地自生,"不從
人貸",與傳世"僞伎"的"悉欲貸"即采陰補陽之法不同。還必須指
出的是,《想爾注》解《老子》有很強的針對性,瞭解這一點,對我們
從整體上把握《想爾注》所表述的思想和觀點非常重要,如上引兩
段《想爾注》文字,前一段是針對欲"結精成神"者,也即欲成神人
者;第二段是針對"人主"即帝王,都非一般的人道者。關于這一點,
我們在下文還有述及。

　《想爾注》中反映的也有作者自己的主張,而所闡述的主張主
要是要求用來服從於早期天師道創教及維繫教團存在的需要的。
有關主張主要見於《老子》第六章的注語中,其注"綿綿若存"下云:

　　陰陽之道,以若結精爲生。年以知命,當名自止。年少之時,雖有,當
　閑省之。綿綿者,微也,從其微少,若少年則長存矣。今此乃爲大害。道
　造之何?道重繼祠,種類不絶,欲令合精産生,故教之。年少,微省,不絶,
　不教之懇力也。懇力之計出愚人之心耳,豈可戀道乎?上德之人,志操堅
　強,能不戀結産生,少時便絶。又善神早成,言此者道精也;故令天地無

———————————

　① 《道藏》正一部。

祠,龍無子,仙人[無]妻①,玉女無夫,其大信也。
下略作解釋和分析。

首句"陰陽之道"即陰陽交接之道,日本丹波康賴《醫心方》卷
二十八《房內‧至理》引《玉房秘訣》:"冲和子曰:夫一陰一陽謂之
道,媾精化生之爲用。"又引"素女曰:凡人之所以衰微者,皆傷於陰
陽交接之道爾……能知陰陽之道者成五樂,不知之者,身命將
夭。"②《注》文中"以若結精爲生"即《玉房秘訣》的"媾精化生"。又,
《注》文中"年以知命,當名自止",以同已;知命即五十歲,見《論語
‧爲政》;名通作命令之命;自止,節欲也。上引注文自"年少之時"
至"若少年則長存矣",人年少則精氣綿綿長存,然亦當"閑省"即愛
惜之。以上反映的可以説是一種科學的房中觀。

"今此乃爲大害"句,當指上述《想爾注》文中所反對的黃、容握
固之術。"道造之何"以下則叙述了"道"所主張、所"教"的,也即作
者從維繫教團延續的角度出發所主張的。"道造之何"之造有作、爲
義③,第三十六章注語云:"道人畏翕、弱、廢、奪,故造行先自翕、自
弱、自廢、自奪",語中的"造行"亦是行爲、作爲義。"道重繼祠,種類
不絕"語中的祠通嗣④,下文"天地無祠"之祠亦當讀作嗣。"種類"
同"種人",見《後漢書‧光武帝紀》,也應即早期天師道的種民。種
民之義,陳寅恪⑤、楊聯陞⑥ 等先生均有討論,《太平經》云"君聖師
明,教化不死,積煉成聖,故號種民。種民,聖賢長生之類也。"⑦

① 本文補"無"字,理由詳見筆者《〈老子想爾注〉校釋拾補》一文,待刊。
② 華夏出版社點校本,1993 年。
③ 見《經籍籑詁》卷四十九"造"字下。
④ 見高亨《古字通假會典》頁 412,齊魯書社,1984 年。
⑤ 《崔浩與寇謙之》,見《陳寅恪史學論文選集》,上海古籍出版社,1992
年。
⑥ 《〈老君音誦戒經〉校釋》,見《楊聯陞論文集》,中國社會科學出版社,
1992 年。
⑦ 王明《太平經合校》頁 2,中華書局,1985 年。

《注》文中"欲令合精產生，故教之"，所"教"者即"道"。"慇力之計出愚人之心耳，豈可怨道乎？①"承上"今此乃爲大害"而言，言人只信"僞伎"之黃、容術，行之不已而又不能長生，故怨道，是爲"大害"。"年少，微省，不絕，不教之慇力也"，所"教"者亦爲"道"，此句意義言年少亦當養身，與上文"年少之時"一句義相應。

　　《注》文中"上德之人"至"言此者道精也"一段，"上德之人"應指其他《注》文中常見的仙士、道士、道人，即得道之人，也即本段注語中的"善神"，善神能"少時"便絕精棄欲，故能早成善神，一般種民則不能臻此界，知"道精"者，即"上德之人"方能言此，此亦是道之精髓所在。"故令天地無祠（嗣）"以下，也是承知"道精"者而言，是《老子》"天地所以能長久者，以其不自生"之意，無生故亦無滅，天地、龍、仙人、玉女皆爲"上德之人"，故不需假貸他人而能長久。

　　總結以上解釋和分析，可以看出《想爾注》本段文字有以下三層意思，首先，"道"所主張的陰陽之道即"男女之事"，年過知命以上，可以自止，年少時亦當養身愛惜，否則放縱傷身，一味行黃、容之術不得長生而又怨"道"，即爲"愚人之心"。這是借"道"之口針對一般人而言。其次，對種民而言，"道"則教其"合精產生"，以令繼嗣不絕，這樣才能維持教團的存在和興旺，如果世人皆學黃、容"僞伎"，握固不施，在《想爾注》作者看來，無疑是一種"大害"，故《注》文中屢加摒斥。最後，只有"上德之人"知"道精"者可以法天地而自生，少時便絕"戀結"② 而成善神，這是不可懷疑的"大信"。《想爾注》強調這一點也很重要，那就是要維護"道"甚或是教團領袖的權

---

① 《老子》第六章末句"用之不勤"下《想爾注》云："能用此道，應得仙壽。男女之事，不可不勤也。"此"勤"字疑應讀爲謹，謹慎義，見高亨《古字通假會典》頁126，如果如字讀，則與本章以上注語義有違，又本章勤行之勤注語皆作"慇"，是知《想爾注》似有意區別二字之用。

② "戀結"一語，頗有佛教術語意味，筆者擬另撰文詳述，此處不贅。

威性和神聖性①。

通過上文所論，可以認爲《想爾注》所反對的握固不施、還精補腦的黃、容之術，與其所主張的上述三點是完全對立的，特別是與天師道立教的根本——種民的延續是完全不相容的，種民的延續得自於"施"，有"施"才有"合精産生"。《想爾注》屢有守精、寶精、結精之論，孤立地看，似與黃、容握固之術相同，致啓學者疑寶，其實經仔細考察，《想爾注》的這類借"道"之口的説教，都是針對一定的對象，也就是"上德之人"的，而對一般人，包括"人主"，"結精"等也并不是絶對的"不施"，而應是"不妄施"，這與黃、容之術追求的絶對不施是不同的。《太平經》一書的旨趣之一是"興國廣嗣之術"②，在這一點上，《想爾注》與之也是相同的。

從傳世著録的考古材料以及今一般認爲是三張延嗣種民的相關文獻材料中也可以證明我們上述的看法。

南宋洪适《隸續》卷三著録的"米巫祭酒張普題字"，云"凡七行六十七字，今在蜀中。"該題記是極其可靠的早期天師道材料，國内外著作多有引用，但各家斷句多有不同，對其中的某些關鍵字也缺乏正確的解釋。現録其文如下，并試作句讀及簡單解説。

> 熹平二年三月一日，天表鬼兵胡九、□□：仙歴道成，玄施延命；道正一元，布於伯氣。定召祭酒張普、萌生、趙廣、王盛、黄長、楊奉等，詣受《微經》十二卷。祭酒約：施天師道法。無極才（哉）！

熹平二年當公元 173 年。"天表"之表當讀如《論語‧鄉黨》"必表而出之"之表，彰示義，《漢書‧張良傳》"表商容之閭"，顔師古注云："表謂顯異之也"。"鬼兵"即鬼卒，稱學道者爲鬼卒，有兩種説法，一如《後漢書‧劉焉傳》云："其來學者，初名爲鬼卒。"一如釋玄光《辨

---

①　關于這一點，可以參看謝祥榮《〈想爾注〉怎樣解〈老子〉爲宗教神學》一文的第四部分，見《中國文化研究集刊》第 4 輯，復旦大學出版社，1987 年。

②　《後漢書‧裏楷傳》，又參見湯用彤《讀〈太平經〉書所見》，《湯用彤學術論文集》，中華書局，1983 年。

惑論・解廚墓門不仁之極第三》所云:"鬼卒、鬼民、鬼吏、鬼道,此是子魯輕於氏夷作此名也。"(《弘明集》卷八)兩者可以互相補充。"仙歷道成,玄施延命"二句叶韵,首句言胡九等學仙而道成。"玄施延命"句應與天師道合氣之術有關。"玄"在天師道術語系統中指腎亦即精,説已見上,"施"之義上亦有釋,"玄施延命"即施精以延命,詳見下文。"道正一元,布於伯氣"一句,元字或讀爲亓即其,但東漢石刻文字中其字寫作亓的例子已極爲少見,恐仍應以元字爲是。"一元"應即《關尹子・二柱》"先想乎一元之氣"之一元,即一元之氣;伯同百。"道成一元,布於百氣"義謂胡九等學道而成,結成一元之氣而化爲百氣,蓋言其無所不能。玄光《辨惑論・合氣釋罪是其三逆》記有天師道徒合氣咒語,云:"咒曰:天道畢,三五成,日月俱,出窈窈,入冥冥;氣入真,氣通神,氣布道,氣行(按:應脱一字);奸邪鬼賊皆消亡,視我者盲,聽我者聾,敢有圖謀我者,反受其殃,我吉而彼凶。"咒語中特別強調氣,又有"氣布道"一語,皆可與"道正一元,布於百氣"語相印證。

　　題記下半段記"定召"祭酒張普等六人,授於胡九二人《微經》十二卷,并以施行天師道法爲約。"定召祭酒"應屬之於首句的"天","天"很可能就是"天師"之省,《三國志・張魯傳》記張魯據漢中,"以鬼道教民,自號師君。其來學道者,初皆名鬼卒,受本道已信,號祭酒,各領部衆,多者爲治頭大祭酒。"天師——祭酒——鬼卒,是天師道團的三級結構,這當然不是張魯的首創,而是承繼其祖父張陵而來。祭酒是各治首領,天師是通過祭酒從思想和行爲上控制一般道民,有些書也逕稱天師道爲"祭酒道"①,可見祭酒地位之重要。釋玄光又云:"昔張子魯漢中解福,大集祭酒及諸鬼卒。"(《弘明集》卷八)與題記所記事頗相類,所以我們説題記首字"天"即"天師"之省,應該是可以成立的。從題記的時代上看,這裹的天師只能是三張之一,故能"定召"諸治之祭酒。從整個題記的意思

---

① 　北齊高祖:《廢李老道法詔》,見《廣弘明集》卷四。

看，胡九二人在“仙歷道成，玄施延命”後，受《微經》十二卷，然後又以“施天師道法”受祭酒之“約”，題記記述的應是胡九二人從一般道民晉升爲祭酒的儀式。這是傳世文獻没有記載的。題記末句的“無極哉！”則似是儀式結束時的歌頌歡呼之辭。

由上述看，胡九二人道成的關鍵在於其有“玄施延命”這麼個仙歷。下面我們結合《道藏》中早期天師道的相關材料，來進一步討論“玄施延命”一語的意義，也借以印證我們上文討論《想爾注》所得出的結論。

世傳張陵作《黄書》，講交接合氣之道，目的大略有二，一是以之長生延命，如陶弘景引裴君所言目之爲“長生之要”（《真誥·甄命授》），又釋玄光譏之爲“交氣丹田，延命仙穴”①。一是以之延續種民，保持教團的存在和純潔性，如陶弘景引冲虚真人書云：“黄赤之道，混氣之法，是張陵受教施化，爲種子之一術耳。”（《真誥·運象篇》）這兩點和上文分析的結果是相合的。

今存於《道藏》正一部的《上清黄書過度儀》和《洞真黄書》二書，學術界一般認爲保存了張陵《黄書》的基本部分。《上清黄書過度儀》講的是天師道徒的過度儀程，行此禮儀後，即爲“受道”。過度儀式由“師”主持，在靖室舉行，如該書卷首云：“夫弟子在師活受道，不得過二十不過度，二十外受道，即過度，將沐浴禁誡熏香也。”下依次列二十項儀程。行此儀式的過度者爲男女雙方，如第十項“十神”條記“師言：今有男女生某甲，從臣乞丐過度；弟子言：臣妾今從師某乙乞丐更相過度。”第十三項的“八生”條即講交接合氣之術，如前七生爲戲龍虎、轉關、龍虎交、龍虎校、龍虎推、龍虎蕩、龍虎張，龍虎分喻男女。最後一生爲“揖真人”。第二十項“嬰兒回”亦爲合氣之術，文中以陰陽分喻男女。釋道安《二教論》“合氣釋罪”條下自注，記張陵“妄造《黄書》，咒癲無端，乃開命門，抱真人，嬰兒回，龍虎戲。”（《廣弘明集》卷八）道安所譏，皆見上述。行合氣之儀

----

① 《辨惑論·合氣釋罪是其三逆》，見《廣弘明集》卷八。

後,受道者有言:"願爲臣妾解除三官考逮,解脫羅網,撤除死籍,著名長生玉歷,過度九厄,得爲後世種民。都畢。"行合氣之術的目的即延命長生和延續種民,與我們上文所論是吻合的。《洞真黃書》尤爲晦澀,卷首有云:"師曰:願分別天地大度八生之法",此處的"八生"即上引《上清黃書過度儀》的"八生",就所能理解的一些術語而言,其中的"雨"、"施","不得妄雨"、"莫妄施"等,均指合氣過程中精的出與不妄出,張普題記中的"玄施延命"即指合氣中的行施以得延命,與前文所述《想爾注》主旨亦相合。

　　由上述來看,《想爾注》所主張的"陰陽之道"與其反對的黃、容"僞伎",二者之間雖然在形式上略同,但在過程和目的上卻存在着根本區別,這一區別就是表現在不施與施、單純的個人長生與道團的延續兩個方面。出於一般宗教都具有的排他性,《想爾注》作者反對黃、容之術,并斥之爲世上之"大害",也就不奇怪了。

彭山道教銅印與道教養生

王家祐

内容提要 本文結合巴蜀古史和道教史,對四川出土的道教銅印内容進行了研究。指出玄女爲金母元君弟子,行上清大洞雌雄三一混元之道;玉女即李老君之母無上元君,亦稱爲素女,精于天地陰陽之道。銅印以日月之道爲長生要道,實際是"人法天地"的乾坤陰陽之道。此術并不神秘,倫常日用之間何處非道之所在,百姓日用而不知。君子之道造端于夫婦,二人同心,力以斷金,即是由仁昇仙之道。文後附圖爲四川 1973、1992 年出土的道教銅印拓本,是首次公開發表,堪稱珍稀,可供同道深入研討。

彭山縣傳爲長壽神仙彭祖祠墓所在。彭山縣有道教教區廿四治中的北平治、平蓋治、本竹治。張陵先祖張綱亦葬于縣北。張氏傳教于仁壽,建碑洪雅,張陵正一道民多居此域。道民即巴賨人,因族人善戰用板楯,又稱白虎復夷。板楯又稱"彭牌",故其族即"彭人"。岷山爲彭人古居,是氐羌系屬的姬姜族人。初唐時詩人沈宇《武陽送別》還有"羌笛胡琴"的居人記載。凡彭人(巴賨)居地皆有"彭"名。古蜀開明王與秦軍決戰于彭山縣;開明王子退保蜀國老巢彭縣蓬鄉;皆彭族居地。川南彭水,川北彭溪(開江縣)。唐羈縻州有彭州,當與甘肅彭原縣同爲彭人故居。彭縣古有麒麟、黃龍、白虎之瑞,實乃開明王族龍虎互婚與神獸(乘黃、吉量)的遺風。開明蜀王實乃巴賨人鼈令開國,與西山龍族結合。此龍虎和合之道,上溯

"西王母國"（貘部族），下啓青城仙都鶴鳴（今和平鄉）神山的王遠、張陵仙道。

彭山縣出土六面銅印，見於《蜀檮杌》。孟蜀廣政十四年（951）冬，彭山副將楊富獲於江岸。嚴筑作《瑞篆記》。此印必是漢（正一道）唐（李家道）遺物。各面篆文是：

①天國老君、生萬民，治中國、外國，人和璽。②老君授生，輔天下，國安平。受道人長生。③上國仙師、天師、老君。道成明天地政璽。④上召吾拜元太昊。通天下治氣同璽。⑤虛無自然明。日、月、星辰光。⑥玄女致和氣。玉女致天醫。

此印以"天國老君生萬民"。上國有：仙師、天師、老君。自稱"上召吾拜元爲［太昊］。""受道（之）人（得）長生"。治國之道爲"明天地政（天地坤乾之正）"。"通天下治（平）之氣"以求國安平，人民和。其所尊之道爲"虛無自然（無極無爲）明（日、月陰陽）"之道。遵天道，"日、月、星辰（北辰含五斗）"之道。日月之道實際是"人法天地"的乾坤陰陽之道。星辰之道是中斗含五方五行之道。《陰符經》："觀天之道（度），執天之行，盡矣。"

玄女是金母元君弟子，黃帝之師。道教神中僅次於西王母與斗姆。九天玄女爲黃帝製夔牛鼓八十面以破蚩尤。人頭鳥身，俗稱九天娘娘。《上清元始變化經》："玄母則化形爲人頭鳥身，口衡月精。"又"高上元始皓靈九天大空祖宗西王母實九靈之氣，混西金之魄，煉月精之輝。封掌龜玄，總領玄錄。"是知九天玄女是崑崙龜臺金母的化身。《古文龍虎經注疏》注云："玄女乃天地之精神，陰陽之靈氣，神無不通，形無不類，知萬物之情，曉眾變之狀，爲道教之主也。玄女亦上古之神仙，爲眾真之長。"九天玄女授黃帝"太一遁甲，六壬步斗之術，陰符之機，靈寶五符五勝之文，遂克蚩尤。"是知太一、五行、陰陽之"天機"實北辰中斗之天道。龜山金母崑崙之仙道即"循斗而招搖兮，執衡以定天紀"的陰陽、五斗天道。天道印於人而度之的"度人"法天地之正一道，亦即《靈寶領教濟度全書》講的"九天上玄玉清神母所行上清大洞雌雄三一混元之道"。"雌雄混玉房”雌一雄一帝一謂之三一。《太上升玄三一融神變化妙經》云：玄者是一，理者是正，故名正一。玄父名雄一，玄母名雌一，玄母生萬物、育含情又號爲太一。一者大也，故名之爲道母。玄一者天尊位，玄母雌一者天皇位，真一帝一者道君位，三一者赤子真人位，正一者大法師位。稱無名常存三一者是混合虛無……。九一九子九女九皇出于昆侖。西山昆侖七九返還之道，即“五斗芈道”（蜀岷丹法）。

　　玉女有多解：普通一般好女，修仙之女，天上好女，得道仙女等等。侍候天上神仙真人之金童玉女，如元始天尊竟有靈童玉女九千萬人。李老君之母無上元君曾是玄妙玉女。青城山有玉女洞（上清宮岩下），又稱爲“素女”。“廣都之野”即青城仙都的“成都戴天山”（今八卦臺後山）；其地爲素女所出，鬼容蕳（容城公）所居。西王母之使女“墉城玉女”名王子登。東王公與玉女投壺爲戲。太元聖母亦稱太元玉女，她生扶桑大帝與西王母。精通天地陰陽之道，即精通房中術之女曰素女。《隋書·經籍志》有《素女秘道經》與《素女方》各一卷。

　　四川仙山“玉女”多與淺山區岩室墓有關。川人稱此區特有的東漢岩室墓爲“蠻洞”，“天宮”，“神仙洞”，“玉女房”。彭山縣有彭女山又名彭無（疑爲彭母之訛）山；或稱彭模，平模，平無，皆一山。除説爲彭祖冢祠外，又有王喬冢。王喬有四：周靈王太子桐柏真人；葉縣令王喬；彭山北平山食白蝦蟆得仙者；另有西王母侍女弟子王子喬，當是彭山玉女彭母（平無）。“武陽龍尾，仙者羽化之所。”（《水經注》）即今人所稱岩墓。古人以爲神仙羽化之所，最顯明的有簡陽縣逍遙洞的“漢安元年，會仙友”題刻。樂山市郊白雲洞的宋代題刻。還有資陽岩墓出土的道教天書方銅印與“樊侯”長方銅印。《蜀中名勝記》載灌縣“玉女房鑿山爲穴，深數十丈，有廊廡堂室”。“聖水池在永康縣西玄妙觀，昔有女子上升。仙洞藥爐尚存。”又“青城山有玉女洞亦曰素女”。仁壽縣有十二玉女。綿陽市靈山有玉女搗練砧；西山有玉女泉。平武縣有仙女鋪，仙女洞，仙女橋（磨針仙女）。彭山縣東北亦有磨鍼溪，在象耳山下。廣元縣“龍門山東南有玉女山，有石穴若房宇,有玉女八人不出。"(《梁州記》爲葱嶺山石穴號爲龍山。)文同《利州綿谷縣羊模谷仙洞記》云:"朝天驛七八里岩谷中有神仙出現洞口。"《三洞群仙錄》:"王道長居利州景谷縣楊謨鄉安樂溪仙窟。"杜光庭《錄異記》:"道長山楊謨洞在峭壁中。有神仙或三人或五人,服飾黃紫,往往出現。"

以上所引多是岩墓群,所謂玉女房,神仙洞府,蠻洞。生則居之,死則葬之,與原始道教(神巫)關聯。今樂山市某些岩墓中尚有唐宋道士題刻。由是可以確定岩墓是西南某族信奉昆侖五斗米巫的生居死葬洞府。他們很可能是巴人鱉令"開明氏"所建"蜀國"的後裔。開明氏蜀國(公元前 678 年—前 329 年)的王族是龍(金馬、耿馬)虎(碧鷄,比兹卡,開明)互婚族,而以女系(開明神獸——虎)爲主。在開明王朝時,蜀巴(四川)人民以"猱"(百濮)"僰"(番—氐羌)爲大姓。分部多種稱呼,如邛、筰、五都(五斗、五擔、武當、五荼……)。

開明氏蜀王早在戰國時以立五色帝廟,講陰陽龍虎之道.龍陽虎陰源于伏戲與女和,五行源自道教昆侖神山(鳥母"人鳥山")北斗崇拜的太一與五方五斗(五斗在北辰中斗内)。蜀國被秦滅後(公元前 329 年),王族多改漢姓爲"李"(如李真多、李八伯、李冰)。蜀民亦漸改漢姓(成、費、張、王等)。連地名也由古蜀稱改爲漢稱,如慶符縣"僰王墓"改漢王山(綿竹亦有漢旺場),新都縣"鬼城子"改漢城子。但仙女、玉人的母系觀念(來自女媧、鳥母、玄女、西王貘、斗姆)仍然流傳,如李白、寶子明所遇"磨鍼仙女",在彭山磨鍼溪、在江油縣仙女橋(光緒縣志),皆來自崇山(岷嶺蜀崇、鴻蒙冢山)女母真傳。崇山、蜀山即西王謨(女和月母之國)所居"昆侖"(崆峒、鴻蒙)。周穆王、漢武帝曾至此山原,崇伯禹(基地在什邡)學於西王舅部。此山原非神話傳說,乃西陵氏蜀山(積石之野),亦稱"彭"(鵬鳥女王所主)或蓬山。今彭灌山區及什邡、綿竹即貘部仙人自東下之"郫"。西王母嫡系"西城總真"王方平所傳岷山丹法(西城在文錦江南、懷遠鎮西)以馬鳴生(青衣鼉王之後)爲代表。蜀虎分部所傳南北斗、五符靈寶以李耳傳張陵爲代表。在青城仙都的天國山"鶴鳴神山治"。今味江街子場南、上元場西的和平鄉之翠圍山下鳳鳴。兩傳實爲陰陽龍虎一系，即五斗太一（正一）系。今道教正一《古文虎虎經》丹法即昆侖母系仙傳。

古民謠曰："煉丹訣，煉丹訣，無限天機從此泄。達人得此壽延長，愚人不省還夭折。此訣相傳有萬年，余今料得徒饒舌。我哀高士徒高漫，不肯低頭誰肯説。"《悟真篇三注》云："玄牝既立然後長生可致。萬物莫不由此而生；因此二物而生而死。實爲天地之根，五行之祖，陰陽之元，萬化之基。"《金丹四百字》："此竅非凡竅，乾坤共合成。名爲神氣穴，內有坎離精。"《呂祖全集》："人須人度超凡世，龍要虎交出污泥。要識汞根尋帝子，欲求鉛本問仙姑。"《度人經》太玄金華玉女曰："土之精生石，石之陰精爲玉，石之陽精爲金。一石之中分陰陽爲金玉。一陰一陽之道也。"道家內丹大藥在樓觀臺碑側奇字（合文）寫作"竂"。"月中騫樹一名藥王"。"窮取生身處，返本還原是藥王。""道在人爲日用常，元君金華是藥王。""識取生天生地藥，生天生地亦生人。"倫常日用之間何處非道之所在。所患人未能參透陰陽消息耳。非學優，見識到，不足語此。百姓日用而不知者。君子之道造端於夫婦。二人同心，力以斷金。由仁升仙之道也。

先師任乃強釋資陽南市鄉 1973 年岩墓出土道教銅印文曰："天女五妹。永保茲富貴壽福。旨厥壺範。受五方福祉。宣昭大志。光垂彤史。丕珍之。"同時所出"樊侯"銅印亦繁族土著之"侯"，賨人之巫師（見附圖）。南充市郊唐墓出土玉印"晉女冠劉懿真。王子晉之外妹。居棲霞觀。（至東晉時）凡安百歲。"新都有繁陽山爲中央教區（陽平治），有麻姑洞。簡陽有玉女靈山。青城仙都上承昆侖道法，天谷即容城與素女所居。康熙帝題"丹臺碧洞"，正一之肇制也。

作者簡介　王家祐，字宗吉，1926 年生，四川成都市人。現任四川省博物館研究員。

附圖：

〈一〉資陽縣城南鄉岩墓出土道教銅印，1973 年。

〈二〉"樊侯遠裔"，資陽縣城南鄉岩墓出土銅印，1973 年。

〈三〉灌縣兩河鄉紅梅村岩墓出土道教銅印，1992 年。

江西高安出土南宋淳熙六年徐永墓
"酆都羅山拔苦超生鎮鬼真形"圖石刻

——兼論歐陽文受《太上元始天尊説
北帝伏魔神咒妙經》的時代

張勛燎

内容提要 本文廣泛結合道書文獻記載,對 1988 年江西高安縣南宋淳熙六年徐永墓出土"酆都羅山拔苦超生鎮鬼真形"石刻進行研究,收集了七種道書中的八個此種圖形材料和石刻相比較,考察了它的性質、用途、用法和時代發展源流。文中指出,七種記載此圖材料的文獻有六種是學術界公認的北宋末南宋初以來的作品;歐陽文受《太上元始天尊説北帝伏魔神咒妙經》過去認爲係梁代或唐初以前之書,據書中河圖數象材料考訂,其成書實際上也應在北宋末南宋初年以後,和考古發現材料的時代吻合。整個酆都山真形圖,應是在北宋末年以來靈寶派道士大量編著靈寶大法的過程中,根據《真誥》等書有關記載,直接依仿五岳真形圖創構出來的一種靈圖。石刻保存了這種道圖比較早期的形態,雖然文字部分有脱漏,需參考文獻訂補,而文獻中的一些錯誤,也可由石刻得到校正。石刻的發現,反映了南宋初年以來道教靈寶派在民間影響的廣泛。在墓葬中出土,提供了整個圖形兩類四種不同用法中一種用法的實例,它的作用在於辟邪鎮墓,煉度墓主靈魂,使之脱離酆都苦獄,升天成仙。

1988 年清理江西高安縣城東北羅山一座南宋磚室墓,在死者頭部一端所置刻有"淳熙六年"紀年的磚質買地券旁出土一塊碑形石刻,長方形,圓弧首,高 57、寬 47 厘米,額文"酆都羅山拔苦超生鎮鬼真形"十二個大字。額文以下刻一略呈橫長方形的山形平面圖,以回曲圓轉之不規則黑、白塊狀表示不同的地形,圖間以細字標注冥府宮闕、官司所在共十七處。圖下刻字十五行,字形較額文爲小。圖外右側刻字一行,字形大小界于額文與圖下文字之間,其下端另有雙行夾注文字,字形與圖下者大小相同。這種考古材料,過去還從來沒有發現過,對研究我國古代道教活動有重要的價值。此材料曾先後兩次發表簡報,其間還登載過一篇專門的研究論文①。綜觀幾篇文字,由于作者參考道書文獻不多,似不知《道藏》多有此圖形材料者,除刻文本身的識讀存在問題而外,對整個石刻所作的研究,也僅限于部分圖間記注文字內容的一般化解釋,有關此種圖形材料的用途、用法、主要宗教意義和時代源流等方面的問題,幾未能觸及,有必要作進一步的考察。

今對照發表的石刻拓片圖版和已有的釋文,參考有關道書文獻記載,重加釋讀,然後進行討論。

圖間記注文:

變生府、洞陰金闕、上元六宮洞、丈人宮、溟泠大神、獄穴、泉曲府、中元曹局、下元六洞、六天使者、鬼帝(原釋爲市)金闕、上通天門、五道府、幽闕、天帝宮、北都宮、司命宮

圖下文字:

太極真人曰:"夫修上清大洞之道及三清之要,而不識羅山真形者,七祖不得長謝鬼官,尸血不得蕩滅于胞門也。又名《六天策文》。丹書、墨書著没者姓名于其側,以火煬之,則北都解罪,三官赦愆,上升福堂矣。

① 陳行一:《江西高安南宋墓出土一批道教文物》,《東南文化》1989 年 2 期。陳行一等:《江西高安縣發現南宋淳熙六年墓》,《考古》1994 年 2 期。陳行 ·:《〈酆都羅山拔苦超生鎮鬼真形〉碑考析》,《江西文物》1989 年 3 期。

若石刻玄臺（原釋誤排作合）墓宮，則苦魂受度，簡記朱陵。學者佩身，及
置堂室上，萬鬼滅爽，幽原開泰。此文書于上清北玄之闕，以正六鈕之
分。"出《道藏·元始六天制魔經》。

圖左側文字：

　　宋故正主押官徐永（第行五十二郎，字固道。

　此石刻自題"酆都羅山拔苦超生鎮鬼真形"，文注又稱"六天策
文"。在今本《道藏》中，不僅有關圖間記注文字的材料極多，記載整
個圖形材料的也相當不少。有關圖間記注文字的單獨材料，因篇幅
所限，另文詳考，在此不一一討論。僅以文獻記載述及整個圖形材
料者而言，或有圖無文，或有文無圖，或圖文并具，凡有圖形者圖上
皆有記注，圖外之有關誥咒和其他說明文字，詳略多少亦往往有所
不同。根據我所接觸到的材料，著有酆都山真形圖形的文獻主要有
以下七種：（一）正一部所收上清三洞經籙碧霄洞華太乙吏歐陽文
受《太上元始天尊說北帝伏魔神咒妙經》卷六①、（二）北宋末南宋
初寧全真授、南宋王契真編《上清靈寶大法》卷十七（《道藏》三十，
815 頁）和卷三十四（《道藏》三十一，5 頁）、（三）洞玄部方法類所收
南宋時編《靈寶玉鑒》卷三十（《道藏》十，346 頁）、（四）正一部所收
南宋金允中編《上清靈寶大法》卷三十七（《道藏》三十一，597 頁）、
（五）洞玄部威儀類所收南宋留用光傳、蔣叔輿編《無上黃籙大齋立
成儀》卷四十（《道藏》九，609 頁）、（六）洞玄部威儀類所收南宋寧
全真授、宋末元初林靈真編《靈寶領教濟度金書》卷二六三（《道藏》
八，298 頁）、（七）洞真部方法類所收明初人編《靈寶無量度人上經
大法》卷六十八（《道藏》三，1030 頁），凡七書八圖。除《濟度金書》
一圖標題"六天策文"，王契真書卷三十四之圖題稱"九獄燈圖"而
外，其餘標題皆作"酆都山真形"。此外，王契真書卷二八八記載此
圖材料有文無圖，文中也是兩個名稱都同時使用。看來，"酆都山真

---

　①　《道藏》三十四：419—420 頁，文物出版社、上海書店、天津古籍出版
社 1988 年版。下引《道藏》并同此版，不另注明。

形"是它最流行的叫法。無論其標題如何,各圖圖形均與石刻基本相同,只是某些部分的畫法和文字時有不同程度的差異。如以外廓而論,除王契真書卷三十四稱"九獄燈圖"者與石刻同作橫長方形而外,其餘七圖,包括王書卷十七一圖在內,皆作豎長方形。圖中記注文字,文獻多縮小影印,不能盡晰,唯其處數尚可辨出,大多與石刻同爲十七,僅《濟度金書》卷二六三與《無上黃籙大齋立成儀》卷四十稱"酆都山真形"者爲十八處,有明顯的出入。各處記注文字,彼此大部相同,間有小異。就可辨者言之,如石刻之"上元六宮洞",諸書皆作"上元六洞";石刻與諸書之"上通天門",王契真書卷三十四"九獄燈圖"亦同作此稱,但同書卷十七圖作"通天門",《北帝伏魔神咒妙經》圖又作"天門";石刻之"下元六洞",金允中書及其他幾種文獻作"下元六宮",而王契真書又作"下元宮";石刻及諸書之"中元曹扃",金允中書作"中元曹";石刻及諸書之"幽關",王契真書卷十七圖亦同此稱,唯該書卷三十四"九獄燈圖"稱"幽牢";石刻與諸書之"鬼帝金闕",《無上黃籙大齋立成儀》卷四十九圖作"鬼帝宮"。此等差異,多屬各家習慣叫法不同,于文義無大影響。此外,《濟度金書》與《無上黃籙大齋立成儀》二圖較石刻與他書圖注記之十七處多出"黑池"一處;又《北帝伏魔神咒妙經》圖注總數雖爲十七處,但有"黑池"而無石刻及他書圖之"五道府"。這兩種出入則屬于內容本身的不同,牽涉到歷史上不同時期不同道派對記注文字性質的認識和理解的差異,這是研究石刻材料必須很好注意的問題。

　　金允中《上清靈寶大法》卷三十七在"酆都山真形圖"後有一段文字,對考察石刻材料的時代和道派源流有極爲重要的作用。他說:

　　　酆都山真形,傳流久矣,未嘗增損。近浙東人于其側增黑池者,浙西于側又增硤石地獄者,似不必如此增益也。夫增黑池者,不知其意,所據何說。或者又以《仙戒經》所載有十八地獄,而山形內只標一十七所,遂以黑池湊成一十八所。不知山形中所標天帝宮、鬼帝宮、通天門之類,則其中之宮闕也;上元六洞、下元六宮之類也,則其中之曹扃也。共標一十七所,乃宮闕有司爾。獄則不可勝計也。今以曹局而爲獄,則大失經旨。
況一曹一局(扃)之内所主之獄,又不知其幾所。至如《業報因緣經》謂有
三十六獄,又三官二十四獄,所書互有不同。山形之内,未易增損,或有
經據。則酆都山形,其來甚古,神仙上士,未嘗有加,不宜于今日求異。若
碨石、血湖之説,專以恐脅生産之家,出錢薦拔而爲之,其謬妄不待言而
可見。所有齋科古儀以定,壇外科書,俗用者多不同。今新撰易去世俗常
用者,庶切事情,卻非爲異也。(《道藏》三十一,597頁)
金氏在文中給我們指出了三點值得注意之處:(一)酆都山真形"其
來甚古","傳流久矣",最初出現的時間是比較早的。(二)圖間標注
名稱,乃是酆都山中的宮闕、曹局,司職所居處所,而不是像有些道
流所認爲的那樣是地獄名稱。(三)凡是圖標十七所而無黑池、碨
石、血湖者,爲古圖原貌;圖標十八所而有黑池、碨石、血湖者,則爲
近來不知標名性質誤以爲地獄者所妄增,增黑池者乃浙東人所爲,
增碨石者乃浙西人所爲。

　　金允中書的編著時代,據書前序中"自南宋之初,迄今將百載"
推之,約在寧宗之際。他所説的在酆都山真形圖上增入黑池、碨石
獄名者,當不早于南宋之初。至于他説的此圖"傳流久矣","其來甚
古",應當産生于南宋初年以前,這是不成問題的,但最早可以早到
什麽時候,便值得研究了。石刻圖形下面的十五行文字,在《北帝伏
魔神咒妙經》卷六和王契真書卷十七都有記載,雖個别文字稍有出
入,但也都説是出自《元始六天制魔經》。《制魔經》一書,今本《正統
道藏》未收,亦不見于《道藏闕經目録》,時代未詳。從以上所列七種
記載酆都山真形的文獻看,自《靈寶玉鑒》以下六種都是學術界所
公認的北宋以後之書,而且絶大部分的成書年代和出土石刻材料
一樣是在北宋末年以後。只有《北帝伏魔神咒妙經》一種,《道藏提
要》根據引書材料訂"此經蓋出于蕭梁以後或唐初"。① 若此説可
信,則酆都山真形圖最早産生的時間當在唐初或蕭梁之前。但是,

---

　　① 任繼愈主編《道藏提要》,中國社會科學出版社1991年版,1121頁。

除了此書之外,在宋代以前的道書中,不僅像唐末五代杜光庭編專言煉度集大成的《太上黃籙齋儀》這樣的書沒有提到酆都山真形圖,宋仁宗天聖八年張君房編小道藏《雲笈七籤》,該書卷七十九、八十兩卷專述符圖,卷七十九爲五嶽真形圖專卷,卷八十雜述人鳥山形圖、八史真形圖等,講到的道圖多達數十種,也沒有酆都山真形圖的材料,同時代其他道書文獻的情形也是如此。如果真是早在蕭梁或唐初以前的道書文獻就有了此圖的材料,在唐初以後直到北宋中葉的文獻中卻完全不見記載,到北宋末年以後的文獻又突然多了起來,而蕭梁或唐初以前的記載又獨此一書,這是令人不可思議的事。細考《北帝伏魔神咒妙經》一書,書中講到"雷師"、"電師"、"雷訣"、"電訣"等材料(《道藏》三十四,405頁),似與北宋中葉以後新出現的雷法有關。特別是該書卷十有一燈壇圖,于一大圓圈外環列後天八卦,大圓圈內有墨綫連接之小圓圈,組成倒置戴九履一,左三右七,二、四爲肩,六、八爲足,五居中央,總數四十五的數象圖。在中央五數左方著以北斗,下方著以三臺,右方一組八個相連的小圈,作北斗狀而于斗柄處又出一星,一時尚不能明其是何星象(同上,432頁)。案古有河圖、洛書之説。後入于《易》數,除此數象之外,另有一種數字組合,作五與五相守,一與六共守,二與七爲朋,三與八成友,四與九成道,總數五十五。兩種組合,何者爲河圖,何者爲洛書,後來諸家説法不一。本書卷九引"北帝曰:河圖寶篆,獨標真君之號,可傳大力"(同上,411頁)。卷十引"北帝曰:下元生人,動止常行此道,吾將斗中真人,三臺輔弼,傳真衆經,下降人間,救護生人,削死上生,收魂養命,繼絶死氣,度免三災"(同上,432頁)。所説"河圖寶篆","斗中真人,三臺輔弼",皆與圖象内容相合,故圖中總共四十五之數象當爲河圖。河圖之名入于道書雖起源甚早,梁陶弘景編集之《真誥》也曾提及,但以數圖形式在道教文獻中出現,則正如學界所知,是在宋代以後的事。如最近有人總結前人研究河圖、洛書數象及其與八卦之間的關係的意見説:"《河圖》、《洛書》,古代文獻雖有記載,但沒有説出它們是什麽樣子。宋

朝以前的人們，爭論不休，但也没有什麼人拿出什麼圖或書來，説
這就是《河圖》、《洛書》。宋代，《河圖》、《洛書》出世了，就是我們現
在見到的四十五點圖或五十五點圖。"這種黑白圈點圖《河圖》、《洛
書》，最早見于北宋人劉牧的《易數鈎隱圖》，而劉牧又説"八卦，就
是據《河圖》而來"。他講的"八卦方位，仍是所謂後天方位"①。劉牧
書圖在該書卷下，與南宋初楊甲《大易象數鈎深圖》卷上和另一南
宋人編《周易圖》卷上所著河圖數圖，皆作總數四十五。我們根據
《北帝伏魔神咒妙經》有配置後天八卦的河圖數圖，可以判定其成
書年代應在北宋劉牧之後。再從圖上有"黑池"的材料看，更應當是
南宋初年以後之作。石刻出土于南宋中葉人的墓中，而没有北宋末
年以前的實物材料發現，這也是很好的證據。寧全真授、王契真編
《上清靈寶大法》卷十七，鎮禳攝制門，將酆都山真形圖置于西晉末
年以前即已流行的五嶽真形圖（此書將該圖分爲上五嶽真形與下
五嶽真形兩種，實際上五嶽真形係後來由下五嶽真形派生而來，出
現的時間相當晚，大概不會早過北宋②）之後，緊相連接。兩者相
較，不僅酆都山真形圖和下五嶽真形其"高下隨形，長短取象"，圖
間細注文字，畫法完全一樣，甚至連圖外所附説明文字的用語和寫
法也都如出一轍，表現出明顯的淵源關係。下五嶽圖文説：

> 太極真人曰：《元始禁書》云，凡授靈寶靈虚骨髓之要，須識五嶽山
> 形。若不知，則學道無成，不能希仙，魂神沉昧，難造上道。學道當圖其
> 形，置於淨室，則魔試不生，萬鬼滅爽，幽原開泰。此文載在法籙，以正人
> 天之分野。

> 師曰：……家有此圖者，亦有善人守護，邪鬼災患皆自滅也。若上世
> 佩之，則萬神朝禮矣。（《道藏》三十，813頁）

酆都山真形圖説文字已于前錄。兩者也都假托爲太極真人所説；也

---

① 李申：《太極圖説——〈易圖明辨〉補》，知識出版社1992年版，112、
120、122頁。

② 張勛燎：《道教五嶽真形圖和有關兩種古代銅鏡材料的研究》，《南方
民族考古》第三輯，1991年版。

都説若不知本圖形，則學仙不成，佩之于身或置堂室則可"萬鬼滅爽，幽原開泰"。而整個圖形的作用，一云"以正人天之分野"，一云"以正六天之紐分"，實際上也是差不多的。梁陶弘景《登真隱訣》卷中載："羅酆山在北方癸地，其上并有鬼神宮室。山上有六宮洞，中有六宮，亦同名相像如一。……世人有知酆都六天宮門名，則百鬼不敢爲害。"前有"北帝殺鬼之法"，後附咒文。另所編《真誥·協昌期》也有大致相同的記載（《道藏》六，613；二十二，548頁）。我們比較石刻及諸書引錄《元始六天制魔經》"修上清大洞之道及三真之要，而不識羅山真形者，七祖不得長謝鬼官，尸血不得蕩滅于胞門"之文，可以清楚地看出其爲創構酆都山真形材料之張本，而梁時尚無酆都山真形圖之説也。因此，我認爲酆都山真形圖當爲北宋中葉至北宋末年道流略采《真誥》、《登真隱訣》有關文意而加以改竄增飾，直接依仿五嶽真形圖創構而成，金允中所謂的"其來甚古"，不過是不知其源起或有意故神其説者。

　　酆都山真形圖，道書多列入貫通三洞、總備萬法的靈寶大法中"開度祈禳通用"的"煉度品"，是北宋末南宋以來各符籙派廣泛使用的一種靈圖。它的使用，大別言之雖可分爲生人和死者兩大類，但有的在同樣的場合不同的教派的具體用法又各往往有所不同，情況相當複雜。

　　生人用于煉度，如石刻所言，"學者佩身，及置堂室上，萬鬼滅爽，幽原開泰"。根據文獻記載，尚有"以朱書白素，懸于齋室之北"者（《道藏》三，1030頁）。隨身佩帶使用，或"佩之于心後，或戴之于頂"（同上）。凡此皆可以"制禦鬼魔"，使"千魔匿影，萬鬼滅形"；"出入往來，地祇奉迎，萬神敬仰，六天落死籍，南宮書生名"（同上）。

　　煉度亡魂用之，主要有三種不同的用法。一，以火焚化。王契真《上清靈寶大法》卷十七記載："若度亡，可以丹書真形，墨書誥文及亡人姓名，火化揚烟于風中，則北帝解縛，三官釋結，上升北堂也。"石刻和《北帝伏魔神咒妙經》也有大致相同的記載，只是文有脱漏，語意有些含混。根據王書卷二"水火煉度品"的記載，在舉行

水火煉度儀式中焚化真形,前後還要念誦水、火煉度咒和"度亡燒
灰咒"等不同的咒語,和作叩齒、存思、呵氣、吹氣等一系列的動作。
(《道藏》三十,665 頁)而《靈寶無量度人上經大法》卷六十八記載
煉度焚燒之真形,是"以青書其形于黃素,朱書亡人姓名于真形之
側"。焚化"以給付受度男女靈魂,永爲身寶。伏願敬受之後,苦魂
受度,簡記朱陵。"(同上三,1030 頁)《靈寶領教濟度金書》卷二八
八將之列入"誥命等級品",說在焚燒之前,先用"青紙朱書山圖,黃
紙墨書告文",盛入紙封之内,然後再在封外寫上封件名稱,行告道
士和拔度亡人姓名,承告機構"酆都地獄"等内容。(同上八,542—
543 頁)此係以奏告性質材料送達冥府,與上述作爲由亡者靈魂收
執之身寶者不同。又《靈寶玉鑑》卷三十將之列入"開明幽暗門",記
載說酆都山真形材料,"山形連上題下咒,共作一板刊之應用。""師
先以回光化形符、元始威章、酆都山真形三道作一沓,懷於胸前,至
破中央獄時焚此符,兩手玉清訣,擎灰於手中,自己即本來元始性
光化爲百寶祥光,内外洞明,上達三天,下通九地,天尊化形十方,
救度苦魂。諸獄幽牢,悉爲樂土,眾魂咸乘妙光,上升天境。吹灰於
燈壇中,念前咒三遍,次納策杖。"(《道藏》十,346—347 頁)圖下咒
文雖亦見于他書,但皆置於圖之前後,未有如此置於圖下者。其他
使用方式,亦多不同。需與其他道符配合焚燒,而真形材料又係事
前刊刻印刷成品,尤具特色。金允中《上清靈寶大法》卷七"速度亡
魂訣"記載設壇焚圖,雖亦念誦水、火煉度等咒,叩齒、存思、呵氣,
但沒有講到圖形的作法和需配合其他神符同用,有所不同。金氏還
特地另加案語強調說:"允中自本法戒律啓,并依古法編次。……如
情在可憫,魂魄幽沉,合依古儀,用速度亡魂之法,存神靜志,默誦
靈文,如式開度,然後焚化酆山真形,或告行一二超度符命……。天
台編《靈寶玉鑑》,一節入五行正氣品,又以雜咒混於其中,乃無速
度亡魂之目,使古法中之美意,不復可見。故今從舊格,而盡剖其端
緒。"(《道藏》三十一,387 頁)明確指出《靈寶玉鑑》爲天台派道士
所編,斥其不合古法。金書内容係以古法爲據,故有不同。又《無上

黃籙大齋立成儀》卷四十"符命門"，酆都山真形圖不載咒語和其他說明文字，但圖形前後有與《玉鑑》相同的配合圖形使用的"回光符"、"三晨慧光符"和"青玄破酆都符"，看來在此道儀中酆都山真形圖的用法與《玉鑑》太抵相同，反映出在教派方面的一致性而與金允中大異。《道藏提要》以爲《靈寶玉鑑》一書"或即金氏所編"，這是值得考慮的。此外，從《玉鑑》"山形連上題下咒，共作一板刊之應用"之語可知，在此真形圖材料不僅有關圖形、咒語、告文的具體安排方式與其他教派有所不同，而且用木板刻印流傳，更説明了南宋初年天台派的興盛和酆都山真形圖使用的廣泛。這是道教發展史上非常值得注意的事。二，第二種用法是石刻及部分文獻記載之"石刻玄臺墓宮，則苦魂受度，簡記朱陵。"（"石刻玄臺墓宮"，《北帝伏魔神咒妙經》作"石刻立臺墓宮"，王契真書作"石刻玄堂臺基之宮"，皆誤。）《靈寶無量度人上經大法》卷六十八"煉度諸符品"説："如亡者命經太陰，以右（石）刻真形安于正堂之頂，鎮禦土府，安慰地祇，即使鬼神不經六天，逕度南宮。"（《道藏》三，1030頁）刻石置於墓葬主室上方位置，以鎮禦鬼神，煉度墓主亡魂。三，第三種用法是作道儀燈壇圖形使用。王契真《上清靈寶大法》卷三十四，齋法壇圖門，獄燈圖像章所載"酆都燈圖"，圖形乃一酆都山真形，無其他文字説明。但在同書卷四十一，齋法符籙門，燃燈品，北酆章卻記載説：

> 師曰：北都羅酆有山，高深莫測，萬劫黑暗，四圍上下，分布幽獄，囚繫罪魂，備受諸苦。既建大齋，常推心普濟，廣度沉淪。宜依酆都山真形，設像燃燈，以贖亡者之罪，用諸符命，開泰幽扃，拯拔無間矣。（《道藏》三十一，70頁）

是道士在建齋設醮的過程中，按照酆都山真形圖的圖形安燈燃點以爲亡者贖罪，使之脱離幽獄，上升天堂。這是酆都山真形圖用於死者的另一種用法。按以上叙述，王契真對圖間文字性質的認識，則似又如金允中所批評的誤以宮闕、曹局有司之名爲諸地獄名者。

在上述四種不同的用法中，石刻自題"酆都羅山拔苦超生鎮鬼

《酆都羅山拔苦超生鎮鬼真形》碑拓本

真形"，置于墓葬主室靠死者頭部一端，屬第二類用法中的第二種，合"上題下咒（告）"，中間圖形，側書亡者姓名之制。刻圖左側一行"故宋正主押官徐永（第行五十二郎，字固道"，當即亡人名爵，即此刻由徐永收執"永爲身寶"，以爲拔苦超生鎮鬼煉度之用者。徐永既爲石刻所有人，也是墓主。

　　石刻酆都山真形圖，是在北宋末南宋初靈寶派道士大量編著靈寶大法道書的過程中創構出來的一種靈圖，它在墓中的主要作用在於鎮邪辟鬼，煉度墓主徐永亡魂，使之最後升天成仙，還保存了這種圖形材料比較早期的形態。它發現在一個長僅 2.4 米的規模不大的墓中，反映了南宋初年以來靈寶派在民間影響的廣泛，爲這種道圖的一種用法提供了實例。石刻配合圖形使用的告文，雖然由於行法道士的文化水平或受授材料本身方面的原因而有所脫漏，需要參考有關道書文獻加以訂補，但道書文獻中的一些錯誤，也可根據石刻加以矯正。如《北帝伏魔神咒妙經》等書的"北都解其縛"，應從石刻改作"北都解其罪"；"石刻立臺墓宮"，應從石刻改作"刻石玄臺墓宮"；"以正六劍之分"，應從石刻改作"以正六鈕之分"，都是很好的例子。特別是文獻記載所引都只說出自"《元始六天制魔經》"，獨石刻云出"《道藏・元始六天制魔經》"，可知著有酆都山真形圖材料的《元始六天制魔經》一書，曾收入淳熙六年以前的《道藏》，此《道藏》當爲徽宗崇寧、政和年間搜訪道書編成，以後至淳熙二年歷經傳抄之本，爲此書的流傳情況提供了重要的綫索。

　　作者簡介　張勛燎，四川省江津縣人，1934 年生。四川大學歷史系教授。主要從事中國歷史時期考古的教學和研究工作，曾出版《古文獻論叢》。

試論我國南方地區唐宋墓葬
出土的道教"柏人俑"和"石真"

張勛燎

在我國南方地區考古發掘的唐宋墓葬中,曾多次出土石、陶製作的"墓主人像"和用柏木雕成的"柏人俑"。這些器物,一般都帶有詳略不同的説明文字,屬于"墓主人像"類型的,另外刻石以副;屬于"柏人俑"類型的,則多數墨書器身,亦有另外刻石者。墓葬年久,水浸土蝕,或經盜擾,器物腐朽散失,俑人和文字之分置者,出土時往往只有其中一種材料保存下來。過去由于對説明文字内容不能理解(發表材料時多未作句讀或釋文),不明文字與器物之間的關係,對器物本身的性質意義茫然不知,或至判斷錯誤,未能引起應有的重視。其實,它們都是和古代道教解注術有關的代人遺迹,是研究道教史的重要材料。

以下,先將有關材料加以鑒別叙錄,校讀文字,然后進行分析考察。

1.1973 年發掘江西南昌北郊唐昭宗大順元年(890)三合土墓,除發現木買地券和竹製的金鷄、玉犬、蒿里老人之類的神怪俑外,出土一件柏木人,高 35 厘米,頭着黑帽,身穿長袍,雙手拱于胸前,眉目衣紋皆用墨綫勾畫而成,背面墨書以下文字:

> 唯大唐歲次庚戌,九月甲申朔,十三日丙申。洪州南昌敬德坊没放
> 亡人熊氏十七娘,□五十四歲。今用銅錢九萬九千九百九十九貫,已買
> 得此地坪。中有神呼主人長男、長女、中男、中女、小男、小女,并仰柏人

當知（之）。地中有神呼主人大□、小□行年、本命、六田（甲），并 仰 柏
人當知（之）。地中有神呼主人子、丑、寅、卯、辰、巳、午、未、申、酉、戌、亥
等者，并仰柏人當知（之）。〔地中有神呼〕奴婢、牛馬六畜，并仰柏人當知
（之）。地中有神呼長孫、中孫、小孫、曾孫、懸（玄）孫本命□□久親……
行年者一切，已（以）上并仰柏人當知（之）。吃天蒼□□□□八根十二
……木盟當壙等，并隨柏人覓食。急急如律令！①

發表材料時未附文字摹本材料，器物照片圖版字迹模糊，此據簡報
釋文校讀。如"柏人當知"的"知"字應爲"之"字同音誤寫，"六田"應
釋"六甲"，以及"〔地中有神呼〕"、" 并 仰 "等，均係參考前後文意
和他器文字改訂。

2.1972 年發掘江西彭澤縣湖西公社湖西大隊一北宋石槨木
棺墓，在棺內發現柏木人一件，高 35 厘米，上端刻削作頭，墨綫畫
出五官，身體呈八棱形，環寫墨書如下：

　　　唯元祐五年，歲次庚午，癸未朔，六月甲午朔，二十二日，江州彭澤
縣五柳鄉西域社傅師橋東保没故亡人易氏八娘移去，蒿里父老、天帝使
者元皇正法，使人遷葬。恐呼生人，明敕柏人一枚，宜絕地中呼訟。若呼
男女，柏人當。若呼□師名字，柏人當。若呼家人，柏人當。若呼兄弟，柏
人當。若呼戚門論訴，柏人當。若呼溫黃疾病，柏人當。若呼田蠶二鄴
（業）、六畜牛羊，柏（原簡報釋文注"下漏缺'人當'兩字"）。若呼一木二
木，柏人當。若呼不止，柏人當。急急如律令！②

發表材料時未附摹本，器物圖版文字不全，僅見兩行，且上部不清
晰。所錄釋文未作句讀，標點爲引者所加。又"六月甲午朔"原釋文
脫漏"六"字，觀圖版材料甚明；"鄴"字當爲"業"之別誤，亦爲引者
所訂。

3.1987 年 3 月，江西省吉安縣敖城鄉泮礦村非正式發掘挖開
一座北宋石室柏棺墓，棺外頭端置石買地券和鎮墓券各一塊。鎮墓
券作圓首碑形，首部陰刻細綫花紋圖案，刻文曰：

①　江西省博物館：《江西南昌唐墓》，《考古》1977 年 6 期。
②　彭適凡等：《江西發現幾座北宋紀年墓》，《文物》1980 年 5 期。

准開元敕,賜與亡人王氏夫人百人一軀,于墓中斬殺凶神惡鬼。條律如後:

地中有神呼亡人長女、中女、小女名字,仰百人知當。地中有神呼亡人長新婦、中新婦、小新婦,仰百人知當。地中有神呼長孫、中孫、小孫及女孫等,仰百人知當。地中有神呼孫新婦及婦妹兄弟,仰百人知當。葬送亡人之後,墓中合出高官職祿,仰百人遍取,送與陽道子孫受之。墓中合出田塘萬頃,牛馬千萬頭疋,仰百人招取;墓中合出聰明兒孫,金銀疋帛絲蠶,仰百人招取,送與陽道子孫受之。水、火、盜賊欲至,仰百人斬之。急急如律令! 奉太上老君敕。見人張堅固　保人李定度　人民有福①。

簡報發表材料僅附拓片圖版,未作釋文,今據圖版作如上釋讀。券文中之"百人"乃"柏人"之誤寫。當年墓主尸體入墓,應另有木雕柏人隨葬,本券係柏人之附件,與一般的鎮墓券和買地券有所不同。大概是由于文字太長,墨書柏人身體難容,故另刻石以附,或當時科儀本有此制亦未可知。因墓葬未經正規發掘,柏人或未被人注意而遺失,或早已腐朽無存,僅此附券可見。根據同墓出土買地券文記載,墓主王氏夫人,乃"江南西道袁州廬陵縣宣化鄉崇仁里梅演村"人,"行年八十三歲",死于北宋開寶七年(974)十月二十八日。此券刻石年代雖晚于上述南昌唐大順元年(890)熊氏墓材料,但從券文內容和伴出買地券之作雙螭首碑狀的形制看,卻帶有明顯的早期特徵。

4. 九十年代初在成都市西撫琴小區金魚城和相鄰的化成小區,曾先後發掘兩批南宋磚室火葬墓,金魚城者爲淳熙至嘉定年間所葬,化成小區者稍晚。墓中除出土若干常見之宋三彩俑之外,還發現石雕或三彩釉陶之墓主像。以金魚城一墓爲例,石刻立像放在墓室後壁壁龕中,同時出土淳熙九年(1182)石鎮墓券和嘉定年間的石買地券各一塊。鎮墓券文曰:

大宋淳熙九年,歲次壬寅,十二月丁酉朔,初四日庚子。今有奉道男

---

① 王吉永:《吉安發現一座北宋紀年墓》,《考古》1989 年 10 期。

弟子呂忠慶,行年四十六歲,九月十六日□,遂□此成都縣延福鄉福地,
預造千年吉宅,百載壽堂。以此良辰,備□掩閟。所(祈)彫(願)閟吉之
後。四時無災厄相侵,□節有吉祥之慶。今將石真替代,保命延長。綠水
一瓶,用爲信契。立此明文,永保清吉。

"千年吉宅,百載壽堂",説明該墓是在墓主未死之前即已營造的生
墓"壽冢"。墓主石像"石真"和鎮墓券是在淳熙九年(1182)壽冢建
成時一起放入,當即封閉"掩閟"。等到嘉定年間墓主死後,再打開
壽冢葬入尸體和買地券等物。化成小區墓主夫婦像三彩釉陶作成,
墓中放置的位置和金魚城墓也不同,但券文仍將之稱作"石真"。可
知此種石雕墓主身像,後來可用其他材料製作而仍沿用"石真"舊
名①。

　　5.1958年發掘上海西郊朱行鄉南宋嘉定六年(1213)張瑋墓,
出土一石雕老人坐像,高29厘米,男性髻髮,作沉思狀。石像後面
置一雕磚插屏,高30厘米,寬22.7厘米,上雕一人坐于樹下根幹
之上,頭罩光環,當係仙真人物,左一仙童捧物侍立。插屏背面刻着
"石若爛,人來換"六個大字②。對石像與插屏雕刻之間的關係,發
表材料時未作交待,但認爲石像係"道教神像"。據報導,該墓規模
不大,卻分爲上下兩層,每層四角各置一鐵牛,木棺和買地券放在
上層,石像和磚屏放在下層,在石像前還放着一個14厘米高的影
青瓷瓶。顯然,此墓也是一座與上述成都市西南宋石真墓性質相同
的壽冢,下層石像爲墓主張瑋之石真,磚屏雕刻仙人與"石若爛,人
來換",和淳熙九年呂忠慶石像附券文所説"今將石真替代,保命延
長","永保清吉"是同樣的意思;而石像前的影青瓷瓶,也就是券文
所説的"綠水一瓶,用爲信契"。之所以把墓室建作兩層,石像、磚屏
放在下層,是在坐墓建成時放入即行封閉,等到墓主死後,只須開
啓上層便可葬入棺木尸體。這是一種構築非常巧妙的石真壽冢,過

---

①　材料現存成都市考古隊,報告即將發表。
②　沈令昕等:《上海西郊朱行鄉發現宋墓》,《考古》1959年2期。

去對此材料的判斷認識，看來整個都得重新考慮。

在上述柏人、石真文字中，有"奉太上老君敕"、"天帝使者元黄正法"、"奉道弟子"等語，知與道教有關，這是不成問題的。但其具體作用意義爲何，卻有待進一步研究。

按照道教的說法，一個人生前作惡，或死于非命，或死日不吉，或死後和鬼神發生糾紛，在冥間引起訴訟，受到冥司讁罰，爲鬼神所迫害，痛苦不堪，回到陽世禍害生人，用生人的魂魄去作替死鬼，代替自己受折磨，從而求得自身的解脱，稱爲"注鬼"。注鬼害人，多因冥訟所致，故稱"注訟"或"訟注"。又因其注害生人是讓生人按照自己同樣的死法去死，所以又稱爲"注復"、"復（伏）連"。這種注鬼論最初起源於傳染疾病，是人們不知道這種一人得病死去，以後和他有接觸的人不斷以相同的方式重復死去是傳染病菌在起作用，以宗教的觀點加以解釋，認爲是注鬼作祟所致。家裏的人和死者接觸最多，受注的機會也最多，所以墓主家人在葬墓時要用種種法術斷絕死者鬼魂與家中生人的聯繫，以免遺害子孫親人，稱爲"斷注"。後來這種概念被擴大到傳染病以外的其他疾病，由疾病擴展到疾病以外的一切天災人禍，由人而擴展到一切有生命的東西。唐代道書《金鎖流珠引》卷二十五《爲官人百姓斷内外注祟鬼賊妄爲蠱蟲殺人不止法》，假借太上老君的話説：

> 世人不論貴賤，皆有注祟。内外死亡，爲鬼入人宅，妄求生人魂魄代死，遂作注祟。祟家中生人，以兄弟或父子相注，如此者往往有之不絶。
> 道士可與救斷禁之止，今（令）斷生死，得恩聞天地，道功也①。

死者葬人墓中發生訟注，稱"冢訟"、"墓注"。宋人傅洞真《太上玄靈北斗本命延生經注》卷中注解經文"冢訟征呼，先亡復連"説：

> 冢者，先亡墳墓。征呼者，因陰司考讁，乃追及生人。復連者，先亡傳尸，連累生人。夫冢訟之事非一，而有多端，令人千災爲禍，子孫絶滅，所

---

① 《道藏》二十册，469頁。此據文物出版社、上海書店、天津古籍出版社 1988 年版，下引本書并同，不另注。

爲不成,皆冢訟之由也。大小冢訟八十一條,以人命有大墓小墓之會,而冢訟興矣。其大略曰:人之九祖七玄,生存之日,過犯既多,亡没之後,被諸考謫,子孫未與追贖,冥漠得以怨嗟。既處陰司,無由予決,是以天曹勘會,謫及幽司官吏,謫及生人。每于三元五會之日,引出責問,勘會子孫姓名,墳墓所在,結罪定名,征呼後裔,以至延滅,非細事也。"①

解訟注之法甚多,其一曰假人代形,就是用人的模型或像人之物以代人受注。代人有兩類:一是代死者受謫,讓死者魂魄脱離苦境,不再成爲注鬼注害生人。另一類是代替生人受注,使生人免于注殃。至于製作代人的材料,則往往隨性質之異和時代早晚而有所不同。早在山西同蒲鐵路工程中出土的東漢靈帝熹平二年(173)張叔敬解注瓶文中便講到以"鉛人持代死人","上黨人參九枚,欲持代生人"的材料②。南北朝道書《赤松子章歷》更是多次講到假人代生人之形以解注者。其假人所用材料,或金,或銀,或錫。其數或一或五,一形者以一總代全家生人,五形者按每合一身以代全家生人。亦有如卷一《病死不絶銀人代形章》所云,代生使用"銀箔人,隨家口多少,一人一形"(《道藏》十一,176頁),而與上述漢張叔敬瓶文所載相同者。唐宋墓葬出土的柏人和石真材料,石人文字明確講到"今將石真替代,保命延長",應與解注代墓主生身有關,自無疑義。細審柏人文意,亦屬解注代人遺迹,但其類型和石真有所不同。

柏人代形,分析器文内容,屬于一家一形代生類型。今通譯字迹保存完整之元祐五年易氏八娘器文,以其餘兩件器文作補充論説。

北宋哲宗元祐五年(1090)的干支是庚午,本年正月的干支是癸未,在本月初一干支爲甲午的二十二日這天,江州(州治今江西九江市)彭澤縣(今江西彭澤縣)五柳鄉西域社傅師橋東保的死者易氏八娘要易地改葬,由冥司地吏蒿里老人和道士"天帝使者"按正宗道法安排遷葬事宜。唯恐在遷葬過程中引起"冢訟征呼",冥司判罰,"追及生人",連累家

① 《道藏》十七册,74—75頁。
② 郭沫若:《奴隸制時代》94頁,人民出版社1954年版。

親,特用此柏人一軀,書寫天帝敕令,替代生人,以絶呼訟注害之患。如
有呼訟男女生人者,由柏人代爲當之。如有呼訟□師名字者,由柏人代
爲當之。如有呼訟死者之兄弟者,由柏人代爲當之。如有呼訟墓主親戚
家生人者,由柏人代爲當之。如有呼訟各種傳染性瘟黄疾病患者,由柏
人代爲當之。如有呼訟家中飼養與農副二業有關的蠶桑牛羊六畜等物
者,由柏人代爲當之。如有呼訟家人所植之樹木森林者,由柏人代爲當
之。如果還有呼訟其他一切物類以爲千災百禍者,概由柏人代爲當之。
以上所敕,有如人間法律命令,必須立即貫徹執行!

“歲次庚午”與“六月甲午朔”間之“癸未朔”三字,其義無取,亦不合
古代紀時通例,當爲誤書之衍文。“恐呼生人,……宜絶地中呼訟”,
就是前引《太上玄靈北斗本命延生經》説的斷絶“冢訟征呼,先亡復
連”,很清楚的説明了柏人的性質、作用。所“呼男女”,不僅指本家
人而言,還包括了親戚家人在内。其“男女”,在其餘兩件材料中説
得更具體。大順元年熊氏器文中説有墓主的“長男、長女、中男、中
女、小男、小女”、“長孫、中孫、小孫、曾孫、玄孫”。開寶七年王氏券
文中講到另外還有“女孫”、“長新婦、中新婦、小新婦”、“孫新婦及
婦妹兄弟”等。所謂的長、中、小,是指不同的年齡段,“女孫”就是孫
女,“新婦”就是一般人所説的媳婦,而非專指新婚婦人。反正,墓主
本家、戚屬中不同性別、年齡、輩份的一切生人也都講到了。熊氏墓
柏人文中的“行年”,是指人的生壽年數;“本命、六甲”、十二支,當
如杜光庭《道門科範大全集》卷一“生日本命儀”所稱之“六十甲子
本命”,而爲墓主家親生人之降誕年干支所屬者。至云“當壙等,并
隨柏人覓食”,爲本器及王氏券文所無,其後文字脱落,審其大意,
乃謂如當壙之類的墓神冢吏,應准許柏人隨意進行尋找食物等活
動,不得阻攔干涉。熊氏墓柏人文包含了一部分買地券的材料,其
他兩器則無此項内容,似非定制所有。另開寶七年王氏墓柏人附券
所述柏人主要替代本家、戚屬生人承當種種呼訟,和其他兩件材料
是一致的,但謂柏人“于墓中斬殺凶神惡鬼”,并取墓中所出官禄、
財帛、田地家畜及人之聰明才智送與陽世子孫後代,爲其餘兩件材
料所無,亦與代人性質不合。觀兩券文字文理不通之處甚多,錯别

字不少，疑此爲書擬道士無知而妄增之内容。

此種以一形總代家親生人承當從疾病死亡到財産損失等一切可能發生的冢訟墓注的柏人，何以用柏而不用其他材料，道家亦自有説。《靈寶無量度人上　經大法》卷五十四載云："蓋叢柏之尊，天降靈氣，秉執萬年，人壽之貴，三元所領，九地之最，形比金玉，萬靈所衛。……以柏木爲相，秉之秀氣，受正萬年，靈司稱金木之體，地府貴生成之簡。故古之爲棺槨，柏木爲之者，免三涂之役。《虚皇寶籙》云：以柏木爲簡者，代金玉也"（《道藏》三，922—923 頁）柏木多脂能防腐，利于長久保存，無金玉之價昂而具金玉之優點，且受天地之靈氣，本身就有辟邪的作用，道家法物多以爲材，以之雕像代人絶訟注，當出于此。但柏人未見唐代中葉以前材料出土，吉安宋初王氏墓柏人石刻説"准開元敕，賜與亡人……柏人一軀"。明皇特重道教，開元之敕，文獻無徵，或係道門所傳，與考古發現材料相印證，大抵可以説明其制應始于唐代玄宗之世。

"石真"代人屬一人一形，且限于替代生存之墓主，爲壽藏所專用，與柏人之隨死者入墓不同。根據成都市科學發掘所得材料看，生墓"壽堂"建成即放入還活着的墓主造像代其真身，故稱"石真"。放入石真的目的是讓墓主代形入葬以替其死，使自己永不受注而得長生。上海宋張瑋墓磚雕屏風背面所刻之"石若爛，人來換"，説要等到石人爛掉墓主才會來替換，如果石人不爛，墓主則長生不死。磚屏前面的石像過去認爲是一般的道教造像，那是不對的，實際上應是還活着的張瑋的替身石真，因其奉道或係道士，故着道裝。兩種石真，性質意義完全一樣，只是在具體作法上稍有不同。

兩種"石真"材料，過去在蘇州和川西地區早就有過發現。

屬于上海張瑋墓類型的材料，元代曾在蘇州發現。明正統年間進士葉盛著《水東日記》卷十，根據當時還能看到的元泰定四年（1327）虞集撰《朱宜人吉氏墓碣》石刻記載説：至元三十一年（1294）十二月，朱德潤母親吉氏的祖母施夫人病重，使人于蘇州城外的陽抱山營建墓藏。"役者治地深五尺許，得石焉，刻曰：'鬱林太守陸君績之墓'。別有刻石在旁,曰:'石若爛,人來換。'石果斷矣。
其祖命急掩之,而更卜兆。"但云碣文集本稍有出入,"石若爛"作
"此石爛","鬱林太守陸君績之墓"無"鬱林"二字[1]。此事元代蘇州
人陸友《硯北雜志》卷下亦有記載,其說與葉盛所言集本相同而文
字甚簡[2]。此墓未經科學發掘,且當年啓墓亦未全面揭露,有無石
人石真雖不可確知,但石刻"石若爛,人來換"之文與上海南宋張璋
墓磚屏一字不差,應屬性質相同的壽冢無疑,在墓中另外藏有石人
的可能性是很大的。墓葬的時代,不知墓主鬱林太守陸績之說是否
可靠,如實有其刻,則與《三國志》死于建安二十四年(219)之吳人
陸績事合,是漢末已有此制。如屬傳聞有誤,則此陸績當爲宋代或
宋代前後人。考古發掘江蘇高郵邵家溝東漢遺址,曾有"天帝神
師"符牘與"天帝使者"封泥之類的遺物出土[3],說明漢末在江蘇境
內已有天師道流傳。史載鬱林太守陸績,"星曆算術,無不該覽",
"注《易》釋《玄》(揚雄《太玄》)","預知亡日",云其奉道而行此道家
之葬,雖屬情理中事,但從整個這種石真壽冢的發現情況看,此墓
屬宋代遺存的可能更要大些。無論怎樣,這種類型的材料都發現在
江蘇境內,自有其地方性特點。

　　川西地區出土之石真墓材料,自藏解放前成都市郊出土唐昭
宗天復元年(901)"成都府華陽縣靈關坊火道弟子秦溫"石券拓本,
有曰:"買地敬造千年之宅,萬歲石城。""今蒙就了,不敢不諮啓,告
天上地下土伯山靈地祇:……今日對閇(封閉),諸神備守,溫長生
萬歲,富貴長久。石人石契,不得慢臨。若人吉宅,自有期(其)契。
天番地倒,方始相會。今日良吉,告諸對閇(封閉)。"[4] 又後蜀明德

---

　　①　上海古籍出版社 1991 年版《四庫筆記小說叢書》本。

　　②　江蘇廣陵古籍刻印社版《筆記小說大觀》十冊。

　　③　江蘇省文物管理委員會:《江蘇高郵邵家溝漢代遺址清理》,《考古》
1960 年 10 期。

　　④　四川大學圖書館亦藏有此石拓片,鈐印"曾祐生所得金石文字"。

二年(935)"女弟子任菩提"石券拓本，有文曰："于華陽縣普安鄉沙坎里敬造千年之宅，萬歲石城。今蒙了，不敢不諮白，告天上地下土 伯 ……，今日對閂(封閉)，諸神備守，任菩提長生萬歲，富貴長久。石人石契，不得慢臨，若人吉宅，自有其契。天番地倒，方始相會。今日吉良，告諸神對閂(封閉)。主人內外，長生萬歲。"[1] 與上述秦溫券文大體相同，僅個別字有出入。大邑縣文化館藏本縣安仁公社聯合大隊出土後蜀廣政十八年"大蜀國邛州安仁縣廣德鄉和眾里 奉 道 女弟子安定郡譙代"石券，券文說："謹將青石一□，將替代生，令永鎮壽堂之宅。今逢良友勸課修因，置立壽堂吉宅後，彫(願)保千春，永無災難。故氣邪精，萬福(弗)來襲。"以上券文中的"石人、石契"，就是成都宋墓中的"石真"和附刻石券，是在壽冢建成時封閉其中"將替代生"，使"放氣邪精，萬弗來襲"，斷絕訟注，以保墓主"長生萬歲，富貴長久"，和宋墓券文"今將石真代替，保命延長"是同樣的意思。至云"天番地倒，方始相會"，和上海南宋張瑋墓磚屏文"石若爛，人來換"一樣是說墓主長生不死，永不再與石人相見。唯廣政譙代券之"將青石一□，將替代生"，泐不可見一字，如非"尊"、"軀"一類之字，則有可能省去石人而以石券并代 石真。無論怎樣，這些材料和成都、江蘇宋墓遺存有明顯的淵源，而與成都宋墓的關係尤為密切。可惜這些早期材料均非科學發掘出土，石人本身未能保存下來，尸體葬法也不清楚。

　　成都淳熙至嘉定年間石真墓，壽冢建成放入石真和附刻石券即行封閉，等到若干年後墓主死去再焚燒尸體葬入骨灰，與常人葬法不同。以"奉道弟子"行此火葬，當與道教火解之術有關。唐薛少微注《元始無量度人上品妙經》說："世人德薄，功行未圓，雖不能骨肉同飛，亦能尸解而度。"尸解方式有多種，兵刀所傷而死為"兵解"，水淹而死為"水解"，火焚而死為"火

----

① 重慶市博物館亦藏有此石拓片。

解"①。唐人所編《道典論》卷一引《太極真人飛仙寶劍上經》説："夫
尸解者，……以錄形靈丸涂火炭，則他人見形而燒死，謂之火尸
解"。(《道藏》二十四，844 頁)《雲笈七簽》卷八十五有"寧封火解"
條説："寧封者，黄帝時人也，世傳爲黄帝陶正。有人過之，爲其掌
火，能出五色烟。久則以教封子。封子積火自燒，而隨烟氣上下，視
其灰燼，猶有其骨。時人共葬于寧北山中，放謂之寧封。"(《道藏》二
十二，598 頁)這是道家以火葬爲火尸解之最典型材料。當然，唐宋
石真火葬墓之尸骨應是死後焚燒而非生人焚死者。

　　柏人和"石真"兩種類型的墓葬材料也都發現在南方地區而不
在北方出土，反映這種主要屬于天師道系統的葬俗在唐宋時期流
傳的地域情況。其性質、意義雖可參考道書文字得到解釋，而有關
的整個具體制度則爲道書所未載，可補文獻之缺略，彌足珍貴。

---

　　① 宋陳景元:《元始無量度人上品妙經四注》卷一,《道藏》二册,196
頁。

試論早期道教在巴蜀發生的文化背景

江玉祥

內容提要 爲什麼早期道教(天師道)發生于巴蜀地區？從文化背景方面考察，有四個因素：(一)巴蜀地區源遠流長的神話傳統及濃厚的神仙方術氛圍，爲早期道教的發生提供了溫床。(二)巴蜀地區深厚的道學傳統，爲早期道教的產生準備了豐富的思想資料。(三)巴蜀民族的原始宗教信仰，啟迪了早期道教的發生，爲其樹立了效法的模式。(四)印度佛教從西南絲綢之路較早傳入巴蜀地區，刺激了早期道教的發生。

　　四川地區是道教的一個主要發源地。東漢順帝時(公元126—144年)，張陵在西蜀鶴鳴山創立"正一天師道"(俗稱"五斗米道")，奉老子爲教主，以《老子五千文》(即《道德經》)爲主要經典，造作道書，建"二十四治"以管理教民。張陵自稱"天師"，死後，子張衡行其道，稱"嗣師"；張衡死，子張魯又傳其業，在漢中建立政教合一的地方政權，統治近三十年，以鬼道教民，號稱"系師"。"三張"在巴蜀地區傳教前後達九十年，所創天師道開後世道教之先河，對中國文化發展，影響甚鉅。

　　爲什麼早期道教(天師道)發生于巴蜀地區？從文化背景方面考察，大概有以下四個因素。

　　(一) 巴蜀地區源遠流長的神話傳統及濃厚的神仙方術氛圍，爲早期道教的發生提供了溫床。

　　道教信仰的宗旨是追求長生不死,得道成仙,因而它的主要來源之一是神仙傳説和成仙方術。巴蜀山川,雄險秀幽,自古蘊蓄着豐美的神話礦藏。中國神話的淵藪——《山海經》,據蒙畏通先生考證,"就可能是巴、蜀地域所流傳的代表巴蜀文化的典籍。"① 秦漢時期,神仙方術之説盛行。巴蜀地區古老的神話,又摻和進仙話,以凡人渴慕的仙人形像,風靡于世。而今,人們從四川出土的數以千計的漢畫像磚和漢畫像石中,舉目可見西王母、東王公、伏羲、女媧、羽人(日神、月神)、仙女騎龍、神人鼓琴、仙人六博、后羿射烏(日)、仙女騎鹿、仙人宴飲、仙童執銘、牛郎織女、騎鹿升仙、神鱉負人、三神山、巫覡祈禱、四靈(青龍、白虎、朱雀、玄武)、金烏(三足烏)、玉兔、蟾蜍(嫦娥)、九尾狐、仙鹿、翼馬(天馬)、辟邪、天祿(麒麟)、鳳凰、龍虎戲壁、雀銜玉壁、扶桑樹、連理樹、月桂、靈芝、仙草、仙雲、天門(雙闕)等表現長生不死主題的畫面。同樣的主題,儘管在山東、河南、陝西等省出土的漢畫像石和漢畫像磚上也有反映,但是四川自有與衆不同之處。就拿西王母來説,她是四川漢畫像磚石雕刻中習見的神話題材,其它如日月羽人多係與西王母相配合而置于墓中。西王母畫像磚、畫像石棺在墓中的位置均在其正中,而且高于其他畫像磚。四川畫像磚石上的西王母形狀,一般爲"石室前一人頭戴方勝,雙袖籠手于胸前,坐于龍虎座上。"② 或者"蓬髮戴勝,身有兩翼,坐于龍虎寶座之上。"③ 她既不像《山海經》中怪神模樣的西王母,又不像《穆天子傳》中人王模樣的西王母,而完全是一位女神仙。就這一點上來看,很接近《莊子·大宗師》中那位"坐乎少廣,莫知其始,莫知其終",永葆青春的真人西王母。畫龍虎

---

　　① 蒙文通:《略論〈山海經〉的寫作時代及其産生地域》,《蒙文通文集(第一卷):古學甄微》,巴蜀書社 1987 年版。
　　② 高文編:《四川漢代畫像磚》第九十六圖,上海人民美術出版社,1987年。
　　③ 聞宥集撰:《四川漢代畫像選集》第八十四圖及其文字説明,上海群聯出版社,1955 年。

寶座的西王母,國内僅見于四川漢代畫像磚和畫像石,國外僅見于樂浪出土的銅盤。據聞宥先生考證,兩地龍虎座西王母畫像出自同一底本,應是由四川傳播到朝鮮的產品①。西王母的坐騎爲龍虎,始見于西漢焦延壽撰(實爲東漢崔篆所作)《易林》"臨之履":"駕龍騎虎,週遍天下,爲人所使,西見王母,不憂不殆。"《史記·大宛列傳》索隱引《括地圖》亦説:"昆侖弱水非乘龍不至。有三足神烏,爲王母取食。"此皆神仙方士之言。四川出土的漢畫像磚、石,常常將西王母在漢代的傳説綜合刻繪于一磚一石之上,畫面上還有象徵墓主人的男女神仙,以及拜伏于地、禱求不死之藥的陽世子孫(見附注)。這類畫像磚石置于墓中的作用,馮漢驥先生説爲"厭勝"②。同時,反映了當時巴蜀地區流行的一些神話和仙話傳説,以及濃厚的祭祀西王母的風俗信仰。

　　伏羲、女媧、羽人(日神、月神),也是四川出土漢畫像磚,石上習見的神話題材。但是,它與其它地方(如山東、河南)出土的同樣題材的漢畫像磚石,判然有別,即:女媧手持的月輪和羽人(月神)腹部的月輪中除玉兔或蟾蜍而外,尚有桂樹。《太平御覽》卷957引《淮南子》曰:"月中有桂樹。"是月桂之説,自漢以來,即已有之。然而在山東、河南的漢畫像磚、石中卻罕見。例如孝堂山第八石,月輪中都畫蟾蜍。南陽漢畫像石月輪中也多數是蟾蜍。登封開母闕則作一兔搗藥。少室神道闕和《南陽漢畫像匯存》第134圖則蟾蜍和玉兔并列。總之這些都没有桂樹。四川成都、新都、廣漢、新津、邛崍出土的漢畫像磚、石上的月輪中均有桂樹。看來,月桂的傳説,漢代西蜀特別盛行。《酉陽雜俎·天咫》説:"舊言月中有桂,有蟾蜍。"很可能,《淮南子》關于月桂的記載,就采

　　① 聞宥集撰:《四川漢代畫像選集》第八十四圖及其文字説明,上海群聯出版社,1955年。
　　② 馮漢驥:《四川的畫像磚墓及畫像磚》,《馮漢驥考古學論文集》,文物出版社,1985年。

自蜀中"舊言"！

漢代，巴蜀地區盛行的神仙方術，值得一提的，尚有房中術。房中術是古代神仙家長生不老的養生方，後世一些道士相信行房中術可成仙人，因此被納入道教秘修的内容。巴蜀地區，房中術流行較早。據傳，房中術之祖彭祖居蜀多年，子孫蕃息，晚年歸依彭山縣仙女山。至今，此山猶存彭祖墓和彭祖祠的遺迹①。葛洪《抱朴子内篇》卷十九《遐覽》載錄有《彭祖經》，《隋書・經籍志》載有《彭祖養性經》一卷，《彭祖養性》一卷，可惜這些書均亡佚不傳。一九七三年底，長沙馬王堆三號漢墓出土了大批帛書和部份竹簡。經帛書整理小組整理後，發現其中有醫學著作十五種。在這十五種醫書中，屬于古代房中醫學的有五種，帛書整理小組分別定名爲"十問"、"合陰陽"、"天下至道談"、"養生方"、"雜療方"，這些是我國現存最早的房中醫學著作。"十問"中的第六問"王子巧父問彭祖"，堪稱目前可見的最古老的彭祖養生論。據魏啓鵬先生研究，彭祖養生論認爲：蓄積精氣乃長壽登遐之道②。這同以後《神仙傳》、《素女經》和《玉房秘訣》等書所介紹的彭祖房中術的基本觀點符合，即：一方面勸告人們要行房中之事，另一方面勸戒人們不要在行房事時消耗精氣，要將精氣蓄積在體内，以便達到益壽延年的目的。彭祖房中

---

①　《華陽國志・蜀志》第十五章犍爲郡："王喬升其北山，彭祖家其彭濛。"第十六章武陽縣："郡治，有王喬、彭祖祠。"第二十四章《蜀志》結語："大賢，彭祖育其山。列仙，王喬升其岡。"《水經注》卷三十二："江水自武陽東至彭亡聚。……此地有彭冢，言彭祖冢焉。"《後漢書・郡國志》犍爲郡"武陽有彭亡聚"注引梁・李膺《益州記》曰："縣有王喬仙處。王喬祠今在縣，下有彭祖冢，上有彭祖祠。"武陽即今四川省彭山縣。五代蜀杜光庭《墉城集仙錄》卷六記彭祖及彭祖女在蜀的遺迹云："彭祖得道，不樂冲天，週游四海，居蜀多年，子孫蕃息，故有彭山、天彭、彭門之名，俱在蜀焉。……彭女亦得養生之道，隨祖修行，亦數百歲，朝勤夕志，晨夕不倦。今彭女山有禮拜石，有彭女五體肘膝拜痕及衣髻之迹。"彭女山，即今彭山縣仙女山。

②　魏啓鵬：《馬王堆醫簡中的彭祖養生論》(待刊稿)。

術在巴蜀地區影響甚爲深遠，具體反映在漢代巴蜀葬俗之中。四川漢代崖墓和磚室墓中屢有"秘戲圖"畫像石、畫像磚和"秘戲俑"出土，見諸公開報導者有六件：(1)本世紀四十年代，"川康古迹考察團"在彭山發掘一東漢崖墓(M550)，該墓第三層門楣上刻着兩個半裸體男女，并坐擁抱。男戴紅色冠，右手搭過女右肩觸乳；女左手搭于男左肩上，另兩手相握，作相吻狀①。(2)一九七二年冬天，從滎經縣城區鄉一座漢墓中出土一石棺，石棺一側雕刻整幅圖畫，畫面上有四個大斗拱，中設一門，分隔爲兩組圖案。左側有一男一女，盤腿而坐，男子右手撫着女子的右腮正作親密接吻狀。門庭兩側各有一朱雀。中間有一人，一手執門，似爲一仙童。右端帷幔之下，端坐一人，身前一几，雙手捧一圓形物②。(3)瀘州漢代李少君墓出土的"秘戲俑"，俑爲男女二人并坐而擁③。(4)一九八七年九月，從合江縣一東漢磚室墓出土紅陶對吻俑一件。兩人均着長袍，呈坐姿對吻狀。左邊一人(女)束髻，左手撫膝，右手握拳屈舉于胸前，臉側向右方。右邊一人(男)戴冠，右手摟着左者肩，左手撫着左者臉④。(5)(6)據迅冰先生說，解放後四川出土有兩方刻繪男女交接作愛的畫像磚，一方的背景爲野外樹下，另一方在室內帷帳之中⑤。此外，四川東漢崖墓石門上常見刻着男女生殖器⑥。考古學家以爲具有厭勝作用，我想更可能是墓主人生前房事生活的反映。

---

① 南京博物院編：《四川彭山漢代崖墓》，文物出版社，1991年，第16頁，圖版12。
② 高文編：《四川漢代畫像石》石棺畫像第9圖，巴蜀書社，1987年。
③ 唐長壽：《滎經畫像石棺"秘戲圖"及其它》，《四川文物》1991年第1期。
④ 謝荔、徐利紅：《四川合江縣東漢磚室墓清理簡報》，《文物》1992年第4期。
⑤ 迅冰：《四川漢代雕塑藝術》，中國古典藝術出版社，1959年。
⑥ 馮漢驥：《四川的畫像磚墓及畫像磚》，《馮漢驥考古學論文集》，文物出版社，1985年。

古人視死如生，墓主人生前習房中術希冀延年益壽；他死後，子孫將"秘戲圖"畫像磚、石或陶俑安置于墓中，祈求墓主人憑此方術登遐成仙。如果説，馬王堆三號漢墓出土五種房中術著作是反映了西漢上層社會對房中術的迷信；那麼，四川東漢墓葬中大量"秘戲圖"畫像磚、石或陶俑的出土，則反映了東漢時期巴蜀地區此種方術已在民間廣爲流行，蔚然成風。正是在這種濃厚的彭祖房中術信仰習俗的氣氛中，孕育産生了張陵《老子想爾注》中的男女合氣説。也正因爲漢代巴蜀地區盛行男女交接之術，才有中國道教沿西南絲綢之路南傳阿薩姆，直接影響了印度密宗形成的説法①。

　　由于漢代巴蜀地區神仙方術之説特別風行，自然形成了産生早期道教的文化環境，爲其萌發提供了適宜的溫床。

　　（二）巴蜀地區深厚的道學傳統，爲早期道教的産生準備了豐富的思想資料。

　　道教遠肇自先秦老、莊哲學，近源于漢代黃老之學。黃老之學是吸收儒、墨、陰陽、名、法各家思想而創立的新道家學派。黃老思想包含了很多神秘主義的因素，加上治黃老之學者，本來就有許多神仙方士，他們從有神論的角度對"道"進行解釋，使黃老之學與神仙方術相結合，而向神仙方術的方向發展。東漢，讖緯之學盛行，老子進一步被神化，故天師道（五斗米道）興起，遂奉老子爲教主，以《老子五千文》爲道教經典。漢代，巴蜀道學家甚衆，道學和術數結合的傳統尤爲深厚。西漢成都人嚴君平、李弘、楊子雲都是著名道家。嚴君平"專精《大易》，耽于《老》《莊》。常卜筮于市，假蓍龜以教。……日閲得百錢，則閉肆下簾。授《老》《莊》，著《指歸》，爲'道書'之宗。"② 楊子雲"少貧，好道"，"從（嚴君平）游學"③。李弘，楊雄《法

　　① 汶江：《試論道教對印度的影響》，載江玉祥主編《古代西南絲綢之路研究》，四川大學出版社，1990年。
　　② 《華陽國志》卷十上《先賢士女總贊論》。
　　③ 同上，又見《漢書》卷72《王貢兩龔鮑傳》。

言‧淵騫篇》稱其人“不屈其意，不累其身”，亦是道家。東漢時蜀中
道學家和方士輩出。錢安靖先生細查《後漢書》，檢出如下諸人：《後
漢書》卷三十上《楊厚傳》稱：楊春卿，廣漢新都人，善圖讖學，爲公
孫述將。春卿臨命戒子統曰：“吾綈帙中有先祖所傳秘記，爲漢家
用，爾其修之。”統辭家從犍爲周循學習先法，又就同郡鄭伯山受
《河洛書》及天文推步之術。統作《家法章句》及《內讖》二卷解說。統
子楊厚，少學統業，精思述，修黃老，教授門生，上名錄者三千餘人。
同郡任安，從楊厚學圖讖，究極其術①。《後漢書》卷八十二下《董扶
傳》稱：董扶，廣漢綿竹人，少游太學，與鄉人任安，俱事同郡楊厚，
學圖讖，後還家講授。《後漢書》卷三十六《張霸傳》稱：張霸，蜀郡成
都人，七歲通《春秋》，後就長水校尉樊儵受《嚴氏公羊春秋》，遂博
覽《五經》。子楷，通《嚴氏春秋》、《古文尚書》，門徒常百人，後隱居
弘農山中，學者隨之，所居成市，性好道術。《後漢書》卷四十八《翟
酺傳》稱：翟酺，廣漢雒人，好《老子》，尤善圖緯、天文、曆算。杜真，
廣漢綿竹人，習《易》、《春秋》，兄事同郡翟酺②。《後漢書》卷六十
三《李固傳》稱：李固，漢中南鄭人，司徒郃之子，郃在《方術傳》。固
博覽古今，明于風角、星算、《河圖》、讖緯，仰察俯占，窮神知變③。
《後漢書》卷七十九下《景鸞傳》稱：景鸞，廣漢梓潼人，能理《齊詩》、
《施氏易》，兼受《河洛》圖緯，作《易說》及《詩解》，文句兼取《河洛》。
又抄風角雜書，列其占驗，作《興道》一篇和《月令章句》，凡所著述
五十餘萬言。《後漢書》卷八十二上《任文公傳》載：任文公，巴郡閬
中人。父文孫，明曉天官風角秘要。文公少修父術，以占術馳名。同
書同卷《楊由傳》謂：楊由，蜀郡成都人，少習《易》，并七政、元氣、風
雲占候，著書十餘篇，名曰《其平》。同書同卷《段翳傳》又謂：段翳，
廣漢新都人，習《易經》，明風角，後隱居。同書同卷《折像傳》也謂：

---

① 《後漢書》卷七十九上《任安傳》。
② 《後漢書》卷48《翟酺傳》注引《益部耆舊傳》。
③ 《後漢書》卷63《李固傳》注引《謝承書》。

折像,廣漢雒人,通《京氏易》,好黄、老言。……這些皆蜀中道學方術名家①。在這些著名道學家和術士影響下,蜀中道學方術,流傳甚熾。正因爲巴蜀地區有着深厚的道學傳統,所以漢順帝時(公元126—144 年)張陵"客于蜀,學道鶴鳴山中"②。張陵在蜀中所學的道,爲天師道(五斗米道)的産生準備了豐富的思想資料。例如:蜀中道學術士,從有神論的角度來解釋《老子》的"道",以"道"爲最高教主神。王阜《老子聖母碑》即説:"老子者,道也。乃生于無形之先,起于太初之前,行于太素之元。浮游六虛,出入幽冥,觀混合之未別,窺清濁之未分"③。張陵《老子想爾注》師承此説,曰:"一者,道也。""一散形爲氣,聚形爲太上老君。"④ 哲學家的老子,被神化爲五斗米道的教主神——太上老君。

(三) 巴蜀民族的原始宗教信仰,啟迪了早期道教的發生,為其樹立了效法的模式。

天師道(五斗米道)是吸取了巴蜀民族的原始宗教而創成的,巴蜀民族古有的鬼道、巫教是早期道教的先聲。蒙文通、向達、饒宗頤、王家祐、錢安靖諸先生已有論述。

蒙文通先生認爲天師道的喪葬禮儀以及符籙來自西南少數民族,"天師道蓋原爲西南少數民族之宗教"⑤。

向達先生認爲,天師道的"三官"(天地水)信仰攝自氐羌民族,"張道陵在鶴鳴山學道,所學的道即是氐、羌族的宗教信仰,以此爲

① 錢安靖:《試論西南少數民族與道教的關係》,載《四川大學哲學社會科學論文選》第 3 輯,四川大學出版社,1990 年。
② 《後漢書》卷 75《劉焉傳》。
③ 《太平御覽》卷一"天部一:太初"引王阜《老子聖母碑》。嚴可均輯《全後漢文》卷三十二"王阜"條載:王阜,字世公,蜀郡成都人。永平中,太守第五倫察舉孝廉,爲重泉令。元和中,遷益州太守。
④ 饒宗頤著:《老子想爾注校證》,上海古籍出版社 1991 年版。
⑤ 蒙文通:《道教史瑣談》,載《蒙文通文集(第一卷):古學甄微》,巴蜀書社 1987 年版。

中心思想,而緣飾以《老子》之五千文。"①

　　饒宗頤先生認爲,五斗米道與羌人、鄭(叟)人自來有密切的關係;蜀中自古盛行鬼教,下至蜀漢尚然,此即天師道興起于蜀中的背景②。

　　王家祐先生認爲:"五斗米道"是巴人固有的民俗,張陵祖世通婚巴人,張魯母是巴郡妖巫,張氏居蜀勢力及道術半是來自母族巴人。"巴人的鬼道,蜀人的仙道,經張陵改造成爲道教的主幹'天師道'"③。

　　各位前輩學者的見解,均爲不刊之論。我只補充一個"三張"吸取和改造巴蜀民族原始宗教信仰的例子:我曾撰文論述中國地獄"十殿"信仰的起源,其中談到魏晉南北朝時期南方道教推出的酆都鬼獄和酆都大帝的傳説,可能是"五斗米道"首領"三張"吸取了《山海經》中關于"幽都之山"神話以及蜀人信仰魂歸天彭闕(即"幽都之山",亦即岷山)的傳説,改鑄而成的道教地獄説。《山海經》第十八《海內經》記載:"北海之內,有山,名曰幽都之山,黑水出焉。其上有玄鳥、玄蛇、玄豹、玄虎、玄狐蓬尾。"此"黑水出焉"之"幽都之山",乃是今四川西北之岷山山脈。蜀人自岷山遷至川西平原,岷山便成了蜀人意念中的老家。按照原始居民的早期信仰,認爲人死以後要回到傳説中的老家去,故《華陽國志·蜀志》説,"(李冰)謂汶山(即岷山)爲天彭門;乃至湔氐縣,見兩山對如闕,因號天彭闕;仿佛若見神。"《山海經》中的"幽都之山"便是關于蜀人老家的傳説。戰國前後,這個傳説順長江流播到荊楚地區,就成了《楚辭·招魂》中那般恐怖的地下世界——幽都。"幽都"是我國關于地獄的最早

---

　　①　向達:《南詔史略論》,載《唐代長安與西域文明》,生活·讀書·新知三聯書店 1957 年版。

　　②　饒宗頤:《老子想爾注校證》,上海古籍出版社 1991 年版。

　　③　王家祐:《張陵五斗米道與西南民族》,載《道教論稿》,巴蜀書社,1987 年。

記載:"魂兮歸來！君無下此幽都些！土伯九約,其角觺觺些。敦脄
血拇,逐人駓駓些。參目虎首,其身若牛些。此皆甘人。歸來歸來！
恐自遺災些！"王逸注:"幽都,地下后土所治也。地下幽冥,故稱幽
都。"又注:"土伯,后土之侯伯也。"魏晉南北朝時期,同北方泰山鬼
獄和泰山府君相對應,南方道教推出了另一個鬼都鬼王,即酆都鬼
獄和酆都大帝,它最早出現在梁道士陶弘景編撰的《真誥》和《真靈
位業圖》兩部道教經典中。酆都北陰大帝是"天下鬼神之宗,治羅酆
山"①。羅酆山"山上有六宮,洞中有六宮,輒周迴千里,是爲六天鬼
神之宮也。"②《真靈位業圖》注云:"炎帝大庭氏,諱慶甲,天下鬼神
之宗,治羅酆山,三千年一替。"炎慶甲即南方大帝,也即火神炎帝
(赤帝),故酆都大帝的原型是火神赤帝。炎帝和大庭氏挂上鈎,最
初見于三國時蜀國學者譙周所撰《古史考》。《華陽國志·蜀志》稱
蜀開明氏尚赤,火神炎帝原是古蜀人的大神。因此,酆都鬼獄和酆
都大帝的傳說起源于三國時期的蜀國。"酆都"地獄神話的出現與
東漢末年四川出現的"五斗米道"有關係,證據有二:其一,《三國
志·魏書·張魯傳》言"五斗米道"得名,因"從受道者出五斗米,故
世號'米賊'。"《真誥》也反覆言及酆都山盛產"重思稻",以之"上獻
仙官"。其二,據晉代葛洪《神仙傳》卷五"張道陵"條云,"先時,蜀中
魔鬼數萬,白晝爲市,擅行疫癘,生民久罹其害。"天師張道陵"戰六
天魔鬼,奪二十四治,改爲福庭,名之化宇,降其帥爲陰官","斥其
鬼眾,散處西北不毛之地,與之爲誓曰:'人主于晝,鬼行于夜,陰陽
分別,各有司存。違者正一有法,必加誅戮。'于是幽冥異域,人鬼殊
途。今西蜀青城山,有鬼市并天師誓鬼碑石、天地石、日月存焉。"這
段神仙家言反映出一件鮮爲人知的歷史事實,即三張(張陵、張衡、
張魯)在創建"五斗米道"過程中,爲了"以鬼道教民"③,曾吸收和

---

①　《正統道藏》,臺灣新文豐出版公司版,第五册。

②　〔梁〕陶弘景:《真誥》卷十五《闡幽微第一》。

③　《三國志·魏書·張魯傳》。

改鑄了蜀人古老的"幽都"神話傳說,使其"幽冥異域,人鬼殊途","陰陽分别,各有司存",從而產生了專門管制數萬魔鬼的酆都地獄傳說。《真誥》所謂酆都"六天宫,是爲鬼神六天之治",也即"六天魔鬼"之治。由此看來,《真誥》所記酆都地獄傳說,并非陶弘景杜撰,他只不過又將"五斗米道"的酆都地獄傳說進行了一番整理①。

(四) 印度佛教從西南絲綢之路較早傳入巴蜀地區,刺激了早期道教的發生。

一般認爲,佛教產生于公元前六世紀的印度,佛像產生于貴霜王朝的迦膩色伽時代,約在公元二世紀前後。據湯用彤先生考證,佛教傳入中國始于西漢末,東漢後期,佛教信仰漸漸擴大。傳統的説法,佛教從西域傳入中國北方後,很長一段時間作爲黄老信仰的附庸僅在宫廷和社會上層流行,漢桓帝(公元 147—167 年在位)是東漢第一個信奉佛教的皇帝。《後漢書·陶謙傳》記載笮融在徐州建造浮屠寺,"可容三千許人,作黄金涂像,衣以錦綵"。這是中國真正鑄造佛像的開端,時爲公元 190 年前後。然而,"西南絲道"沿綫相繼發現的早期佛教造像,使上述看法有修正的必要。1990 年 11 月,雲南大理發現一座東漢熹平年間的磚室墓,出土吹簫胡俑一式七件,除一件頭部殘損外,其餘六件均完好。其造型爲:尖頂帽,窄長臉,高鼻大眼,跏趺坐,雙手把長簫,作吹奏狀,像高約 10—12 厘米。出土時周身涂有朱色。陶蓮花一朵,作含苞欲放狀,長約 10 厘米。學者斷定爲印度佛教僧人②。此外,雲南關于摩訶迦葉與阿育王子的故事流傳甚廣,説明印度佛教很早就經緬甸傳入了雲南。四川出土的早期佛教造像更多,計有:1941 年,四川彭山縣東漢崖墓出土一陶質"搖錢樹"座,上有"一佛二脅侍"的模型人像造型③。在

① 江玉祥:《中國地獄"十殿"信仰的起源》(待刊稿)。
② 李朝真:《關于雲南大理出土胡俑及其相關問題的探討》,《雲南文物》1992 年 12 月(34 期)。
③ 南京博物館編:《四川彭山漢代崖墓》,文物出版社,1991 年。

四川樂山的麻浩和柿子灣兩座東漢崖墓的門額位置上，已發現用淺浮雕技法刻出的坐佛像三尊。據説，1986 年樂山市西郊西湖塘還出土一個施無畏陶俑①。1972 年，在距成都市不遠的什邡縣皂角鄉出土一方東漢佛塔畫像磚②。1989 年 11 月，在綿陽市城郊何家山一號崖墓出土一株東漢青銅"搖錢樹"，在長達 70 多厘米的銅幹上幾乎等距離地雕鑄了五座造型相同的小型銅佛像，其右手做"施無畏"狀，跏趺坐，亦有明顯的項光③。此外，在宜賓地區南溪縣東漢崖墓出土的一具石棺的側面淺浮雕畫像中，發現了與彭山"搖錢樹"陶座佛像相似的構圖。以上所列四川發現的早期佛教造像，有兩個共同點：第一，時代基本上都屬于東漢中、後期，即公元二世紀；第二，均屬于民間佛教造像。從表面看來，四川出現佛教造像的時間與笮融作佛像的時間差不多。其實不同。笮融在寺院鑄造佛像的時候，四川的佛像早已出現于民間，可見佛教傳入四川的時間比北方早。《四川通志》記載四川大邑縣霧中山寺（在鶴鳴山北）爲東漢永平十六年（公元 73 年），由迦葉摩騰和竺法蘭所建。伯希和認爲此二人係取道緬甸的伊洛瓦底江上游及雲南一道而到達四川④。伯希和的推測不無道理。從四川早期佛教造像出土地點看，主要分布在"西南絲綢之路"主幹綫上，而且有向北和向長江中游傳播的趨勢。佛教傳入四川的時間，恰是張陵在四川大邑縣鶴鳴山創建"五斗米道"的時間，印度佛教無疑對天師道（五斗米道）的產生起了刺激作用。牟鍾鑒先生説過："寇謙之以後，道教模仿佛教儀

---

① 吳焯：《四川早期佛教遺物及其年代與傳播途徑的考察》，《文物》1992 年第 11 期。

② 謝志高：《四川漢代畫像磚上的佛塔圖像》，《四川文物》1987 年第 4 期。

③ 何志國：《四川綿陽何家山一號東漢崖墓清理簡報》，《文物》1991 年第 3 期。

④ 伯希和：《交廣印度兩道考》，馮承鈞譯，中華書局，1955 年，第 21 頁。

節,建立起祈禱、禮拜、誦經、齋醮等一套完整的科儀戒律。如無佛教的影響,道教絕不會有後來那樣的面貌。"① 我們是否也可以説,如果不是四川較早沾漑佛教的風氣,早期道教(天師道)也許不會在此地發生。當然"佛教只是道教發展的重要外在因素,而不是生成之源泉。"②

〔附注〕 以四川省新繁縣(現爲新都縣)出土的一方畫像磚爲例:該磚拓片爲 41 厘米×47 厘米,現藏重慶市博物館。此磚上面正中刻一瓶形之龕,龕上有蓋,龕的左右有雲氣圍繞。此係象徵西王母穴居的"石室"。石室前一人頭戴方勝,雙袖籠手于胸前,坐于龍虎座上。座左爲虎首,右爲龍尾,象徵"駕龍騎虎"之説。西王母之前有一大蟾蜍,直立而舞,形像逼肖。磚的右下角爲兔,直立而持不死樹枝。蟾蜍之右爲"三足烏",是西王母的覓食的使者。三足烏之後,有一人張口怒目而蓬髮,雙手捧桒戟而立。《山海經‧海内北經》曰:"西王母……在昆侖虚北。有人曰大行伯,把戈。"此人可能是昆侖虚北把戈的"大行伯"。兔的上邊爲九尾狐,狐身有翼,尾甚長而九歧。《山海經‧海外北經》、《南山經》、《大荒東經》均言,青丘國"有狐九尾",郭璞注:"太平則出而爲瑞也。"則九尾狐象徵禎祥。磚的前下靠右圖二人(一男一女),端坐于地,女左男右,女子曳長裙,面帶笑容,雙目下垂。男子面略向左側而低視女子。其前置一案,案前一人峨冠博帶,雙手執板,俯伏于地,似在拜禱。類似的畫像磚,在成都市及其郊縣發現較多。

西王母的傳説起于春秋戰國期間。西王母的形狀,在《山海經‧西山經》中,"其狀如人,豹尾虎齒而善嘯,蓬髮戴勝,是司天之厲及五殘。"好似天神、山神或者説是怪神。在《山海經‧大荒西經》中,"(昆侖之丘)有人,戴勝,虎齒,有豹尾(袁珂案:"有"字實衍),穴處,名曰西王母。"爲穴居蠻人酋長的形像。在《山海經‧海内北經》中,"西王母梯几而戴勝杖(袁珂案:"杖"字實衍),其南有三青鳥,爲西王母取食。在昆侖虚北。"儼然是神仙。在《莊子‧大宗師》中,西王母是無生無死永葆青春的一位真人。其文曰:"夫道,……西王母得之,坐乎少廣,莫知其始,莫知其終。"《穆天子傳》卷三説:"天子觴西王母于

① ②牟鍾鑒:《道教與中國傳統文化》,《文史知識》1987 年第 5 期("道教與傳統文化專號")第 17 頁。

瑤池之上,西王母爲天子謠曰:'白雲在天,山陵自出,道里悠遠,山川間之,將之無死,尚能復來!'天子答之曰:'予歸東土,和治諸夏,萬民平均,吾顧見汝,比及三年,將復而野。'"儘管有三年後再見之約,但西王母對這次分別仍感到"中心翔翔",難舍難分。《穆傳》中的西王母成了性情和易的女王。兩漢時期文獻中的西王母形像,基本上是沿着《山海經》和《莊子》的綫索,豐富發展而成的。《淮南子•覽冥》説:"譬若羿請不死之藥于西王母,姮娥竊以奔月,悵然有喪,無以續之。何則?不知不死之藥所由生也。"《山海經•海內西經》説,昆侖開明北有"不死樹"。不死樹,又叫壽木。《呂氏春秋•本味》説:"菜之美者:昆侖之蘋,壽木之華。"高誘注:"壽木,昆侖山上木也。華,實也。食其實者不死,故曰壽木。"由此可知,不死之藥是昆侖山上一種名叫"不死樹"結的果實。《淮南子》只言姮(即嫦)娥偷吃西王母的不死之藥,飛到月亮上去了。東漢張衡《靈憲》則言,嫦娥落到月亮後,變成了蟾蜍("遂託身于月,是爲蟾蜍。")。《楚辭•天問》早有玉兔在月中("顧菟在腹")的説法,《太平御覽》卷 907 引《樂府歌詩》説:"采取神藥山之端,白兔擣成蝦蟇丸,奉上陛下一玉柈。"大概蝦蟇丸,就是嫦娥采昆侖山之端的不死樹之華,由白兔加工精製而成的高級長生不老丸吧!《山海經•大荒西經》説,西王母居住在昆侖之丘,"其下有弱水之淵環之,其外有炎火之山,投物輒然。"處于水火包圍的西王母,以何種方式出行呢?《山海經》未作交待。舊題西漢焦延壽撰,而實爲東漢崔篆所作的《易林》"臨之履"説:"駕龍騎虎,週遍天下,爲人所使,西見王母,不憂不殆。"《史記•大宛列傳》索隱引《括地圖》説:"昆侖弱水非乘龍不至。有三足神烏,爲王母取食。"看來,西王母的坐騎應當是龍虎。司馬相如《大人賦》説:"吾乃今日睹西王母皬然白首。戴勝而穴處兮,亦幸有三足烏爲之使。"前引《海內北經》言"有三青鳥,爲西王母取食。"則三足烏即爲青鳥,其數有三。《大荒西經》説:"有三青鳥,赤首黑目,一名曰大鵹,一名曰少鵹,一名曰青鳥。"在漢代的傳説中,三足烏亦爲日中之物。《淮南子•精神》説:"日中有踆烏。而月中有蟾蜍。"高誘注:"踆,猶蹲也,謂三足烏。"因而又有踆烏爲日精(陽精),蟾蜍爲月精(陰精)之説。西王母的傳説在漢代已發展得相當完善,但是分散載于各種典籍之中,顯得有些零碎。四川出土的西王母畫像磚、石,使人能直觀漢代西王母傳説的全貌。

作者簡介　江玉祥，1945 年生。四川大學博物館副教授。主要著作有《中國影戲》、《古代西南絲綢之路研究》等。

道教與玄言詩

張松輝

内容提要　道教産生以後，直接或間接地促使了玄言詩的出現和發展，這表現在兩個方面：第一，從玄言詩的作者來看，有很多道士參與了玄言詩的創作，在世俗文人中，被公認爲玄言詩代表作家的孫綽、許詢等也都不同程度地信奉道教。第二，從玄言詩的内容來看，它雖然講了不少玄理，但作者的目的主要是以玄理來消憂解愁、怡神養性的，這與道教的養生思想完全一致。另外，本文爲了更清楚地說明道教對玄言詩的影響，還討論了道教與玄談的關係問題。

道教作爲聲勢浩大的新興宗教，對魏晉南北朝時期的政治、思想、經濟、文化等各個方面都産生了巨大影響，文學當然也不例外。玄言詩是這一時期特有的一個詩歌流派，從表面看來，玄言詩與道教似乎是風馬牛不相及，而事實上，是道教的崛起啓動了玄言和玄言詩的出現，并促使它們走向繁榮，道教與玄言詩之間存在着極爲密切的關係。

一

要想説明道教對玄言詩的影響，必須首先理清道教與玄談的關係，因爲玄言詩是玄理的詩化，雖然二者的形式不同，但本質一致。

魏晉南北朝時期的思想是活躍的。儒家雖失去獨尊地位，但勢力仍不小，公開抵制儒家思想的人并不多。其它各家思想也有所抬頭，但這些思想所來有自，其源非出道教。而此期的主要思潮——玄學，卻與道教有着共同的源頭和扯不開的關係。甚至可以說，如果沒有道教，是否會有玄學將是一件值得懷疑的事。爲了證明這一觀點，我們想談兩點，一是玄談的人物，一是玄談的主題。

提到玄學，人們一般要先從何晏談起，他同王弼一起"祖述老莊，立論以爲天地萬物皆以'無'爲本，……聲名籍甚，傾動當世。……後進之士，莫不景慕仿效，選舉登朝，皆以爲稱首。矜高浮誕，遂成風俗焉"（《晉書·王衍傳》）。學界大多是把何晏視爲玄談的始作俑者。

何晏大約是在六、七歲時隨母進入曹操府中的，操納晏母後，晏即爲操的養子。何晏於哪一年進入曹府，史無明載，但一般認爲是在曹操任司空時，也即建安初期。此時曹操已挾天子令諸侯，具有一定勢力，同時也開始招天下方士集鄴下。曹丕、曹植兄弟與這些方士有很多交往，何晏深受曹操寵愛，被人呼爲"假子"，在府中是自由的。雖無確鑿證據，但何晏與方士有交往應是情理中事。而此時，正是何晏由孩童到青少年的時期，是個人心理、思想的形成階段，最易受外界的影響，那麼我們説他會受到方士影響，也是情理中事。這樣講，也并非毫無根據。《世説新語·言語》注引劉宋時太醫令秦丞相（應作秦承祖）的《寒食散論》説：

> 寒食散之方，雖出漢代，而用之者寡，靡有傳焉。魏尚書何晏首獲神效，由是大行于世，服者相尋也。

"靡有傳焉"，只是説在世俗人中沒有了，但在方士那裏還有密傳，不然何晏又怎能吃得上呢？寒食散又叫五石散，張華説："上藥養命，爲五石之煉形，六芝之延年。"（《博物志》卷四）道士葛洪也説："五石者，丹砂、雄黄、白礜、曾青、慈石也。一石輒五轉而各成五色，五石而二十五色，色各一兩，而異器盛之。欲起死人，未滿三日者，取青丹一刀圭和水，以浴死人，又以一刀圭發其口内之，死人立生也。……"（《抱朴子内篇·金丹》）吃了五石散，能起死回生，還能"致天下萬物"、"長生不老"、坐見千里之外"。何晏自己也説："服五石散，非唯治病，亦覺神明開朗。"（《世説新語·言語》）何晏服五石散雖然没有獲得葛洪説的那種奇效，但喫得也很得意，喫得也很成功。

何晏的嘴巴一邊喫五石散，一邊説老莊玄言，他既是玄談領袖，又是士大夫中服散的先驅。他還著有《道德論》，《世説新語·文學》注引《文章叙録》説："自儒者論以老子非聖人，絶禮棄學。晏説'與聖人同'。"何晏極力抬高老子的地位。把以上三者聯繫起來，我們就不難看出道教與何晏玄談的關係。

王弼是當時玄談的二號人物，但他二十四歲時就死了，除部分著作外，生平事迹留下很少，因而也没有證據説明他與道教的關係。

雖然學界一直認爲何、王爲玄談的發軔者，但事實并非如此。有一條非常重要的史料能夠證明：在何、王之前，還有一位名叫張玄賓的談玄道士。《真誥》卷十三説張玄賓是定襄人，曹操時舉茂才，後歸隱，拜西河薊公爲師學"服術餌兼行洞房白元之事"，當了道士。《真誥》介紹他的玄學觀點説：

> 此人善能論空無，乃談士，常執本無理，云：無者，大有之宅，小有所以生焉。積小有以養小無，見大有以本大無，有有亦無無焉，無無亦有有焉。所以我目都不見物，物亦不見無，寄有以成無，寄無以得無，於是無則無宅也，太空亦宅無矣。我未生時，天下皆無無也。

這種以"無"爲本的思想與何、王的玄學思想基本一致。從時間上講，張玄賓早于何、王，又同爲魏國人，我們又安知何、王的本無思想不是來自這位道士呢？道士談玄在先，文人談玄在後，玄談的倡導者不是何、王，而是張玄賓。這一事實進一步證明道教對玄談所起到的啓動作用。

魏晉之交時的玄談領袖大約要數阮籍、嵇康了。《晉書·裴頠傳》說："頎深患時俗放蕩，不尊儒術，何晏、阮籍素有高名於世，口談浮虛，不遵禮法，尸祿耽寵，仕不事事。"阮籍放蕩浮虛，嵇康也是如此。二人在理論上大講老莊玄學，在生活中愛同道士交往。阮籍跑到深山裏同道士孫登"談太古無爲之道"（《三國志》卷二一注引《魏氏春秋》），"商略終古及棲神導氣之術"（《晉書·阮籍傳》）。孫登也同嵇康大談"子識火乎？生而有光，而不用其光，……人生有才而不用其才，果然在於用才"的玄理（見《世說新語·棲逸》注引《文士傳》）。特別是嵇康，信神仙、服仙藥，完全是一位"准道士"的身份。

東晉時期，玄學大暢，此時談玄的人中有許多是道士或深受道教影響的人物。限於篇幅，我們只舉其主要者。

王導是東晉的政治臺柱，時稱"王與馬，共天下"（《晉書·王敦傳》），同時也是玄談場裏的中堅人物，而王氏家族就是一個道教世家。東晉時，王家已與周靈王太子王子晉這位神仙續上了家譜，稱爲王子晉的後代。《文選·王文憲集序》李善注引《琅琊王氏錄》說："王氏之先，出自周王子晉。"庾信在爲王導八世孫王褒寫悼詩時也說："昔聞王子晉，輕舉逐神仙。謂言君積善，還得嗣前賢。"（《傷王司徒褒》）《汲冢周書》在敘述王子晉的生平事迹以後，說："其後子孫，世喜養性、神仙之術。"把王家說成是王子晉的後代，無論真假，也無論出自誰的考證，但有一點可以肯定，王家是承認、至少是默認了，并且以此爲榮，不然，庾信也不會把這事寫進詩中。在王導本人身上也能看到他信道的傾向。《世說新語·文學》說："王丞相過江，止道聲無哀樂、養生、言盡意三理而已。"當時的養生是有特殊含義的，只要讀一讀嵇康的《養生論》就會明白，何況這裏的"養生"與"聲無哀樂"并提，都出自嵇康，而嵇康的《養生論》就是一篇神仙家語。劉孝標注《世說新語》時，正是用嵇康的《養生論》來解釋王導的養生論。《晉書·王羲之傳》說："王氏世事張氏五斗米道，凝之彌篤。"王羲之、王凝之與道士的交往非常密切，他們是王導的從子、從孫。《晉書》的這段記載就明確說明王導也信道，只不過表現得沒有王凝之那樣突出而已。

　　與王導基本同時的還有一位有爭議的玄談人物，就是著名的道士葛洪。之所以說有爭議，是因爲葛洪本人不承認自己在談玄，他認爲自己著《抱朴子外篇》可以用之天下治國安民，著《抱朴子內篇》可以用之個人養生成仙，都是實實在在的"實學"。然而後來的人們卻把他看作清談家：

　　　　洪博聞深洽，江左絕倫。……又精辯玄賾，析理入微。(《晉書·葛洪傳》)

　　　　……始以誇尚爲宗，至魏文帝、傅玄、陶梅、葛洪之徒，則又逾於此者矣。何則？身兼片善，行有微能，皆剖析入微，一二必載，豈所謂憲章前聖，謙以自牧者歟？(劉知幾《史通·序傳》)

　　此後參加玄談的信奉道教的文人還不少，著名的有謝安①、殷仲堪、孫綽、王羲之等人。至于王衍、殷仲文等玄談人物，似乎與道教很少聯繫，但這有兩種可能，一是他們確實遠離道教，第二種可能是史書闕如，沒有記載他們與道教的關係。

　　值得注意的是，當名士們爲玄談而廢寢忘食時，山林里的道士們也談興正濃。除了前面提到的張玄賓、葛洪外，楊羲、許謐、許翽等也大講玄理。他們說：

　　　　夫沈景虛玄，無墊可尋；言發空中，無物可縱；流浪乘忽，化遁不滯者也。此二行皆浮沈冥淪，倏遷灼寂，是故放蕩無津，遂任鼓風柂，存乎虛舟而行耳。故實中之空，空中之有，有中之無象矣。(《真誥》卷一)

　　　　道者混然，是生元炁，元炁成然後有太極，太極則天地之母，道之奧也。故道有大歸，是爲素真。故非道無以成真，非真無以成道。道不成，其素安可見乎？(《真誥》卷五)

類似言論，在《真誥》中俛拾即是。道士與名士各擅一區，彼此呼應，使玄學成爲一時顯學。

　　爲了更清楚地說明道教信徒在玄談家中所占比重，我們具體

────────

　　①　謝家信道的證據是：他們爲了保證謝靈運能長大成人，就把他送給道士護養。見鍾嶸《詩品》卷上。

介紹一下"四本"論爭的參與者。《世說新語·文學》説:"鍾會撰《四本論》,始畢,甚欲使嵇公一見,置懷中既定,畏其難,懷不敢出,於戶外遙擲,便回急走。"劉孝標注引《魏志》説:"四本者,言才性同、才性異、才性合、才性離也。尚書傅嘏論同,中書令李豐論異,侍郎鍾會論合,屯騎校尉王廣論離。"《三國志》中的《傅嘏傳》和《鍾會傳》都有類似記載。從那以後,"《才性四本》、《聲無哀樂》,皆言家口實"(《南齊書·王僧虔傳》),成爲清談主題之一,但具體内容多不詳。到了南齊永明年間(483—493),道教信徒、同時也是著名文人的孔稚珪跑到深山裏尋到道士顧歡,共談"四本"。顧歡説:

> 蘭石(傅嘏)危而密,宣固(李豐)安而疏,士季(鍾會)似而非,公深(王廣)謬而是。總而言之,其失則同;曲而辯之,其挈則異。何者?同昧其本而競談其末,猶未識辰緯而意斷南北。群談暗爭,失得無準,情長則申,意短則屈。所以《四本》并通,莫能相塞。夫中理唯一,豈容有二?《四本》無正,失中故也。(《南史·隱逸傳上》)

顧歡還專門寫了《三名論》來討論這一問題,從而又引起一場大辯論。"四本"論爭的主要參與者中,顧歡是道士,嵇康和孔稚珪是道教信徒,鍾會從小就偷喝父親的藥酒(見《世說新語·言語》,《續談助》引《小説》作"散酒"),長大後又寫了《道論》(見《三國志·鍾會傳》),是一個帶有道教信仰色彩的人。

我們講玄學受道教影響的第二個證據是玄談的主題是《老》、《莊》、《易》。侯外廬《中國思想史》第三卷在解釋"正始之音"時説:"所謂'正始之音'多以三玄爲通難題目,往返詰難,依方辯對,各通勝理,辭喻不負,如果經通若干番,四坐皆服者,名勝名通傳爲美談,理上冠族姓,名之曰某理;而自認理屈者則可以至于絕倒。世僅知'清談'之名,而不知尚有這樣一種表裏。王僧虔所謂'談故如射,前人得破,後人應解,不解即輸賭矣'。是知清談,亦可名之曰'理賭'。"考之史實,的確如此。雙方辯論,以勝爲得。這些辯論的内容多遠離現實,一般是從三玄中抽出一論題,一方立論,一方破論,勝負分曉後,雙方還可以就同一論題對換一下位置,原先破論者爲立論一方,立論者則爲破論一方。這裏我們就要提出一個問題,爲什麼人們喜歡以三玄爲玄談内容,而不從名家或佛理中找論題?我們知道,名家的"卵有毛"、"鷄三足"、"火不熱"、"狗非犬"等稀奇古怪的論點更適合人們在"理賭"時逞强使能,佛理中的一些命題也比三玄更爲玄妙。對此,一般的解釋是受老莊影響,但爲什麼數百年後的人還要受老莊這麼大的影響呢? 我們認爲道教在其中起到了重要的紹介作用。

　　道教産生以後,道士以《老》《莊》爲自己的主要經典,并崇老子爲教主,又從《周易》中吸取不少思想來建立自己的理論體系,被道士稱爲"萬古丹經王"的《周易參同契》就是比附於《周易》寫成的道書。高似孫在《真誥叙》中説:"陶君(陶弘景)之意,亦謂卦六十四,道之玄也;《道德》五千言,玄之道也。"《周易》被道士提到了與《老子》同等重要的位置上。這就是説,在文人玄談之前之後,三玄都是道教的最主要經典。

　　早期道教主要在民間流傳。但在黄巾起義失敗以後,道教發生了分化,一部分信徒投靠了統治階級,參與了上層政治;一部分逃遁山林,服食修道,過着一種遺世獨立的生活;還有一部分繼續活動于民間,爲農民起義所利用。卿希泰先生在《中國道教史》第一卷中對此作了詳實的論證。道士們這種上下分離的情況,勢必會引起對道教經典興趣的上下分離。張修、張魯在漢中建立政權後,"以《老子》五千文使都習"(《三國志》注引《典略》)。雖然三張先後對《老子》加以注釋,但很難想象在普遍不識字的百姓中間,會形成一種辯析《老子》義理的風氣,百姓們充其量只能把《老子》作咒語般地背誦一遍而已。這種爲下層信徒講《老子》的習慣,至少到南北朝時還存在。(見《南史·隱逸傳上》:"〔顧〕歡往村中爲講《老子》。")但道教進入上層、特别是進入上層文人之間後,情況就大不相同了。三玄本來就是十分重要的古書,道教對此又異常重視,并賦予神奇的養生、避邪功能,這自然會引起文人們的注意。文人們不需要道士來講解,更不滿足於背誦經文,在三玄日受重視的情況下,他們坐下來作點注解，商略其中的理義，也是順理成章的事。《感應篇圖説·流通善書説》（或見僞託文昌帝君的《蕉窗十則》）説道士們"遇上等人説性理，遇下等人説因果"。這是對道士傳道説經的歷史總結。當一種宗教興起之後，傳道者往往用粗糙的天堂地獄、神鬼報應思想去贏得下層民眾的信奉，用較爲精緻的玄學哲理去贏得上層文人的青睞。中國的佛教是如此，道教也不例外。當然，在道教興盛時，文人們主動去光顧該教經典，以此爲談資，也是常事。

在古代，人們把道教和道家視爲一體，統稱爲"道家"，老子與道士是師徒關係，是一家人。對那些讀《老》《莊》的人，你很難分清他是在信老莊，還是在信道教。比如殷仲堪，他既是虔誠的道教信徒，又是玄談場上的一名健將，在談《易》時，曾逼得名僧慧遠"笑而不答"（《世説新語·文學》），他"每云三日不讀《道德論》，便覺舌本間彊"（《晉書·殷仲堪傳》）。讀《道德論》（《世説新語·文學》作《道德經》），對他來説既是宗教信仰，又是在積儲談資。另如葛洪，他寫《抱朴子内篇》的目的是爲了養生成仙，但開篇就是《暢玄》，中間又講《道意》。《暢玄》説："玄者，自然之始祖，而萬殊之大宗也。"接着他描述"玄"是極深極遠，至剛至柔，説方不方，説圓不圓，似有似無，來去無踪，虛無飄渺，變幻莫測，而又無所不能，是萬物生存的根據。這實際與《老子》的"道"一模一樣了，因此，有時葛洪又"玄"、"道"并稱。如果把《暢玄》、《道意》放在玄言場裹，仍不失爲絶妙佳文，而它們又是爲道士養生成仙立綱定向的篇章。在這類士大夫那裹，老莊的"道"也就是道教的"道"，老莊的"玄"也就是道教的"玄"。士大夫們在接受了道教饋贈的方術時，也幫助道教製作玄理作爲回報。道教之所以能與儒、釋分庭抗禮，靠的是玄理和方術兩手，高雅者愛玄理，粗俗者愛方術。

後來曾有人把玄談歸於道教，如元代道士李鼎在《大元重修古樓觀宗聖宫記》中説：自從老子、尹喜傳經以後，道教"一變而爲秦漢之方藥，再變而爲魏晉之玄虛，三變而爲隋唐之襀襘，其餘曲學小數，不可殫記。"把魏晉玄學全歸於道教，我們當然不能同意，但李鼎的看法也并非毫無道理。玄談是由道教啓動的，道教對玄談的形成和發展起到了巨大的作用，但玄理畢竟不能等同於道教理論。特別是玄學興起以後，儒、釋、道各家人物都出入玄談場中，那時的玄理猶如匯集了眾多溪流的大江，雜糅了各家各派的思想，玄學成了與道教既有密切聯繫又有一定區別的一家之言。

二

理清了道教與玄學的關係，也就基本上理清了道教與玄言詩的關係。同玄學一樣，道教對玄言詩的重大影響，首先就表現在大批的道士和與道教有關的文人參與了玄言詩的創作。

《詩品》中有兩段話涉及到玄言詩的發展情況：

> 永嘉時，貴黃、老，稍尚玄談，於時篇什，理過其辭，淡乎寡味。爰及江表，微波尚傳。孫綽、許詢、桓、庾諸公詩，皆平典似《道德論》，建安風力盡矣。　（《詩品序》）

> 永嘉以來，清虛在俗。王武子輩詩，貴道家之言。爰洎江表，玄風尚備。真長、仲祖、桓、庾諸公相襲。世稱孫、許，彌善恬淡之詞。　（《詩品》卷下）

永嘉是晉懷帝年號（307—313），屬西晉末年。這就是說，玄言詩在西晉末年已普遍出現，到了東晉時，孫綽、許詢把玄言詩創作推向鼎盛。在《詩品》列舉的幾位玄言詩人中，王濟（王武子）只剩下一首祝賀平吳的詩和幾句殘詩，劉惔（字真長）、王濛（字仲祖）未見詩歌留存。桓、庾所指是誰，學界尚有爭議，一說指桓溫、庾亮，這二人沒有存詩；一說指桓偉、庾友和庾蘊，此三人各存一首很短的《蘭亭詩》。因此我們就不必去討論他們了。按照《詩品》"世稱孫、許，彌善恬淡之詞"的說法，孫、許是玄言詩的代表作家，《世說新語·文學》注引《續晉陽秋》也說："正始中，王弼、何晏好莊、老玄勝之談，而世遂貴焉。至過江，佛理尤盛，故郭璞五言始會合道家之言而韵之，詢及太原孫綽轉相祖尚，又加以三世之辭，而詩、騷之體盡矣。

詢、綽并爲一時文宗，自此作者悉體之。”直到今天，文學史家仍把
孫、許視爲玄言詩的代表作家。那麼我們就以孫、許爲例，談談他們
與道教的關係。

　　劉宋時的何尚之在《答宋文帝贊揚佛教事》中把孫綽列爲佛教
信徒，我們没有理由懷疑這一事實。但當時許多文人是既信道又信
佛的，更何況當時不少僧人在理論上是依附於老莊玄學的。根據孫
綽的自述和他的作品，我們認爲其思想本質主要屬于道家、道教。
他寫了一篇《遂初賦》，在序言中説：“余少慕老、莊之道，仰其風流
久矣。”并表達自己卑視世間富貴、立意棲身山水之間的情懷。他還
曾對晉簡文帝説：“然以不才，時復記懷玄勝，遠詠《老》、《莊》，蕭條
高寄，不與時務經懷，自謂此心無所與讓也。”（《世説新語・品藻》）
可見孫綽主要是以老、莊思想立身的。至于他對道教的信仰，則明
確表現在他的《游天台山賦》裏。對于這篇賦，孫綽是相當得意的，
《世説新語・文學》載：“孫興公作《天台賦》，以示范榮期，云：‘卿試
擲地，要作金石聲。’”這篇賦也確實爲他贏得了一定的聲譽，蕭統
把它收入《文選》即説明了時人對它的肯定。他在序中説：

　　　　天台山者，蓋山嶽之神秀者也。涉海則有方丈蓬萊，登陸則有四明
　　天台。皆玄聖之所游化，靈仙之所窟宅。……非夫遺世翫道、絶粒茹芝
　　者，烏能輕舉而宅之。非夫遠寄冥搜、篤信通神者，何肯遙想而存之。余
　　所以馳神運思，晝詠宵興，俛仰之間，若已再升者也。方解纓絡，永託兹
　　嶺。不任吟想之至，聊奮藻以散懷。

作者把天台山與海中仙山并舉，認爲是神仙住地，只有那些修道絶
粒的人才能成爲它的居民。自己雖然還没有這等福份，但也“遙想
而存之”，并且表示要掙脱世俗束縛，永住此山。他在賦中刻劃天台
山的險要，着力描寫進山的艱難，那裏山路懸空，深淵萬丈，青苔光
滑難行，有時甚至要攀葛藟登絶壁。然而孫綽毫不畏縮，因爲“雖一
冒于垂堂，乃永存乎長生”，冒一次險就可長生不死，還是值得的！
看來，孫綽追求的不是死後變佛，而是生前成仙。除此之外，他還寫
了《列仙商丘子贊》，表達他對神仙的仰慕。

　　許詢的情況與孫綽相似，他本身是道教信徒，卻也信佛。《晉書·郗鑒傳》說："（郗愔）與姊夫王羲之、高士許詢并有邁世之風，俱棲心絕縠，修黃、老之術。"《建康實錄》卷九更具體指出三人一起棲心絕縠"十許年"。郗愔、王羲之都出身道教世家，許詢同他們一起避世"修黃、老之術"，卻粒絕縠，這是典型的道士行爲。可惜許詢的詩僅存五言詩一首（四句）和殘句二，已無法從他的作品中更多地窺見他的道教思想。

　　玄言詩的代表作家孫綽、許詢與道教的這種密切關係，旁證了道教與玄言詩的關係。還有一個更能説明問題的事實：與孫、許同時的一些道士也創作了大量的玄言詩，其代表作家是楊羲、許謐和許翽。許謐和許翽是父子倆，許謐生年早于孫綽（許生于 303 年，孫綽生于 320 年左右），楊羲、許翽晚于孫綽。一楊二許爲道教上清派的開創人。《建康實錄》卷九對他們有一個簡短的介紹："穆字思玄，一名謐。祖尚、父副。穆少知名，簡文在藩，爲世表之交，起家爲太學博士，累遷位散騎常侍、護軍長史。雖居蟬冕，心在道德。以第四兄（許邁）遠游嘉遁不返，遂表辭榮。太宗不奪其志。許穆乃宅于茅山，與楊羲遍該靈奧，天降玉札，所授爲上清真人。年七十二，解駕違世。（原注：案，《晉書》：許長史生四子，第三子翽，字道朔。母陶氏早亡，亦得道，在洞府，易遷宮中。翽幼清潔絕世，研精上業，恒居茅山宅。）"《真誥》對他們也有介紹，情況大同小異。可見，許出身士族，曾居太學博士一職，有較高文化素養。楊羲能與他一起商討道書，許翽"研精上業"，説明二人文化水平也不會太低。他們的作品主要保存在《真誥》裏。

　　一楊二許假借神靈創作了不少詩歌，這些詩歌很多即屬于典型的玄言詩。在《真誥》卷三中記載了十首仙人歌，其中有九首比較集中地討論了"有待"與"無待"的問題：

　　　　阿母延軒觀，朗嘯躡靈風。我爲有待來，故乃越滄浪。　　　（《英王夫人歌》）

　　　　有待徘徊眄，無待故當淨。滄浪奚足勞，孰若越玄井。　　（《紫微夫人

答英歌》）

　　高唱無逍遙，冬興有待歌。空同酬靈音，無待將如何？　（《桐柏真人歌》）

　　儵欻九萬間，八維已相望。有待非至無，靈音有所喪。　（《清靈真人歌》）

　　無待愈有待，相遇故得知。滄浪奚足遼，玄井不爲多。（《中候夫人歌》）

　　不覺所以然，實非有待游。相遇皆歡樂，不遇亦不憂。（《昭靈夫人歌》）

　　大小固無殊，遠近同一緣。彼作有待來，我作無待親。　（《九華安妃歌》）

　　無待太無中，有待太有際。大小同一波，遠近齊一會。　（《太虛南嶽真人歌》）

　　東賓會高唱，二待奚足爭？……我作無待游，有待輒見隨。高會佳人寢，二待互是非。有無非有定，待待各自歸。（《南極紫元夫人歌》）

“有待”與“無待”是《莊子》討論的主要問題之一，到了魏晉時，又成了名士玄談的常題（見《世説新語·文學》）。世外神仙似乎也受到世内名士的感染，爭論起“有待”、“無待”的問題。英王夫人説自己“躡靈風”有待而來，這是《莊子·逍遙遊》中“列子御風而行”的重複，同時也是問題的提出。紫微夫人認爲“有待”不如“無待”，從而展開爭論。桐柏真人提出“無待將如何”的疑問，把討論引向深處。清靈真人就回答説，如果做到了“無待”，就能夠“儵欻九萬間，八維已相望”，與莊子的精神自由就非常接近了。中候夫人在詩中進一步肯定“無待”高于“有待”的觀點。至此，“無待論”勝“有待論”，占了上風。接着的幾位仙人以莊子的齊物思想泯滅“有待”、“無待”之間的區別，認爲“有無非有定，待待各自歸”，使這一爭論得以圓滿結束，進入更高的境界。這哪裏是不食人間烟火的神仙，分明是一群居華屋揮塵尾的魏晉名士。

　　《真誥》中收錄的詩歌有百首左右，幾乎每首都不同程度地涉及到玄學思想，討論的範圍也相當廣泛，如“揚彩朱門中，内有遺俗心"（《愕錄華歌》）講的是内聖外王之道，"蕭條象數外，有無自冥同"（無題）講的是有無問題，"密言多儻福，冲淨尚真貴"（《英王夫人書與許長史》）講的是守虛貴真思想，"靈阜齊淵泉，大小互相從"（《方諸青童君歌》）講的是大小相依、萬物齊同思想。

　　除此之外，其它道士也創作玄言詩，如後來的顧歡，在他臨死之前，還特地寫了一首玄言詩：

　　　　五塗無恒宅，三清有常舍。精氣因天行，游魂隨物化。鵬鵾適大海，蜩鳩之桑柝。達生任去留，善死均日夜。委命安所乘，何方不可駕。翹心企前覺，融然從此謝。（《南史・隱逸傳上》）

全詩用莊子"生死一齊"的達生理論，再加上"五塗無恒宅，三清有常舍"等道教思想來爲自己的辭世作理論上的準備，或者説是一種精神安慰吧！這種老莊思想與道教思想在道士詩中聯姻的現象，也充分説明了道教與玄言詩的關係。

　　著名道士陶弘景也寫玄言詩，《真誥》卷二十説：

　　　　宅無乃生有，在有則還無；靈構不待匠，虛形自成功。

《真誥》收集的主要是一楊二許的作品，但陶弘景爲之作注，注中點明此詩爲陶所作。這首詩短短二十個字，就概括了當時關於以無爲本的玄學觀點：由無生有，有還歸無，如能悟此玄理，知道萬物皆無，做到忘身虛形，就是得道之人了。他的《告游篇》還寫道：

　　　　性靈昔既肇，緣業久相因。即化非冥滅，在理淡悲欣。冠劍空衣影，鑣轡乃仙身。去此昭軒侶，結彼瀛臺賓。儻能踵留轍，爲子道玄津。

　　（見《陶隱居集》）

"即化非冥滅，在理淡悲欣"是典型的玄言詩句，第一句是説死去（"化"）并非消亡（"冥滅"），闡述的是莊子的"方生方死，方死方生"思想（見《莊子・齊物論》）；第二句是説懂得"理"（"在理"），就不會有悲喜之情，這是莊子的聖人"有人之形，無人之情"思想（見《莊子・大宗師》）。"冠劍……"兩句講的是"曳尾涂中"的生活原則，只不過他把自由的隱士等同於神仙，把玄學與仙學合而爲一了。"爲子道玄津"更説明道士把自己的理論視爲玄學。

　　綜觀魏晉南北朝時期的玄言詩，其作者主要是道士和與道教有密切關係的人。但由于大多數道士是躲在深山裏自吟自賞，其作品流傳不廣，因而很少爲世人重視。直到今天，一般文學史專著在介紹玄言詩人時，多舉孫綽、許詢爲例，而未提到這批玄學修養相當高的道士詩人。忽略了道士在玄言詩創作中的重要作用，這確是件遺憾的事。

　　作者簡介　張松輝，1953 年生，文學碩士，現在四川大學宗教學研究所攻讀博士學位。

論元代道教戲劇的兩個藝術特徵

詹石窗

内容提要 元雜劇中有不少反映道教活動、表現神仙思想觀念的作品。本文以"道教戲劇"來概括此類作品，并聯繫道教思想史以分析此類戲劇作品的藝術特徵。作者着重從其動作性與悲喜劇手法上進行考察，認爲其動作性乃與道教超凡入聖理想追求相聯繫，而悲喜劇手法在元道教戲劇中的兼用則創造了悲劇美與喜劇美相統一的藝術形象。

中國文學史上，"唐詩、宋詞、元曲"的概念已爲學術界所熟知并被經常使用。這表明，在唐、宋、元三代中，文學品類各有其特出之點。如果説唐朝以詩最爲勃興，宋朝以詞最爲流行；那麼，有元一代則以"曲"最爲見稱。

眾所周知，"元曲"主要指的是元雜劇；但從廣義上看，它應當包括北曲雜劇、南曲戲文以及當時流行的小令、散套。

就雜劇而論，其内容也是相當廣泛的。長期以來，學者們對元雜劇的繁榮原因、歷史分期以及具體作家作品進行了多方面研究，取得了相當可觀的成果。關于此，寧宗一、陸林、田桂民曾編有《元雜劇研究概述》一書，作了系統的概括。從其《索引編》中，可以看出元雜劇的確得到學者們的密切關注，這是十分可喜的現象。不過，對元雜劇中的"神仙道化"及"隱居樂道"之類作品則較少有人問津。有鑒于此，筆者近來着重翻閲了這方面的文獻，深感此類作品亦不算少,且具獨特風格,值得深入考究。

《中國典籍與文化》1994 年第 1 期曾發表筆者拙作《元代道教戲劇的象徵性》,這算是筆者探討元雜劇的初步成果。筆者所使用的"道教戲劇"這個概念是在明人朱權《太和正音譜》元戲分科的基礎上提出來的。朱權將元戲分爲十二科,其第一科就叫"神仙道化",第二科叫做"隱居樂道"。從内容上看,這兩科基本上是以道教的思想宗旨立意的。考今存元雜劇(例如臧懋循編《元曲選》等),可以發現反映道教活動、表現道教思想情趣的作品尚有《陳摶高卧》、《張天師》、《城南柳》等十七八種。内容所涉包括傳道度人、點化精怪、斷案明戒、隱居修真等等。"道教戲劇"這個概念乃是對此類作品的一個概括。

對于元代道教戲劇的研究,涉及的具體課題頗多,本文擬就其藝術特徵略作考察。除了"象徵性"① 一項之外,筆者以爲還需從"動作性"以及悲喜劇手法兼用的複雜性上進行發掘。現分而論之。

一、與超凡入聖理想追求相聯繫的動作性

"動作性"是戲劇的基本要素之一。可以説,戲劇一經産生就離不開動作。考察一下戲劇的緣起與發展歷史可知,動作乃是戲劇賴以存在的一大根據。最原始的戲劇純屬動作的展示。例如阿留申島上的土人演出打獵。兩位土人分別扮演獵人與鳥。獵人看到那隻漂亮的鳥,臉上露出了高興的神情,捉鳥的手勢維妙維肖地展示在觀衆面前;而"鳥"設法逃跑的那些動作則象徵着害怕。由此可見,最初的戲劇乃是原始人對生活、生産經歷及場面的模擬。在中國,原始戲劇的動作性也是顯而易見的。按許慎《説文解字》的解釋,"劇"表示的是豕虎相鬥不捨的情形。至于"戲",從戈,虍聲,表示三軍之偏。所謂"偏"是古代車戰的一種組織形式,二十五乘謂之

---

① "象徵"問題,請參閲拙作《元代道教戲劇的象徵性》。

"偏";而"戈"在古代既是漁獵的勞動工具,又是一種武器。這就説明,中國原始的戲劇亦發端于生活、生産動作的模擬。在這一點上,中國戲劇與西洋戲劇不謀而合。

隨着社會的進化、人們語言能力的提高,戲劇的形式也發生演進。除了動作之外,説白、對話、詩歌等也被引入戲劇藝術之中,像古希臘的悲劇便具有了這種綜合的功能。再如中國漢代曾經流行的"百戲"也可略見一斑。張衡《西京賦》叙云:"華嶽峨峨,岡巒參差。神木靈草,朱實離離。總會仙倡;戲豹舞羆;白虎鼓瑟,蒼龍吹箎;女娥坐而長歌,聲清暢而蜲蛇;洪厓立而指麾,被毛羽之襳襹。度曲未終,雲起雪飛,初若飄飄,後遂霏霏。復陸重閣,轉石成雷,礔礰激而增響,磅礚象乎天威。"從這一段描繪當中不難看出,所謂"百戲",已經相當豐富多彩。其中不僅有眩耀的背景處理,奇麗的服裝,而且有吹有唱,更有以虎豹熊羆之類動物爲模擬原型的舞蹈。漢代以後,中國的戲劇藝術逐步地發展起來。從十二世紀開始,北方的雜劇與南方的戲曲在瓦舍勾欄中或戲臺上出現,這時的戲劇藝術便有了更爲複雜的功能。語言在戲劇情節的推進過程中起着越來越大的作用。

不過,如果我們不是僅僅停留于表層的感覺,而是從深層上進行整體的藝術把握,就會看到,儘管戲劇的藝術形式越來越複雜,功能越來越多樣,但"動作性"仍作爲一種基本的特徵貫穿于戲劇發展史的過程中。因爲不論是歌唱、舞蹈,還是説白、對話,都離不開動作。即使是戲劇中那些描述性的語言往往也潛藏着動作。語言中不同意象的排列、位移,構成了戲劇中的潛在性動作。這種潛在性動作一經演員思維信息庫的調節,便轉化爲實在性的動作。所以,動作乃是戲劇之所以成爲戲劇的顯著的不可或缺的關鍵性因素。關于這一點,東西方的許多戲劇學家已經有了不少論述。例如美國哈佛大學戲劇教授貝克在《戲劇技巧》一書中便强調:動作和感情是一切好戲的基礎。我國著名的戲劇理論家顧仲彝先生認爲:動作是激動觀眾感情最快的手段。對于大多數觀眾來説,動作是頭

等重要的。就是對于特別重視性格刻劃和對話的人們來說，他們所
重視的性格刻劃和對話，也必須由動作來爲他們準備道路①。貝克
和顧仲彝先生儘管各自的出發點不同，視角不同，但他們卻都看到
了動作在戲劇中的重要地位。

　　動作性，這一戲劇的基本特徵在以道教活動爲題材以神仙思
想爲宗旨的作品中也十分深刻而明顯地體現着。之所以如此，是因
爲動作性是一種共性。它存在于任何一個戲劇任何一部作品中。因
此，我們在探討元代道教戲劇時也就不能回避這一問題。然而，僅
僅看到元代道教戲劇的動作性，這仍然是不夠的。我們必須找出元
代道教戲劇有別于"他者"的動作性。這個區別所在集中反映在"超
凡入聖"的支點上。可以説，任何一部元代道教戲劇都是超凡入聖
的動作體系。

　　所謂超凡入聖，就是超越平常，進入聖域。作爲一種理想境界，
"超凡入聖"這一用語在我國儒、釋、道三教中都有使用。如《朱子語
類》八《學》二稱："而今緊要，且看聖人是如何，常人是如何，自家因
甚便不似聖人？因甚便只是常人？就此理會得透，自可超凡入聖。"
再如《景德傳燈錄》十八《神晏國師》："定袪邪行歸真見，必得超凡
入聖鄉。"在這兩個例子當中，前者代表了儒家的人品修行主張，後
者代表了佛教的思想追求。與佛、儒二教一樣，道教也主張超凡入
聖，對"聖"的境界備加注意。故而，在道教中流傳着許多與聖有關
的術語名稱，諸如聖胎、聖海等等。當然，由于宗旨不同，道教對超
凡入聖意義的理解也就與儒、佛有一定的區別。如果説，儒家的所
謂聖人是堯、舜、文王、武王、周公一類道德理想典型，佛教的所謂
聖人是達到涅槃境界的釋迦牟尼式的佛家典型，那麼道教的所謂
"聖"則是指"仙聖"，即具有全能智慧的理想人格。雖然，道教把
"凡"與"聖"作了界定；但是，道教并不認爲凡聖之間的鴻溝是絶對

---

　　① 詳見顧仲彝《編劇理論與技巧》第75—76頁，中國戲劇出版社 1981
年 6 月第 1 版。

不可逾越的；相反，道教力圖架構一座由凡而聖的橋梁。受到這種理想追求的規定，道教戲劇的動作體系也就具有明確的指向性，這就是朝着仙聖的太極勝境不斷地位移。另外，動作的指向性與動作的階段性又是不可分割的。因爲"指向"是以"時間"爲前提的。有了時間，就有了先後的區別，這就形成了動作的連續與中斷的對立統一。

道教戲劇的動作性怎樣體現出與超凡入聖理想追求相聯繫呢？爲了說明這個問題，我們有必要對動作的類型稍作劃分。關于此，顧仲彝先生曾經作了概括性闡述。他認爲，動作可以分爲五種類型。一是純粹外部動作；二是性格化動作；三是幫助劇情發展和說明劇情的動作；四是内心動作；五是靜止動作或停頓動作①。這種劃分表現了顧先生對戲劇實踐有着比較具體的把握。筆者以爲，就廣義的角度看，每一本戲劇都是一個相對獨立的動作體系。這個動作體系可以分爲兩個子系統：一是内心動作系統；二是外部動作系統。前者是潜在的或者説是隱式的動作，後者是實在的或者説訴諸視覺的動作。内心動作與外部動作是既相區別又相聯繫的。在戲劇中，作者常常通過説白、唱詞來揭示人物的心理運動；同時又往往通過人物在特定環境下的具體表現來使人物"活動"起來。這就是戲劇動作的"一點兩面架構"。當然，這種"兩面架構"并非是風馬牛不相及，而是互相推進的。任何一種内心的動作都必然導致外部動作；而任何一種外部動作又都是以内心動作爲前導的。由此便構成了相對完整的人物動作。可以説，任何一部成熟的戲劇的劇情推進人物都有内心動作和外部動作。不同人物的動作對立或諧調都是由戲劇宗旨決定的。爲了推進劇情，劇作家必須考慮動作的層次性及不同人物的動作衝突或交替，使之形成一個統一的動作網絡。但是，這一切都必須服從基本宗旨。主要人物的動作是戲劇宗

---

①　詳見《編劇理論與技巧》第 76 頁，中國戲劇出版社 1981 年 6 月第 1 版。

旨的指向性動作，它是我們進行戲劇動作分析的重心。而站在主要
人物周圍的那些人物動作往往具有襯托作用，從而形成了以主要
人物爲中心的動作圈。主要人物在成熟的戲劇作品中往往不止一
個。因此，戲劇的動作圈也就具有多環性。有大圈，有小圈。它們
或者協調運動，或者互相撞擊。儘管在劇情推進過程中，動作圈的
交叉、撞擊或協調運行呈現出紛繁複雜的局面，但是，它們的連鎖
反應最終將在觀衆面前描摹出一個"戲劇力學"的運動方向。這個
方向是各種動作體系力量交互作用的結果。在交互作用過程中，有
一種動作體系的力量占居主導地位，其它力量便被這種力量所化
解或合成。這個戲劇動作的"力學原理"在元代道教戲劇中便可以
找到有力的證據。從表面上看，元代的道教戲劇往往也描寫平凡人
物的活動，甚至出現許多場面的鋪排，以娛樂觀衆的感官；但是，如
果我們深入到其動作網絡系統，就會明白：元代道教戲劇各種人物
的行動，他們的相互作用最終都把其運動推向了神仙的聖境。神仙
人物的主要動作決定了這類戲劇的力學運動方向。他們在元代戲
劇中往往以教化世人的面目出現。作者通過他們的種種神變或超
人的本領來使世人驚悟。這樣，凡人也就被超度。當然，凡人與仙
聖的心思是不同的。凡人孜孜以求的是現世的快樂，眼前的利益；
而仙聖則有"很高"的思想境界。仙聖要把那些有"道緣"的人點化。
兩種動作交互作用，凡人動作的力量被解化，最終進入了神仙的
"聖鄉"。在這種情況下，以"全能智慧"面目出現的神仙之動作便具
有強烈的意志性。例如在《馬丹陽度脫劉行首》雜劇中的王重陽就
是如此。該劇一開始就是王重陽上場。他交待了自己的學道過程
之後唱道："五祖傳因，二師垂訓。向甘河鎮，悟德全真。想大道從
心運。"[1] 又唱道："神仙有分，披氈化我出凡塵，脫離了火院，大走
入玄門。七朵金蓮浮水面，一只銀海照乾坤。奉吾師法旨，我可便

---

[1]　楊景賢《馬丹陽度脫劉行首》(以下簡稱《劉行首》)，《元曲選》第四冊
第 1321 頁。

普天下都尋盡。尋俺那丘劉談（譚）馬，大古里六個真人。"①這位全
真祖師在雜劇作者筆下，是個脱離了凡塵火院的神仙，他有道教真
人的境界，一心想的是如何執行師尊法旨，去尋找他的六位理想高
徒。雖然這是一種内心表白，但字裏行間卻顯示着一種動感。你看，
他爲了尋找丘劉譚馬，走遍普天下，這就是一種動作，但他的這種
動作并非像一般人吃飯、走路那樣的平常動作，而是爲達到預定的
傳教目標的自覺行動，這就帶有意志性。在這裏，王重陽的内心動
作"積澱"着他以往的外部動作，同時又爲他而後的有意志行動拉
開了序幕。與王重陽相類似，馬丹陽（鈺）在"度脱"劉行首的過程中
也出現了一系列的意志性動作。作爲一位陰鬼投胎的女子，劉行首
有閉月羞花之貌。她本是唐明皇時管玉筆夫人，五世爲童女身，不
曾破色慾之戒，因厭惡世間生死，所以棲魂于西安府城外的北邙山
爲"鬼仙"。按照道教的設想，鬼仙是可以轉化爲有肉身的地仙的，
但這需要重新投胎。在經過真人王重陽指點之後，劉行首終于投胎
汴梁劉家爲女子。二十年後，劉行首亭亭玉立，"吹彈歌舞，吟詩對
句，拆白道字，頂真續麻，件件通曉"②；但是她卻忘記了二十年前
真人王重陽的指點。正是在這種情況下，馬丹陽奉師父王重陽法旨
來到汴梁執行度脱劉行首的任務。由于帶有明確的目的性，馬丹陽
采取的行動也就表現了特有的"神仙意志"。他不僅運用了各種富
有啓迪性的語言，力圖説服劉行首出家學道，而且連拉帶扯，定要
劉行首脱離凡塵。當官府樂探來請劉行首到府臺中唱歌時，衝突加
劇。樂探怕耽誤了府臺于重陽節安排的酒宴歌會，一心要打發馬丹
陽離開劉家；但馬丹陽卻照樣進行着他"開導"凡人的工作。于是，
樂探心急如焚，怒打馬丹陽。作爲一位神仙人物，馬丹陽對于挨打
之事自然不屑一顧，他繼續執行着"度脱"任務。經過了一系列的苦

---

①　《劉行首》，《元曲選》第四册第 1321 頁。按，唱詞中的"道白"略；又
"談"當作"譚"，指譚處端。

②　《劉行首》，《元曲選》第四册第 1323—1324 頁。

口婆心的説服工作,經過了種種的矛盾衝突和鬥爭,馬丹陽終于排除了各種阻力,使劉行首認識到了人世快樂的"虛幻",表示"不戀高堂大廈"①,"但願清閑穿布服"②,并且"改雲鬢爲丫髻,發寧心養性功,罷妙舞輕歌藝"③。此外,《劉行首》雜劇還通過"六賊"捉拿劉行首情人——林員外這種幻想氣氛極濃的情節來表示"聖力"戰勝"凡力"。從今日的立場看來,年輕女子拋弃了富足的生活環境,割斷情緣,"風月所掀騰翡翠幃,烟花陣攪散了鴛鴦會"④,這一切都是違反人情世理的,但在道教看來,卻是超凡入聖的必要步驟。在《劉行首》這部雜劇作品中,儘管作者也刻劃了許多凡世人的形象,描寫或設計了一系列凡人動作,他們的動作有時甚至也表現出一定的意志力,但是,凡人們的動作終究被馬丹陽這樣的神仙人物之動作所化解。可見,此類道教戲劇所要着重表現的乃是神仙的意志力,象徵着神仙意志的動作代表了此類戲劇的"力學運動"趨勢。其次,我們還必須看到,元代道教戲劇中的神仙人物也是有層次的。戲劇作家們在着重刻劃"全能智慧型"神仙人物的同時也注意描寫或表現"成長型"的神仙人物之風貌。所謂"成長型"是與"全能智慧型"相對而言的。其動作目標是全能智慧,但尚未達到這一目標,還處在成長階段。在道教觀念中,除了天仙之外,其他的神仙都經歷了一個脫胎換骨的修煉過程。在脫胎換骨之前,這類"未來"的神仙人物保存着許多凡俗人的嗜好與缺點。表現這類人物的脫胎換骨,這也是元代道教戲劇相當注意的。由于成長型的神仙人物的修煉過程包含着一個由凡到聖的很長的"中間地帶",他們的動作也就帶有曲折性。這或者表現爲他們對世俗生活的留戀,或者表現爲行動的猶豫。比如《黃粱夢》這部作品中的呂洞賓儘管在後來"成長"爲一個全能智慧型的神仙人物,但在入道之初卻也帶有種種凡人的習性,他嗜酒如命,貪財好色,經過了種種磨難,才悟出了非凡大

---

① 《劉行首》,《元曲選》第 4 册第 1331 頁。
② ③④ 《劉行首》,《元曲選》第 4 册第 1332 頁。

道。再比如《誤入桃源》中的劉晨與阮肇,他們的動作指向同樣具有明顯的曲折性。作爲雅好道家之學的隱士,劉晨阮肇誤入桃源,與桃源洞中的女仙結爲伉儷,男女雙修,獲得了人世所没有的快樂;但是,一年之後,劉阮二人又思凡了,于是告别了女仙,返回家鄉。誰知仙山中雖只一載,世上卻已過了百年,鄉村衆人都不認識他們二位,甚至把他們當作"撞席的饞嘴",百般刁難。經過這一番波折,劉阮二人方才悟出仙凡有異,于是重入山中,尋訪桃源。與那些被當作"全能智慧型"的神仙人物相比,劉阮這兩位"成長型"神仙的動作就没有那樣强烈、堅定的意志性,但卻也有明確的運動方向。這就是説,經過了種種體驗、對比,他們最終也朝着"仙聖"的境界進發。因此,"成長型"的神仙人物之動作最終還是與超凡入聖的理想追求相聯繫。當然,我們也要看到:元代道教戲劇的神仙人物動作也具有一定的趣味性。不論是"全能智慧型"的神仙人物還是"成長型"的神仙人物,他們要"超凡"就注定了與"凡世"結下了不解之緣。或許是爲了娱人耳目,元代道教戲劇的作家們往往讓神仙人物幹出一些瘋瘋癲癲、驚世駭俗的事情來。呂洞賓三醉岳陽樓,他用一錠墨就想换二百文錢的酒,喝了酒之後手舞足蹈,口中念念有詞,面東拂道袍袖兒,請道伴從空降下來一同飲酒。更加令人感到不可思議的是他將吃進嘴裏的東西又吐出來要讓郭馬兒等人吃,還以爲這是成仙的"路徑"。這類動作顯然具有一定的娱樂功能,同時對于推進情節的發展也有特殊的作用。不過,必須指出,作者也并非單純爲娱樂觀衆才安排趣味性動作的。"醉翁之意不在酒"。神仙人物的種種瘋癲驚世的動作往往又是神變的暗示。從總體上看,這類動作最終也是爲達到超凡入聖的目標服務的。因此,它們仍然服從于超凡入聖動作體系的總方向。

二、悲喜劇手法兼用的複雜性

元代道教戲劇的又一個藝術特徵是悲喜劇手法兼用,從而創造了悲劇美與喜劇美相統一的藝術形象。

　　作爲一個美學概念，"悲劇"向來爲藝術家們所重視。早在公元前四世紀，亞理斯多德就説過："悲劇是對于一個嚴肅、完整、有一定長度的行動的摹仿；它的媒介是語言，具有各種悦耳之音，分別在劇的各部分使用；摹仿方式是藉人物的動作來表達，而不是采用敘述法；藉引起憐憫與恐懼來使這種情感得到陶冶。"① 這是目前我們所能見到的古代思想家關于悲劇的最早定義。按照這一説法，則所謂悲劇乃是能夠引起人們的憐憫感與恐懼感的摹仿性藝術形式。自亞理斯多德之後，有關悲劇問題的研究更加熱烈地開展起來，并且越來越深入和具體。由于研究的角度不同，時代不同，立場不同，各個思想家對于悲劇的看法也是千差萬別的。本文在此不打算也不必要將中外的悲劇定義都羅列一番。不過，爲了進一步剖析元代道教戲劇關于悲喜劇手法兼用的特點，我們還是應該對悲劇的內涵有個基本認識和説明。不言而喻，悲劇要義關鍵就在一個"悲"字。俄國文學批評家別林斯基説："與悲劇的觀念結合着的是陰森可怕的事件和不幸結局的觀念。德國人把悲劇叫做悲慘的場面（Trauerspiel），而悲劇確實就是悲慘的場面！如果説血泊和尸體、利劍和毒藥不是它的無時或缺的特徵，然而它的結局則永遠是人心中最珍貴希望的破壞、畢生幸福的喪失。由此就産生了它的陰森莊嚴，它的巨大宏偉：悲劇中籠罩着劫運，劫運是悲劇的基礎和實質……衝突是甚麼呢？——是命運對獻給它的犧牲品的無條件的要求。只要主人公爲了道德法則的利益而戰勝自己心中的自然欲望，那麼，別了，幸福！別了，生活的歡樂和魅力！他就是活人中的死屍；他心愛之物就是靈魂深處的憂傷，他的食糧就是痛苦，他唯一的出路不是病態的克制自己，就是迅速的死亡！只要悲劇的主人公順從自己心中的自然欲望，那他就在自己眼睛裏也是一個罪人，他是自己良心的犧牲品，因爲他的心就是那塊土壤——道德法

————————————

① 亞理斯多德《詩學》第 19 頁，人民文學出版社 1988 年 7 月版。

則在它上面深深地扎下了根,不把心本身撕碎,不使它血流如注,就不能把這些根子拔掉。"① 由此看來,悲劇所展示的乃是人類生活中一種不可抗拒的劫運。悲劇性的衝突是一種生與死的衝突,在這種衝突背後潛藏着根深蒂固的人類整體生存意識。悲劇所表現的是人類頑强的抗爭精神。在幾萬年的歷史中,人類爲了生存,進行了種種的抗爭。一方面是人類與自然界中惡的因素的抗爭;另一方面是人類個體之間以及集團之間的抗爭。在這種抗爭中,人類美好的願望受到了毀滅性的打擊,這就是悲劇。關于這一點,學者們已經有了許多論述。值得注意的是,悲劇的抗爭精神還表現在主人公爲了某種理想或"類"的利益而同自己的本能欲望進行鬥爭。事實上,這是最爲痛苦的。別林斯基所說的"戰勝自己心中的自然欲望"就是這種内心的自我抗爭。這樣也就造成了具有深層意藴的籠罩着令人恐懼的悲傷場面。從這種認識出發,就必須承認宗教中那些苦難體驗的悲劇性。因爲這種體驗乃是與戰勝個體局限性的超越精神相聯繫的。這種在苦難體驗中的超越精神不僅在西方宗教中存在着,而且在東方的道教中也是存在的。因此,我們可以說,除了英雄悲劇、社會悲劇、家庭悲劇之外,還有宗教悲劇。這自然也就包括了道教悲劇。像馬致遠所撰《黃粱夢》基本上就可以定爲道教悲劇之類。這種悲劇與人們討論已多的其它悲劇形式既有共同點又有不同點。共同之處是道教悲劇同樣帶給人們苦難和恐懼的感受。不同之處在于道教悲劇的主人公往往是"成長型"的神仙人物。他們在成爲"神仙"之前往往具有强烈的欲望追求。出于某種啓示,他們開始意識到自然(本能)欲望過份滿足的危害性,于是轉而尋求一種超越的精神。這樣,内心上便交織着矛盾。人世本應有的幸福生活被毀壞了。儘管道教悲劇具有比較明顯的道德說教傾向并且有某種逃避現實責任的因素,但它們關于戰勝個體過份欲望以

---

① 伍蠡甫主編《西方文論選》下卷第 382 頁,上海譯文出版社 1979 年 11 月第 1 版。

及個體弱點的主張對于人類生存來說卻具有重要啓迪意義。因爲
人生的許多悲劇往往是由自身過份欲望追求造成的。從這個角度
看,則道教悲劇具有醒世價值。

　　與道教悲劇形成對比的是道教喜劇。作爲戲劇藝術中的一種
獨特樣式,道教喜劇與其它類型的喜劇自然有相通之處。

　　正如我們在闡釋道教悲劇概念時先要弄清悲劇的一般性質特
徵一樣,對道教喜劇概念的闡釋也需要以喜劇的一般性質特徵之
認識爲基礎。

　　如果說,悲劇給人們的總體感受就在于具有悲壯、恐懼的氣
氛,那麼喜劇的關鍵所在乃是一個"喜"字。人們常說喜劇是一種笑
的藝術,這一點也不假。一部成功的喜劇上演,必然引起陣陣歡喜
的笑聲。這或許就是人們把此種藝術形式稱之爲"喜劇"的直觀意
義。

　　但是,如果僅僅從笑的現象來認識喜劇,那還僅是停留于感性
的水平上。爲甚麼喜劇會引人發笑?在笑的背後蘊藏着的是一種
甚麼樣的藝術力量呢?這是我們深入研究喜劇所必須解決的問題,
也是建立道教喜劇概念必須解決的先行問題。

　　英國戲劇理論家阿·尼柯爾(Allardyce Nicoll)教授在對笑的
現象進行了綜合研究之後指出:"貶低、不一致、機械作用和解脫之
後,都是笑的源泉,而這些源泉決不是詳盡無疑了。不過,在這些源
泉當中,最巨大的源泉無疑是不一致。"[1]尼柯爾教授還舉例說,德
萊頓的劇作《安菲特里恩》爲甚麼讓人感到滑稽可笑就在于其中羅
馬主神的身份與這一主神的形象安菲特里恩之間的不一致,同時
還在于羅馬守護神的身份與這一守護神的形象——傭人之間的不
一致;而莫里哀的喜劇《冒失鬼》爲甚麼也引起人們陣陣大笑,是因
爲該劇中所涉及的觀念與客體之間的不一致。由此,尼柯爾教授進

————————————

　　[1]　阿·尼柯爾《西歐戲劇理論》第 252 頁,中國戲劇出版社 1985 年 12
月第 1 版。

一步引申。他説,正是兩個觀念之間的不一致才給我們顯示出風趣
與幽默這兩個特性。儘管尼柯爾這種觀點是建立在康德、赫兹利
特、叔本華、柏格森等人關于"笑"的理論基礎上,但卻也基本符合
中外喜劇的實際情況。用我們的語言來表述,所謂"不一致"就是差
別和矛盾。形象與本體之間的差別、矛盾,造成了觀衆情感的傾斜,
爲了調整這種傾斜,于是就産生笑的生理振動。小的差別引起的是
一種輕微的振動,從而笑的頻幅也就小些;大的差別就是一種矛
盾,它引起的是一種大幅度的振動,因而也就笑得更加開心、更加
持久。

　　喜劇的幽默感、風趣感可以有各種不同的表現手段。最一般的
常見方式是對"畸形"的强化。比如説,讓劇中人口鼻歪邪,或讓某
個花花公子的衣着配上一些不相稱的花紋之類。另外,也可以通過
某種對比,使"畸形"放大或得到加重。例如讓一個身材高大的女人
與身材矮小的丈夫走在一起,同時出現大母牛與小公牛并排而走
的畫面。還有,讓劇中人出現某種機械性動作等等。這一切都是通
過畸形的突出特徵來引人發笑。不過,這種方式顯然是比較低級和
粗俗的。真正成功的喜劇幽默與風趣等"笑"的源泉是在人物性格
上,描寫劇中人智力上的愚蠢或僞裝,這是劇作家們製造喜劇氣氛
的成功秘訣之一。當然,從本質上看,喜劇之所以幽默、滑稽、可笑,
其内在的規定性是由于這種藝術形式是同特定的矛盾相聯繫的。
黑格爾説:"喜劇只限于使本來不值甚麽的、虚僞的、自相矛盾的現
象歸于自毁滅,例如……把一條像是可靠而實在不可靠的原則,或
是一句貌似精確而實質空洞的格言顯現爲空洞無聊,那才是喜劇。"①
雖然黑格爾的喜劇定義比較狹窄,但他關于本質與現象的矛盾、形
式與内容的矛盾的論述卻頗爲深刻。從根本點上來説,喜劇乃交織
着美與醜的矛盾。與悲劇不同,喜劇不是將美的東西毁滅,而是揭
露醜的真實面目和實質。正如魯迅先生所説的,喜劇乃是"將那無

————————————
　　①　黑格爾《美學》第1卷第84頁,商務印書館(北京)1979年版。

價值的撕破給人看"①。無價值的東西之所以要揭露,就在于它們有迷人的僞裝。所以喜劇可以説又是一種撕去醜的僞裝的藝術。在深層的意識上,喜劇所表現的是一種人類樂觀的生存精神。如果説悲劇是人類生存憂患意識的結晶,那么喜劇則是人類樂生美好願望的寄托。這一點恰好與道教的理想追求合拍。因此,道教的許多神仙故事不僅被改編成悲劇,而且被改編成喜劇。與那種通過毀滅人生幸福而激發人們的憂患情感的悲劇藝術不同,道教喜劇則是通過美與醜、人世與仙世的對照而呈示給人一種"永生"的願望。不論是《蟠桃會》還是《八仙慶壽》,不論是《長生會》還是《群仙祝壽》,都寄托着一種樂生的願望,都具有濃厚的"幸運"的色彩。從這一角度看,道教喜劇的概念不僅是可以建立的,而且在客觀上已作爲一種獨特的形式存在着。

然而,邏輯的劃分往往具有相對性。道教喜劇與道教悲劇的劃分也是如此。況且,事物的存在往往還有一種中間狀態。所以,我們在對道教戲劇進行多層次考察時就不能將"悲"與"喜"絶對地對立起來。相反,我們不僅要看到道教戲劇中藝術情感的"悲喜交加",而且也要注意這一類戲劇在表現手法上的"悲喜交加"。從這種立場出發來考察元代以道教活動爲題材或以神仙思想爲宗旨的戲劇作品就會看到它們的另一些特徵和藝術創作方面的價值。

首先,我們不妨從情節的分析入手。一般地説,"情節"是屬于內容的範疇,但從辯證的觀點看來,內容與形式的區分也具有相對性。在一定條件下一定範圍內某物是作爲內容而存在,而在另一種條件另一種範圍,它又轉化爲形式。例如供人們填詞用的"詞牌",最初是以具體的內容之面目出現的,而後人們進行抽象,于是詞牌便以形式的面目出現,成爲人們撰寫新詞的憑藉。因此,作爲內容要素的"情節"從某種角度看也可以具有藝術形式的性質。明確了這一點,我們就能夠比較順利地理解元代道教戲劇中情節上的悲

---

① 《魯迅全集》第 1 卷第 193 頁,人民文學出版社 1981 年北京第 1 版。

喜交加之藝術特徵、審美情趣。

爲了更好地表現主題,塑造人物形象,并且産生娛樂效果和教化功能,元代道教戲劇作家們注意選擇能夠産生悲喜交加效果的材料,從而使劇情的發展能夠自然地由喜轉悲或由悲轉喜。在這方面,《鐵拐李》可以説是很好的例證。

《鐵拐李》,全稱《呂洞賓度鐵拐李嶽》,岳伯川撰。從總體上看,《鐵拐李》是一部喜劇作品,但作者在創作過程中并没有將自己的手脚捆綁起來,而是充分地發揮藝術的自由。在情節構想問題上,作者是頗費了一番苦心的,劇中的主人公李嶽身居"六案都孔目"要職。在作者的設想下,他本有"神仙之分",但卻迷了"正道"。所以呂洞賓奉師法旨來度化他。正如在其他元代道教戲劇作品中出現的"全能智慧型"神仙人物一樣,呂洞賓一出場就造成了一種喜劇的氣氛。他先是哭三聲,接着又是笑三聲。他罵李嶽的兒子是無爺的小業種,罵李嶽的妻子是寡婦,罵李嶽本人是没頭鬼,挑起了一系列事端。呂洞賓這種度人的"逆法"本身就具有了喜劇性。而李嶽這個人物同樣也具有喜劇性。二喜相匯成雙,所以戲劇中便出現了一連串的喜劇情節。爲了讓李嶽從官場當中醒悟過來,呂洞賓揭露了李嶽"扭曲作直"的行徑,這種言辭激怒了身爲六案都孔目的李嶽。于是,李嶽就吩咐下屬把呂洞賓吊起來,誰知呂洞賓卻施行了神仙解脱術,逃之夭夭,然後又化作一個老漢前來。李嶽看到老漢,以爲是老漢放了呂洞賓,于是又把老漢關起來。原來,這老漢是朝廷欽差"韓魏公",他身上帶着金牌,有"先斬後奏"的權力。這就造成了一場誤會。照説,韓魏公這個朝廷欽差前來"刷卷",檢查工作,李嶽本該身着官服,匍匐跪迎才是,但由于韓魏公穿的是鄉下佬的衣服,李嶽有眼不識泰山,衝撞了朝廷欽差。當李嶽得知自己衝撞的人正是欽差韓魏公時,不僅嚇得渾身發抖,而且頭昏染疾。戲劇通過巧妙的情節,設置機竅,把觀衆引入了可笑的情境之中。不難看出,作者在這裏應用的正是"不一致"事件或觀念相襯的喜劇手法。李嶽内心上希望迎接的是欽差大臣韓魏公,但出現在李嶽面前的卻是鄉間老漢，這是現象與劇中人觀念的"不一致"；李嶽所認定的盤問對象是自己管轄的村夫，但客觀上卻又是管轄他的上級，這又是一個主觀與客觀的"不一致"，正是這種"不一致"造成了喜劇的衝突和令人發笑的喜劇氣氛，從而也爲李嶽最後出家入道作了埋伏。

　　然而，李嶽衝撞韓魏公的情節不僅具有喜劇性，而且也包孕着悲劇的某種内涵。儘管李嶽得知自己衝撞了朝廷命官之後嚇出病來一事乃出于作者的虛構，但卻反映了封建時代官場的險惡。在等級森嚴的封建社會中，小官必須絕對地服從大官。在大官面前，小官吏從來是戰戰兢兢、如履薄冰的。這種等級的壓迫實在也是人類的一大可悲之處。因此，當我們笑過之後，心中卻不由得一震。看這種情節的心情，正如魯迅先生所描繪的那樣："一讀自然往往會笑，不過笑過後總還剩下些甚麼——就是問題。"是的，在欣賞《鐵拐李》的過程中，我們既對李嶽的行徑感到可笑，又對他被欽差大臣嚇出病來一事感到同情。由此可見，李嶽衝撞韓魏公的情節乃具有由喜轉悲的藝術功效。看了這部道教戲劇作品之後，不禁聯想起俄國作家契訶夫《小公務員之死》來。這部作品描寫一個謹小慎微的小公務員因看戲偶爾打噴嚏將唾沫星子濺到了將軍的秃頂上從而被嚇死的故事。對照一下，不難發現《鐵拐李》中關于李嶽衝撞韓魏公而致病的情節與契訶夫筆下"小公務員之死"的情節在性質上的相似之處。作者在令人發笑的情節中透出了生活中"悲哀的真實，真實的悲哀"，它所喚起的雖然是笑聲，但絕不是輕鬆愉快的笑，而是一種催人淚下的笑。這就是"悲喜交加"情節的藝術魅力所在。

　　其次，從結構安排方面來看。如何安排好作品結構，這是藝術家們能否取得成功的關鍵性問題之一。同理，如何安排好道教戲劇結構，這也是道教戲劇作家們能否取得戲劇創作之成功的關鍵性問題之一。所以，在具體創作過程中，元代道教戲劇作家們注意通過結構的合理安排、調整，從而使作品產生悲喜交加的氛圍。在這一點上，主要表現爲兩大層次：一是在悲劇中穿插某些喜劇性場面，通過插科打諢和丑角的畸形動作，緩和悲劇氣氛；一是在喜劇中安排某些悲劇性場面或者出現較爲傷感的場次，從而使觀衆在悲喜交融的戲劇境界中既得到藝術欣賞，又得到道德教化。前一層次可稱之爲悲中有喜；後一層次可稱之爲喜中有悲。

元代道教戲劇作家們怎樣在結構上做到"悲中有喜、喜中有悲"呢？爲了弄清這一問題，我們不妨讀一讀無名氏作家所撰《薩真人夜斷碧桃花》。從總體上看，這是一部道教戲劇毫無疑問。因爲作品主要是表現道教真人怎樣超度亡魂、轉換生死。作品中的中堅人物薩守堅真人幼年學醫，因用藥誤殺人，于是棄醫學道，雲游方外，參訪名山洞天，在西蜀峽口巧遇虛靖天師，得傳道術，精通五雷秘法，後來又到天師道大本營——龍虎山參籙奏名，正式獲得道籍，他立誓"剿除天下妖邪鬼怪，救度一切衆生"。當他在洛陽城外丹霞山中紫府道院"修行辦道"時，東京人氏潮陽縣丞張珪請他爲兒子張道南治病。經過一番考察，薩真人斷定張道南之病是由于陰鬼纏擾造成的。于是設立道場，焚起道香，擂響法鼓，傳訓陰鬼。這種構想顯然出于道教立場，其中有許多法術性場面描寫，充滿了道教的神秘氣氛。從這種表面現象看，《碧桃花》似乎只是在張揚道教法術、歌頌道教真人的超凡本領，但問題并非如此簡單。事實上，如果我們深入研究一下作品第一主人公碧桃花的命運，那就不能不感到這部雜劇不僅是道教戲劇作品，而且也具有悲劇性質。作爲廣東潮陽縣知縣的千金小姐，碧桃花在父母安排下與張珪之子張道南定了婚。她本該有美滿幸福生活，但由于封建禮教"男女授受不親"條規的禁錮，碧桃花的幸福被毀滅了。住在碧桃花家隔壁的張道南因走失籠中鸚鵡，越牆到了碧桃花家中花園尋找，彼此講了話，恰巧被碧桃花的父親撞見，這個封建禮教的維護者潮陽縣丞當然不會放過此事，他十分憤怒地訓斥碧桃花，致使碧桃花氣逆而身亡，但碧桃花陰魂不散，她的墓頂上竟然長出一棵依附魂魄的碧桃花樹。在她成爲陰鬼的時候，仍然爲自己的生存權力而抗爭，她相

信自己尚有二十年的"陽壽"，顯形與張道南幽會。這是多麼頑强的
生存意志！她被埋進孤塚三年屍體腐爛，仍不懈地追求自己應有的
幸福，這顯然籠罩着悲劇的陰影。

　　然而，就全劇而言，作者并沒有讓《碧桃花》時時處于悲傷的氣
氛之中。爲了不致于讓觀衆那種悲傷情感之絃綳得過緊，作者注意
使用喜劇的手段來冲淡悲劇的空氣。比如第二折中張道南犯相思
病請太醫診治的戲就頗有喜劇色彩。太醫一上場便自我吹噓，説自
己行醫手段高，《難經》、《脈訣》都曾學過，無不通曉，包管手到病
除，他還説自己的聲名傳于四海，沒有人比得上他的醫術高明。他
假惺惺地按脈，卻把張道南的相思病當作風寒病來治，開了"建中
湯加減"的藥方。這種治法連張道南都覺得荒唐。所以，張道南脫
口而出，罵太醫胡説，道出自己的病在"風月"二字。這就把太醫不
學無術的假面目徹底揭穿，給觀衆一種痛快淋漓之感。另外，還值
得論及的是，第四折"藉屍還魂"的事也具有喜劇效果。當薩真人作
法，與神明溝通，瞭解到碧桃花枉死的案情之後，他念天地"大生"
之德，決定再給碧桃花續上二十年陽壽，但她的屍體已經腐爛，只
好讓其魂魄寄居于陽壽已盡的妹妹玉蘭的軀體中。這種移花接木
手法自然造成了本體與現象的背離，因而引起觀衆審美心理動向
的傾斜性，笑便由此而產生。到了戲的最後，作者又讓藉屍還魂的
碧桃花與張道南續成姻眷，重享天倫之樂，這個結局也帶有喜劇色彩。

　　至此爲止，人們也許要問：既然《碧桃花》以"大團圓"終就，這
不就是一出喜劇嗎？筆者以爲判斷一部戲劇作品是喜劇還是悲劇
不能機械地以結尾是否出現大團圓這一點做根據。不錯，歷史上許
許多多優秀悲劇作品都是以主人公毀滅或理想被絞殺而告終，尤
其是西方悲劇作品更是如此。不過，也應該看到，由于民族傳統習
慣、欣賞習慣不同，悲劇結局也不是千篇一律的。在我國古代，悲劇
常常不以主人公被毀滅爲終結。如果主人公的理想或願望尚未實
現，他們在死後往往還在繼續"追求"。爲了適合中國人的心理定
勢，劇作家們常常進行大膽想象，在悲劇結尾加上幻想成份，讓主

人公以魂魄的形式繼續活動着，甚至獲得美好結果，像湯顯祖的
《牡丹亭》以及人們十分熟悉的《梁山伯與祝英臺》、《雷峰塔》、《趙
氏孤兒》等都是如此。從我國戲劇發展史來看，《碧桃花》在總體上
的悲劇性也就勿庸置疑。因此，劇中有關喜劇場面乃是作者爲了觀
衆欣賞需要而安排的。就道教視角來看，也不會否定其總體上的悲
劇性。道教雖然追求長生不老，但并非與世隔絕。道教的修行有
"在世間法"與"出世間法"。一方面，道教看到了人在世間生活的痛
苦；另一方面又力圖尋找到幸福。反映到文學藝術領域中來，就造
成了審美情感上的悲喜交加。不過，在具體作品中，情況又有所分
別，有的以表現人世的悲爲主，有的以表現仙界的喜爲主。《碧桃
花》這部作品着眼點在人世。雖然作品中貫穿着"生死命定"的道教
氣運觀，但在結構手法上卻爲人們留下了"悲中有喜"的範例。

　　與"悲中有喜"的手法形成對照，"喜中有悲"則是以喜劇的因
素占優勢，同時夾雜一定份量的悲劇因素，從而加强喜劇的嚴肅
性，達到以悲襯喜的審美效果。關于這方面，我們仍然以《鐵拐李》
爲例加以説明。如前所述，《鐵拐李》從主體上看是一部喜劇作品。
它的基調是喜劇性的，場次安排也大部分是喜劇性的。尤其是三、
四折寫鐵拐李藉屍還魂更使人感到充滿幽默、風趣氣氛。它的一個
重要特點是利用情境變遷來製造逗人歡笑的氣氛。阿•尼柯爾教
授指出："既然情境是構成任何喜劇的基礎，它就有可能爲劇作家
提供最充分的機會寫進滑稽可笑的東西。喜劇中的人物和性格幾
乎都不是孤立存在的，而是在另外一些人物當中，在可笑的情景中
加以體現的。"①尼柯爾認爲，能逗人發笑的情境是多種多樣的。其
中，最常見的情境是環境不一致。他舉例説，像康格里夫創作的《如
此世道》之所以令人發笑，其重要手法就是利用環境的不一致而表
現人物性格與事件的衝突。這種情況在《鐵拐李》的第三、四折中同
樣有典型的表現。當六案都孔目李嶽因衝撞欽差嚇病致死之後，閻

---

① 阿•尼柯爾《西歐戲劇理論》第 262 頁，版本同前。

王派牛頭馬面鬼判官準備將李嶽之魂鈎入十八重地獄之中。危急時刻，神仙呂洞賓親自到閻王面前説情，免去油煎之刑，擬讓李嶽還魂，但因李嶽魂魄離形時間過長，他的妻子已將其屍體焚燒，李嶽魂魄無處寄存。閻王只好將鄭州奉寧縣東關里青眼老李屠的兒子小李屠的屍體（已死三日但熱氣未斷）作爲李嶽魂魄寄居之所。這又是一個藉屍還魂的離奇故事。由于小李屠與李嶽兩者的籍貫、家世不同，藉屍還魂之後，一系列的衝突便隨之而生。李嶽還魂之後説的話自然是出于以往的性格，他不認老李屠爲父，也不認小李屠之妻。這種神與形的機械湊合，造成了如柏格森所説的"相互干涉的作用"的出現。小李屠之妻與李嶽之妻都把還魂者當作自己的丈夫，而其他的許多人物也因李嶽的形神不一出現了糾紛。因爲李嶽之還魂係神仙呂洞賓所救，所以呂洞賓要李嶽出家，李嶽自然百依百順。最後，八仙（這時的八仙尚不定型）上場，帶着李嶽奔赴蓬萊仙島去了。這種思路顯然是由其喜劇基調所決定的。不過，縱觀全劇，我們可以發現，《鐵拐李》這部作品不僅在情節上喜中有悲，而且在全劇結構安排上也體現喜中有悲。前者是就"點"而言，後者是就"面"而言。全劇四折，中夾一個楔子。如果説第一折與第三、四折給人們帶來的是喜劇性的感受，那麼第二折與楔子則具有悲傷的色彩。第二折主要是寫李嶽因嚇致病交待後事。這時候的李嶽覷天遠，入地近，眼前所見，全無活人，他意識到了自己將要死，并且幻想着死了以後的情形，進行着"死"的内心體驗，他首先想到的是自己死後妻與子生活無着落的事，因此把自己的兒子叫來跪在結拜兄弟孫福面前，要求孫福能將不吃的剩菜剩飯弄一點給兒子福童吃。同時，李嶽又告訴自己的兒子福童長大後不要去當吏做官，應以務農爲本，省得遭殃受罪。這種模擬性的死前後事交待表現了當時社會的黑暗、官場的險惡、人生的痛苦壓抑。通過這種悲傷場次的穿插，藉屍還魂之後鐵拐李的成仙喜劇色彩獲得了鮮明對比。像這種手法在元代道教戲劇中屢見不鮮。

　　悲劇與喜劇手法兼用問題，這是戲劇作家和戲劇理論家頗爲注意的。蘇珊·朗格説:"悲劇、喜劇兩種形式可以用各種方式完善地結合在一起,一種形式中的諸種因素可以融匯在另一形式中。一般地説,戲劇的基質,不是悲劇的,就是喜劇的,但在它的結構内部,這兩種形式往往互相影響。"① 蘇珊·朗格這一説法是歷史上戲劇創作經驗的一種理論概括。不論是西方還是東方都可以看到此等情形。衆所周知,雖然從亞理斯多德以來,人們認爲悲劇與喜劇是一切戲劇中最主要的形式,并且以這兩種形式作爲考察其它戲劇形式的試金石;但是,早在希臘時代便存在着"薩堤洛斯劇"(Satyic Drama),它在悲劇三部曲之後附上第四部曲,其用語有嬉笑怒罵、冷嘲熱諷的特點。可見,在西方古典戲劇中便存在着悲劇成份與喜劇成份以某種方式交混的類型。隨着時間的推移,人們更加注意探討怎樣使悲劇手法與喜劇手法結合起來的途徑。不過,在不同國度不同民族中,這種結合也有一定區別。對于不同題材的結構處理當然更會形成不同方式。當我們對元代道教戲劇進行藝術考察并把它們同西方戲劇進行一定比較之後,不能不感到它們在兼用悲劇與喜劇手法上也表現了自己的個性。其最突出之點就在于作者常常把人世、仙界、鬼府的時空巧妙地"銜接"起來,根據民族習慣和思維特點讓三種時空自然流轉或交叉重現,這就使痛苦與快樂、明與暗、美與醜獲得了鮮明對照。不難看出,作者是用一種讓世俗人能夠理解的方式來宣傳道教理想追求及思想宗旨。作品中關于美與醜、悲與喜的價值判斷是以道教思想爲基準的。出于一種教化的需要,元代道教戲劇也廣泛地涉及人世生活,這就更能貼緊觀衆感情,引起他們的悲喜交加的情感反響。

作者簡介　詹石窗,1954 年生,福建同安人,哲學碩士。現爲福建師範大學中文系副教授,著有《道教文學史》等。

---

① 《情感與形式》第 387 頁,中國社會科學出版社 1989 年 8 月第 1 版。

《金瓶梅》與明代道教活動

王　堯

内容提要　本文對于古典文學名著《金瓶梅》一書中的道教活動作了詳盡的介紹和分析。包括了金蘭拜盟、寄名佑子、命相占卜、療病驅鬼和水火煉度等五大類齋醮場面。從而證明《金瓶梅》的作者對當時的道教正一派以符籙法事服務于民間的情況十分熟悉，而且在某種程度上具有虔敬的信心；也證明明世宗嘉靖皇帝崇信提倡道教的社會影響。沈德符《萬曆野獲篇》中所云"（金瓶梅）一書出于嘉靖大名士之手"，值得重視。本文作者從宗教、特別是道教的角度來認識《金瓶梅》一書的社會、歷史價值，在學術界尚屬首次。

（Ⅰ）

一九八五年，吳曉鈴教授在中國文化書院中國文化研討班上做了一次極爲生動的學術報告，轟動北京城，傳頌海內外。他的講題是：《金瓶梅的藝術特點》。①

吳氏演講中提出了三個與衆不同的、極爲重要的論點。就作

---

① 《中國文化書院講演錄》第一集，標題爲《論中國文化傳統》，1988年，北京三聯書店。該書收錄了二十四位學者就中國哲學、歷史、宗教、經學、文學、語言、藝術、地理等領域所發表的演講，對于中國傳統文化諸方面問題作了深入的探討。

者、故事背景和成書年代，即人、地、時三個方面都有嶄新的論述。

作者問題：吳氏認爲，金瓶梅這部書極可能是生活在明代嘉靖
——隆慶之間的、山東章丘學者李開先（1502—1568）的作品。以李
開先的文集《閑居集》文字、詩詞來和《金瓶梅》映證，舉出八條内
證，當然還有若干旁證，諸如人物生活、語言等等。

故事背景：吳氏認爲實實在在并不是山東清河縣，不過是借
“武松打虎、殺嫂祭兄”的民間故事在清河縣展開而已。其實，故事
是以北京城爲背景的。小小清河縣城，方圓二三平方里，不可能有
《金瓶梅》中描寫的那麽大。什麼兵馬司、珠市街、南城兵部窪、白
塔、王府井、勾欄胡同、演樂胡同、本司胡同等等，非北京莫屬。吳氏
説，書中寫清河的地名，能在北京查出的（明代的北京）就有四十九
處之多。而李開先曾作京官十四年之久（從嘉靖八年中進士、任户
部雲南司主事，繼而升任太常寺少卿提督四夷館）[1] ——順便説
一下，《中國文化書院講演錄》中把四夷館錄成司儀館，明代沒有司
儀館這麽個衙門。四夷館是中央政府中專司接待各邊境民族朝貢、
通譯的機關。《明史》七四《職官三》太常寺附提督四夷館：“少卿一
人正四品，掌譯書之事，自永樂五年外國朝貢，特設蒙古、女直、西
番、西天、回回、百夷、高昌、緬甸八館、置譯字生通事，通譯語言文
字。”李開先在擔任太常寺少卿時，首都大内火災，九廟被焚燬，追
究責任，削職致仕，一擼到底。此事見于官書《明史》一八《世宗紀》：
“嘉靖廿年，四月辛酉，九廟災，毀成祖、仁宗主。”同一年七月庚辰
夏言罷了官，冬十月丁卯，召夏言復入閣。大概就在這時，把九廟災
燬的罪責轉到了李開先的頭上。由于這個原因，吳氏認爲書中的蔡

----

① 關于四夷館的資料有明王宗載撰《四夷館考》上下二卷、呂維祺撰
《四夷館則例》二十卷，均見于《明史》藝文志史部職官類（前人誤作汪俊撰）。
向達（1900—1966）先生有《記巴黎藏本王宗載四夷館考》一文，作爲《瀛涯瑣
志》之二，匯集在《唐代長安與西域文明》一書中（一九五七年，三聯書店·北
京），考之綦詳。

京是影射夏言，無論如何，李開先對北京城是熟悉的、瞭解的，甚至
是懷念的。

　　成書年代：吳氏基于對作者、故事背景的系列觀點，邏輯地推
斷，應該成書于李開先在世（李氏逝于隆慶二年）。而且書中涉及宋
代歷史人物四十一個、明代歷史人物二十四個都是在嘉靖或嘉靖
以前，所以吳氏主張《金瓶梅》成書于明代嘉靖年間，不同意吳晗、
鄭振鐸提倡的成書于萬曆的舊說①。

　　吳曉鈴教授還下大力氣爲《金瓶梅》一書辨誣，說它不能看作
淫書，是"屬于冤假錯案之類"，"想把爲這部小說和它的作者落實
政策的問題提出來。"認爲"寫作目的只是爲了挑動起讀者的情慾，
其他目的完全不存在或占據不重要地位，這才叫淫書。用這個尺度
來衡量《金瓶梅》，那它就不是淫書。"（《金瓶梅》）"所謂猥褻的文
字，是作者用來表現作品中人的性格，特別是性格弱點和挖掘人的
内心罪惡根源。"

　　關于《金瓶梅》究竟應該如何評價，早有輿論。它作爲第一部描
寫世態人情的長篇巨著，被魯迅（1881—1936）慧眼識別，給予相當
高的評說：

　　　《金瓶梅》）作者之于世情，蓋誠極洞達，凡所形容，或條暢，或曲
　　折，或刻露而盡相，或出伏而含譏，或一時并寫兩面，使之形相變幻之
　　情，隨在顯現，同時說部無以上之。

　　　至謂此書之作，專以寫市井中間淫夫蕩婦，則與本文殊不符。緣西
　　門慶故稱世家，爲縉紳，不惟交通權貴，即士類亦與周旋，著此一家即罵
　　盡諸色。蓋非獨描摹下流言行，加以筆伐而已②。

　　鄭振鐸（1898—1958）評說得更爲精采，他說：

　　　《金瓶梅》）是一朵太可怪的奇葩。叙述社會家庭的日常生活，描狀
　　市井無賴的口吻、行動都極逼真的，大有近代的寫實小說的作風，那是

---

　①　鄭振鐸《中國文學的發展》。
　②　魯迅：《中國小說史略》，引自《魯迅全集》第九卷，第一八〇頁。

一部不朽的描狀封建社會的黑暗面的入骨三分的傑作。像一位醫生用
解剖刀來解剖病人似的。這部小說的作者把封建社會的病狀解剖得清
清楚楚，只是不曾把瘡口縫好，不曾開出治病的醫方來而已①。

吳晗（1909——1969）是切切實實認識《金瓶梅》的社會歷史價值
的史學家。作爲明史專家他更注意到書中所描寫、刻劃的時代背
景，他説：

> 金瓶梅是一部現實主義作品，所集中描寫的是作者所處時代的市
> 井社會的侈靡淫蕩的生活。……它抓住社會的一角，以批判的筆法，暴
> 露當時新興的結合官僚勢力的商人階級的醜惡生活。透過西門慶的個
> 人生活，由一個破落户而土豪、鄉紳而官僚的逐步發展，通過西門慶的
> 社會關係，告訴了我們當時封建統治階級的醜惡面貌，和這個階級的必
> 然没落。……在生活方面，因此就表現出兩個絶對懸殊的階級，一個是
> 荒淫無恥的、崇務享樂的上層階級，上自皇帝、下至市儈，莫不窮奢極
> 慾，荒淫無度。……社會上的有閑階級更承風導流，夜以繼日，妓女、小
> 唱、優伶，賭博、酗酒，成爲日常生活，笙歌軟舞窮極奢華。在這集團下面
> 的農民，卻在另一尖端，過着飢餓困窮的生活。他們受着十幾重的剝削，
> 不能不在水平綫下生活着，流離轉徙，一遭意外，便只能賣兒鬻女。在他
> 們面前只有兩條道路：一條是轉死溝壑、一條是揭竿起義。

吳晗的結論：

> 這樣的一個時代，這樣的一個社會，才會產生《金瓶梅》這樣的一部
> 作品②。

吳晗在文中着力駁斥王世貞是《金瓶梅》的作者的説法。對于"復仇
説"、"諷刺説"即"王弇州（世貞）爲報復父王抒之仇，創作《金瓶梅》
進獻唐荆川（順之）或嚴世蕃，以毒水濡墨，墨濃紙黏，唐（或嚴）以

---

① 鄭振鐸：《清初到中葉的長篇小説的發展》，引文見《鄭振鐸古典文學
論文集》第 453 頁；又及《中國文學的發展》，引文見《鄭振鐸古典文學論文集》
第 9 頁。

② 引文均見吳晗《金瓶梅的著作時代及其社會背景》一文（原刊《文學
季刊》創刊號，一九三三年。後收入《讀史劄記》，三聯書店，一九五七年，北
京）。

口津潤書揭讀，毒發而斃"的傳說，力闢其虛妄。并且，就《清明上河圖》與王抒被殺的歷史，博引廣證，直如雄獅搏兔，細如庖丁剝牛，無可置疑。但是，沈德符（1578—1642）的《萬曆野獲編》卷二五中所云：

> 聞此爲嘉靖間大名士手筆，指斥時事，如蔡京父子則指分宜，林靈素則指陶仲文，朱勔則指陸炳，其他各有所屬云①。

這些極爲重要的訊息，吳晗卻未予足夠的注意，十分可惜。例如：吳晗先生認定"太僕寺馬價銀"一事作爲萬曆十年的事，因而《金瓶梅》不可能産生于萬曆十年之前。也就忽視了沈德符的"嘉靖大名士手筆"的提醒，專注于萬曆說中求證。其實在《明實錄》嘉靖四年九月就有以下記載：

> 詔發太僕寺馬價銀壹萬二千二百六十兩并陝西苑馬寺馬價銀二萬七千七百三十九兩給三邊買馬備用從楊一清奏也。

怎麼能說不可能産生于萬曆十年以前呢？而沈德符畢竟生活在萬曆年間，去嘉靖不遠，對前代故事軼聞有所瞭解，應該是可信的，不能輕易否定。如果我們能從幾個側面來探索"嘉靖說"的合理性，也許更能幫助人們理解《金瓶梅》一書的深層次的歷史背景。

筆者不敏，願意繼上述諸賢哲之後，就《金瓶梅》一書中所記載和反映的道教活動來做一番探討，以博一粲。

（Ⅱ）

《金瓶梅》中記載明代宗教，特別是民間宗教活動不少。佛教、喇嘛、道教，和尚、尼姑、梵僧和道士所在皆有。筆者曾草《〈金瓶梅〉與明代喇嘛教》一文（《傳統文化與現代化》雜志一九九四年第三期）討論喇嘛教即藏傳佛教在明代傳布于内地的情況。《金瓶

---

① 沈德符，明嘉興人，字景清，又字景伯、虎臣，萬曆舉人，博洽好古，熟悉掌故。所著《萬曆野獲編》三十卷、補遺四卷，成書于萬曆三十四年（1606）。

梅》第六十五回記載的喇嘛法事活動確有社會和歷史根據,回溯明武宗正德皇帝的崇佛、佞喇嘛、建豹房、修壇城、潛行密法、穢聲遠播的歷史和野史軼聞對《金瓶梅》的影響,都毋庸置疑。其實,《金瓶梅》中對道教在民間的活動記載更爲翔實、周密,而且秩序井然,充滿了作者對道教的崇敬與信仰的心理和虔誠的態度。據筆者統計,《金瓶梅》中記述的民間道教活動有五種:

一、在玉皇廟中義兄弟結拜申盟,由道士主其事。

二、生子酬神,在玉皇廟中寄名,尋求神靈護佑,由道士主其事。

三、請道士爲家人逐一相面,判定終身,趨吉避凶。

四、請道士建壇驅鬼,作法鎮魔,祈求病人痊愈,祓除鬼怪。

五、爲死者超度,二七、五七、百日三建道場由京城黄真人和玉皇廟道官主其事。

此外,書中第七十一回内還以一定篇幅描寫宋徽宗、道君皇帝崇信道教的種種表象和黄真人作爲朝廷欽命使者去泰山進金鈴吊掛御香、建七日夜羅天大醮在地方上煊赫聲勢。所有這些不能不聯想到明世宗嘉靖皇帝(朱厚熜 1522—1566 在位)四十五年之間,始終崇奉道教的歷史。不能不想到邵元節陶仲文等幾位道教高士在朝廷錫封爵祿、位極人臣的盛事。

那世宗原爲興獻王嗣子,因武宗無子乃以憲宗嫡孫入嗣大統,繼位後,圖尊生父興獻王爲皇帝(睿宗),立獻廟,引發議禮之爭,與朝廷内一貫奉持儒家正統的大臣產生矛盾,在輿論上十分孤立,内心極爲苦悶,轉而尋求道教的支持(佛教勢力由于武宗佞佛醜聞聲名狼籍,當然不能考慮),直到臨終,未改初衷,恐怕是一條内因。請看《明史紀事本末》中記述的幾條:嘉靖二年,大學士楊廷和、九卿喬宇等疏,請斥遠僧道,停罷齋醮,俱不聽。五年,以道士邵元節爲真人,吳尚禮爲左至靈。十年,建祈嗣醮欽安殿,以禮部尚書夏言充醮壇監禮使,侍郎湛若水、顧鼎臣充迎嗣導引官,文武大臣遞日進香,上親行初、終兩日禮。十五年,加致一真人邵元節道號,賜玉帶冠服,領金籙醮事,敕建真人府都城西。歲給祿一百石,遣緹騎四十人充掃除役,贈田三十頃,蠲其租徭。大修金籙醮于立極殿七日夜,以謝儲祥。十八年,以方士陶典真爲神霄保國宣教高士。十九年,進陶仲文(典真)爲忠義秉一真人,領道教事,尋加少保、禮部尚書,又加少傅,食一品俸。二十三年,加秉一真人禮部尚書陶仲文爲少師。前此,大臣無兼總三孤如仲文者。二十五年,加封陶仲文伯爵,特進光祿大夫柱國兼支大學士俸,任一子尚寶司丞。三十五年,上睿皇帝道號:三天金闕無上玉堂都仙法主玄元道德哲慧聖尊開真仁化大帝。上自號:靈霄上清統雷元陽妙一飛玄真君。後又加號:九天弘教普濟生靈掌陰陽功過大道思仁紫極仙翁一陽真人元虛玄應開化伏魔忠孝帝君。再號:大上大羅天仙紫極長生聖智昭靈統三元證應玉虛總掌五雷大真人玄都境萬壽帝君。僅就以上摘錄可見一斑,于是,朝廷中就出現嚴嵩之流的以青詞邀寵的奸相。而御史楊爵可代表儒臣的不滿,爵言:"……以一方士故,朘民膏血,異言異服,列于庭苑,金紫赤紱,賞及方術,名器之濫,至此極矣……"這當然觸怒皇上,下獄論死。嘉靖四十四年,戶部主事海瑞上言:……一意修去,二十餘年,二視朝政,法紀弛矣,名器濫矣,今愚民之言曰:嘉者家也,靖者盡也,民窮財盡,靡有子遺也。臣謂陛下之誤多矣,大端在玄修。……帝大怒,命速繫瑞,下鎮撫。幸虧,不久,嘉靖帝騎鶴西游,龍歸滄海,海瑞得以不死,隆慶元年平反出獄。這就是《金瓶梅》一書的歷史背景。

下面,請允許引《金瓶梅》書中有關道教活動的描寫,先請看:

第一回　西門慶熱結十弟兄　武二郎冷遇親哥嫂

到了次日初二日,西門慶稱出四兩銀子,叫家人來興兒買了一口豬、一口羊、五六罈金華酒和香燭紙札、鷄鴨案酒之物,又封了五錢銀子,旋叫了大家人來保和玳安兒、來興三個:"送到玉皇廟去,對你吳師父說:'俺爹明日結拜兄弟,要勞師父做紙疏辭,晚夕就在師父這裏散福。煩師父與俺爹預備預備,俺爹明日早便來。'"

須臾,過了初二,次日初三早,爲頭的便是應伯爵,謝希大、孫天化、祝實念、吳典恩、雲理守、常峙節、白賚光，連西門慶、花子虛共成十個。進門來一齊籮圈作了一個揖。伯爵道："咱時候好去了。"吃畢早飯，西門慶換了一身衣服，打選衣帽光鮮，一齊逕往玉皇廟來。

不到數里之遙，早望見那座廟門，造得甚是雄峻。但見：

殿宇嵯峨，宮牆高聳。正面前起着一座牆門八字，一帶都粉赭色紅泥；進裏邊列着三條甬道川紋，四方都砌水痕白石。正殿上金碧輝煌，兩廊下檐阿峻峭。三清聖祖莊嚴竇相列中央，太上老君背倚青牛居後殿。

進入第二重殿後，轉過一重側門，卻是吳道官的道院。進的門來，兩下都是些瑤草琪花，蒼松翠竹。西門慶抬頭一看，只見兩邊門楹上貼着一副對聯道：

洞府無窮歲月，壺天別有乾坤。

上面三間敞廳，卻是吳道官朝夕做作功課的所在。當日鋪設甚是齊整，上面掛的是昊天金闕玉皇上帝，兩邊列着的紫府星官，側首掛着便是馬、趙、溫、關四大元帥。當下吳道官卻又在經堂外躬身迎接。西門慶一起人進入裏邊，獻茶已罷，衆人都起身，四圍觀看。

只見吳道官打點牲禮停當，來說道："官人們燒紙罷。"一面取出疏紙來，說："疏已寫了，只是那位居長？那位居次？排列了，好等小道書寫尊諱。"衆人一齊道："這自然是西門大官人居長。"西門慶道："這還是叙齒，應二哥大如我，是應二哥居長。"伯爵伸着舌頭道："爺，可不折殺小人罷了！如今年時，只好叙些財勢，那裏好叙齒！若叙齒，還有大如我的哩。且是我做大哥，有兩件不妥：第一不如大官人有威有德，衆兄弟都服你；第二我原叫做應二哥，如今居長，卻又要叫應大哥了，倘或有兩個人來，一個叫'應二哥'，一個叫'應大哥'，我還是應'應二哥'，應'應大哥'呢？"西門慶笑道："你這搗斷腸子的，單有這些閑說的！"謝希大道："哥，休推了。"西門慶再三謙讓，被花子虛、應伯爵等一干人逼勒不過，只得做了大哥。第二便是應伯爵，第三謝希大，第四讓花子虛有錢做了四哥。其餘挨次排列。吳道官寫完疏紙，于是點起香燭，衆人依次排列。

吳道官伸開疏紙朗聲讀道：

維大宋國山東東平府清河縣信士西門慶、應伯爵、謝希大、花子虛、孫天化、祝實念、雲理守、吳典恩、常峙節、白賚光等，是日沐手焚香情旨。伏爲桃園義重，衆心仰慕而敢效其風；管鮑情深，各姓追維而欲同其志。況四海皆可弟兄，豈異姓不如骨肉？是以涓今政和年月日，營備豬羊牲醴,鶯馭金資,崇叩齋壇,虔誠請禱,拜投昊天金闕玉皇上帝,五方直日功曹,本縣城隍社令,過往一切神祇,仗此真香,普同鑒察。伏念慶等生雖異日,死冀同時,期盟言之永固;安樂與共,顛沛相扶,思締結以常新。必富貴常念貧窮,乃始終有所依倚。情共日往以月來,誼若天高而地厚。伏願自盟以後,相好無尤,更祈人人增有永之年,户户慶無疆之福。凡在時中,全叨覆庇,謹疏。

政和　　　年　　　月　　　日文疏

　　吳道官讀畢,衆人拜神已罷,依次又在神前交拜了八拜。然後送神,焚化錢紙,收下福禮去。不一時,吳道官又早叫人把豬羊卸開,鷄魚菜品之類整理停當,俱是大碗大盤擺下兩卓,西門慶居于首席,其餘依次而坐,吳道官側席相陪。須臾,酒過數巡,衆人猜枚行令,耍笑哄堂,不必細說。正是:

　　才見扶桑日出,又看曦馭啣山。

　　醉後倩人扶去,樹稍新月才彎。

異姓兄弟結盟,是氏族社會血族之間歃血爲盟承擔義務并享有相應權利的形式衍留。劉關張桃園結義,成爲異姓金蘭的典範與楷模。在封建等級森嚴的社會中,下層勞動人民往往采用結拜形式來尋求支持的力量,以期更可靠地生存下去。而社會活躍分子也常利用這一形式來組織自己的盟友,增強競爭的勢力,這一願望必需有超人的神靈來確認、來監督、來主宰,有權威性,方可放心。到了明代,主要在道觀中由道士來主持。《金瓶梅》中把異姓結盟爲金蘭兄弟的儀式活動描寫得細膩入骨,淋漓盡致。以西門慶爲首的十人,各懷鬼胎(西門慶拉花子虛結拜,實是起意盤算勾引他的妻子),而盟誓的疏表中卻煞有介事,一本正經地禱告:"伏維桃園義重,衆心仰慕而敢效其風;管鮑情深,各姓追維而欲同其志。況四海皆可弟兄,豈異姓不如骨肉?!"還信誓旦旦,斬釘截鐵地宣布:"生雖異日,死冀同時,期盟言之永固;安樂與共,顛沛相扶,思締結以常新。"真是好話説盡。

吳道官作爲監臨的神職人員,指揮、安排這一場活動:宣盟、拜神、衆人交拜、送神、焚化紙錢。接着"把豬羊卸開、鷄魚果品之類整理停當,大碗大盤擺下兩卓……酒過數巡,猜枚行令,耍笑哄堂。"

　　這一齣請神證盟、異姓結拜的現場集中表現了道教服務于群眾的社會性。道教其所以能在中國民間有廣大信衆,就是由于通過儀式使信衆祈求神靈護佑的要求得到滿足,通神的宗教感情得到傾訴,與神靈在精神得以溝通,而慰安感、信賴感得到保證。

　　請再看另一場描述道士相面占卜的活動:

　　第二十九回　吳神仙冰鑒定終身　潘金蓮蘭湯邀午戰

　　那吳神仙頭戴青布道巾,身穿布袍草履,腰繫黃絲雙穗縧,手執龜殼扇子,自外飄然進來。年約四十之上,生得神清如長江皓月,貌古似太華喬松。原來神仙有四般古怪:身如松,聲如鐘,坐如弓,走如風。但見他:

　　能通風鑒,善究子平。觀乾象,能識陰陽;察龍經,明知風水。五星深講,三命秘談。審格局,決一世之榮枯;觀氣色,定行年之休咎。若非華嶽修真客,定是成都賣卜人。

　　西門慶見神仙進來,忙降階迎接,接至廳上。神仙見西門慶,長揖稽首就坐。那吳神仙欠身道:"貧道姓吳名奭,道號守真。本貫浙江仙游人。自幼從師天台山紫虛觀出家。雲游上國,因往岱宗訪道,道經貴處。周老總兵相約,看他老夫人目疾,特送來府上觀相。"西門慶道:"老仙長會那幾家陰陽?道那幾家相法?"神仙道:"貧道粗知十三家子平,善曉麻衣相法,又曉六壬神課。常施藥救人,不愛世財,隨時住世。"西門慶聽言,益加敬重,誇道:"真乃謂之神仙也。"一面令左右放棹兒,擺齋管待。神仙道:"貧道未曾觀相,豈可先要賜齋?"西門慶笑道:"仙長遠來,已定未用早齋。待用過,看命未遲。"于是陪着神仙吃了些齋食素饌,抬過桌席,拂抹乾凈,討筆硯來。

　　神仙道:"請先觀貴造,然後觀相尊容。"西門慶便説與八字:"屬虎的,二十九歲了,七月二十八日午時生。"這神仙暗暗十指尋紋,良久説道:"官人貴造:戊寅年,辛酉月,壬午日,丙午時。七月廿三日白戊,已交八月筭命。月令提剛辛酉,理取傷官格。子平云:傷官傷盡復生財,財旺生官福轉來。立命申宮,七歲行運辛酉,十七行壬戌,二十七癸亥,三十七甲子,四十七乙丑。官人貴造,依貧道所講,元命貴旺,八字清奇,非貴則榮之造。但戊土傷官,生在七八月,身忒旺了。幸得壬午日干,丑中有癸水，水火相濟，乃成大器。丙午時，丙合辛生，後來定掌威權之職。一生盛旺，快樂安然，發福遷官，主生貴子。爲人一生耿直，幹事無二，喜則和氣春風，怒則迅雷烈火。一生多得妻財，不少紗帽戴。臨死有二子送老。今歲丁未流年，丁壬相合，目下丁火來剋。剋我者爲官爲鬼，必主平地登雲之喜，添官進祿之榮。大運見行癸亥，戊土得癸水滋潤，定見發生。目下透出紅鸞天喜，定有熊羆之兆。又命宮驛馬臨申，不過七月必見矣。"西門慶問道："我後來運限何如？"神仙道："官人休怪我說，但八字中不宜陰水太多，後到甲子運中，將壬午日冲破了，又有流星打攪，不出六六之年，主有嘔血流濃之災，骨瘦形衰之病。"西門慶問道："目下如何？"神仙道："目今流年，日逢破敗五鬼在家炒鬧，些小氣惱，不足爲災，都被喜氣神臨門冲散了。"西門慶道："命中還有敗否？"神仙道："年趲着月，月趲着日，實難矣。"

　　西門慶聽了，滿心歡喜，便道："先生，你相我面何如？"神仙道："請尊容轉正。"西門慶把座兒掇了一掇。神仙相道："夫相者，有心無相，相逐心生；有相無心，相隨心往。吾觀官人：頭圓項短，定爲享福之人；體健觔強，決是英豪之輩；天庭高聳，一生衣祿無虧；地閣方圓，晚歲榮華定取。此幾椿兒好處。還有幾椿不足之處，貧道不敢說。"西門慶道："仙長但說無妨。"神仙道："請官人走兩步看。"西門慶真個走了幾步。神仙道："你行如擺柳，必主傷妻；若無刑剋，必損其身。妻宮剋過方好。"西門慶道："已刑過了。"神仙道："請出手來看一看。"西門慶舒手來與神仙看。神仙道："智慧生于皮毛，苦樂觀于手足。細軟豐潤，必享福祿之人也。兩目雌雄，必主富而多詐；眉生二尾，一生常自足歡娛；根有三紋，中歲必然多耗散；奸門紅紫，一生廣得妻財；黃氣發于高曠，旬日內必定加官；紅色起于三陽，今歲間必生貴子。又有一件不敢說，淚堂豐厚，亦主貪花；且喜得鼻乃財星，驗中年之造化；承漿地閣，管來世之榮枯。

　　承漿地閣要豐隆，準乃財星居正中。

　　生平造化皆由命，相法玄機定不容。"

道者精于星命之學，亦爲道教服務于社會大眾的重要門徑。這位吳奭道士，天台山紫虛觀出家。那一身裝扮，古意盎然。精研宋代徐子平的命理之學，推算八字，占問吉凶，又通麻衣神相，六壬神課，可謂道門中的全才。來給西門慶這樣的土豪看相，少不了幾句恭維話：什麼"元命貴旺、八字請奇，非貴則榮之造，定掌權威之職"。什麼"一生耿直，幹事無二，喜則和氣春風，怒則迅雷烈火"；但也透露出："不出六六之年，主有嘔血流膿之災，骨瘦形衰之病"……還點出他兩目雌雄，必主富而多詐，奸門紅紫，一生廣得妻財。最後煞尾一筆是"淚堂豐厚，亦主貪花"。總之，若把吳道士的命理評斷對照着西門慶的處世爲人，實在可以噴飯。這是《金瓶梅》作者對道士的態度公允處，沒有把他們寫成一味吹捧、脅肩諂笑的箋片。

以下對西門慶家中妻妾諸人的命相評品更是十分得體，各有一首品斷詩爲證，大致不差：

月娘是"女人端正好容儀，緩步輕如出水龜。行不動塵言有節，無肩定作貴人妻"。

李嬌兒是"額尖露背幷蛇行，早年必定落風塵。假饒不是娼門女，也是屏風後立人"。

孟玉樓是"口如四字神清澈，溫厚堪同掌上珠。威名兼全財祿有，終主刑夫兩有餘"。

對于潘金蓮的斷語："此位娘子，髮濃鬢垂，光斜視以多淫，臉媚眉彎，身不搖而自顫。面上黑痣，必主刑夫。脣中短促，終須壽夭。舉止輕浮唯好淫，眼如點漆壞人倫，月下星前長不足，雖居大廈少安心。"真是一語道破天機。

李瓶兒的評語："皮膚香細，乃當室之女娘，容貌端莊，乃素門之德婦，只是多了眼光如醉，主桑中之約；眉眉壓生，月下之期難定，花月儀容惜羽翰，平生良友鳳和鸞，朱門財祿堪依靠，莫把凡禽一樣看。"

孫雪娥的品評語："燕體蜂腰是賤人，眼如流水不廉真。常時斜倚門兒立，不爲婢妾必風塵。"

大姐是"惟夫反目性通靈，父母衣食僅養身。狀貌有拘難顯達，不遭惡死也艱辛"。

春梅是"天庭端正五官平，口若塗硃行步輕。倉庫豐盈財祿厚，一生常得貴人憐"。

這一系列的品評命理,論斷生平,不由得會記起《紅樓夢》中第五回:游幻境指迷十二釵,飲仙醪曲演紅樓夢。十二支曲子詞點出了十二人的生平出處。都一個個直如影子隨形。如出一轍。

就在此時,西門慶那廝卻說:"自古算的着命,算不着好。相逐心生,相隨心滅。周大人送來,咱不好罵了他的,教他相相除疑罷了。"可惡亦可悲。

道教以"由內達外,推己濟人"的精神服務于社會,世人品類不齊,賢愚不肖,參差雜賦,魚龍難辨,而道教高士以占卜、命相的技巧走入社會與家庭,乃是"普宣法音,開悟一切,解災卻禍,請福祈安"的某種形式,與齋醮儀式宗旨是一致的。

下面所引吳道士爲西門慶諸妻妾相面的情況:

> 神仙相畢,西門慶道:"請仙長相相房下眾人。"一面令小廝:"後邊請大娘出來。"于是李嬌兒、孟玉樓、潘金蓮、李瓶兒、孫雪娥等眾人都跟出來,在軟屏後潛聽。神仙見月娘出來,連忙道了稽首,也不敢坐,就立在傍邊觀相。端詳了一回,說:"娘子面如滿月,家道興隆;唇若紅蓮,衣食豐足,必得貴而生子;聲響神清,必益夫而發福。請出手來。"月娘從袖中露出十指春蔥來。神仙道:"乾姜之手,女人必善持家,照人之鬢,坤道定須秀氣。這幾椿好處。還有些不足之處,休怪貧道直說。"西門慶道:"仙長但說無妨。""淚堂黑痣,若無宿疾,必刑夫;眼下皺紋,亦主六親若冰炭。
>
> 女人端正好容儀,緩步輕如出水龜。
>
> 行不動塵言有節,無肩定作貴人妻。"

相畢,月娘退後。西門慶道:"還有小妾輩,請看看。"于是李嬌兒過來。神仙觀看良久:"此位娘子,額尖鼻小,非側室,必三嫁其夫;肉重身肥,廣有衣食而榮華安享;肩聳聲泣,不賤則孤;鼻梁若低,非貧即夭。請步幾步我看。"李嬌兒走了幾步。神仙道:

> "額尖露背并蛇行,早年必定落風塵。
>
> 假饒不是娼門女,也是屏風後立人。"

相畢,李嬌兒下去。吳月娘叫:"孟三姐,你也過來相一相。"神仙觀道:

"這位娘子,三停平等,一生衣祿無虧;六府豐隆,晚歲榮華定取。平生少疾,皆因月字光輝;到老無災,大抵年宮潤秀。請娘子走兩步。"玉樓走了兩步。神仙道:

"口如四字神清徹,溫厚堪同掌上珠。

威命兼全財祿有,終主刑夫兩有餘。"

玉樓相畢,叫潘金蓮過來。那潘金蓮只顧嬉笑,不肯過來。月娘催之再三,方才出見。神仙抬頭觀看這個婦人,沉吟半日,方才說道:"此位娘子,髮濃鬢垂,光斜視以多淫;臉媚眉彎,身不搖而自顫。面上黑痣,必主刑夫;唇中短促,終須壽夭。

舉止輕浮惟好淫,眼如點漆壞人倫。

月下星前長不足,雖居大廈少安心。"

相畢金蓮,西門慶又叫李瓶兒上來,教神仙相一相。神仙觀看這個女人:"皮膚香細,乃富室之女娘;容貌端莊,乃素門之德婦。只是多了眼光如醉,主桑中之約;眉眉曆生,月下之期難定。觀卧蠶明潤而紫色,必產貴兒;體白肩圓,必受夫之寵愛。常遭疾厄,只因根上昏沉;頻遇喜祥,蓋謂福星明潤。此幾椿好處。還有幾椿不足處,娘子可當戒之:山根青黑,三九前後定見哭聲;法令細纏,雞犬之年焉可過?慎之,慎之!

花月儀容惜羽翰,平生良友鳳和鸞。

朱門財祿堪依倚,莫把凡禽一樣看。"

相畢,李瓶兒下去。

月娘令孫雪娥出來相一相。神仙看了,說道:"這位娘子,體矮聲高,額尖鼻小,雖然出谷遷喬,但一生冷笑無情,作事機深內重。只是吃了這四反的虧,後來必主凶亡。夫四反者:唇反無棱,耳反無輪,眼反無神,鼻反不正故也。

燕體蜂腰是賤人,眼如流水不廉真。

常時斜倚門兒立,不爲婢妾必風塵。"

雪娥下去,月娘教大姐上來相一相。神仙道:"這位女娘,鼻梁低露,破祖刑家;聲若破鑼,家私消散。面皮太急,雖溝洫長而壽亦夭;行如雀躍,處家室而衣食缺乏。不過三九,當受折磨。

惟夫反日性通靈,父母衣食僅養身。

狀貌有拘難顯達,不遭惡死也艱辛。"

大姐相畢,教春梅也上來教神仙相相。神仙睜眼兒見了春梅,年約不上二九,頭戴銀絲雲髻兒,白綾挑衫兒,桃紅裙子,藍紗比甲兒,纏手纏腳出來,道了萬福。神仙觀看良久,相道:"此位小姐五官端正,骨格清奇。髮細眉濃,稟性要強;神急眼圓,為人急燥。山根不斷,必得貴夫而生子;兩額朝拱,主早年必戴珠冠。行步若飛仙,聲響神清,必益夫而得祿,三九定然封贈。但吃了這左眼大,早年剋父;右眼小,周歲剋娘。左口角下這一點黑痣,主常沾啾唧之災;右腮一點黑痣,一生受夫愛敬。

天庭端正五官平,口若涂硃行步輕。

倉庫豐盈財祿厚,一生常得貴人憐。"

神仙相畢,眾婦女皆咬指以為神相。西門慶封白銀五兩與神仙,又賞守備府來人銀五錢,拿拜帖回謝。吳神仙再三辭卻,說道:"貧道雲游四方,風餐露宿,要這財何用? 決不敢受。"西門慶不得已,拿出一足大布:"送仙長做一件大衣何如?"神仙方才受之,令小童接了,稽首拜謝。西門慶送出大門,飄然而去,正是:

柱杖兩頭挑日月,葫蘆一個隱山川。

初生貴子在道觀寄名,尋求平安是一種十分古老的習俗。遠在班固的《白虎通》(又稱白虎通論)中就反映出人們對于姓名的作用的觀點:"所以有姓名者何?所以貴功德賤使力,聞其氏即知其德。"在遠古時代,由語言崇拜轉化,認為名字上附有人的靈性·是人的生命或靈魂的一部分。為了逃避災難、禍害、凶煞及其他危險,需要改姓換名,或者隱姓埋名。假若自己的名字連同生辰八字被奸尻探知,就有被鎮魘的危險。這在《紅樓夢》的二十五回:"魘魔法姊弟逢鬼、紅樓夢通靈遇雙真"之中有很詳細生動的描寫,不必細說。西門慶由地方土豪結交官府,通名于朝廷,進階縉紳行列。寵妾李瓶兒頭生男孩,為家族添丁,喜事不斷,自然要設法為這"官哥兒"禳解求福,三皇廟的吳道官是個首選。說明道教在民間的威信頗高。那一場的齋題"靈寶答天謝地,報國酬恩,九轉玉樞,酬盟寄名,吉祥普滿齋壇"。儀式之隆、供禮之盛、表文之雅均臻上乘。官哥兒"賜名吳應元、寄名轉經,吉祥普滿大齋一晝夜"。文書符命和表白共有一百八九十道,甚是齊整詳細。按社會發展史上看,某個階段,人的姓名是個符號而已,標志着社會結構中的一種血緣關係,和區別個

人的標志不同。變化這個符號,并不意味着變換或打亂這個人在社
會結構中的地位和關係。僅僅是用這個"瞞天過海"的方法去迷惑
鬼怪、精靈、凶邪惡煞,而求神靈保祐平安。一方面表現了當時人們
敬畏神靈寄名求護的心理,另一方面反映出道教社會服務的一個
側面——隨俗施教。在杜光庭編纂的《道門科範大全集》所收的十
九種儀式體之中"生日本命儀"、"消災道場儀"、"北斗延生儀"大概
都是屬于同一性質的規範①。《金瓶梅》中描寫的寄名拜盟的儀式
有典型意義,也說明該書的作者對于道教的儀式十分熟悉,從壇場
布置、香燈供養、表文疏白、踏斗步罡都是合乎正統的道教儀禮的
規程。

　　廣西南丹地區瑤族中至今保有"拜寄"的習俗,如遇小兒久病
體弱,爲求消災脫難,常求助于人或物,取名或更換新名,舉行宗教
儀式,有時以水(取其長流)、以木(取其生長)、以崖石(取其堅固)
爲拜寄之主。瑤族普遍信仰道教,這也是禮失而求諸野,可得一證
明(《宗教詞典》)。

　　下面是西門慶初生貴子,尋求平安,到道觀中敬求寄名。請看:

　　　第三十九回　寄法名官哥穿道服　　散生日敬濟拜冤家

　　　西門慶正在上房吃飯,玳安兒拿進帖來,上寫着:"玉皇廟小道吳宗
嘉頓首拜。"西門慶看了說道:"出家人,又教他費心。"分付玳安,教書童
兒封一兩銀子拿回帖與他。月娘在旁,因話題起道:"一個出家人,你要
便年頭節尾受他的禮物,到把前日你爲李大姐生孩兒許的願醮,就教他
打了罷。"西門慶道:"早是你題起來,我許下一百二十分醮,我就忘死
了。"月娘道:"原來你是個大謊答子貨!誰家願心是忘記的?你便有口無
心許下,神明都記着。嗔道孩兒成日恁啾啾唧唧的,想就是這願心未還
壓的他。"西門慶道:"既恁說,正月裏就把這醮願,在吳道官廟裏還了
罷。"月娘道:"昨日李大姐說,這孩子有些病痛兒的,要問那裏討個外
名。"西門慶道:"又往那裏討外名? 就寄名在吳道官廟裏就是了。"西門
慶道:"正月里,我有些醮願,要煩你師父替我還還兒,就要送小兒寄名,

---

① 《道藏要籍選刊》第 8 册,第 111—320 頁。

不知你師父閑不閑?"徒弟連忙立起身來說道:"老爹分付,隨問有甚經事,不敢應承。請問老爹,訂在正月幾時?"西門慶道:"就訂在初九,爺旦日罷。"徒弟道:"此日正是天誕。又《玉匣記》上我請律爺交慶,五福騈臻,修齋建醮甚好。請問老爹多少醮款?"西門慶道:"今歲七月,爲生小兒許了一百二十分清醮。"徒弟又問:"那日延請多少道衆?"西門慶道:"請十六衆罷。"說畢,左右放桌兒待茶。先封十五兩經錢,另外又是一兩酬答他的節禮,又說:"道衆的襯施,你師父不消備辦,我這裏連阡張香燭一事帶去。"喜歡的道士屁滾尿流,臨出門謝了又謝,磕了頭兒又磕。

到正月初八日,先使玳安兒送了一石白米、一擔阡張、十斤官燭、五斤沉檀馬牙香、十六疋生眼布做襯施。又送了一對京段、兩罈南酒、四隻鮮鵝、四隻鮮鷄、一對豚蹄、一脚羊肉、十兩銀子,與官哥兒寄名之禮。西門慶預先發帖兒,請下吳大舅、花大舅、應伯爵、謝希大四位相陪。陳敬濟騎頭口,先到廟中替西門慶瞻拜。到初九日,西門慶也没往衙門中去,絶早冠帶,騎大白馬,僕從跟隨,前呼後擁,竟出東門往玉皇廟來。遠遠望見結彩寶幡,過街榜棚。須臾至山門前下馬,睜眼觀看,果然好座廟宇。但見:

青松鬱鬱,翠柏森森。金釘朱户,玉橋低影軒宮;碧瓦雕檐,綉幕高懸寶檻。七間大殿,中懸敕額金書;兩廊長廊,彩畫天神帥將。三天門外,離婁與師曠猙獰;左右堦前,白虎與青龍猛勇。八寶殿前,侍立是長生玉女;九龍床上,坐着個不壞金身。金鐘撞處,三千世界盡皈依;玉磬鳴時,萬象森羅皆拱極。朝天閣上,天風吹下步虚聲;演法壇中,夜月常聞仙珮響。自此便爲真紫府,更于何處覓蓬萊?

西門慶緣正門而入,見頭一座流星門上,七尺高朱紅牌架,列着兩行門對,大書:

黄道天開,祥啓九天之闐闔,迓金輿翠蓋以延恩;

玄壇日麗,光臨萬聖之幡幢,誦寶笈瑤章而闡化。

到了寶殿上,懸着二十四字齋題,大書着:"靈寶答天謝地,報國酬恩,九轉玉樞,酬盟寄名,吉祥普滿齋壇。"兩邊一聯:

先天立極,仰大道之巍巍,庸申至悃。

昊帝尊居,鑒清修之翼翼,上報洪恩。

西門慶進入壇中香案前,旁邊一小童捧盆巾盥手畢,鋪排跪請上香。西門慶行禮叩壇畢,只見吳道官頭戴玉環九陽雷巾,身披天青二十八宿大袖鶴氅，腰繫絲帶，忙下經筵來，與西門慶稽首道："小道蒙老爹錯愛，迭受重禮，使小道卻之不恭，受之有愧。就是哥兒寄名，小道禮當叩祝，增延壽命，何以有叨老爹厚賞，誠有愧報。經襯又且過厚，令小道愈不安。"西門慶道："厚勞費心苦苦，無物可酬，薄禮表情而已。"叙禮畢，兩邊道眾齊來稽首。一面請去外方丈，三間敞廳名曰松鶴軒，那裏待茶。西門慶剛坐下，就令棋童兒："拿馬接你應二爹去。只怕他沒馬，如何這咱還沒來？"玳安道："有姐夫騎的騾子還在這裏。"西門慶道："也罷，快騎接去。"棋童應諾去了。吳道官誦畢經，下來遞茶，陪西門慶坐，叙話："老爹敬神一點誠心，小道都從四更就起來，到壇諷誦諸品仙經，今日三朝九轉玉樞法事，都是整做。又將官哥兒的生日八字，另具一文書，奏名于三寶面前，起名叫做吳應元。永保富貴遐昌。小道這裏，又添了二十四分答謝天地，十二分慶讚上帝，二十四分薦亡，共列一百八十分醮款。"西門慶道："多有費心。"不一時，打動法鼓，請西門慶到壇看文書。西門慶從新換了大紅五彩獅補吉服，腰繫蒙金犀角帶，到壇，有絳衣表白在旁，先宣念齋意：

　　大宋國山東清河縣縣牌坊居住，奉道祈恩，酬醮保安，信官西門慶，本命丙寅年七月廿八日子時建生，同妻吳氏，本命戊辰年八月十五日子時建生。

表白道："還有寶眷，小道未曾添上。"西門慶道："你只添上個李氏，辛未年正月十五日卯時建生，同男官哥兒，丙申年七月廿三日申時建生罷。"表白文宣過一遍，接念道：

　　領家眷等，即日投誠，拜干洪造。伏念慶一介微生，三才末品。出入起居，每感龍天之護佑；迭遷寒暑，常蒙神聖以匡扶。職列武班，叨承禁衛，沐恩光之寵渥，享符祿之豐盈。是以修設清醮，共二十四分位，答報天地之洪恩，酬祝皇王之巨澤。又修清醮十二分位，茲逢天誕，慶讚帝真，介五福以遐昌，迓諸天而下邁。慶又于去歲七月二十三日，因爲側室李氏生男官哥兒，要祈坐蓐無虞，臨盆有慶。又願將男官哥兒寄于三寶殿下，賜名吳應元，告許清醮一百二十分位，續箕裘之胤嗣，保壽命之延長。附薦西門氏門中三代宗親等魂：祖西門京良，祖妣李氏；先考西門達，妣夏氏；故室人陳氏，及前亡後化，升墜罔知。是以修設清醮十二分位，恩資道力，均證生方。共列仙醮一百八十分位，仰干化單，俯賜勾銷。謹以宣和三年正月初九日天誕良辰，特就大慈玉皇殿，仗延官道，修建靈寶，答天謝地，報國酬盟，慶神保安，寄名轉經，吉祥普滿大齋一晝夜。延三境之司尊，逑萬天之帝駕。一門長叨均安，四序公和迪吉。統資道力，介福方來。謹意。

宣畢齋意，鋪設下許多文書符命、表白，一一請看，共有一百八九十道，甚是齊整詳細。又是官哥兒三寶陰下寄名許多文書、符索、牒劄，不暇細覽。西門慶見吳道官十分費心，于是向案前炷了香，畫了文書，叫左右捧一疋尺頭，與吳道官畫字。吳道官固辭再三，方令小童收了。然後一個道士向殿角頭砧碌碌搖動法鼓，有若春雷相似。合堂道眾，一派音樂響起。吳道官身披大紅五彩法氅，腳穿朱履，手執牙笏，關發文書，登壇召將。兩邊鳴起鐘來。鋪排引西門慶進壇裏，向三寶案左右兩邊上香。西門慶睜眼觀看，果然鋪設齋壇齊整。但見：

位按五方，壇分八級。上供三清四御，旁分八極九霄，中列山川嶽瀆，下設幽府冥官。香騰瑞靄，千枝畫燭流光；花簇錦筵，百盞銀燈散彩。天地亭，高張羽蓋；玉帝堂，密布幢幡。金鐘撞處，高功躡步奏虛皇；玉佩鳴時，都講登壇朝玉帝。絳綃衣，星辰燦爛；美蒙冠，金碧交加。監壇神將猙獰，直日功曹猛勇。青龍隱隱來黃道，白鶴翩翩下紫宸。西門慶剛逯壇拈香下來，被左右就請到松鶴軒閣兒裏，地鋪錦毯、爐焚獸炭，那裏坐去了。

話休饒舌。到了午朝，拜表畢，吳道官預備了一張大插卓，又是一罈金華酒，又是哥兒的一頂青段子銷金道髻，一件玄色紵絲道衣，一件綠雲段小觀衣，一雙白綾小襪，一雙青潞紬納臉小履鞋，一根黃絨絲緇，一道三寶位下的黃綾索，一道子孫娘娘面前的紫綾索，一副銀項圈條脫刻着"金玉滿堂，長命富貴"……落後潘金蓮、李瓶兒梳了頭，抱着孩子出來，都到上房，陪着吃茶。月娘向李瓶兒道："他爹來了這一日，在前頭哩。我教他吃茶食，他不吃。如今有了飯了。你把你家小道士替他穿上衣裳，抱到前頭與他爹瞧瞧去。"潘金蓮道："我也去。等我替道士兒穿衣服。"于是戴上銷金道髻兒，穿上道衣，帶了項牌符索，套上小鞋襪兒，金蓮就要奪過去。月娘道："教他媽媽抱罷。你這蜜褐色挑繡裙子不耐污，撒上點子贜到了不成。"于是李瓶兒抱定官哥兒，潘金蓮便跟着，來到前邊西廂房內。書童見他二人掀簾，連忙就躲出來了。金蓮見西門慶臉朝裏睡，就指着孩子說："老花子，你好睡！小道士兒自家來請你來了。大媽媽房裏擺下飯，教你吃去，你還不快起來，還推睡兒！"那西門慶吃了一夜酒的人，丢倒頭，那顧天高地下，鼾睡如雷。

　　金蓮與李瓶兒一邊一個坐在床上，把孩子放在他面前，怎禁的鬼渾，不一時把西門慶弄醒了。睜開眼看見官哥兒在面前，穿着道士衣服，喜歡的眉開眼笑。連忙接過來，抱到懷裏，與他親個嘴兒。金蓮道："好乾淨嘴頭子，就來親孩兒！小道士兒吳應元，你嗛他一口，你説昨日在那裏使牛耕地來，今日乏困的這樣的，大白日困覺？昨日叫五媽只顧等着你。"

　　李瓶兒病入膏肓，眼看没救了，請醫服藥，占卜打卦都未見效，一日日沉重起來，西門慶的智囊應伯爵，向他提出新的考慮：

　　　門外五嶽觀潘道士，他受的是天心五雷法，極遣的好邪，有名唤着潘捉鬼。常將符水救人，哥，你差人請他來，看看嫂子房裏有甚邪祟他就知道，你就教他治病，他也治得。

西門慶采納了這一建議。去邀請潘道士來家中布壇作法，拘魂驅鬼。這是符合當時社會的風俗的。按：符籙派道教驅鬼治病，是最基本的職能。從太平道、五斗米道直至後起的正一道各派，都奉此爲社會服務，聯繫道徒群衆。在道教活動的傳統中，有外齋（濟度），細分三籙七品，其中，黄籙齋即爲度人濟世之事。而七品，四品指教齋爲禳災救疾，五品塗炭齋爲悔過請命，六品明真齋爲拔幽夜之魂，七品三元齋爲謝三官之罪[①]。這五嶽觀的潘道士能遣神驅鬼，拘將役神，鎮魘壓邪，有一定的社會地位，他又把宿世冤愆和邪祟分開處理，亦可見其嚴肅性。

　　下面是第六十二回：潘道士法遣黄巾士　西門慶大哭李瓶兒

　　　西門慶領了那潘道士來，怎生形相？但見：他頭戴雲霞五嶽冠，身穿皂布短褐袍，腰繫雜色彩絲縧，背插横紋古銅劍。兩隻腳穿雙耳麻鞋，手執五明降鬼扇。八字眉，兩個杏子眼；四方口，一道落腮鬍。威儀凛凛，相貌堂堂。若非霞外雲游客，定是蓬萊玉府人。

　　　潘道士進入角門，剛轉過影壁，將走到李瓶兒房穿廊臺基下，那道

───────────

　　① 《洞玄經》據《道藏》第 24 册，第 739 頁，文物出版社、上海書店、天津古籍出版社 1988 年版。

士往後退訖兩步，似有呵叱之狀，爾語數四，方才左右揭簾進入房中，向病榻而坐。運雙睛，拿力以慧通神目一視，仗劍手內，掐指步罡，念念有辭，早知其意。走出明間，朝外設下香案。西門慶焚了香，這潘道士焚符，喝道："直日神將，不來等甚？"噀了一口法水去，忽階下卷起一陣狂風，仿佛似有神將現于面前一般。潘道士便道："西門氏門中，有李氏陰人不安，投告于我案下。汝即與我拘當坊土地、本家六神查考，有何邪祟，即與我擒來，毋得遲滯！"良久，只見潘道士瞑目變神，端坐于位上，據案擊令牌，恰似問事之狀。良久方止。出來，西門慶讓至前邊卷棚內，問其所以，潘道士便說："此位娘子，惜乎爲宿世冤愆訴于陰曹，非邪祟也，不可擒之。"西門慶道："法官可解禳得麼？"潘道士道："冤家債主，須得本人，雖陰官亦不能強。"因見西門慶禮貌虔切，便問："娘子年命若干？"西門慶道："屬羊的，二十七歲。"潘道士道："也罷，等我與他祭祭本命星壇，看他命燈如何。"西門慶問："幾時祭？用何香紙祭物？"潘道士道："就是今晚三更正子時，用白灰界畫，建立燈壇，以黃絹圍之，鎮以生辰壇斗，祭以五穀棗湯，不用酒脯，只用本命燈二十七盞，上浮以華蓋之儀，餘無他物。官人可齋戒青衣，壇內俯伏行禮，貧道祭之，鷄犬皆開去，不可人來打攪。"西門慶聽了，忙分付一一備辦停當。就不敢進去，只在書房中沐浴齋戒，換了淨衣。留應伯爵也不家去了，陪潘道士吃齋饌。

到三更天氣，建立燈壇完備，潘道士高坐在上。下面就是燈壇，按青龍、白虎、朱雀、玄武，上建三台華蓋，周列十二宮辰，下首才是本命燈，共合二十七盞。先宣念了投詞，西門慶穿青衣俯伏階下，左右盡皆屏去，不許一人在左右。燈燭焚煌，一齊點將起來。那潘道士在法座上披下髮來，仗劍，口中念念有詞，望天罡取真炁，布步玦躎瑤壇。正是：三信焚香三界合，一聲令下一聲雷。但見晴天月明星燦，忽然地黑天昏，起一陣怪風。正是：

非干虎嘯，豈是龍吟？彷佛入戶穿簾，定是催花落葉。推雲出岫，送雨歸川。雁迷失伴作哀鳴，鷗鷺驚群尋樹杪，姮娥急把蟾宮閉，列子空中叫救人。

大風所過三次，忽一陣冷氣來，把李瓶兒二十七盞本命燈盡皆刮滅。潘道士明明在法座上見一個白衣人領着兩個青衣人，從外進來，手裹持着一紙文書，呈在法案下。潘道士觀看，卻是地府勾批，上面有三顆印信，諕的慌忙下法座來，向前喚起西門慶來，如此這般，說道："官人請起來罷。娘子已是獲罪于天，無所禱也！本命燈已滅，豈可復救乎？只在旦夕之間而已。"那西門慶聽了，低首無語，滿眼落淚，哀告道："萬望法師搭救則個！"潘道士道："定數難逃，不能搭救了。"就要告辭。西門慶再三款留："等天明早行罷！"潘道士道："出家人草行露宿，山棲廟止，自然之道。"西門慶不復强之。因令左右取出布一疋、白金三兩作經襯錢。潘道士道："貧道奉行皇天至道，對天盟誓，不敢貪受世財，取罪不便。"推讓再四，只令小童收了布疋，作道袍穿，就作辭而行。囑付西門慶："今晚，官人切忌不可往病人房裏去，恐禍及汝身。慎之！慎之！"言畢，送出大門，拂袖而去。

李瓶兒冤孽罪愆，雖然潘道士祭本命星壇救治，未能奏效，那二十七盞本命燈盡皆刮滅。潘道士說："娘子已是獲罪于天，無所禱也。""定數難逃，不能搭救了。"于是，李瓶兒一命嗚呼。即所謂"能治病，不能治命"也。

李瓶兒終于病死，請看：

第六十五回　願同穴一時喪禮盛　守孤靈半夜口脂香
詩曰

湘臯烟草碧紛紛，泪灑東風憶細君。
見說嫦娥能入月，虛疑神女解爲雲。
花陰晝坐閑金剪，竹裏游春冷翠裙。
留得丹青殘錦在，傷心不忍讀迴文。

話說到十月二十八日，是李瓶兒二七，玉皇廟吳道官受齋，請了十六個道衆，在家中揚幡修建齋壇。又有安郎中來下書，西門慶管待來人去了。吳道官廟中抬了三牲祭禮來，又是一疋尺頭以爲奠儀。道衆遶官傳咒，吳道官靈前展拜。西門慶與敬濟回禮，謝道："師父多有破費，何以克當？"吳道官道："小道甚是惶愧，本該助一經追薦夫人，奈力薄，粗祭表意而已。"西門慶命收了，打發抬盒人回去。那日三朝轉經，演生神章，破九幽獄，對靈攝召，整做法事，不必細說。

二七之日、五七之日與百日，三次祭奠法事道場，均由玉皇廟承當，在家中修建齋壇，道衆繞棺傳咒，靈前展拜。破九幽獄，對靈攝召，極爲隆重，而以五七大醮爲一大盛事。那一日……一、邀請了京師下來的黃真人主持"青玄救苦、頒符告簡、五七轉經、水火煉度

薦揚齋壇"。焚香淨壇,飛符召將,啓奏三天,告盟十地,種種節目,極爲嚴肅認眞,實在是高水平的齋醮儀禮。請看:

第六十六回　翟管家寄書致賻　黃眞人發牒薦亡

次日早起往衙門中去,早有吳道官差了一個徒弟、兩名鋪排,來大廳上鋪設壇場,鋪設的齊齊整整。…………

次日五更,道衆皆來,進入經壇內,明燭焚香,打動響樂,諷誦諸經,鋪排大門首挂起長幡,懸吊榜文,兩邊黃紙門對一聯,大書:

東極垂慈仙識乘晨而超登紫府,

南丹赦罪淨魄受煉而逕上朱陵。

大廳經壇,懸挂齋題二十字,大書:"青玄救苦、頒符告簡、五七轉經、水火煉度薦揚齋壇。"即日,黃眞人穿大紅,坐牙轎,繫金帶,左右圍隨,儀從喧喝,日高方到。吳道官率衆接至壇所,行畢禮,然後西門慶着素衣經巾,拜見遞茶畢。洞案傍邊安設經筵法席,大紅銷巾桌圍,妝花椅褥,二道童侍立左右。發文書之時,西門慶備金段一疋;登壇之時,換了九陽雷巾,大紅金雲白百鶴法氅。先是表白宣畢齋意,齋官沐手上香。然後黃眞人焚香淨壇,飛符召將,關發一應文書符命,啓奏三天,告盟十地。三獻禮畢,打動音樂,化財行香。西門慶與陳敬濟執手爐跟隨,排軍喝路,前後四把銷金傘、三對纓絡挑搭。行香回來,安請監齋畢,又動音樂;往李瓶兒靈前攝召引魂,朝參玉陛,傍設几筵,聞經悟道。到了午朝,高功冠裳,步罡踏斗,拜進朱表,遣差神將,飛下羅酆。原來黃眞人年約三旬,儀表非常,妝束起來,午朝拜表,儼然就是個活神仙。但見:

星冠攢玉葉,鶴氅縷金霞。神清似長江皓月,貌古如太華喬松。踏罡朱履進丹霄,步虛琅函浮瑞氣。長髯廣頰,修行到無漏之天;皓齒明眸,佩籙掌五雷之令。三更步月鸞聲遠,萬里乘雲鶴背高。就是都仙太史臨凡世,廣惠眞人降下方。

拜了表文,吳道官當壇頒生天寶籙神虎玉劄。行畢午香,卷棚內擺齋。黃眞人前,大桌面定勝;吳道官等,稍加差小;其餘散衆,俱平頭桌席。黃眞人、吳道官皆襯段尺頭、四對披花、四疋絲紬,散衆各布一疋。桌面俱令人抬送廟中,散衆各有手下徒弟收入箱中,不必細說。……道衆升壇發擂,上朝拜懺觀燈,解壇送聖。天色漸晚,及比設了醮,就有起更天氣。門外花大舅被西門慶留下不去了,喬大戶、沈姨夫、孟二舅告辭回

家。止有吳大舅、二舅、應伯爵、謝希大、溫秀才、常峙節并眾伙計在此，
晚夕觀看水火煉度。

二、進行高水平的水火煉度。所謂：天一生水，地二生火，水火
交煉，乃成真形。黃真人爲首的道眾"運一己之神炁，合二象之生
津，煉化枯骸，形神俱妙"①。人和鬼魂既能溝通，又能借人之炁，交
煉鬼的魂氣，滌除塵垢，超凡入聖。將已死之亡靈召請到醮壇上聽
取說戒，皈依道門，經過水火交煉，出離幽獄，升登仙界。在道教中
認爲"齋法莫難于煉度，乃超凡入聖，脱胎換質之道，苦魂沉九夜，
乘晨希陽，翹得其理，則水火交濟，陰屍穢質，一時生神"②。所以在
《金瓶梅》中以李瓶兒死後五七日的水火煉度最爲繁複，儀式最爲
隆重。我們通過李瓶兒亡故後二七、五七和百日的三場道教法事，
不難發現明代道教在民間活動的較爲完整的儀式和程序，也因而
可以推測當時人民群眾在舉行（或參觀）道教活動中的心理追求。

請看水火煉度的描寫：

……就在大廳棚内搭高座，扎彩橋，安設水池火沼，放擺斛食。李瓶
兒靈位另有几筵幃幕，供獻齊整。傍邊一首魂幡、一首紅幡、一首黃幡，
上書"制魔保舉，受煉南宫"。先是道眾音樂，兩邊列坐，持節捧盂劍，四
個道童侍立兩邊。黃真人頭戴黃金降魔冠，身披絳綃雲霞衣，登高座，口
中念念有詞，宣偈云：

太乙慈尊降駕來，夜壑幽關次第開。

童子雙雙前引導，死魂受煉步雲階。

宣偈畢，又薰沐焚香，念曰："伏以玄皇闡教，廣開度于冥途；正一垂
科，俾煉形而升舉。恩沾幽爽，澤被飢噓。謹運真香，志誠上請東極大慈
仁者太乙救苦天尊、十方救苦諸真人聖眾，仗此真香，來臨法會。切以人
處塵凡，月繁俗務，不知有死，惟欲貪生。鮮能種于善根，多隨入于惡趣，
昏迷弗省，恣慾貪嗔。將謂自己常存，豈信無常易到！一朝傾逝，萬事皆
空。業障纏身，冥司受苦。今奉道伏爲亡過室人李氏靈魂，一棄塵緣，久

① 《道藏》第31册，第217頁。
② 《道藏》第31册，第250頁。

淪長夜。若非薦拔于怨辜，必致難逃于苦報。恭惟天尊秉好生之仁，救尋聲之苦，灑甘露而普滋群類，放瑞光而遍燭昏衢。命三官寬考較之條，詔十殿閤推研之筆。開囚釋禁，宥過解冤。各隨符使，盡出幽關。咸令登火池之沼，悉蕩滌黃華之形。凡得更生，俱歸道岸。茲焚靈寶煉形真符，謹當宣奏：

　　太微迴黃旗，無英命靈幡。

　　攝召長夜府，開度受生魂。"

道衆先將魂幡安于水池內，焚結靈符，換紅幡；次于火沼內焚鬱儀符，換黃幡。高功念："天一生水，地二生火，水火交煉，乃成真形。"煉度畢，請神主冠岐步金橋，朝參玉陛，皈依三寶，朝玉清，衆舉《五供養》。舉畢，高功曰："既受三皈，當宣九戒。"九戒畢，道衆舉音樂，宣念符命并《十類孤魂》。煉度已畢，黃真人下高座，道衆音樂送至門外，化財焚燒箱庫。

　　回來，齋功圓滿，道衆都換了冠服，鋪排收卷道像。西門慶又早大廳上畫燭齊明，酒筵羅列。三個小優彈唱，衆親友都在堂前。西門慶先與黃真人把盞，左右捧着一疋天青雲鶴金段、一疋色段、十兩白銀，叩首下拜道："亡室今日賴我師經功救拔，得遂超生，均感不淺，微禮聊表寸心。"黃真人道："小道謬忝冠裳，濫膺玄教，有何德以達人天？皆賴大人一誠感格，而尊夫人已駕景朝元矣。此禮若受，實爲靦顏。"西門慶道："此禮甚薄，有瀆真人，伏乞笑納！"黃真人方令小童收了。西門慶遞了真人酒，又與吳道官把盞，乃一疋金段、五兩白銀，又是十兩經資。吳道官只受經資，餘者不肯受，說："小道素蒙厚愛，自恁效勞誦經，追拔夫人往生仙界，以盡其心。受此經資尚爲不可，又豈敢當此盛禮乎！"西門慶道："師父差矣。真人掌壇，其一應文簡法事，皆乃師父費心。此禮當與師父酬勞，何爲不可？"吳道官不得已，方領下，再三致謝。正是：

　　人生有酒須當醉，一滴何曾到九泉。

至此，對于《金瓶梅》一書與道教的淵源大致可以有個眉目：

　　它所記錄的是正一派的道教，也可以稱之爲符籙派道教；因而它所表現的是民間層次的道教，也就是指道教服務于社會的一個層面。至于爲什麼《金瓶梅》中記錄了那麼多，那麼完整的道教活動，那可能與作者生活時代和背景有關，也就是説，作者可能是生活在明嘉靖年間的人，而嘉靖皇帝崇信道教的史實俱在，不必贅述了。

順便提請讀者注意清代乾隆十八年至二十七年(1753—1762)間創作(作者李百川)的小説巨著《綠野仙踪》一書,對于道教丹鼎派積精煉氣的活動有詳細、生動的介紹。很巧的是《綠野仙踪》也托名于明嘉靖年間,與《金瓶梅》的創作年代相合,受到《金瓶梅》的啓發也是自然的。這兩部小説接觸到明代道教符籙和丹鼎兩大流派在民間的流布的真實情況,實在驚人,難怪魯迅説:

前曾言中國根柢全在道教,此説近頗廣行。以此讀史,有多種問題可以迎刃而解①。

作者簡介　王堯,江蘇漣水縣人,1928 年生。現任中央民族大學藏學教授、中國佛教文化研究所特約研究員、中國敦煌研究院兼職研究員、中國文化書院導師。著有《吐蕃金石録》、《吐蕃簡牘綜録》、《敦煌本吐蕃歷史文書》、《吐蕃文化》、《藏學零墨》、《西藏文史者信集》等。

---

① 《魯迅書信集》上卷 18 頁《致許壽裳》。